高等院校公共基础课系列教材

应用文写作教程
(第5版)

刘金同　刘金来　主　编

刘晓晨　刘学斌　
王天鹏　王冰倩　副主编

清华大学出版社
北京

内 容 简 介

本书在介绍各种应用文写作知识的同时辅以实例和评析，目的是供学生写作时借鉴和参考。每一章开头都设有"学习要求"，让学生明确各章中应了解和掌握的知识要点；章后均设有"思考与练习"，旨在使学生巩固所学的知识要点，以期活学活用。

全书共分为 11 章，主要内容包括绪论、公务文书写作、事务文书写作、财经文书写作、法规文书写作、礼仪文书写作、传播文书写作、科技文书写作、申论写作、电子文件写作、文书处理等。

本书适合普通高等院校各专业学生使用。同时，也可作为文科"专升本"、自学考试和公务员招聘考试的参考书，更是机关、厂矿、企事业单位文秘工作人员的必备用书。

本书封面贴有清华大学出版社防伪标签，无标签者不得销售。
版权所有，侵权必究。举报：010-62782989，beiqinquan@tup.tsinghua.edu.cn。

图书在版编目(CIP)数据

应用文写作教程/刘金同，刘金来主编. —5 版. —北京：清华大学出版社，2023.8(2025.2重印)
高等院校公共基础课系列教材
ISBN 978-7-302-64005-9

Ⅰ.①应… Ⅱ.①刘… ②刘… Ⅲ.①汉语—应用文—写作—高等学校—教材 Ⅳ.①H152.3

中国国家版本馆 CIP 数据核字(2023)第 109405 号

责任编辑：石　伟
装帧设计：杨玉兰
责任校对：周剑云
责任印制：刘海龙

出版发行：清华大学出版社
网　　址：https://www.tup.com.cn，https://www.wqxuetang.com
地　　址：北京清华大学学研大厦 A 座　　邮　编：100084
社 总 机：010-83470000　　邮　购：010-62786544
投稿与读者服务：010-62776969，c-service@tup.tsinghua.edu.cn
质量反馈：010-62772015，zhiliang@tup.tsinghua.edu.cn
课件下载：https://www.tup.com.cn，010-62791865

印 装 者：三河市天利华印刷装订有限公司
经　　销：全国新华书店
开　　本：185mm×260mm　　印　张：17.75　　字　数：431 千字
版　　次：2006 年 1 月第 1 版　2023 年 8 月第 5 版　　印　次：2025 年 2 月第 5 次印刷
定　　价：49.80 元

产品编号：098301-01

本书编委会

主　　任　李昌武

副 主 任　吴长军

委　　员　(排名不分先后)

　　　　　刘金同　刘金来　刘晓晨　刘学斌

　　　　　王天鹏　王冰倩　范晓梅　孙月华

　　　　　宫淑芝　闫鸿武　戴维一　吴永昶

　　　　　李　毓　李玉萍　李艳英

前　言

　　应用文写作是一门实践性很强的课程，和人们的日常生活联系非常密切。进入大学校园前接到的入学通知书、大学校长在欢迎新生大会上做的演讲、大学生活中参与学生会竞选的演讲稿、平时的请假条、学生会发起的倡议书、学校张贴的表扬信，以及大学毕业后为找工作而写的求职信、推荐信和经常接触到的行政公文，还有财经文书、法规文书、科技文书等，都是应用文。

　　以上的种种情况充分说明，应用文与人们的生产、生活密切相关。如何写好应用文，让应用文成为生活、学习的帮手，成为摆在大学生面前的一个现实问题。在实际运用中，应用文既要能简洁明了地概述其基本的写作格式，还要能通过简练的语言来对应用文体进行透彻的讲解；选文既要突出实用性，还要有时代活力。为了从根本上解决这一难题，在进行充分调研的基础上，我们编委会成员在刘金同教授的精心指导下，对畅销全国的《应用文写作教程》(第4版)进行了全面的修订，推出《应用文写作教程》(第5版)。本书的全体参编教师，都是长期讲授应用文写作的一线教师，对学生在应用文写作学习中出现的一些实际问题有清晰的认识，对于如何让学生既好又快地掌握应用文写作，有其独到的见解，这些见解在书中有很好的体现。

　　此外，在本书修订的过程中，我们还征求了应用文写作教学领域的一些专家、学者的意见，使本书上升到了更高的理论层次，充分体现了学术性。自2006年第1版发行以来，本书便受到了全国各高等院校师生的热烈欢迎；本书多次获奖，并被黑龙江省教育厅选定为"全国自学考试指定教材"；可以这样期待，此次修订后的本书将是集实用性与学术性为一体的应用文写作领域的佳作。

　　为了更好地适应当前高校应用文教学的需要，本书作为"高等院校公共基础课系列教材"，是在充分吸收借鉴《应用文写作教程》(第4版)经验教训的基础上，根据2012年4月16日由中共中央办公厅和国务院办公厅联合印发的《党政机关公文处理工作条例》(中办发〔2012〕14号)进行了全方位的修订，具体来讲有以下几个方面。

　　(1) 扩大了应用文写作体例范围。

　　本书包含公务文书写作、事务文书写作、财经文书写作、法规文书写作、礼仪文书写作、传播文书写作、科技文书写作、申论写作、电子文件写作、文书处理，以及《党政机关公文处理工作条例》《国务院公文主题词表》等，涵盖了应用文写作的所有体例，不仅包括常见的党政公文，还包含日常应用公文，适用于不同的工作领域。其中公务文书由原来的13种增加到了15种。

　　(2) 选编例文具有时代性、权威性、思想性。

　　在本书"第二章　公务文书写作""第二节　命令(令)、议案、意见"中的例文，具有一定的时代性，在学习例文的同时能激发学习者的爱国热情。本次修订，保留了代表性的经典例文，并将过时的例文删除，换上了具有时代性、权威性和思想性的最新例文。

(3) 更加突出实用性。

在本书"第三章 事务文书写作""第三节 日常事务类文书"中的"计划与规划""总结""读书笔记""条据与证书"等内容，与日常的工作、生活联系紧密，通过这一节的学习，学生能对日常事务文书的写作格式有清晰的认识，并可通过实例进行模仿练习，真正做到理论联系实际。

(4) 努力做到与时俱进。

根据时代的发展，我们不仅增加了"电子文件写作"的内容，而且针对大学生报考公务员，还特意编入了"申论写作"，并附有最新参考样题及答案，做到了与时俱进。

此外，本书每一章的开头配有"学习要求"，让学生在学习本章前对章节重点内容有全面的认识；部分例文之后有"评析"，以帮助学生理解；每章结尾配有"思考与练习"，以巩固学生所学知识，提高学习效果。

本书适合全国高等院校各专业学生使用，同时也可作为自学考试和公务员招聘考试的参考书，更是党政机关、企事业单位文秘工作人员的得力"助手"。

本书编写分工如下：潍坊科技学院刘金同教授与山东省寿光市古城街道教育学区刘金来副教授任主编，负责全书的体例设计及统稿；刘晓晨、王天鹏、中国人民大学附属中学教师刘学斌、中国光大银行(北京)工程师王冰倩任副主编，负责对全书的修订工作。另外，范晓梅教授、孙月华教授、宫淑芝教授、闫鸿武教授、戴维一教授，以及潍坊学院的吴永昶教授、李毓副教授，潍坊科技学院的李玉萍老师，山西省吕梁市的李艳英老师，对本书的修订提出了宝贵的意见。本书由潍坊科技学院李昌武教授担任编委会主任，由潍坊科技学院党委副书记吴长军担任编委会副主任。

本书在编写过程中，参考了应用文写作方面的书籍，引用了部分政府部门制发的公文，还借鉴了互联网上的一些资料，在此，谨对其制作者表达诚挚的谢意！同时，对清华大学出版社的编辑们再次表示衷心的感谢！

虽然本书已经进行了 4 次修订，但由于作者水平有限，疏漏之处在所难免，欢迎广大读者批评指正！

编 者

目 录

第一章 绪论 1
  第一节 应用文概述 1
    一、应用文的产生及发展 1
    二、应用文的性质和种类 3
    三、学习应用文写作的意义 4
    四、学习应用文写作的方法 4
  第二节 应用文的构成要素及其写作要求 5
    一、应用文的观点、材料和结构 5
    二、应用文的表达方式 5
    三、应用文语言的特点及修改 8
  思考与练习 11

第二章 公务文书写作 12
  第一节 概述 12
    一、公务文书的概念 12
    二、行政公文的特点 12
    三、行政公文的作用 13
    四、行政公文的种类 14
    五、行政公文的格式 14
  第二节 命令(令)、议案、意见 22
    一、命令(令) 22
    二、议案 24
    三、意见 27
  第三节 决定和决议 29
    一、决定 29
    二、决议 31
  第四节 请示与批复 33
    一、请示 33
    二、批复 35
  第五节 公告、通告、公报 37
    一、公告 37
    二、通告 38
    三、公报 38
  第六节 报告、通报、通知 45
    一、报告 45
    二、通报 48
    三、通知 49
  第七节 函、纪要 50
    一、函 50
    二、纪要 53
  思考与练习 55

第三章 事务文书写作 56
  第一节 概述 56
    一、事务文书的概念和特点 56
    二、事务文书的分类 56
    三、事务文书的写作要求 57
  第二节 书信类文书 57
    一、一般书信 57
    二、表扬信、感谢信、慰问信 60
    三、推荐信与求职信 63
    四、咨询信与举报信 66
    五、倡议书与建议书 68
    六、申请书与检讨书 72
  第三节 日常事务类文书 74
    一、计划与规划 74
    二、总结 77
    三、读书笔记 80
    四、条据与证书 82
    五、电报、电话记录、大事记 86
  第四节 发言报告类文书 93
    一、述职报告 93
    二、评估报告与调查报告 95
    三、讲话稿 101
    四、演讲稿 102
  思考与练习 112

第四章 财经文书写作 ... 113

第一节 概述 ... 113
一、财经文书的概念 ... 113
二、财经文书的分类 ... 113
三、财经文书的特点 ... 113
四、财经文书的写作要求 ... 113

第二节 意向书、协议书、合同 ... 114
一、意向书 ... 114
二、协议书 ... 115
三、合同 ... 117

第三节 市场调查报告与市场预测报告 ... 122
一、市场调查报告 ... 122
二、市场预测报告 ... 125

第四节 经济活动分析报告、可行性研究报告、审计报告 ... 131
一、经济活动分析报告 ... 131
二、可行性研究报告 ... 135
三、审计报告 ... 139

第五节 说明书、招标书、投标书 ... 142
一、说明书 ... 142
二、招标书 ... 145
三、投标书 ... 148

第六节 经济情报 ... 151
一、经济情报的概念及作用 ... 151
二、经济情报的种类及特点 ... 151
三、经济情报的写法 ... 152

第七节 预算、决算报告，经济决策报告 ... 154
一、预算、决算报告的概念、作用及特点 ... 154
二、预算、决算报告的种类 ... 156
三、预算报告的内容和结构 ... 156
四、决算报告的内容和结构 ... 160
五、预算、决算报告的写作要求 ... 164
六、经济决策报告 ... 165

思考与练习 ... 170

第五章 法规文书写作 ... 171

第一节 概述 ... 171
一、规章制度的概念及种类 ... 171
二、规章制度的特点 ... 171
三、司法文书的概念及种类 ... 171
四、司法文书的特点 ... 172
五、司法文书的作用 ... 172

第二节 规章制度 ... 172
一、各种规章制度的定义 ... 172
二、规章制度的结构形式 ... 173
三、规章制度的写作要求 ... 173

第三节 起诉状、答辩状 ... 175
一、起诉状 ... 175
二、答辩状 ... 182

第四节 公证书、授权委托书 ... 185
一、公证书 ... 185
二、授权委托书 ... 188

第五节 仲裁调解书 ... 190
一、仲裁调解书的概念 ... 190
二、仲裁调解书与其他仲裁文书的区别 ... 190
三、仲裁调解书的格式、内容及写作方法 ... 190
四、仲裁调解书写作的注意事项 ... 191

第六节 仲裁裁决书 ... 191
一、仲裁裁决书的概念 ... 191
二、仲裁裁决书的格式、内容及写作方法 ... 192
三、仲裁裁决书的写作注意事项 ... 192

思考与练习 ... 192

第六章 礼仪文书写作 ... 193

第一节 概述 ... 193
一、礼仪文书的概念及种类 ... 193
二、礼仪文书的结构形式 ... 193

第二节 欢迎词、欢送词、答谢词 ... 193
一、欢迎词 ... 193

二、欢送词..................................195
　　三、答谢词..................................197
第三节　祝词、贺词、贺电、闭幕词、
　　　　祝酒词..................................198
　　一、祝词、贺词..........................198
　　二、贺电、闭幕词......................201
　　三、祝酒词..................................205
第四节　讣告、唁电、悼词..................205
　　一、讣告......................................205
　　二、唁电......................................208
　　三、悼词......................................210
第五节　碑文、题词、对联..................213
　　一、碑文......................................213
　　二、题词......................................215
　　三、对联......................................219
第六节　请柬、聘书..............................223
　　一、请柬......................................223
　　二、聘书......................................225
思考与练习..227

第七章　传播文书写作..................228

第一节　概述..228
　　一、传播文书的性质和作用......228
　　二、传播文书的分类..................228
　　三、传播文书的写作..................228
第二节　新闻、通讯..............................229
　　一、新闻......................................229
　　二、通讯......................................231
第三节　广播稿、新闻评论..................233
　　一、广播稿..................................233
　　二、新闻评论..............................233
第四节　解说词、导游词......................237
　　一、解说词..................................237
　　二、导游词..................................237
第五节　简报、快报..............................238
　　一、简报......................................238
　　二、快报......................................239
第六节　启事、海报、广告..................240

　　一、启事......................................240
　　二、海报......................................241
　　三、广告......................................241
思考与练习..244

第八章　科技文书写作..................245

第一节　概述..245
　　一、科技文书的概念及性质特点......245
　　二、科技文书的分类和作用......246
　　三、科技文书的写作要求..........246
第二节　学术论文的写作......................247
　　一、学术论文的概念和特点......247
　　二、学术论文的写法..................247
第三节　毕业论文的写作及答辩..........249
　　一、毕业论文的概念和特点......249
　　二、毕业论文撰写的步骤..........249
　　三、毕业论文的答辩..................250
第四节　毕业设计报告..........................252
　　一、毕业设计报告的概念和要求......252
　　二、毕业设计报告的写法..........252
思考与练习..253

第九章　申论写作..........................254

第一节　申论概述..................................254
　　一、申论的概念..........................254
　　二、申论测试的特点..................254
　　三、申论试题的结构..................255
第二节　申论应试能力..........................255
　　一、阅读理解能力......................256
　　二、分析概括能力......................256
　　三、提出问题和解决问题的能力......257
　　四、表达论述能力......................257
第三节　申论应试方法与技巧..............258
　　一、审读材料要全面细致..........258
　　二、概括要点要抓住中心..........258
　　三、提出的方案要切实可行......258
　　四、进行论证要无懈可击..........259
思考与练习..260

第十章 电子文件写作 ... 268

一、概述 ... 268
二、电子文件的分类及特点 ... 268
三、电子函件 ... 269
四、电子公告栏 ... 270

思考与练习 ... 271

第十一章 文书处理 ... 272

附录 ... 273

参考文献 ... 274

第一章 绪 论

学习要求

了解应用文写作的性质、种类以及在日常生活中的作用，了解应用文的历史沿革，掌握应用文的概念以及应用文的主旨材料、结构及表达方式。

第一节 应用文概述

一、应用文的产生及发展

应用文写作是社会发展的产物，源于实用的需要。《周易·系辞下》中记载："上古结绳而治，后世圣人易之以书契，百官以治，万民以察，盖取诸《夬》。"这里的"书契"即公务文书。马克思主义唯物史观认为，文字起源于劳动，文字的诞生为文章的产生打下了基础。从史料来看，具有实用价值的应用文和具有审美价值的文学相比，应用文的诞生明显早于文学。从 1898 年起，在河南安阳小屯殷墟遗址等地陆续出土了大量刻有文字的甲骨，到目前为止，已逾 10 万片。这就是在中国文化史上占据重要地位的"甲骨文"。"甲"，指龟甲；"骨"，是牛骨或鹿骨；"文"，就是刻在龟甲或兽骨上的文字，又称"甲骨刻辞"。甲骨文是商代王室进行占卜时所做的简短记录，短的仅数字，长的也不过百余字，是我国最早出现的原始性的文章，也是最早的应用文。就已发现的这些甲骨文来说，其内容涉及世系、气候、食货、征伐、狩猎等各个方面，全面、真实地保存了殷商奴隶社会的痕迹，可以说甲骨文是被埋在地下的殷代王室的档案。

周代盛行在青铜器上铸刻文字，称为"钟鼎文"。钟鼎文有的用来记载统治者的制度、法令，有的用来记载征战的胜利，有的用来记载统治者的文德武功，还有的用来记载贵族之间的商务活动，其中也有一些是用于物质交换的私人契约。这些文章都是应用文。

我国现存最早的保存最完整的文章总集《尚书》所收录的文章多数也是公文。《尚书》中的文章就是上古文献的汇编，分为六种体例格式：典、谟、训、诰、誓、命。其中，"典"用于记述上古的典章制度；"谟"是议政的策论；"训"是进行教诲开导的论说文；"诰"是进行训诫的文告；"誓"是军队出征前的誓词；"命"是君主的命令和诏书。这些文体，跟现代的命令、决定、决议、指示、布告、公告、通告、通报、报告等，都有一些近似之处。《今文尚书》中收录了中国上古关于尧、舜和夏、商、周至秦穆公的历史文件和部分追述古代事迹的著作，西汉初存 28 篇文献，结构完整，条理清晰，层次明确。《论语·宪问》中记载："子曰：为命，裨谌草创之，世叔讨论之，行人子羽修饰之，东里子产润色之。"可见，一份文书的出台须经"草创""讨论""修饰""润色"四个阶段。

到了秦代，应用文得到充分发展。秦始皇建立了第一个中央集权制的国家政权，为了达到长治久安的目的，他统一了文字和度量衡，实行"车同轨，书同文"的措施，为应用

文的统一创造了条件。当时皇帝公布的文书，已有固定的名称和内涵。《史记·秦始皇本纪》中记载："命为'制'，令为'诏'，天子自称'朕'。"秦代对应用文的体例格式也有较明确的规定，以前的公文一律直书，不提行，不空格，君臣如一；到了秦代，行文中在提及尊号(如"皇帝""始皇帝"等)时则要另起一行并顶格书写。为了提高公文的办事效率和可靠程度，还制定了现在仍在沿用的"抬头""用印"等制度，这标志着公文在当时已经相当成熟。

汉代承袭了秦代的体制。汉代的公文体制主要有书、议、策、论、疏、诏、制、诰、敕、章、奏、表等。其中，皇帝对臣下使用的文体主要是诏、诰、策、敕，其中"诏"用于对下发布命令，"诰"专门用来封官赐爵；臣下对皇上则主要用章、奏、表、议等文体，已有了大致固定的下行文和上行文的区分。同时，在表达方式和结构上，也有了一些相对固定的格式，撰写制度更为完善。尤其值得一提的是，在当时的公文中还产生了一些流传于后世的名篇，比如，贾谊的《陈政事疏》《论积贮疏》，晁错的《论贵粟疏》，司马相如的《上书谏猎》，等等。

三国、两晋、南北朝历时三四百年，曹操父子对应用文的发展做出过重大的贡献。曹操的公文代表作有《让县自明本志令》《求贤令》《求逸才令》《慎行令》《修学令》《请增封荀彧表》等。曹丕则不仅亲自撰写公文，还推出了有关公文写作的理论专著《典论·论文》，他说文章是"经国之大业，不朽之盛事"，对应用文写作有了较深刻的认识和精辟论述。

唐宋时期，随着国家在政治、经济、文化上的发展，应用文在写作上也较前代更为成熟，中国古代公文走向成熟。这段时期的名篇不胜枚举，比如，魏徵的《谏太宗十思疏》《十渐不克终疏》，骆宾王的《为徐敬业讨武曌檄》，柳宗元的《段太尉逸事状》，范仲淹的《答手诏条陈十事》，以及欧阳修的《朋党论》《与高司谏书》。在这个时期，中国文化史上出现了著名的"唐宋散文八大家"。"古文运动"在这一历史时期得到了发展。唐宋时期的应用文应用出现了一个高峰期，几乎每一类应用文都有传世之作，仅北宋宋绶的子孙在南宋绍兴年间编纂的《宋大诏令集》中就选录了 3800 多篇(缺卷无目的不计)应用文。其后，辽、金、元、明、清代在应用文应用方面也不断演变。

辛亥革命后，社会有了巨大的变革，从而引起了公文的变革。这一时期是应用文的巨大变革期。

1912 年，南京临时政府颁布了第一个《公文程式》，确立了新的公文体例格式，要求官吏相互称官职，民间相互称先生，并要求用白话文写公文，使用新式标点符号。但当时应用文的撰写者以及阅读对象大都仍受旧文化的影响，使得当时的公文不能与旧公文决裂，因此这一时期的公文仍然是文言文与白话文夹杂，标点符号也较少使用。

中国共产党成立后，很快有了自己的公文体例格式。第一批公文，就是中国共产党全国代表大会所产生的决议、纲领和宣言。1931 年，瞿秋白同志代表中央起草了《文件处理办法》；1942 年，陕甘宁边区政府发布了《新公文程式》，规定了公文种类、行文关系和有关制度，这些都推进了公文改革。

中华人民共和国成立后，为适应全国政权统一和国际交往的需要，中华人民共和国中央人民政府政务院颁布了《公文处理暂行办法》，对公文的草拟、格式、处理程序等作了统一规定，为我国公文体裁的确立奠定了基础。此后，政务院及后来的国务院又发布了一系列文件，使我国公文走上了规范化的道路。1981 年 2 月 27 日，国务院办公厅发布了《国家行政机关公文处理暂行办法》；1993 年，国务院办公厅对《国家行政机关公文处理办法》进行了修订，并于 1994 年 1 月 1 日起施行。2000 年 8 月 24 日，国务院发布了新的《国家行政机关公文处理办法》，于 2001 年 1 月 1 日起施行。2012 年 4 月 16 日，中共中央办公厅和国务院办公厅联合印发了《党政机关公文处理工作条例》(以下简称《条例》)，于 2012 年 7 月 1 日起施行，《国家行政机关公文处理办法》停止执行。

二、应用文的性质和种类

(一)应用文的性质

应用文是党政机关以及企事业单位、社会团体、人民群众，行使管理职能、办理具体事务的文书。它对国家的政治、经济和社会生活的各个领域都有着指导作用，是维护和发展社会主义制度、建设物质文明和精神文明的保障。各级党政机关制发的应用文，都必须用来贯彻和执行党和国家的有关政策，执行国家的法律和法令，丝毫不能偏离党和国家的政治目标和政策轨道。因此，应用文是观点鲜明的文体，是严肃、郑重的文体，是有着充分权威的文体，因此，要求作者必须有严肃认真的态度。

应用文有以下几个特性。

(1) 突出实用性。实用性是实用写作的出发点和归宿，是这类写作的本质属性。应用文之所以不同于文学作品，并且在实用文本中独树一帜，就在于它的实用性。

(2) 恪守真实性。对文中使用的材料要严格把关，保证真实、可靠是应用文的又一特征。

(3) 强调针对性。针对性是指意图清楚，目的明确。一是受众对象明确。二是行文内容针对性强。

(4) 注重时效性。要使应用文在人们的社会实践中更好地发挥工具作用，就不能不注重它时效性强的特点。

(5) 讲究规范性。体例格式的规范性是实用性在形式上的体现。

(6) 追求平实性。应用文的表达心态和接受心态都是求实用、重实效，因此行文内容须简明扼要，表达要清晰流畅，风格上要平易朴实。

(二)应用文的种类

我国的应用文发展历经 3000 多年的历史，种类繁多，分类复杂，目前常用的应用文就有近 200 种。要对这一庞大的系统进行分类，实非易事。到目前为止，应用文还没有权威的分类体系，标准不一，类别相殊。从总体上说，它可分为公务文书和私人文书两大类。我们依据应用文的功能，把应用文大致分为以下类别。

(1) 公务文书。公务文书主要是指 2012 年 4 月 16 日发布的《条例》中所规定的 15 种公文：命令(令)、决定、决议、公报、公告、通告、通知、通报、议案、报告、请示、批复、意见、函、纪要。

(2) 事务文书。事务文书包括计划、总结、调查报告、书信、记录、述职报告等。

(3) 财经文书。财经文书包括经济信息文书、经济合同文书、经济报告文书、市场预测报告等。

（4）法规文书。法规文书包括规章制度、起诉状、答辩状、上诉状、申诉状、公证书、判决书等。

（5）礼仪文书。礼仪文书包括邀约类文书、庆谢类文书、迎送类文书、悼唁类文书等。

（6）传播文书。传播文书包括消息、通讯、特写、广告等。

（7）科技文书。科技文书包括项目申请书、专利申请书、实验报告、科技论文、毕业论文、学术论文等。

三、学习应用文写作的意义

进入 21 世纪，学习应用文写作是社会和时代发展的需要。随着知识经济时代的到来，高校中的各门课程都会重视对学生创造能力的培养，促进学生的个性发展。应用文写作是一门实践性很强的课程，应用文作为记录、传递、储存信息的手段和工具，只有写得准确规范、通畅简洁，才能够有效地发挥作用。

具体地说，学习应用文写作具有以下四个方面的作用。

一是联系交往作用。社会是一个复杂的共同体，群体与群体、群体与个体、个体与个体之间有着各种联系和交往，在现代社会，这种联系和交往越来越密切、频繁，因此，应用文写作已成为实现人际交往的重要桥梁和途径。

二是宣传教育作用。学习应用文写作能够帮助人们认清形势，提高认识，统一思想，协调行动。

三是规范引导作用。用来制定政策、发布法规、指导工作的应用文，在特定范围内对机关、组织以及个人起着规范和指导的作用。

四是资料凭证作用。许多应用文，由于包含了重要的社会信息，在发挥现实效用后，仍具有为历史做证的史料价值。

应用文写作具有自身的特点、规律和方法。学习应用文写作，对于国家的文明与进步，乃至整个人类社会的文明与进步都具有重要意义。

四、学习应用文写作的方法

应用文写作是一项综合性的实践活动，其内容表达涉及多种知识、理论、政策、语言、思维。想要不断提高应用文的写作技能，在日常生活中须注意采用以下方法。

1. 理论联系实际，以理论指导实践活动

应用文写作是一门实用性很强的学科，要注意打好以下几个方面的基础：一是政治思想理论基础；二是文化知识基础；三是业务工作基础。要认真学习和掌握应用文写作理论，用它来指导自己的实践活动。要在理解基本理论、基本原则的同时，深入实际开展调查研究，收集第一手材料，结合实际情况进行写作活动。

2. 多写多练

将应用文知识转化为写作技能，主要依靠有目的、有计划的写作训练。鲁迅先生说过："文章应该怎么做，我说不出来，因为自己的作文，是由于多看和多练习，此外别无

心得和方法。"学习课程必须重视训练，不要怕麻烦，要多吃苦，多学习。写作训练，一要注意练习基本功；二要注意练习具体文种；三要多学习党和国家的方针和政策，培养运用理论分析问题和解决实际问题的能力。

3. 注重语言方面的修养

应用文的语言要做到平实、庄重、简洁、严谨，要讲求语法，注重逻辑的严密性，用语要准确，以一当十，文从字顺，符合体例格式规范。

第二节 应用文的构成要素及其写作要求

一、应用文的观点、材料和结构

观点和材料是文章的两个主要因素，观点和材料的统一是文章的基本要求。对于应用文而言，所谓观点，就是指应用文所发表的主张、态度、看法和所表达的意愿等；所谓材料，就是那些用以说明观点的事实根据。

具体来讲，应用文对观点、材料和结构有以下要求。

(1) 观点既要集中明确，又要切合实际。应用文一般一事一写，即一篇文章所说明或处理的问题一般只有一个，而且提倡什么、反对什么、支持什么、该怎样做、不该怎样做等均要旗帜鲜明，不可模棱两可。当然，任何观点的提出都要符合国家的法律、法规，符合党和政府的方针、政策及有关规定。应用文所表达的意思还要符合生活的实际情况，所提出的方法、要求也要切实可行，不可主观空谈、凭空臆想。

(2) 所引事实或材料要确凿，要有说服力。观点是灵魂，所引事实是观点的根据，没有材料，观点便站不住脚。缺乏材料或材料失当，就不能很好地表明观点。因此，应用文对材料选择的要求是十分严格的。证明某一观点，翔实的材料是必要的，但若只是一味地堆积材料，在应用文的写作中是不可取的。应用文要求以精练、恰当的材料来说明问题。

(3) 应用文的结构，主要是指它的行文格式。总的要求是：完整、连贯、严密。应用文的结构将在文书的具体写作中讲解。

二、应用文的表达方式

(一)表达方式的概念

表达方式就是作者将内容传达出来时所运用的方法和手段。社会生活本身是复杂的，因此，人们对社会生活的认知也需要有各种各样的认识方式和反映方式。这些认识方式和反映方式，在转换为语言进行传达的时候，就是表达方式。

如果反映的对象是事物的运动过程，就需要采用叙述的方式。叙述就是对事件发展变化过程的叙说和交代。

如果反映的对象是事物栩栩如生的外貌和形态，就需要采用描写的方式。描写是将事物的状貌、情态描绘出来，活生生地再现给读者的一种表达方式。

如果表达的对象是作者的思想观点、理性认识，就需要采用议论的方式。议论是对某一事物或问题发表见解，表明自己的观点和态度的表达方式。

如果表达的对象是作者的情感，就需要采用抒情的方式。抒情就是对内心情感的抒发。

如果表达的对象是某种知识，也就是对一个事物或事理的科学认知，就需要采用说明的方式。说明是把事物的形状、性质、特征、成因、关系、功用等解说清楚的表达方式。

(二)应用文常用的表达方式

对一般文章而言，表达方式是文章体裁的重要标志。叙述、描写用得多，就是记叙文；议论用得多，就是议论文；抒情用得多，就是抒情文；说明用得多，就是说明文。

对于应用文来说，所用的表达方式主要是叙述、议论和说明三种，但不能用通常的记叙文、议论文和说明文三大文体的标准去分类。在应用文内部，虽然表达方式有时可作为区分不同文体的参考因素，比如，决议中议论成分比较多，通报中叙事的成分较多，但在多数情况下，应用文对表达方式是综合运用的。在一篇应用文中，叙述、议论、说明三种表达方式常常是水乳交融，无法截然分开的。

1. 议论

议论就是对某一事件或问题发表见解，表明观点和态度，并以充分的材料证明自己观点的正确性。这种表达方式在议论文中运用很多，在公文中也有大量运用。

议论的目的：一是表明观点；二是说服读者。对于一篇文章而言，议论可以使其鲜明、深刻，具有较强的哲理性和理论深度。

(1) 议论的要素。议论有三个要素：论点、论据和论证。在应用文中，这三个要素一般要齐备。

① 论点。论点就是作者对所论事物或问题所持的观点、见解和态度。相对于材料(在议论中就是论据)而言，论点占据着主导地位，它是论据所证明的对象。

论点有中心论点和分论点之分。中心论点就是议论性文章的主题；分论点则是各个层次的中心意思以及各个自然段的段旨句。中心论点和分论点之间是纲与目的关系。分论点是中心论点的从属论点、下位论点，各个分论点都是从不同角度证明中心论点的。

② 论据。论据就是用来证明论点的根据，也就是议论中所使用的材料。如果只有论点而没有论据，就是不完整的议论。离开了论据的证明和支持，论点就无法成立，也说服不了读者。所以，论据是议论的基础。

论据有事实论据和理论论据之分。事实论据指人物、事件、统计数字等；理论论据则是指公理、公式、格言、成语、名人名言等。

③ 论证。论证是用论据证明论点的方法和过程。简单地说，论证就是用论据有效地证明论点，或者说揭示论点与论据之间的逻辑联系。

在一个完整的议论过程中，论点是核心，它是论据和论证证明的对象；论据是基础，它解决用什么去证明的问题；论证是论点和论据之间的桥梁，它实现了整个证明的过程。

(2) 论证的基本方法之一——立论。

立论是指作者对某一事物，首先表明自己的立场观点，然后展开论证的方法。

① 例证法。例证法就是通过列举事实来证明论点的方法。人们最相信的就是眼前的事实，有"事实胜于雄辩"的说法，所以例证法是一种最容易被读者接受、最有说服力的论证方法，也是议论中采用最多的论证方法。

② 引证法。引证法是运用理论论据时所采用的一种论证方法。所引用的，大多是公认的真理、名言、警句，具有一定的权威性，因此也有很强的说服力。在议论性文章中引用马列主义经典语句和孔子、孟子、老子、庄子及西方哲人的名言，就属于引证法。

③ 对比法。对比法就是把两个特征相反的事物或者一个事物截然不同的两个侧面加以比较和对照，目的是使那些彼此不同的性质和特点更加鲜明突出。在应用文写作中运用对比法，可便于肯定先进，否定落后；发扬成绩，纠正错误。

④ 类比法。类比法和对比法都是比较法，但它们的特点很不相同。类比法是将性质、特点相近的事物放在一起比较，从而达到准确认识事物的目的。在应用文写作中，对一些规模、条件彼此相似的单位、企业进行比较的方法，运用得比较普遍。

⑤ 因果推论法。由原因推导结果，或者反过来由结果推导原因的论证方法，就是因果推论法。有些原因必然会导致某种结果；某些结果出现后，我们也不难推导出其产生的原因。

(3) 论证的基本方法之二——驳论。

批驳一个错误观点的论证，叫驳论。以上所说的那些用于立论的方法，也都可以用于驳论。除此之外，驳论还有自己的一些方法。这与议论的三个要素有密切的关系。

① 反驳论点。反驳论点就是运用驳论的方法，直接证明所反驳的论点是错误的。在反驳论点时，采用较多的是例证、引证、因果推论等具体方法。

② 反驳论据。反驳论据就是不直接反驳对方的论点，而是指出对方赖以产生论点的论据不可靠。论据不能成立，它所支持的论点自然不攻自破。

③ 反驳论证。这种方法不直接反驳论点，而是寻找对方论证过程中的逻辑漏洞，从而指出对方的推理不能成立，如指出对方概念不清、偷换概念、自相矛盾等。对方的论证有问题，所得出的结论当然也是不可靠的，这样就达到了驳倒对方论点的目的。

2. 说明

说明是用简明扼要的文字，将客观事物或事理的形状、性质、特征、成因、关系、功用等属性解说清楚的表达方式。按照说明对象的不同，说明可分为对事物的说明和对事理的说明两大类型。

(1) 但凡以某一个客观存在物为说明对象的，都是事物说明。如介绍某一产品、介绍某一组织的历史状况等。

(2) 但凡以抽象的概念或科学道理为说明对象的，都是事理说明。如解释什么是公文、通过宣传有关宇宙形成的原理来说明世界上没有神仙和灵魂等。

3. 叙述

叙述就是对人物的行动或事件的发展变化过程所做的叙说和交代。叙述是写作中运用得最为广泛的一种表达方式。在应用文中，叙述运用得也十分普遍，比如，决议中提供的事实论据，报告中对事件前因后果的汇报，通报中对先进事迹或错误事实的交代，调查报告和总结中对事件和现象的转达，都要使用叙述。

(1) 按照详略程度的不同，叙述可以分为概叙和细叙两种类型。

① 概叙。粗略简练、只介绍事件梗概的叙述叫概叙。它的特点是篇幅不长，语言简明，事实完整，但缺少细节。

② 细叙。细叙就是详细叙述，它所叙述的不只是事件的梗概，还有较多的细节。细叙的特点是详尽具体，篇幅较长。

(2) 按照叙述的时间次序的不同，叙述可以分为顺叙、倒叙、插叙和分叙四种类型。

① 顺叙。顺叙就是完全按照事件发生的时间顺序叙述，先发生的先说，后发生的后说。这是叙述中最常见、最基本的叙述方式，也是最原始的叙述方式。顺叙的优点是线索清楚，层次分明，合乎人们认识事物的习惯，便于掌握也便于理解。公文中的叙述，只求事实清楚、完整，不求新鲜、生动，所以大部分叙述是顺叙。

② 倒叙。倒叙并不是将时间顺序完全颠倒过来叙述，其实质上只是顺叙的局部变化或调整。把事件的结局或事件发展的某一个阶段提到前面先行叙述，然后按时间顺序叙述事件的全过程，这样的叙述就是倒叙。倒叙的优点是能突出结果，造成悬念，吸引人读下去。

③ 插叙。插叙是在叙述时不依时间次序插入其他情节。复杂的事件往往是事件牵起事件，由此物引出彼物。

④ 分叙。对同一时间内发生在不同地方或单位的事件，采用"花开两朵，各表一枝"的方法，分别进行叙述，这种叙述方式就是分叙。分叙在应用文中用得不多，但应当使用时不可不用。例如，表彰性通报在叙述不同单位在事件中的积极作用时，就有可能用到分叙。

三、应用文语言的特点及修改

(一)应用文语言的特点

1. 准确

(1) 认真辨析词义。西方有作家说，要表现一个事物，只有一个名词是准确的；要描绘一种状态，只有一个形容词是准确的；要说明一个动作，只有一个动词是准确的。写作的主要工作之一，就是找到这个准确的名词、形容词、动词。这句话对于文学创作来说未必适用，因为文学语言不循常规，而作家的创造性语言又因其个性和素质的差异而各有特色，很难说哪个词语是绝对准确的。但这句话用于公文写作，倒是比较确切的。

在汉语中，有大量的意义相同或相近的词语，称为同义词或近义词。其实，即使是同义词，细细分辨起来还是有些微妙的差异。例如，"优异""优秀""优良"，这三个词乍看相近，细看则有程度上的区别；"鼓舞""鼓动""煽动"，从动作的方向和力度上看并无差异，但感情色彩却很不相同。因此，写作公文，必须在词语的细微差别和感情色彩上仔细斟酌。

(2) 讲究语法和逻辑。公文写作语言的规范性，体现在句子上就是造句合乎语法规则，合乎逻辑。

首先，句子成分要完整。汉语中完整的句子可能有主语、谓语、宾语、定语、状语、补语六种句子成分。其中，主语、谓语、宾语是主干成分；定语、状语、补语是辅助句子成分。对于每一个句子来说，主干成分是必不可少的，即使省略也有省略的规则，不能任意省略和无故残缺。例如："厂领导的做法，受到了全厂职工的热烈欢迎。对他们联系群众、实事求是的作风给予很高评价。"后一个句子就残缺句子成分。谁给予评价？少了主语，违反了语法规则，意义也就不明白了。

其次，句子中词语之间的搭配要恰当。词语相互搭配在一起，必须符合事理和习惯，否则就是不通。例如："这种精神充满了各个村庄，开遍了全乡的各个角落。"精神无形，说它充满了某一空间，已经十分勉强；又说它开遍了各个角落，更是无稽之谈。改成"精神文明之花开遍了全乡"才算通顺。

最后，造句还要讲究逻辑性。有些句子在语法上没有问题，却出现了种属概念并列、自相矛盾等逻辑错误。例如："他们加强了对团员和青年的思想教育。"团员是青年的一部分，团员和青年是不能相互并列的。又如："把所有农产品都基本上纳入了计划轨道。""所有"表示全部，"基本"表示不完全，它们表述的意义产生了矛盾，读者不知道哪个词语表达的意义是可信的，便会无所适从。

总之，"准确"是应用文语言的基本要求，所列的数字、事例、话语要准确。日常应用文所引用的内容，往往是作出判断、处理事情的依据，因此要反复核对，做到准确无误；引用话语时要写原话，不能任意改动，必要时还要注明出处。除此之外，应用文还要准确地使用标点符号。

2. 简练

用语精确，以一当十。在生活中我们都有这样的体会：有时一两个词句，就能把要说的意思清楚、完整地表达出来；相反，有时说了很多话，要表达的意思却仍然不清楚。

3. 平实

应用文的文风要朴实自然，所讲的事情要符合实际情况，数字要准确无误，办法要切实可行。实事求是是应用文的起码要求，不能为了达到某种目的而夸大或缩小一些真实情况。一句话，写作应用文要做到文实相符、文如其事，来不得半点虚假。要做到实事求是，就必须深入生活，亲自调查，不闭门造车。同时还要熟悉本行业务，学习有关知识，避免因"外行"而抓不住重点，说不到要害。

(二)应用文语言的修改

1. 应用文要做到语言准确

具体来讲，应用文要做到语言准确，就应在词语的选用、句子的使用、修辞格的运用以及行文的要求等方面多加注意。

(1) 词语的选用。说话、写文章都离不开词语，词语是构成句子、篇章最基本的语言单位，所以对词语的选择十分重要。再加上汉语语言词汇相当丰富，表达同样的事情，可以选用不同的词语，因此，选择词语时要注意别错用词义。例如："我们到该木器厂地下室检查时发现，里面陈列着很多套顾客退还的不合规格的组合柜、转角沙发、写字台、皮转椅。"这是一句多处有错的句子，错在有些词语的选用上。这里显然应当将"陈列"改为"摆着"、"放着"或"堆着"；"退还"应改为"退回"；"不合规格"可改为"质量不合格"；而"套"字对组合柜、转角沙发是合适的，用来修饰写字台、皮转椅显然不合适。除此之外，词语的选用还要考虑到不出现词类误用的现象，不出现词语感情色彩不搭配的现象以及产生歧义甚至生造词语等情况。例如："经过反复讨论，五易其稿，我们终于制订出了一个规模庞大的计划。"这句话中的"庞大"要改为"宏大"。再如:"听了××同学的先进事迹后,我们对他刻苦求学,身处逆境仍奋斗不息十分感动。"这句话中的"对……十分感动"应改为"被……的精神所感动"。

(2) 句子的使用。对应用文句子的使用要做到以下几点:少用长句,多用短句;少用整句,多用散句;少用感叹句、疑问句,多用陈述句。选择合适的句子形式可以使读者更好地理解文章的内容,如果长句太多,既易出现病句,也会给人们的理解带来困难;而整句、感叹句、疑问句使用太多,则会使应用文失去其独有的平实、自然的文风,降低其作为应用文的存在价值。除此之外,造句时还要避免出现病句,病句的出现不仅不能正确地表达所要说明的意思,反而会影响所要传递的信息。例如:"参加安全生产知识竞赛的只是该厂职工中的一部分工人。"这个句子应该删去"职工中"三字,同"工人"重复了。再如:"工人们克服了天气干燥、风沙较大、饮水缺乏等问题。"这句话中的"问题"应改成"困难",属于搭配不当现象。

(3) 修辞格的运用。应用文要少用修辞,若确实需要用,则要注意用得恰当、合适,不可滥用。一般来讲,应用文中常用的修辞格有比喻、对比、引用、设问、反问等。应用文是实用性很强的文体,运用语言表达的意思必须确切,因此像"夸张"这种言过其实的修辞格是不能随便用的。"双关"的修辞方式也不适用于应用文。

(4) 行文的要求。应用文的写作目的是以传递信息为主,因此行文务必简洁。具体来讲,简洁主要体现在以下几个方面。

① 文字要简练,篇幅要短小精悍。应用文的写作要惜墨如金,要选用简洁的词语,要删去可有可无的段落,要实话实说,不穿靴戴帽。冗长的文章往往淹没了主题,同时也浪费了阅读时间,降低了办事效率。

② 去掉套话、空话、废话。文字是用来表情达意、传递信息的,如果为写作而写作就会废话连篇。日常应用文更要避免说无用的话,因为读者希望得到的是准确的信息。

2. 应用文语言修改的基本环节

(1) 明确修改的目的和作用。

有人说,"文章是改出来的"。此话不一定全对,但却道出了修改对于文章写作的重要性。古今中外许多作家的写作实践,都很好地证明了这一事实,即好文章、好作品都是经过多次修改而形成的。应用文的写作也须十分注意修改这一环节,只有这样,才能真正写出不错的应用文来。一句话,修改应用文是为了提高质量。

修改应用文也是提高写作能力的重要途径。不要小看应用文的修改,人们在修改应用文时,往往能发现自己的优点和不足,而自己发现自己写作上的优缺点,往往比别人告诉你更能指导自己以后的写作。

(2) 注重修改的态度和方法。

修改应用文,要有耐性,要有正确的认识,思想上要重视。重视修改是改好、写好应用文的心理基础。修改日常应用文,还要有"割爱"的精神。修改的过程也就是删节的过程,"删"才能突出中心,才能去掉一些芜杂和不当的东西。要有勇气对自己的应用文"动手术"。

诵读是修改的一个好方法。写完应用文之后,可以先诵读一遍,看看前后是否连贯,有无写错、漏写的句子，有无逻辑不清的地方。一般来说，对一篇应用文反复诵读之后，何处好、何处有毛病就很清楚了。

请别人修改也是修改应用文的一种重要方法。听听别人的意见，会大大提高修改的质量。自己由于局限于某种条条框框，往往在经过修改之后，很难再发现什么问题，所以此时请别人修改往往会有意想不到的收获。

(3) 把握修改的基本过程。

修改应用文，首先要从内容修改做起。应用文的阅读对象相对固定，目的性强，无论是反映情况、说明问题、交流信息、总结经验还是提出建议，其主要部分都是内容。修改内容方面就是要看该写的是否全写进去了，是否写清楚了。

格式规范是应用文的一大特点，除了对内容的修改外，还要看应用文的格式是否正确。日常应用文种类繁多，格式也有区别。有的有称呼、署名，有的没有。同是条据类，借条、领条、留言条的格式也有区别。在格式上出现问题一般是初写应用文的人常犯的毛病，因此要依据范文，对照修改。

另外，还要注意对词句、标点符号等的修改。修改的一般方法可以概括为"增、删、改、调"四种。"增"，就是增加、补充有关内容，增补某些修饰文字；"删"，就是对某些材料或语句进行必要的删减；"改"，就是对原文的语言进行必要的润色和锤炼；"调"，就是对结构顺序或某些词句进行逻辑或表达上的调整。

思考与练习

1. 简述应用文产生、发展的历程。
2. 简述应用文的性质和种类。
3. 简述应用文的观点和材料之间的关系。
4. 应用文的表达方式具体是怎样体现的？

第二章 公务文书写作

学习要求

识记公务文书的概念、特点、种类；了解命令(令)、议案、意见、决定、决议、公报、公告、通告、通知、通报、报告、请示、批复、函、纪要等文书的概念、特点和种类；明确公文的格式；掌握各种行政公文的结构和写法。

第一节 概　　述

一、公务文书的概念

从广义上来说，公务文书包括机关、团体、企事业单位在公务活动中使用的、具有一定格式的各类文书。这里介绍的是狭义的公务文书，仅指国家行政机关的公文。

狭义的公务文书是国家行政机关在行政管理过程中所形成的具有法定效力和规范体例格式的行政公文的统称。行政公文是依法行政和进行公务活动的重要工具。具体地说，行政公文就是传达、贯彻党和政府的方针、政策，发布行政法规和规章，施行行政措施，请示和答复问题，指导、布置和商洽工作，报告情况、交流经验的主要工具。

二、行政公文的特点

(1) 政策性。行政公文是党的机关和国家行政机关行使管理职能、办理具体事务的重要工具，对国家政治、经济和社会生活的各个领域都有着指导作用，是维护和发展社会主义制度、建设物质文明和精神文明的保障。各级党的机关和国家行政机关制发的公文，都必须用来贯彻、执行党和国家的有关政策，执行国家的法律和法令，丝毫不能偏离党和国家的政治目标和政策轨道。因此，公文是观点鲜明的文体，是严肃庄重的文体，是有着充分权威的文体，这就要求作者必须具有严肃认真的态度。

(2) 实用性。行政公文是用来处理公务的文书，所以它总是根据现实需要、针对实际问题而制发，有着明确的写作目的，具有很强的实用性。

(3) 可靠性。行政公文所涉及的事实以及所引用的材料和数据必须真实可靠，不得有任何虚假和错漏。内容真实、准确是公文写作最基本的原则。一般文章写作中的虚构手法，在公文中不能使用；合理想象、添枝加叶、移花接木的方法，同样也不能使用。因此，公文写作一定要核准事实和数据，确保材料的可靠性。

(4) 定向性。行政公文都是由某一特定机关制发的，并且大部分是写给特定对象阅读的，作者与读者之间有具体、明确的对应关系。公文的这种定向性特点使写作有着很强的针对性。

(5) 时间性。行政公文所针对的问题，总是存在于特定的时间范围内，一旦时过境迁，公文的实用价值也会随之丧失。所以，公文的写作、传递和办理，都要求迅速及时。

(6) 规范性。为了更方便、更有效地办理事务，公文形成了自身特有的办理程序和写作格式。中共中央办公厅和国务院办公厅对公文的种类、用途、文面格式都作了统一规定。另外，多数常用文种在结构、用语等方面也有着约定俗成的程式。

三、行政公文的作用

(一)颁布法规

大到国家的宪法及刑法、民法、诉讼法等各种法律，小到办理某一具体事务的规定、办法，在制定出来后，都要通过行政公文予以颁布实施。对于党的公文来说，条例、规定等就是用来发布党内的规章制度和行为规范的公文文种。行政法规一经发布，任何人都不得违反。党的规章制度和行为规范，对党组织的所有成员都具约束作用。目前，我国正在努力完善法治建设，因此，需要在人民群众中开展深入的普法教育，公文在这方面的作用也日益强化。

(二)指挥管理

在党政公文中，命令(令)、决定、决议、指示、批复等文种，就属于指挥、管理性的下行公文。这些公文一经下发，下级机关就必须执行。大到国家机器的运转，小到一个企事业单位内部工作有秩序的开展，都与公文的指挥管理作用密切相关；离开了公文的这一作用，各方面的管理工作就会陷入混乱状态。因此，我们应该意识到，相当多的公文的起草、定稿过程，实质上就是管理工作的实施过程。

(三)交流信息

下行文中的公告、通告、公报、通知、通报，都是为了上情下达；上行文中的汇报是下情上达；公文中的函是友邻单位互通情况。有了公文作为信息流通的渠道，上下级机关就能做到耳聪目明，不至于闭目塞听。

(四)宣传教育

行政公文中的决议、公报、公告、通报等文种，还有着很明显的宣传教育作用。其中有些针对现实生活中普遍存在的某一问题或认识上的偏差，摆事实，讲道理，进行启发、诱导，使大家明白应该确立什么立场、应该坚持什么原则，进而知道自己应该做什么及怎样做。

(五)商洽协调

很多工作，单凭一个单位是很难顺利完成的，往往需要相关单位给予配合、帮助。这样，地区与地区、单位与单位、团体与团体之间，就需要加强联系，互相协商，互相帮助，统一协调工作。公文实现这一功能的主要文种是"函"，它可以在没有隶属关系的机关之间进行沟通和协调，使各个机关形成一个有机的整体，协同处理、协作完成某项公务。

(六)凭证依据

上级发布的下行文,是下级机关开展工作的依据;下级上报的公文,是上级决策的依据;一个机关自己制作的公文,是自己履行职能、开展工作的真实记录和凭证。在日常的工作中常会遇到这样的情况:对一个具体的事务该如何处理没有把握,就查找相关的公文,看上级或有关职能部门在这方面有哪些规定,然后按照规定执行。对某次会议的有关情况不够了解,就查找那次的纪要,即可获得清晰可靠的材料。这些都是公文作为依据和凭证作用的具体表现。因此,许多重要的公文,都需要归档保存很长时间,以便需要时查找。

四、行政公文的种类

《条例》将现在应用的行政公文的种类主要分为命令(令)、决定、决议、公报、公告、通告、通知、通报、议案、报告、请示、批复、意见、函、纪要,共计15种。

五、行政公文的格式

具有特定的格式是行政公文区别于其他文种的一个显著特点。这种特定的格式,是保证公文的合法性、有效性、正确性、完整性的重要条件,绝不是可以随意取舍、变更的单纯形式。在起草公文文稿时,必须遵循其特定格式,不得标新立异、自行其是。

(一)公文的书面格式

根据《条例》的规定,行政公务应用文的格式一般由版头(发文机关标志)、标题、发文字号、签发人、秘密等级、紧急程度、主送机关、正文、附件说明、发文机关署名、成文日期、印章(公文生效标志)、附注、主题词、抄送机关、印发机关和印发日期16个项目构成,各项目要素的内涵和撰制要求在《条例》中都有明确的规定,现综述如下。

1. 版头

公文的版头(发文机关标志)由发文机关全称或规范化简称加"文件"二字组成,党务公文的版头也可用发文机关全称或规范化简称加括号标明文种组成。版头均用套红大字居中印在公文首页上部。联合行文时,版头可单独用主办机关名称,也可以并用联合发文机关名称。在民族自治地区,发文机关名称可以并用自治民族的文字和汉字印刷。字下3行左右距离处有一条红色分隔线,一颗小红五角星居于线中将线平均分为左右两段。

2. 标题

公文的标题一般由发文机关名称、发文事由、文体种类名称(简称文种)三个要素组成,比如,《国务院关于开展全国物价大检查的通知》这一标题,表明这份公文的发文机关是国务院,发文事由是开展全国物价大检查,采用的文种是通知。这种三个要素齐全的规范化标题,使收文者一看便知公文来自什么机关、涉及什么事项、属于哪类文件,从而为公文处理工作提供了很大的便利。而一些内容单纯、文字简短的公文,如命令(令)、公告、通告等,可以适当简化标题。

公文标题中的发文机关名称一般要写全称。发文机关名称若要简写，必须是众所周知的简称，不得随意简化，以免引起公文处理上的混乱。联合行文时，应将主办机关排在前面，其余机关依其与公文关涉事项的关系逐次排列。发文事由通常是由介词"关于"和一个能高度概括公文关涉事项或问题的词组共同组成一个介词结构来表述的，在公文标题的语言结构中充当文种的定语，要求概括得准确精当，能使人一目了然，不致产生歧义。文种是根据行文目的、行文关系和公文内容的需要，结合各文种的作用、功能确定的，必须选用准确，不得混用。对于某些在时间上有特定要求、功能效用上有特定限制的公文，应在文种名称前冠以相应的定语予以强调或提示，如"紧急通知""补充报告"等。标题中除法规、规章名称应加书名号外，一般不用标点符号。标题在红色分隔线下空两行位置，使用2号小标宋体字，可分一行或多行居中排列。

3. 发文字号

发文字号是公文的特殊标志之一。它的作用在于，为检索和引用公文提供专指性较强的代号，为公文的统计、收发、管理和使用提供方便。下行文发文字号居中，上行文发文字号居左空1格。

除命令(令)、公告等极少数公文的字号比较特殊外，其他公文的字号均由机关代字、年份和序号三个要素组成，如"国发〔2018〕1号""中办发〔2018〕14号"。这三个要素的顺序不能颠倒，年份应写全并置于六角括号内。联合行文时，只标注主办机关的发文字号。发文字号用3号仿宋体字。

4. 签发人

签发人即代表发文机关审核并签字发布公文的领导人。一般在发文字号的右侧注明"签发人"三字，"签发人"用3号仿宋体字，后加全角冒号，冒号后用3号楷体字。标注签发人姓名，右边空1格。公文注明签发人的作用是表明本份公文的具体负责者，强化公文质量，同时为直接联系工作、迅速有效地询问和答复有关问题提供方便。

5. 秘密等级

秘密等级是根据公文内容涉及机密的程度，按照有关保密法规而划定的等次级别标志，一般标注在公文首页左上角。秘密等级分为绝密、机密和秘密三级。秘密等级要划分得准确恰当，标注要鲜明醒目，划分过宽、过严或标注不明会导致失密或造成传递、处理上的负担。

凡属秘密公文，还须逐份编制，加注印刷序列号码。秘密等级一般用3号黑体字标注。

6. 紧急程度

紧急程度是发文机关根据公文内容对公文送达和办理的时间等要求所做的标注，其作用在于维护公文的时效性，避免延误公务。紧急程度一般用3号黑体字标注。

公文按紧急程度分为平、加急、特急三类。平件一般可不作标注，急件和特急件则应分别在醒目位置注明"加急"或"特急"。党的机关用电报形式发布的紧急公文，分为特提、特急、加急、平急四类，应根据具体情况分别标明。

7. 主送机关

主送机关即主要受理公文的机关，也就是主办或答复本公文关涉事项或问题的受文机关，是公文发送的直接对象。主送机关要求在正文上方居左顶格书写、排印。

公文的主送机关有三类。一是上级机关。向上级机关报送的请示、报告等公文，一般只能有一个主送机关，不能多头主送。如须同时报送另一个上级机关，则可以用"抄送"的形式，以免造成责任不明，延误公务。二是下级机关。发送给某一特定下级机关的公文，如批复等，主送机关只写一个下级机关的名称；发送给所有下级机关的通知、通报等普发性公文，要写所属机关的通称。三是平行机关，即与发文机关同属一个组织系统的同级机关或不具有隶属关系的任何机关。当有公务需要与平行机关商洽联系时，主送机关便直接写该平行机关的名称。公告、通告等公开发布的公文，可不写主送机关。

8. 正文

正文是公文的主体，是容纳公文具体内容的地方，因而成为公文最重要的部分。

正文内容要准确地传达党和国家的有关方针、政策，实事求是，有的放矢，明确具体；写作上要力求条理清楚、简洁规范，切忌杂乱分散、拖沓冗长。除综合性内容的公文外，一般要求一文一事，以便于分送和处理。

正文的具体结构形式和写法因内容、文种、行文关系、发文目的的不同而有所差异，应根据具体情况，结合各种因素恰当处理。写正文时，每自然段在段首左空两格，回行顶格。数字、年份不能回行。

9. 附件说明

凡带有附件的公文，应在正文下方空一行设立附件栏，用"附件"二字领起，然后写明附件名称。附件不止一件时，应分行写明，并用序码在名称前标明其顺序。附件即随文发送的其他文件、报表及有关材料等。它是某些公文的一个重要组成部分，甚至是发文的主要缘由，切不可因其是附件而视为可有可无。

10. 发文机关署名

发文机关是指制发公文并对公文负责的机关。发文机关署名用发文机关的全称或规范化的简称标识，因其标识位置在正文下方偏右而称落款。联合行文时，应将主办机关排在前面，其余机关按与公文关涉事项的关系逐次排列。按照有关规定以机关首长名义发布的公文，落款处应写明机关首长的职务和姓名。

11. 成文日期

成文日期即公文最终成文的具体日期，一般以发文机关负责人的签发日期为准。联合行文的，以最后一个签发机关的签发日期为准；会议通过的公文，以会议通过的日期为准。不能把成文日期理解为公文发出日期或初稿写成日期，更不可随意写个日期作为成文日期。

成文日期必须采用公元纪年；年份要写完整，不可简化；月、日要写齐全，不可随意省略；要用汉字表示，"零"写为"〇"。成文日期右空4格。

12. 印章

印章是证明公文作者的合法性并对公文生效负责的凭证,是发文机关权力的象征。印章文字要与发文机关名称完全符合,否则不具有法律效力。

印章的加盖位置在发文日期中间。联合行文时,其余机关的印章盖在主办机关印章的两侧。印章的加盖必须清晰、端正。加盖印章应上距正文 1 行之内。有"附件"的,应盖在"附件"内容的右下方,距"附件"正文 1 行之内。不留过大空白是为了防止变造公文。

领导机关大批印发的公文,已按规定格式专门印有文件版头,并经机要通道传递,可以不盖印章;在报刊上公开发布的公文和随文上报下发的纪要,也不必加盖印章。但这些公文依然合法、有效。

13. 附注

附注是指关于公文印制份数、份号(印制份数顺序号)、发送、传达范围等内容的说明性文字。有些单位的打印文件还标明打字、校对人员的姓名,以示负责。

公文是否需要标示附注及附注项目多少的设置,应视具体内容而定。一般来说,秘密公文要编列份号,并在秘密等级上方标注;发送、传达范围应加括号标注;其余需要附注的内容在公文正文末页下端分行标注,一行一项内容,行间用横线隔开。无保密要求的公文只在正文末页下端标出需要说明的内容即可。附注用 3 号仿宋体字,用圆括号括入,左空两格,标注在成文日期左下方。

14. 主题词

主题词是揭示公文内容特性和归属类别的关键性词语,同时也是用现代化、自动化办公设备进行公文处理和管理的信息符号,具有主题性和技术性的两重特点。

公文的主题词一般由 3~5 个词或词组组成,选词范围应控制在《国务院公文主题词表》之内。这些词或词组虽然一般不用考虑语法结构的规则,也不一定能表达一个完整的意思,但必须能够准确、无误地反映出公文的内容特征和归属类别,并具有明显的层次性,比如,《国务院关于严格审批和认真清理各类开发区的通知》一文的主题词"审批 清理 开发区 通知",第一层次"审批 清理"高度概括了公文的内容实质;第二层次"开发区"点明了公文的关涉对象;第三层次"通知"则显示了公文种类。

主题词在标识时用比正文大一号的黑体字由左至右排列,居左顶格标识,其后标全角冒号,词与词之间空一字,不必使用标点符号。

15. 抄送机关

抄送机关即除主送机关之外,还需要知晓公文内容或协助办理公文关涉事项的其他上级、下级和不相隶属机关。

抄送机关的范围应根据公文内容、发文目的和隶属关系严格掌握,认真确定,既要避免该送而漏送,贻误公务,又不可不分情况,乱报滥送。

抄送机关名称应标注在主题词下方。在主题词下一行,左右各空一字,用 4 号仿宋体字标识"抄送"。

16. 印发机关和印发日期

印发机关是印制公文的主管部门，一般应是各机关的办公厅(室)或文秘部门，也可标识发文机关。印发日期以公文付印的时间为准。其位置是，在抄送机关下 1 行，印发机关左空一字，印发时间右空一字，用阿拉伯数码标识，两者须共占一行。

(二)公文的排版规格与印刷装订要求

1. 公文排版的规格

正文用 3 号仿宋体字，文中如有小标题，可用 3 号小标宋体字或黑体字，一般每页排 22 行，每行排 28 个字。

2. 公文制版的要求

版面干净无底灰，字迹清楚无断画，尺寸标准，版心不倾斜，误差不超过 1 mm。

3. 公文印刷的要求

双面印刷；页码套正，两面误差不得超过 2 mm。黑色油墨应达到色谱所标 BL100%，红色油墨应达到色谱所标 Y80%、M80%。印品着墨实、均匀；字面不花、不白、无断画。

4. 公文的装订要求

公文应左侧装订，不掉页；包括本公文的封面与书芯不脱落，后背平整、不空。两页页码之间误差不超过 4 mm。骑马订或平订的订位为两钉外订眼距版面上下边缘各 70 mm 处，允许的误差为±4 mm。平订钉锯与书脊间的距离为 3～5 mm；无坏钉、漏钉、重钉，钉脚平伏牢固；后背不可散页明订。裁切后的成品尺寸误差为±2 mm，四角成 90°，无毛茬或缺损。

5. 公文的用纸要求

我国公文用纸由长期以来一直沿用的 16 开型改为国际标准 A4 型纸后，对公文的页边与版心尺寸也做了新的规定，具体如下：

(1) 公文用纸天头(上白边)为 37 mm±1 mm。
(2) 公文用纸订口(左白边)为 28 mm±1 mm。
(3) 版心尺寸为 156 mm×225 mm(不含页码)。

附：公文页面样式

(1) 下行文首页格式(见图 2-1)。

图 2-1 下行文首页格式

(2) 上行文首页格式(见图 2-2)。

0001
机　密
特　急

□□□文件

×发〔××××〕××号　　　　签发人：×××

关于××××工作的请示

……：
……………………………………
……………………………………
……………………

图 2-2　上行文首页格式

(3) 公文末页格式(见图 2-3)。

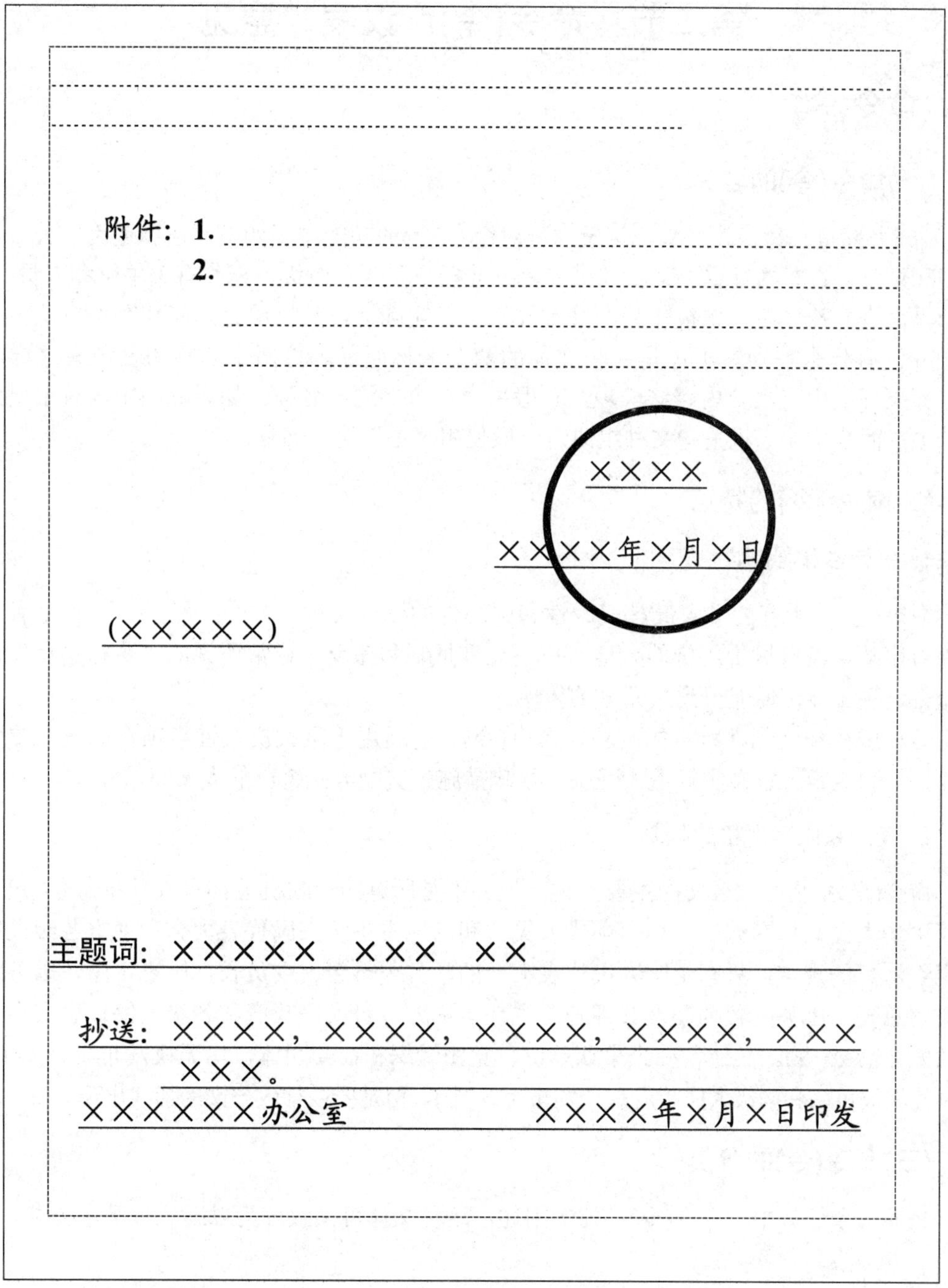

附件：1.
      2.

××××
××××年×月×日

(×××××)

主题词：××××× ××× ××

抄送：××××，××××，××××，××××，××× ×××。

××××××办公室   ××××年×月×日印发

图 2-3 公文末页格式

第二节 命令(令)、议案、意见

一、命令(令)

(一)命令(令)的含义

命令(令)是一种行政公文,《条例》对命令(令)的功能作了如下阐述:适用于公布行政法规和规章、宣布施行重大强制性措施、批准授予和晋升衔级、嘉奖有关单位和人员。

"命令"和"令"曾被作为两种文体看待,实际上,从性质、功能和写作方法上看,它们并没有什么差别,不过是一种文体的两个名称而已。这两个名称的使用有这样的规律:如果标题中有主要内容这一项,一般用"命令"这一名称;如果标题中没有主要内容这一项,而是由发令机关加文种组成,一般使用"令"这一名称。

(二)命令(令)的特点

1. 权威性和强制性

命令(令)是所有公文中最具权威性和强制性的下行文种。命令一经发布,受令者就必须绝对服从,没有讨价还价的余地,更不允许抵制和违反。通常所说的"令行禁止",通过命令这种文体,便能得到最充分的体现。

受权威性和强制性特点的制约,命令(令)只能适用于重大决策性事项,如发布重要的行政法规和规章、宣布实行重大强制性行政措施、奖励成就突出的人员等。

2. 使用权限有严格的限制

命令(令)虽是行政公文的主要文体,但并不是所有的行政机关都有权发布命令(令)。按照《中华人民共和国宪法》和《中华人民共和国地方各级人民代表大会和地方各级人民政府组织法》的规定,只有全国人民代表大会的常务委员会、委员长,国家主席,国务院和国务院总理,国务院各部委及其部长、主任,地方各级人民政府和各级人民代表大会,才有权发布命令(令)。其他各种企事业单位、党团组织和社会团体,均无权发布命令(令)。党的领导机关可以和同级人民政府联合发布命令(令),但是要以行政公文的形式出现。

(三)命令(令)的分类

按照《条例》中对命令(令)功能的阐述,这种文体可大致分为以下三种基本类型。

1. 公布令

公布令是依照有关法律公布行政法规和规章的命令。例如,2000年中华人民共和国教育部令(第8号)、中华人民共和国民政部令(第18号)、中华人民共和国司法部令(第56号)各一则,分别发布了《中小学校长培训规定》《民办非企业单位登记暂行办法》《未成年犯管教所管理规定》。

公布令一般由四个方面的内容组成:发布对象、发布依据、发布决定和执行要求。公布令篇幅短小，言无虚设，四个方面的内容并不各自独立成段，而是篇段合一。

2. 行政令

宣布即将施行重大强制性行政措施的命令，称为行政令。例如，1983年4月13日国务院发布的《国务院关于严格保护珍贵稀有野生动物的通令》，就是典型的行政令。

属于行政令的还有动员令(如1949年由毛泽东、朱德联合签署的《向全国进军的命令》)、特赦令(如1959年由刘少奇签署的《中华人民共和国主席特赦令》)、戒严令(如1989年3月7日由李鹏签署的《国务院关于在西藏自治区拉萨市实行戒严的命令》)等。

3. 奖惩令

奖惩令就是用来奖励和惩戒有关人员的命令，有嘉奖令和惩戒令两种类型。

嘉奖令是奖励的最高级别，用于奖励贡献突出的个人或集体，如《国务院对胜利粉碎劫机事件的民航杨继海机组的嘉奖令》(1982年8月12日发布)、《国务院、中央军委关于授予钱学森同志"国家杰出贡献科学家"荣誉称号的命令》(1991年10月14日发布)。嘉奖令由先进事迹、性质和意义、奖励项目、希望和号召四部分组成。惩戒令由错误事实、错误性质、惩戒项目三部分组成，在实践中很少使用。

(四)命令(令)的结构及写作要求

1. 标题

命令(令)的标题有以下三种构成形式。

(1) 由发令机关名称、主要内容和文种构成，如《中华人民共和国国务院关于发行新版人民币的命令》。

(2) 由发令机关名称或发令人身份加文种组成，如郑州市人民政府令、中华人民共和国主席令。

(3) 由主要内容加文种组成，如《向全国进军的命令》，这种形式应用得较少。

2. 正文

公布令、嘉奖令的结构和内容，前文已有介绍，这里着重介绍行政令的写法。

行政令的正文按照公文的常规格式进行写作，由开头、主体、结尾三部分组成。

(1) 开头部分主要写发布命令的原因、根据、目的、意义等。作为开头部分，原则上不宜过长，但有时因原因复杂、意义重大，也可以用较多文字进行表述，如《向全国进军的命令》，开头部分就占了全文的1/2左右。

(2) 主体部分是全文的核心，主要写命令事项，也就是要求受命者做些什么、怎么做、做到何种程度等。这部分内容较复杂，层次较多，一般需要分条表达，以便条理清楚。

(3) 结尾部分主要用来写执行要求，如由何单位负责执行、从何时起开始执行等。这部分内容较单纯，篇幅短小。

【例文】

中华人民共和国主席令

第一号

根据中华人民共和国第十四届全国人民代表大会第一次会议的决定，任命李强为中华人民共和国国务院总理。

中华人民共和国主席　习近平
2023 年 3 月 11 日

(资料来源：摘自 2023 年 3 月 12 日《寿光日报》)

中华人民共和国主席令

第一〇七号

《全国人民代表大会常务委员会关于修改〈中华人民共和国工会法〉的决定》已由中华人民共和国第十三届全国人民代表大会常务委员会第三十二次会议于 2021 年 12 月 24 日通过，现予公布，自 2022 年 1 月 1 日起施行。

中华人民共和国主席　习近平
2021 年 12 月 24 日

(资料来源：新华社 2021-12-24 20:21)

二、议案

(一)议案的含义

议案是行政公文。《条例》对议案的功能给予下列阐述：适用于各级人民政府按照法律程序向同级人民代表大会或者人民代表大会常务委员会提请审议事项。

在公文的实际运用中，议案的使用范围要大于上述限定。《中华人民共和国全国人民代表大会组织法》第十六条和第十七条规定："全国人民代表大会主席团，全国人民代表大会常务委员会，全国人民代表大会各专门委员会，国务院，中央军事委员会，国家监察委员会，最高人民法院，最高人民检察院，可以向全国人民代表大会提出属于全国人民代表大会职权范围内的议案。""一个代表团或者三十名以上的代表联名，可以向全国人民代表大会提出属于全国人民代表大会职权范围内的议案。"《中华人民共和国地方各级人民代表大会和地方各级人民政府组织法》第二十二条规定："地方各级人民代表大会举行会议的时候，主席团、常务委员会、各专门委员会、本级人民政府，可以向本级人民代表大会提出属于本级人民代表大会职权范围内的议案……"这些显然超出了国务院办公厅的职权范围，在《条例》中不可能给予表达。所以，《条例》中对议案所下的定义，仅限于各级政府向同级人大及其常委会提出的议案。

政府向人大提出的议案、非政府机关向人大提出的议案、人大代表联名向人大提出的议案是议案的三种不同类型。这里重点介绍政府向人大提出的议案。其他议案与政府议案在体例格式上并无太大差异,可仿照制作。

(二)议案的特点

1. 主体的法定性

按照国务院办公厅的规定,只有各级政府才能向同级人民代表大会提出议案。即使参照全国人大组织法和地方组织法的规定,对议案做广义的理解,有权提出议案的仍然是少数的法定机构。党团组织、社会团体、政府各部门、企事业单位等,都无权提出议案。因此,议案这种文体在基层很少使用。

2. 内容的特定性

《中华人民共和国宪法》和《中华人民共和国全国人民代表大会组织法》规定,议案的内容必须是属于人民代表大会及其常务委员会职权范围之内的事项。超出人民代表大会职权范围的议案,不会被人民代表大会接受。

3. 适时性

议案必须在各级人民代表大会或其常务委员会举行会议期间提出,否则也不会被列为议案。

4. 必要性和可行性

适合提交人大会议审议的事项,必然是重要事项,而且议案中提出的方案、办法、措施,也必须是切实可行的,才有可能获得通过。因此,针对性、必要性、务实性、可行性,都是议案必须具备的特性。实事求是、脚踏实地、符合人民群众的意愿和要求,都是撰写议案的基本原则。

(三)议案的分类

1. 立法性议案

立法性议案主要是在两种情况下使用:一是政府机构制定了某项法律或法规之后提请人大审议通过时;二是建议、请求某行政机构制定某项法规时。前者如《国务院关于提请审议〈中华人民共和国著作权法(草案)〉的议案》;后者如《关于尽早制定我省普及九年制义务教育实施条例的议案》。

2. 重大事项的决策性议案

关于财政预算决算、城乡发展规划、重大工程上马以及政治、经济、文化、教育、科技、卫生等领域的重大事项的决策,需要提请人民代表大会审议批准时使用的议案,属于重大事项的决策性议案,如《国务院关于提请审议兴建长江三峡工程的议案》《沈阳市人民政府关于组织动员全市人民综合治理开发建设浑河沈阳城市段的议案》。

3. 任免性议案

行政机关向权力机关提请任命、免去或撤销行政机关工作人员职务,请求人民代表大会审议批准的议案,就是任免性议案,如《国务院关于提请××等同志职务任免的议案》。

4. 建议性议案

以行政部门的身份向权力部门提出建议,也可以使用议案。这种议案与建议报告相似,供人民代表大会审议、采纳。

(四)议案的结构及写作要求

1. 标题和主送机关

议案的标题采用常规公文标题模式,一般有两种写法:一种是由发文机关+案由+文种组成;另一种是省略发文机关,由案由+文种组成。前者如《××市人民政府关于提请审议〈××市乡镇企业条例〉的议案》;后者如《关于提请审议修改后的国务院机构改革方案的议案》。议案标题一般不能采用发文机关+文种或者只有文种的写法。

议案的主送机关,只能是同级人民代表大会或其常务委员会,二者只能择一而行,不能有其他并列机关。主送机关要采用全称或规范化简称,不得随意简化。

2. 议案的正文

(1) 案据。议案的第一部分叫作案据,顾名思义,这部分要提供提出议案的根据。由于内容不同,这部分的篇幅长短在不同议案中会有很大差异。下面是《沈阳市人民政府关于组织动员全市人民综合治理开发建设浑河沈阳城市段的议案》的案据部分。

浑河是辽宁省第二大河流,流经沈阳规划城市段50公里。长期以来,由于种种原因,浑河沈阳城市段河槽乱采乱挖,河障杂乱繁多,不仅直接影响城市防汛安全,而且严重污染城市环境。为了认真贯彻国家关于浑河综合治理的重大决策,提高城市防洪能力,缓解地表和地下水缺乏的矛盾,促进生态平衡,改善城市功能,适应改革开放和市场经济发展的需要,建设高科技、大生产、大流通、现代化、国际化的沈阳,根据外地经验和近几年的充分准备,组织动员全市人民对浑河进行综合治理和开发建设的条件已经成熟。为此,市政府向市十一届人大第三次常委会提出议案,请大会审议并做出相应的决议。

这个案据和常规的根据、目的、意义式的公文开头很接近。有时,案据部分的内容很复杂,文字也很多。如《国务院关于提请审议兴建长江三峡工程的议案》,案据部分超过全文的一半,对于这样一个耗时耗资十分巨大的工程,将理由阐述得充分一些,是很有必要的。有时案据也可以写得很简短。

(2) 方案。方案部分,就是对提请审议的事项或问题提出解决的途径、方法的部分。如果是提请审议已制定的法律法规,解决问题的方案就在法律法规之中,这部分只需写明提请审议的法律法规的名称即可,但要把法律法规的文本作为附件。如果是任免性议案,要将被任免人的姓名及拟担任的职务写明。如果是提请审议重大决策事项的,要把决策的内容——列出,供大会审阅。如果是建议采取行政手段解决某方面问题的,要把实施这一行政手段的方案详细列出,以便于审议,不能只指出问题,而没有解决问题的方案。

(3) 结语。结语是议案的结尾部分,主要用于提出审议请求,一般采用模式化写法,言简意赅。例如,"这个草案已经市政府同意,现提请审议"。

3. 签署和日期

一般行政公文，最后签署的都是发文机关的名称，而议案有所不同，要由政府首长签署。国务院提交给全国人大的议案，要由总理签署；各省、直辖市、自治区提交给同级人民代表大会的议案，要由省长、市长或自治区主席签署。

日期格式与一般行政公文相同。

【例文】

例文的内容请扫描右侧二维码。

关于批准蚌埠市与兰州市
缔结友好城市的议案.pdf

三、意见

(一)意见的含义

《条例》将意见列为公文的主要文种之一，对其功能给出了如下解释：意见适用于对重要问题提出见解和处理办法。

2001 年施行的《国家行政机关公文处理办法》在主要公文种类中新增了"意见"这一文体，对其功能的表述与《条例》中基本一致。以前行政公文的 12 类 13 种主要文体中没有"意见"，但这并不是说行政公文就不使用意见这种文体。事实上，行政机关也经常使用意见来传达有关指示，布置某些工作。例如，2000 年 2 月 20 日出版的第 5 号《中华人民共和国国务院公报》，就刊登了三篇意见，其中有两篇是作为通知的转发或发布对象出现的。建设部等 6 家单位制定的《关于工程勘察设计单位体制改革的若干意见》，由国务院办公厅向全国各省、自治区、直辖市及各部委等作了转发。教育部制定的《关于新时期加强高等学校教师队伍建设的意见》，是教育部自己用通知的形式发布的。还有一篇是教育部的《关于进一步加强中小学教育技术装备工作的意见》，它是以独立公文的形式直接向各省、自治区、直辖市教委、教育厅发布的，发文字号是"教基〔1999〕11 号"。

(二)意见的特点

1. 指导性

意见虽然在文种的字面含义上没有指示、批复那样明显的指导色彩，只是对某一工作提出意见以供参考，可实际上它也是指导性很强的一种文体。之所以不采用指示等指导色彩强的文种行文，主要有以下原因。

(1) 为体现党政分开的原则，党的机关在涉及政务时不宜采用指示等文种。

(2) 有关部门虽然对下级同类部门有业务指导权，但并没有行政领导权，采用指示显然没有采用意见更合适。

(3) 意见的内容业务性强、规划性强、组织性强，而这些内容采用较生硬的文种不如采用意见这样较委婉的文种更合适。

尽管如此，意见对受文机关来说，仍然具有较强的约束性，下级机关要遵照执行。

2. 针对性

意见有着较强的针对性。它总是根据现实的需要，针对某一重要的问题提出见解或处理意见。例如，我国自提倡开展素质教育以来，中小学的现有教育技术装备明显不能适应素质教育的需要，教育部就及时提出了《关于进一步加强中小学教育技术装备工作的意见》。又如，党内的民主生活会质量有待提高，中央纪委、中央组织部及时下发了《关于提高县以上党和国家机关党员领导干部民主生活会质量的意见》。这些意见对于解决当时存在的问题，起到了积极的作用。

3. 原则性

意见通常不是具体的工作安排，而是从宏观上提出见解和意见，要求受文单位结合具体情况，参照文件中提出的精神来办理。下级机关在落实意见精神时，比执行指示有更大的灵活处理的余地。

(三)意见的分类

1. 规划性意见

规划性意见是对某一时期的某一方面的工作提出的大体构想。它的特点是适用时期长，内容宏观化、整体化，类似于规划、纲要等计划性文体。它指示了一个时期内某项工作的要点、原则和努力的方向，但一般没有具体的方法和措施。教育部在 1999 年 8 月 16 日用通知的形式印发的《关于新时期加强高等学校教师队伍建设的意见》，就是一个面向 21 世纪的宏观化、纲要化的意见。

2. 实施意见

实施意见一般是为贯彻落实某一重要决定或中心工作所制订的实施方案，它重在阐发上级的有关精神，以使下级单位对上级的文件精神有更深入的理解，同时会提出较为具体的行动方案和工作安排，如《中共河南省委、河南省人民政府关于贯彻〈中共中央、国务院关于深化教育改革全面推进素质教育的决定〉的实施意见》(豫发〔1999〕28 号)。

3. 具体工作意见

具体工作意见就是对如何做好某项工作提出意见，所涉及的内容比较具体，有时还会有一些可操作性的办法和措施等。例如，中央纪委、中央组织部印发的《关于提高县以上党和国家机关党员领导干部民主生活会质量的意见》，就是比较具体化的组织工作意见。行政机关的一些意见可以更具体地指导某项工作，如国务院办公厅 2000 年 1 月 14 日转发的，由交通部、财政部、公安部、国家计委联合制定的《关于继续做好公路养路费等交通规费征收工作的意见》。

(四)意见的结构及写作要求

1. 意见的标题和主送机关

意见的标题有两种常见写法：一种是由发文机关+主要内容+文种组成，如《中共河南省委、河南省人民政府关于〈中国教育改革和发展纲要〉的实施意见》；另一种是由主要内容+文种组成，如《关于提高县以上党和国家机关党员领导干部民主生活会质量的意见》。

意见的主送机关分为两种情况：需要转发的意见，没有主送机关这一项，但转发该意见的通知,要把主送机关写清楚;直接发布的意见要有主送机关。主送机关的排列方式和一般公文相同。

2. 意见的正文

(1) 发文缘由。这是意见的开头部分,主要写出发布意见的背景、根据、目的、意义等,但不能面面俱到。文字根据具体情况可多可少,最后以"现提出以下意见""特制定本实施意见"等过渡性语句转入下文,如1999年交通部、财政部、公安部、国家计划委员会联合制定的《关于继续做好公路养路费等交通规费征收工作的意见》一文的开头如下。

近几个月来,一些单位和个人错误地认为,《中华人民共和国公路法》修改后即可不缴纳公路养路费等交通规费,因而出现了拖欠、拒缴、抗缴公路养路费等交通规费事件,造成国家交通规费大量流失。为保障公路养路费、车辆购置附加费等交通规费征收工作的正常进行,现提出如下意见。

这个开头前文叙述了发文的背景和根据,后面指出了发文的目的和意义。

(2) 意见条文。这是意见的主体,要把对重要问题的见解或处理办法一一写明。

如果是规划性意见,内容繁多,可列出小标题作为各大层次的标志,小标题下再分条表述。例如,《中共河南省委、河南省人民政府关于〈中国教育改革和发展纲要〉的实施意见》一文,主体就分为五大部分,各自冠以小标题,分别是:"一、教育发展的目标和任务""二、深化教育改革的政策措施""三、切实增加教育投入""四、加强教师队伍建设""五、切实加强对教育工作的领导"。每一小标题下又列出若干条文,共计28条。

如果是内容较单纯集中的工作意见,主体部分直接列条即可,不必再设小标题,例如,《关于继续做好公路养路费等交通规费征收工作的意见》,主体部分就直接分为5条。

(3) 执行要求。有些意见需要对贯彻执行提出一些要求,可以列入条款,也可单独在正文最后写一段简练的文字予以说明。如无必要,此项免除。

广东省教育厅关于进一步推进高中阶段学校考试招生制度改革的实施意见.pdf

【例文】

例文的内容请扫描右侧二维码。

第三节 决定和决议

一、决定

(一)决定

决定是机关公文中共有的文种。《条例》中对决定的功能作了如下阐述:决定适用于对重要事项作出决策和部署、奖惩有关单位及人员、变更或者撤销下级机关不适当的决定事项。

(二)决定的特点

1. 权威性

决定虽然没有命令那样浓的强制色彩,但也是一种权威性很强的下行文。决定是上级机关针对重要事项和重大行动,经重要会议或领导班子研究通过后,对所辖范围内的工作所作的安排。决定一经发布,就对受文单位具有很强的约束力,受文单位必须遵照执行。

2. 指挥性

决定在对重要事项进行决策时,同时也提出工作任务、具体措施和实施方案,要求受文单位依照执行。

决定通过原则、任务、措施、方案的确定和安排,指挥下属单位统一思想、统一行动,从而保证工作的顺利开展,并取得预期效果。

3. 全局性

决定一般不是向某一个具体单位发出的,行文对象具有一定的普遍性。这是由于决定所涉及的事项和解决的问题,都带有全局性的意义,如依法行政、西部大开发等,都是事关全局的重要问题,即使有时涉及的事项比较具体,其意义也必然是全局性的。

(三)决定的分类

1. 法规政策性决定

关于建立、修改某项法规的决定,关于贯彻、落实某一法律的决定,关于对某一领域犯罪行为进行专项打击的决定,都属于法规政策性决定,如《全国人民代表大会常务委员会关于修改〈中华人民共和国大气污染防治法〉的决定》《全国人民代表大会常务委员会关于惩治虚开、伪造和非法出售增值税专用发票犯罪的决定》等。

2. 对于重要事项和重大行动的决定

对重要事项或事关全局的重大行动作出的决定,一般要阐述基本原则,提出工作任务、方案、措施、要求,如《国务院关于全面推进依法行政的决定》《国务院关于成立国务院西部地区开发领导小组的决定》等。

3. 奖惩性决定

决定也可以对一些事迹突出、有典型意义的先进个人或集体进行表彰,或者对一些影响较大、群众关心的事故、错误进行处理。前者如《国务院关于授予赵春娥、罗健夫、蒋筑英全国劳动模范称号的决定》《中共中央、国务院、中央军委关于授予费俊龙、聂海胜同志"英雄航天员"荣誉称号并颁发"航天功勋奖章"的决定》等;后者如《国务院关于处理"渤海二号"事故的决定》《国务院关于大兴安岭特大森林火灾事故的处理决定》等。

奖惩性决定与用于奖惩的命令和通报作用接近,但层次规格不同。从规格上来看,决定低于命令,但高于通报。一般性的奖惩或者基层单位的奖惩活动,用通报即可。

(四)决定的结构及写作要求

1. 标题

决定的标题一般采用公文标题的常规模式,即发文机关+主要内容+文种的写法,如《国务院关于进一步加强产品质量工作若干问题的决定》。标题中有时可在主要内容部分加书名号,如《全国人民代表大会常务委员会关于批准〈中华人民共和国、俄罗斯联邦和哈萨克斯坦共和国关于确定三国国界交界点的协定〉的决定》,但不得使用其他标点符号。

2. 正文

正文采用公文常用的结构,由开头、主体、结尾三部分组成。

(1) 开头一般写发布决定的背景、根据、目的和意义,如《国务院关于进一步加强产品质量工作若干问题的决定》的开头如下。

为认真贯彻落实党的十五大精神和十五届四中全会通过的《中共中央关于国有企业改革和发展若干重大问题的决定》,全面实施《中华人民共和国产品质量法》和《质量振兴纲要(1996—2010 年)》,提高我国产品质量总体水平,促进国民经济持续快速健康发展,现就进一步加强产品质量工作若干问题作如下决定。

如果是批准某一文件的决定,则须写明批准对象的名称。

如果是表彰、惩戒性的决定,开头部分则要叙述基本事实,也就是先进事迹或事故情况,篇幅要比一般决定长一些。这实际上也属于行文的根据,与公文结构的基本类型仍是一致的。

(2) 主体写决定事项。

用于指挥工作的决定,这部分要提出工作任务、措施、方案、要求等,内容复杂时要用小标题或条款显示出层次来。

用于批准事项的决定,这部分要表达批准意见,如有必要,还可对批准此事项的根据和意义予以阐述。

用于表彰或惩戒的决定,这部分要写明表彰决定和项目,或处分决定、处罚方法。

(3) 结尾比较简单,主要用来写执行要求或希望号召。

【例文】

例文的内容请扫描右侧二维码。

关于授予费俊龙、聂海胜同志"英雄航天员"荣誉称号并颁发"航天功勋奖章"的决定.pdf

二、决议

(一)决议的概念

决议,适用于会议讨论通过的重大决策事项。决议为 2012 年 4 月 16 日由中共中央办公厅、国务院办公厅联合印发的《条例》中新增的正式公文文种。决议是指党和国家各级机关对于重要事项、重大问题经会议讨论通过其决策,并要求贯彻执行的重要指导性、决策性公文,也是应用文写作重点研究的文体之一。

(二)决议的特点

决议的特点如下。

(1) 权威性。决议必须是经过党的会议讨论通过才能生效并由党的领导机关发布的，是党的领导机关意志的反映。决议的内容事关重要决策事项，一经公布，全党、全国上下都必须坚决执行。

(2) 指导性。决议表述的观点和对事项的评价都具有指导意义。

(三)决议的分类

决议一般分为公布性决议、批准性决议和阐述性决议三种类型。公布性决议是为公布某种法规、提案而写作的决议；批准性决议是为肯定或否定某种议案而写作的决议；阐述性决议是对某些重大结论的具体内容加以阐述的决议。

(四)决议和决定的区分

决定是党政领导机关对重要事项或重大行动作出决策、安排和规定的指导性、指挥性公务文书。在实际运用中，还应对"决议"和"决定"做以下区分。

1. 从制作程序上区分

"决议"须经某一级机关或组织机构的法定会议对某一议题进行集体讨论，由全体代表的法定多数表决通过，然后形成正式文件，并以会议的名义公布。而"决定"却不一定是经过法定会议讨论通过的程序，它既可以是将某种会议讨论研究的成果形成正式文件予以公布，也可由各级领导机关直接制作并予以公布。

因此，可以认定，凡未经有关法定会议讨论通过这一程序，而是以领导机关的名义发布的议决性文件，就只能使用"决定"。

2. 从作用上区分

"决议"一律要求下级机关执行。而"决定"中只有"部署性决定"才要求下级机关执行，"宣告性决定"只起知照性作用，一般不要求下级机关执行。

3. 从内容上区分

(1) 在会议讨论通过的前提下，凡作出了具体的规定和要求、履行法定的权力、强制有关部门贯彻执行的，用"决定"。若只是简要地表示肯定或否定的意见、履行法律程序，指导有关部门遵照办理的，用"决议"。

(2) 由会议或领导机关直接制定发布的行政法规，用"决定"。由会议审议批准某项议案、重要报告、法规，用"决议"，所审议批准的条文作为"决议"的附件。

(3) 授予荣誉称号或给予处分，用"决定"。审议机构的成立或撤销，用"决议"。

4. 从写法上区分

公布性决议、批准性决议一般写得比较简要、笼统。阐述性决议除指出指令性意见外，还要对决议事项本身的有关问题作若干必要的论述或说明，即作一些理论上的阐述。

"决定"的写法与"决议"大不相同，它不会详细阐述理论上的道理，而往往着重于提出开展某项工作的步骤、措施、要求等。"决定"要求写得明确、具体一些，措施也更便于落实，行政约束力强，可以直接成为下级机关行动的准则。而"决议"往往写得比较概括，原则性条文比较多，下级机关在贯彻执行时，多数还要根据"决议"制定相应的具体办法或实施措施。

(五)决议的结构及写作要求

决议由首部和正文两个部分组成。

1. 首部

首部包括标题和成文时间两个部分。

(1) 标题。决议的标题有两种形式：一种是由发文机关(或会议名称)+事由+文种构成；另一种是由事由+文种构成。

(2) 成文时间，即决议正式通过的日期。一般放在标题下，在括号内注明会议名称及通过的日期，也可只写日期。

2. 正文

正文由决议根据、决议事项和结语三部分组成。

(1) 决议根据：一般简要说明有关会议审议决议涉及事项的情况，陈述作出决议的原因、根据、背景、目的或意义。

(2) 决议事项：写明会议通过的决议事项，或会议对有关文件、事项作出的评价、决定，或对有关工作作出的安排、部署要求和措施。

(3) 结语：一般紧扣决议事项有针对性地提出希望、号召和执行要求。有的决议可不单列这部分。

【例文】

例文的内容请扫描右侧二维码。

中国共产党第十九次全国代表大会关于《中国共产党章程(修正案)》的决议.pdf

第四节　请示与批复

一、请示

(一)请示的概念及种类

请示是下级机关向上级机关请求指示和批准事项时使用的公文文种。请示必须事前行文，且一事一文。对于请示，上级应在一定的时限内批复。请示主要用于：①在实际工作中，遇到缺乏明确政策规定的情况需要处理；②在工作中，遇到需要上级批准才能办理的事情；③超出本部门职权之外，涉及多个部门和地区的事情，请示上级予以指示。

按请示目的分，请示可分为批准性请示和呈转性请示两类。

(1) 批准性请示的内容比较简单、具体，往往是对一些较为细小的实际事项的请求。请示被批准后，执行机关的范围也比较小，常常是请示单位自己。

(2) 呈转性请示的请示事项较为重大、复杂，具有一定的普遍意义，不但需要上级批准，还需要上级转发。其执行范围较宽泛。

(二)请示的结构及写作要求

请示的结构一般包括标题、主送机关、正文和落款四部分。

(1) 标题一般由发文机关、事由、文种三部分组成，如《×××学校关于创办〈校园文学〉报的请示》。有时，请示的标题可以省去发文机关。

(2) 主送机关是指接受请求的直接上级机关，在标题下面一行顶格写起。

(3) 正文要写请示的原因、请示的事项及结束语。

① 请示的原因。对请示的原因，先写情况依据(往往用"目前"开头)，后写目的说明(用"为……"开头)。

② 请示的事项。请示的事项要分层分项写清具体要求，并说明理由，提出充足的事实和理论根据。同时，依据实际情况，提出切实可行的处理意见，作为上级机关进行判断和指示的参考。

③ 结束语。结束语只是一句祈使性的话，如"当否，请批复""以上如无不当，请批准""妥否，请批示"等。

(4) 落款要有署名和日期。附件可有可无。附件是随同请示的有关材料、图表或其他文件。在正文之后(隔1行)注明附件的名称和顺序。

(三)批准性请示的具体写作要求

批准性请示一般由三部分组成：请示理由、请示内容和请示结语。

(1) 请示理由是文章的开头部分，常是导语式的，要扼要地讲明请示的背景和根据，概括地写出请示事项。复杂的一般写成一段话，简单的一句话即可。请示理由之后，许多请示中都要紧接着写上一句承上启下的过渡语。它们的基本格式是"现将……报告如下"，随后标上冒号。但有些极短小的请示也可不写过渡语。

(2) 请示内容是请示的中心部分，要写得具体、条理清楚、说服力强。请示内容包括提出请示事项和阐述说明道理两项内容。提出请示事项要详细，阐述说明道理要充分，只有这样，才能使有关领导心中有数，易下决心。

有些情况简单，有条文和规定作依据，只是出于组织原则的要求报给上级知道、请求批准的请示，其请示内容部分只须提出请示事项即可，不必阐述说明道理。

(3) 请示结语是请示的结尾部分，一般另起一行空两字书写，请示结语的语气要谦恭。请示结语的通常写法是"特此请示，请审批""以上意见妥当否，请指示""特此请示，请批复"等。

(四)呈转性请示的具体写作要求

呈转性请示一般由三部分组成：请示理由、请示内容和请示结语。

(1) 请示理由的写法和批准性请示基本相同，只不过语气较批准性请示更庄重一些。这种请示批准转发后带有指导性，因此有时理由交代得要较详细，以期更加引起领导重视。请示理由之后的过渡语与批准性请示相同。

(2) 请示内容一般都是请示单位的设想和建议。因为请示内容比较复杂，所以提出请示事项和阐述说明道理两条缺一不可。阐述说明道理时，可采取引用理论根据或摆明事实根据两种写法。在书写呈转性请示内容部分时，要注意条理分明，篇幅较长者要分条、分项来写。

(3) 请示结语也要另起一行空两字书写。其写法与批准性请示的结尾略有不同，通常的写法是"以上报告，如无不妥，请批转各地贯彻执行""以上意见，如属可行，请批转有关单位执行"，或其他一些类似的写法。

(五)呈转性请示和呈转性报告的区别

呈转性请示和呈转性报告的区别主要有以下两点。

(1) 呈转性请示不但要求上级批转，而且一定要有复文；而呈转性报告虽也要求上级批转，但不要求上级复文。

(2) 呈转性请示中要求批转的意见往往是较具体的做法、措施；呈转性报告中要求批转的意见往往是较原则、较概括的政策性意见。

(六)请示写作的注意事项

在写请示时，应当注意以下一些事项：要坚持一文一事；请示事项必须明确、具体、可行；不要多头请示(请示应主送直接主管机关或主管领导，对其他的确需要了解请示事项的领导机关或领导人，采取抄报形式处理。如是受双重领导的机关，也应根据请示内容，择要送一处领导机关，由主送机关答复请示的问题，对另一领导机关采取抄报形式)；一般不得越级请示(个别需要越级请示的，常采用两种方式：一种是转呈式，可以既避免越级，又明确主送机关；另一种是在越级请示的同时，将请示抄报被越过的主管部门)；不要把请示写成报告或请示报告；除领导直接交办的事项外，请示不要直接主送领导者个人，也不要既给主送机关，又同时主送、抄送给主送机关领导人；一般情况下，也不得在上报请示的同时抄送平级和下级机关。

【例文】

关于在××市举办"××洽谈会"的请示

××市经济贸易委员会：

为了扩大我××商品的知名度，并向全国推广，繁荣市场，满足消费者需求，拟于××××年×月×日至×月×日在××市举办"××洽谈会"。洽谈会摊位共××平方米，展团由我公司及生产厂家派人组成，经费自理。

妥否，请批示。

×××公司(章)
××××年×月×日

二、批复

(一)批复的概念及性质

批复是上级机关答复下级机关请示事项的答复性公文。批复具有权威性、针对性和指示性等特点。

(1) 权威性。批复发自上级机关，代表着上级机关的权力和意志，对请示事项的单位具有约束力。特别是对那些关于重要事项或问题的批复，常常具有明显的法规作用。

(2) 针对性。凡是批复，必须是针对下级机关请示事项而发，内容单纯，针对性强。

(3) 指示性。批复的目的是指导下级机关的工作，因此批复在表明态度以后，还应当概括地说明方针、政策以及在执行中的注意事项。

(二)批复的结构及写作要求

批复主要由标题和主送机关、正文、落款等部分组成。

1. 标题和主送机关

批复的标题一般采用公文标题的常规模式，即发文机关+主要内容+文种的写法。两者略有不同的是，批复往往在标题的主要内容一项中，明确表示对请示事项的意见和态度；而一般公文标题中的主要内容部分只点明文件指向的中心事件或问题，多数不明确表示态度和意见，如《国务院关于同意陕西省撤销榆林地区设立地级榆林市的批复》，其中"同意"二字就是用来表明态度和意见的。如果不批准请求事项，那么标题中可以不出现态度和意见，到正文中再表态。如果是答复请示的批复，也无须在标题中表态。

批复的主送机关一般只有一个，那就是发出请示的下级机关。

2. 正文

批复的正文由三部分组成，分别是批复依据、批复事项和执行要求。

(1) 批复依据。批复依据主要涉及两个方面：一是对方的请示；二是与请求事项有关的方针政策和上级规定。

对方的请示是批复最主要的论据，要完整引用请示的标题并加括号注明其请示的发文字号。例如，"你省《关于变更西宁市行政区域范围的请示》(青政〔1999〕49号)收悉"。

上级有关的文件和规定是答复请示的政策和理论依据，可表述为："根据××关于××的规定，现作如下答复。"必要时，可标引文件名、文件编号和条款序号。如果下级请示的事项在上级文件和规定中找不到依据，这样的文字便无须出现了。

(2) 批复事项。针对下级机关请示所发出的指示、作出的批准决定，以及补充的有关内容都属于批复事项。如果内容复杂，可分条表述，但必须坚持一文一批的原则，不得将若干请示合在一起用列条的方式分别给予答复。

(3) 执行要求。对下级执行批复的要求可写在结尾处，文字要简约。例如，《国务院关于同意陕西省撤销榆林地区设立地级榆林市的批复》的结尾："榆林市的各级机构均应按照'精简、效能'的原则设置，所需人员编制和经费由你省自行解决。"如果只是批准事项，无须提出要求，此段可免。

3. 落款

批复的落款是作出批示或答复的单位或个人及批复的时间，写在批复正文的右下角，并加盖相关印章。

【例文】

例文的内容请扫描右侧二维码。

国务院关于组建中国铁路总公司有关问题的批复.pdf

第五节 公告、通告、公报

一、公告

(一)公告的概念

公告是较高级别的国家行政机关、法定机关向国内外宣布重要事项或法定事项的周知性公文。公告是公开发布、告启公众应当遵守的公文。其发布范围较广泛，具有一定的强制性和约束力。

公告和通告都属于周知性公文，内容不涉密，均要公开发布，其写法也很相似。但两者也存在一定的差别。公告强调法定权威性，其周知事项常有较强的法律效力或行政效力，除法定机关或者较高级别的国家行政机关外，基层行政机关和企事业单位不得用公告行文。而通告的适用范围较广，除国家行政机关外，企事业单位也可使用，其约束力往往涉及一定范围内的机关、单位或群众。

(二)公告的分类

(1) 向国内外宣布重要事项的公告。这类公告常用于较高级别的国家行政机关宣布重要事项，也用于各级人民代表大会及其常务委员会颁布法律法规、公布选举结果等。

(2) 公布法定事项的公告。这是有关法令、法规规定使用的专门事项公告，如《国家公务员暂行条例》规定的招考公告。

(3) 法院公告。这是日常生活中常见的一种公告形式，如开庭公告、财产认领公告、强制执行公告等。

(三)公告的结构及写作要求

公告一般由标题、正文、结语和落款四部分组成。

(1) 标题。标题通常写明事由、文种，重要公告的标题还要写明发文机关。如果内容简单，有时也可只写文种"公告"，但应尽可能写明事由，以便于阅读和处理。

(2) 正文。正文通常由缘由、事项组成。公告缘由常用"为了……"或"根据……"的句式说明发布公告的目的、依据和原因。为了突出公告的权威性，公告缘由常要说明法律依据或者职权依据。事项是正文的主体，要写得简洁明了、具体明确。若内容属周知性的，则往往篇幅较短，常采用篇段合一的结构；若内容属规定性的，则一般分条写明应当遵守的有关事项。

(3) 结语。结语常采用"特此公告"的形式。如果开头有"特公告如下"的用语，结尾则可省略"特此公告"。有时可不写结语，而用提出希望或要求作结。

(4) 落款。落款须注明发布公告的机关名称和发布日期，居右下方。

【例文】

例文的内容请扫描右侧二维码。

关于北京奥运会期间天安门广场管理措施公告.pdf

二、通告

(一)通告的概念及特征

通告是适用于在一定范围内公布应当遵守或者周知事项的周知性公文。其是用途最广泛的告启公众应当遵守、周知或要执行事项的文种。

通告的特征如下。

(1) 通告用于宣布一般性事项，有别于公告用于宣布重要事项。

(2) 通告只在国内一定范围内公布，有别于公告既向国内也向国外公布。

(3) 通告可以由各级机关、人民团体、企业或事业单位发布，有别于公告只能由较高级别的国家行政机关、法定机关发布。

(4) 通告不写抬头，无主送单位。

(二)通告的种类

(1) 周知类通告。周知类通告主要是使受文者了解重要情况、重要消息，因此文中不提直接的执行要求。

(2) 执行类通告。执行类通告主要是向受文者交代须要遵守、执行的政策、措施以及其他行为规范，具有一定的强制性。

(三)通告的结构及写作要求

通告由标题、正文、署名和日期等部分组成。

(1) 标题。标题由发文机关、事由和文种构成。根据具体情况，标题也可使用发文机关+文种、事由+文种的结构，或只写"通告"二字。

(2) 正文。正文由缘由、通告事项和结尾三部分组成。缘由为发布通告的原因和根据，通告事项为须知和应遵守的内容。正文一般用"特通告如下"转承连接。通告事项是面对大众的，应简洁明了、叙述清楚、通俗易懂、便于掌握。结尾部分可提出要求和希望，并用"特此通告"作结；有时也可不写，形式比较灵活。

(3) 署名和日期。正文后面签署发布通告的机关名称和日期。

【例文】

例文的内容请扫描右侧二维码。

关于2008年北京奥运会开幕式当天放假的通告.pdf

三、公报

(一)公报的概念

公报也称新闻公报，是党和国家领导机关、社会团体和有关业务部门通过新闻媒介公开发布重大事件或重要决定的报道性公文，是党和国家经常使用的重要文种。公报是应用文写作的重要文体之一。《条例》对其功能作了如下阐述：公报适用于公布重要决定或者重大事项。

(二)公报的特点

(1) 重要性。公报的发布机关级别很高，要么是以中央的名义，要么是以国家的名义，或者是以中央政府的名义，等等。公报所涉及的内容，应是党内外、国内外普遍关心和瞩目的重大事件或重要决定。

(2) 公开性。公报是公之于众的文件，无须保密，一般没有主送机关、抄送机关，而是普告天下，一体周知。

(3) 新闻性。公报的内容都是新近发生的事件或新近作出的决定，属于人民群众关心、应知而未知的事项，要求制作和发布迅速、及时，因此又具有新闻性的特点。

(三)公报的分类

(1) 会议公报。会议公报是用以报道重要会议或会谈的决定和情况的公报。这种公报一般用于党中央召开的会议。

(2) 事项公报。事项公报是党的高级领导机关用以发布重大情况、重要事件的文件。高层行政机关、部门向人民群众公布重大决策、重要事项或重大措施时有时也使用此类公报。

(3) 联合公报。联合公报是一种特殊用途的公报，用以发布国家之间、政党之间、团体之间经过会议达成的某种协议，如《中俄联合公报》。

(四)公报的结构及写作要求

公报包括首部、正文和尾部三部分。

1. 首部

首部包括标题和成文时间。

(1) 标题。公报的标题常见的有三种形式：第一种是直写文种，如《新闻公报》；第二种是由会议名称和文种构成；第三种是联合公报，由发表公报的双方或多方国家的简称、事由和文种构成。

(2) 成文时间。公报的成文时间是用括号在标题之下正中位置注明的。

2. 正文

正文包括开头、主体两部分。

(1) 开头。开头即前言部分。事项公报要求用最鲜明、最精练的语言概述事件的核心内容，即何时、何地、发生了什么重大事件；会议公报要求概述会议的名称、时间、地点、参加人员等；联合公报要求概述公报的来由，即在何时、何地、谁与谁举行了什么会谈或谁对谁进行了什么性质的访问等。

(2) 主体。主体是公报的核心内容，要求把公报的内容完整、系统、有序地表达清楚。常见的有三种写法：第一种是分段式，即每段说明一层意思或一项决定；第二种是序号式，多用于内容复杂、问题较多的公报；第三种是条款式，多用于联合公报。

3. 尾部

事项公报和会议公报一般没有尾部；联合公报要在正文之后写明双方签署人的身份、姓名，以及签署日期和签署地点。

【例文】

中国共产党第十九届中央委员会第六次全体会议公报

(2021年11月11日中国共产党第十九届中央委员会第六次全体会议通过)

中国共产党第十九届中央委员会第六次全体会议,于2021年11月8日至11日在北京举行。

出席这次全会的有,中央委员197人,候补中央委员151人。中央纪律检查委员会常务委员会委员和有关方面负责同志列席会议。党的十九大代表中部分基层同志和专家学者也列席会议。

全会由中央政治局主持。中央委员会总书记习近平作了重要讲话。

全会听取和讨论了习近平受中央政治局委托作的工作报告,审议通过了《中共中央关于党的百年奋斗重大成就和历史经验的决议》,审议通过了《关于召开党的第二十次全国代表大会的决议》。习近平就《中共中央关于党的百年奋斗重大成就和历史经验的决议(讨论稿)》向全会作了说明。

全会充分肯定党的十九届五中全会以来中央政治局的工作。一致认为,一年来,世界百年未有之大变局和新冠肺炎疫情全球大流行交织影响,外部环境更趋复杂严峻,国内新冠肺炎疫情防控和经济社会发展各项任务极为繁重艰巨。中央政治局高举中国特色社会主义伟大旗帜,坚持以马克思列宁主义、毛泽东思想、邓小平理论、"三个代表"重要思想、科学发展观、习近平新时代中国特色社会主义思想为指导,全面贯彻党的十九大和十九届二中、三中、四中、五中全会精神,统筹国内国际两个大局,统筹疫情防控和经济社会发展,统筹发展和安全,坚持稳中求进工作总基调,全面贯彻新发展理念,加快构建新发展格局,经济保持较好发展态势,科技自立自强积极推进,改革开放不断深化,脱贫攻坚战如期打赢,民生保障有效改善,社会大局保持稳定,国防和军队现代化扎实推进,中国特色大国外交全面推进,党史学习教育扎实有效,战胜多种严重自然灾害,党和国家各项事业取得了新的重大成就。成功举办庆祝中国共产党成立100周年系列活动,中共中央总书记习近平发表重要讲话,正式宣布全面建成小康社会,激励全党全国各族人民意气风发踏上向第二个百年奋斗目标进军的新征程。

全会认为,总结党的百年奋斗重大成就和历史经验,是在建党百年历史条件下开启全面建设社会主义现代化国家新征程、在新时代坚持和发展中国特色社会主义的需要;是增强政治意识、大局意识、核心意识、看齐意识,坚定道路自信、理论自信、制度自信、文化自信,做到坚决维护习近平同志党中央的核心、全党的核心地位,坚决维护党中央权威和集中统一领导,确保全党步调一致向前进的需要;是推进党的自我革命、提高全党斗争本领和应对风险挑战能力、永葆党的生机活力、团结带领全国各族人民为实现中华民族伟大复兴的中国梦而继续奋斗的需要。全党要坚持唯物史观和正确党史观,从党的百年奋斗中看清楚过去我们为什么能够成功、弄明白未来我们怎样才能继续成功,从而更加坚定、更加自觉地践行初心使命,在新时代更好坚持和发展中国特色社会主义。

全会提出,中国共产党自一九二一年成立以来,始终把为中国人民谋幸福、为中华民族谋复兴作为自己的初心使命,始终坚持共产主义理想和社会主义信念,团结带领全国各族人民为争取民族独立、人民解放和实现国家富强、人民幸福而不懈奋斗,已经走过一百年光辉历程。党和人民百年奋斗，书写了中华民族几千年历史上最恢宏的史诗。

全会提出，新民主主义革命时期，党面临的主要任务是，反对帝国主义、封建主义、官僚资本主义，争取民族独立、人民解放，为实现中华民族伟大复兴创造根本社会条件。在革命斗争中，以毛泽东同志为主要代表的中国共产党人，把马克思列宁主义基本原理同中国具体实际相结合，对经过艰苦探索、付出巨大牺牲积累的一系列独创性经验作了理论概括，开辟了农村包围城市、武装夺取政权的正确革命道路，创立了毛泽东思想，为夺取新民主主义革命胜利指明了正确方向。党领导人民浴血奋战、百折不挠，创造了新民主主义革命的伟大成就，成立中华人民共和国，实现民族独立、人民解放，彻底结束了旧中国半殖民地半封建社会的历史，彻底结束了极少数剥削者统治广大劳动人民的历史，彻底结束了旧中国一盘散沙的局面，彻底废除了列强强加给中国的不平等条约和帝国主义在中国的一切特权，实现了中国从几千年封建专制政治向人民民主的伟大飞跃，也极大改变了世界政治格局，鼓舞了全世界被压迫民族和被压迫人民争取解放的斗争。中国共产党和中国人民以英勇顽强的奋斗向世界庄严宣告，中国人民从此站起来了，中华民族任人宰割、饱受欺凌的时代一去不复返了，中国发展从此开启了新纪元。

全会提出，社会主义革命和建设时期，党面临的主要任务是，实现从新民主主义到社会主义的转变，进行社会主义革命，推进社会主义建设，为实现中华民族伟大复兴奠定根本政治前提和制度基础。在这个时期，以毛泽东同志为主要代表的中国共产党人提出关于社会主义建设的一系列重要思想。毛泽东思想是马克思列宁主义在中国的创造性运用和发展，是被实践证明了的关于中国革命和建设的正确的理论原则和经验总结，是马克思主义中国化的第一次历史性飞跃。党领导人民自力更生、发愤图强，创造了社会主义革命和建设的伟大成就，实现了中华民族有史以来最为广泛而深刻的社会变革，实现了一穷二白、人口众多的东方大国大步迈进社会主义社会的伟大飞跃。我国建立起独立的比较完整的工业体系和国民经济体系，农业生产条件显著改变，教育、科学、文化、卫生、体育事业有很大发展，人民解放军得到壮大和提高，彻底结束了旧中国的屈辱外交。中国共产党和中国人民以英勇顽强的奋斗向世界庄严宣告，中国人民不但善于破坏一个旧世界，也善于建设一个新世界，只有社会主义才能救中国，只有社会主义才能发展中国。

全会提出，改革开放和社会主义现代化建设新时期，党面临的主要任务是，继续探索中国建设社会主义的正确道路，解放和发展社会生产力，使人民摆脱贫困、尽快富裕起来，为实现中华民族伟大复兴提供充满新的活力的体制保证和快速发展的物质条件。党的十一届三中全会以后，以邓小平同志为主要代表的中国共产党人，团结带领全党全国各族人民，深刻总结新中国成立以来正反两方面经验，围绕什么是社会主义、怎样建设社会主义这一根本问题，借鉴世界社会主义历史经验，创立了邓小平理论，解放思想，实事求是，作出把党和国家工作中心转移到经济建设上来、实行改革开放的历史性决策，深刻揭示社会主义本质，确立社会主义初级阶段基本路线，明确提出走自己的路、建设中国特色社会主义，科学回答了建设中国特色社会主义的一系列基本问题，制定了到二十一世纪中叶分三步走、基本实现社会主义现代化的发展战略，成功开创了中国特色社会主义。

全会提出，党的十三届四中全会以后，以江泽民同志为主要代表的中国共产党人，团结带领全党全国各族人民，坚持党的基本理论、基本路线，加深了对什么是社会主义、怎样建设社会主义和建设什么样的党、怎样建设党的认识，形成了"三个代表"重要思想，在国内外形势十分复杂、世界社会主义出现严重曲折的严峻考验面前捍卫了中国特色社会主义，确立了社会主义市场经济体制的改革目标和基本框架，确立了社会主义初级阶段公有制为主体、多种所有制经济共同发展的基本经济制度和按劳分配为主体、多种分配方式并存的分配制度，开创全面改革开放新局面，推进党的建设新的伟大工程，成功把中国特色社会主义推向二十一世纪。

全会提出，党的十六大以后，以胡锦涛同志为主要代表的中国共产党人，团结带领全党全国各族人民，在全面建设小康社会进程中推进实践创新、理论创新、制度创新，深刻认识和回答了新形势下实现什么样的发展、怎样发展等重大问题，形成了科学发展观，抓住重要战略机遇期，聚精会神搞建设，一心一意谋发展，强调坚持以人为本、全面协调可持续发展，着力保障和改善民生，促进社会公平正义，推进党的执政能力建设和先进性建设，成功在新形势下坚持和发展了中国特色社会主义。

全会强调，在这个时期，党从新的实践和时代特征出发坚持和发展马克思主义，科学回答了建设中国特色社会主义的发展道路、发展阶段、根本任务、发展动力、发展战略、政治保证、祖国统一、外交和国际战略、领导力量和依靠力量等一系列基本问题，形成中国特色社会主义理论体系，实现了马克思主义中国化新的飞跃。党领导人民解放思想、锐意进取，创造了改革开放和社会主义现代化建设的伟大成就，我国实现了从高度集中的计划经济体制到充满活力的社会主义市场经济体制、从封闭半封闭到全方位开放的历史性转变，实现了从生产力相对落后的状况到经济总量跃居世界第二的历史性突破，实现了人民生活从温饱不足到总体小康、奔向全面小康的历史性跨越，推进了中华民族从站起来到富起来的伟大飞跃。中国共产党和中国人民以英勇顽强的奋斗向世界庄严宣告，改革开放是决定当代中国前途命运的关键一招，中国特色社会主义道路是指引中国发展繁荣的正确道路，中国大踏步赶上了时代。

全会提出，党的十八大以来，中国特色社会主义进入新时代。党面临的主要任务是，实现第一个百年奋斗目标，开启实现第二个百年奋斗目标新征程，朝着实现中华民族伟大复兴的宏伟目标继续前进。党领导人民自信自强、守正创新，创造了新时代中国特色社会主义的伟大成就。

全会强调，以习近平同志为主要代表的中国共产党人，坚持把马克思主义基本原理同中国具体实际相结合、同中华优秀传统文化相结合，坚持毛泽东思想、邓小平理论、"三个代表"重要思想、科学发展观，深刻总结并充分运用党成立以来的历史经验，从新的实际出发，创立了习近平新时代中国特色社会主义思想。习近平同志对关系新时代党和国家事业发展的一系列重大理论和实践问题进行了深邃思考和科学判断，就新时代坚持和发展什么样的中国特色社会主义、怎样坚持和发展中国特色社会主义，建设什么样的社会主义现代化强国、怎样建设社会主义现代化强国，建设什么样的长期执政的马克思主义政党、怎样建设长期执政的马克思主义政党等重大时代课题，提出一系列原创性的治国理政新理念新思想新战略，是习近平新时代中国特色社会主义思想的主要创立者。习近平新时代中国特色社会主义思想是当代中国马克思主义、二十一世纪马克思主义，是中华文化和中国精神的时代精华，实现了马克思主义中国化新的飞跃。党确立习近平同志党中央的核心、全党的核心地位，确立习近平新时代中国特色社会主义思想的指导地位，反映了全党全军全国各族人民共同心愿，对新时代党和国家事业发展、对推进中华民族伟大复兴历史进程具有决定性意义。

全会指出,以习近平同志为核心的党中央,以伟大的历史主动精神、巨大的政治勇气、强烈的责任担当,统筹国内国际两个大局,贯彻党的基本理论、基本路线、基本方略,统揽伟大斗争、伟大工程、伟大事业、伟大梦想,坚持稳中求进工作总基调,出台一系列重大方针政策,推出一系列重大举措,推进一系列重大工作,战胜一系列重大风险挑战,解决了许多长期想解决而没有解决的难题,办成了许多过去想办而没有办成的大事,推动党和国家事业取得历史性成就、发生历史性变革。

全会强调,党的十八大以来,在坚持党的全面领导上,党中央权威和集中统一领导得到有力保证,党的领导制度体系不断完善,党的领导方式更加科学,全党思想上更加统一、政治上更加团结、行动上更加一致,党的政治领导力、思想引领力、群众组织力、社会号召力显著增强。在全面从严治党上,党的自我净化、自我完善、自我革新、自我提高能力显著增强,管党治党宽松软状况得到根本扭转,反腐败斗争取得压倒性胜利并全面巩固,党在革命性锻造中更加坚强。在经济建设上,我国经济发展平衡性、协调性、可持续性明显增强,国家经济实力、科技实力、综合国力跃上新台阶,我国经济迈上更高质量、更有效率、更加公平、更可持续、更为安全的发展之路。在全面深化改革开放上,党不断推动全面深化改革向广度和深度进军,中国特色社会主义制度更加成熟更加定型,国家治理体系和治理能力现代化水平不断提高,党和国家事业焕发出新的生机活力。在政治建设上,积极发展全过程人民民主,我国社会主义民主政治制度化、规范化、程序化全面推进,中国特色社会主义政治制度优越性得到更好发挥,生动活泼、安定团结的政治局面得到巩固和发展。在全面依法治国上,中国特色社会主义法治体系不断健全,法治中国建设迈出坚实步伐,党运用法治方式领导和治理国家的能力显著增强。在文化建设上,我国意识形态领域形势发生全局性、根本性转变,全党全国各族人民文化自信明显增强,全社会凝聚力和向心力极大提升,为新时代开创党和国家事业新局面提供了坚强思想保证和强大精神力量。在社会建设上,人民生活全方位改善,社会治理社会化、法治化、智能化、专业化水平大幅度提升,发展了人民安居乐业、社会安定有序的良好局面,续写了社会长期稳定奇迹。在生态文明建设上,党中央以前所未有的力度抓生态文明建设,美丽中国建设迈出重大步伐,我国生态环境保护发生历史性、转折性、全局性变化。在国防和军队建设上,人民军队实现整体性革命性重塑、重整行装再出发,国防实力和经济实力同步提升,人民军队坚决履行新时代使命任务,以顽强斗争精神和实际行动捍卫了国家主权、安全、发展利益。在维护国家安全上,国家安全得到全面加强,经受住了来自政治、经济、意识形态、自然界等方面的风险挑战考验,为党和国家兴旺发达、长治久安提供了有力保证。在坚持"一国两制"和推进祖国统一上,党中央采取一系列标本兼治的举措,坚定落实"爱国者治港""爱国者治澳",推动香港局势实现由乱到治的重大转折,为推进依法治港治澳、促进"一国两制"实践行稳致远打下了坚实基础;坚持一个中国原则和"九二共识",坚决反对"台独"分裂行径,坚决反对外部势力干涉,牢牢把握两岸关系主导权和主动权。在外交工作上,中国特色大国外交全面推进,构建人类命运共同体成为引领时代潮流和人类前进方向的鲜明旗帜,我国外交在世界大变局中开创新局、在世界乱局中化危为机,我国国际影响力、感召力、塑造力显著提升。中国共产党和中国人民以英勇顽强的奋斗向世界庄严宣告,中华民族迎来了从站起来、富起来到强起来的伟大飞跃。

全会指出了中国共产党百年奋斗的历史意义：党的百年奋斗从根本上改变了中国人民的前途命运，中国人民彻底摆脱了被欺负、被压迫、被奴役的命运，成为国家、社会和自己命运的主人，中国人民对美好生活的向往不断变为现实；党的百年奋斗开辟了实现中华民族伟大复兴的正确道路，中国仅用几十年时间就走完发达国家几百年走过的工业化历程，创造了经济快速发展和社会长期稳定两大奇迹；党的百年奋斗展示了马克思主义的强大生命力，马克思主义的科学性和真理性在中国得到充分检验，马克思主义的人民性和实践性在中国得到充分贯彻，马克思主义的开放性和时代性在中国得到充分彰显；党的百年奋斗深刻影响了世界历史进程，党领导人民成功走出中国式现代化道路，创造了人类文明新形态，拓展了发展中国家走向现代化的途径；党的百年奋斗锻造了走在时代前列的中国共产党，形成了以伟大建党精神为源头的精神谱系，保持了党的先进性和纯洁性，党的执政能力和领导水平不断提高，中国共产党无愧为伟大光荣正确的党。

全会提出，一百年来，党领导人民进行伟大奋斗，积累了宝贵的历史经验，这就是：坚持党的领导，坚持人民至上，坚持理论创新，坚持独立自主，坚持中国道路，坚持胸怀天下，坚持开拓创新，坚持敢于斗争，坚持统一战线，坚持自我革命。以上十个方面，是经过长期实践积累的宝贵经验，是党和人民共同创造的精神财富，必须倍加珍惜、长期坚持，并在新时代实践中不断丰富和发展。

全会提出，不忘初心，方得始终。中国共产党立志于中华民族千秋伟业，百年恰是风华正茂。过去一百年，党向人民、向历史交出了一份优异的答卷。现在，党团结带领中国人民又踏上了实现第二个百年奋斗目标新的赶考之路。全党要牢记中国共产党是什么、要干什么这个根本问题，把握历史发展大势，坚定理想信念，牢记初心使命，始终谦虚谨慎、不骄不躁、艰苦奋斗，不为任何风险所惧，不为任何干扰所惑，决不在根本性问题上出现颠覆性错误，以咬定青山不放松的执着奋力实现既定目标，以行百里者半九十的清醒不懈推进中华民族伟大复兴。

全会强调，全党必须坚持马克思列宁主义、毛泽东思想、邓小平理论、"三个代表"重要思想、科学发展观，全面贯彻习近平新时代中国特色社会主义思想，用马克思主义的立场、观点、方法观察时代、把握时代、引领时代，不断深化对共产党执政规律、社会主义建设规律、人类社会发展规律的认识。必须坚持党的基本理论、基本路线、基本方略，增强"四个意识"，坚定"四个自信"，做到"两个维护"，坚持系统观念，统筹推进"五位一体"总体布局，协调推进"四个全面"战略布局，立足新发展阶段、贯彻新发展理念、构建新发展格局、推动高质量发展，全面深化改革开放，促进共同富裕，推进科技自立自强，发展全过程人民民主，保证人民当家作主，坚持全面依法治国，坚持社会主义核心价值体系，坚持在发展中保障和改善民生，坚持人与自然和谐共生，统筹发展和安全，加快国防和军队现代化，协同推进人民富裕、国家强盛、中国美丽。

全会强调，全党必须永远保持同人民群众的血肉联系，践行以人民为中心的发展思想，不断实现好、维护好、发展好最广大人民根本利益，团结带领全国各族人民不断为美好生活而奋斗。全党必须铭记生于忧患、死于安乐，常怀远虑、居安思危，继续推进新时代党的建设新的伟大工程，坚持全面从严治党，坚定不移推进党风廉政建设和反腐败斗争，做到难不住、压不垮，推动中国特色社会主义事业航船劈波斩浪、一往无前。

全会决定，中国共产党第二十次全国代表大会于 2022 年下半年在北京召开。全会认为，党的二十大是我们党进入全面建设社会主义现代化国家、向第二个百年奋斗目标进军新征程的重要时刻召开的一次十分重要的代表大会，是党和国家政治生活中的一件大事。全党要团结带领全国各族人民攻坚克难、开拓奋进，为全面建设社会主义现代化国家、夺取新时代中国特色社会主义伟大胜利、实现中华民族伟大复兴的中国梦作出新的更大贡献，以优异成绩迎接党的二十大召开。

党中央号召，全党全军全国各族人民要更加紧密地团结在以习近平同志为核心的党中央周围，全面贯彻习近平新时代中国特色社会主义思想，大力弘扬伟大建党精神，勿忘昨天的苦难辉煌，无愧今天的使命担当，不负明天的伟大梦想，以史为鉴、开创未来，埋头苦干、勇毅前行，为实现第二个百年奋斗目标、实现中华民族伟大复兴的中国梦而不懈奋斗。我们坚信，在过去一百年赢得了伟大胜利和荣光的中国共产党和中国人民，必将在新时代新征程上赢得更加伟大的胜利和荣光！

第六节 报告、通报、通知

一、报告

(一)报告的概念

报告是向上级机关汇报工作、反映情况、提出建议、答复询问和请求备案的陈述性应用文体。报告一般事后、事中行文，不要求上级批复，行文较长。

(二)报告的性质

(1) 真实性。真实性即报告应以事实为基础，以数据为依托，要建立在真实可信的资料的基础上，进行客观分析，反映真实情况，不得更改统计数字，不得随意夸大或隐瞒事实。

(2) 明晰性。明晰性是指报告的内容必须条理清楚、简单扼要、观点明确。它要求调研报告从内容到语言都具有高度的确定性，在用词时不应出现"大概""可能"等字眼，内容表述所用文字应准确，对技术名词应解释清楚，让读者明了其确定含义。

(3) 操作性。操作性要求报告所提出的建议应具有合理性，在企业目前状况下有条件采用，所建议的措施切实可行，否则就失去了其本身的价值。

(4) 重要性。重要性是指报告中所写内容都是重要的事件，在写作中必须突出重点，着重分析与本单位或企业形象设计有关的各项因素，对存在的重要问题要进行细致分析，并提出与之相应的解决措施。

(三)报告的种类

(1) 综合性报告。综合性报告是将全面工作或一个阶段许多方面的工作综合起来写成的报告。它在内容上具有综合性、广泛性，写作难度较大，要求较高。

(2) 专题性报告。专题性报告是针对某项工作、某一问题、某一事件或某一活动写成的报告，在内容上具有专一性。

(3) 回复报告。回复报告是为回复上级机关或领导人征询、提问而写成的报告。

(四)报告的结构及写作要求

报告通常由标题、主送机关、正文、落款四部分构成。

1. 标题

标题由发文机关、事由、文种组成。标题可以有多种形式，可写事由+文种，如《关于××××年上半年工作情况的报告》；也可写发文机关+事由+文种，如《东北师范大学教务处关于××××年度工作情况的报告》。

2. 主送机关

主送机关一般为直属上级机关。

3. 正文

正文分为以下两种情况。

(1) 综合性报告正文。

① 情况简述：正文开头对工作时间、地点、背景、条件或各项工作的开展情况进行概括介绍。这种开头称为概述式。此外还有结论式(议论判断)、说明式(用"为了……")等，一般在百字上下。

② 成绩/做法：这是主体，可以简要叙述一下工作过程。成绩常常通过数字、比较、事实来表现。安排形式有条陈式、小标题式、阶段式和贯通式。

③ 经验教训：既要有观点、看法和规律，又要有具体的典型事例以及理论分析，常占正文的 1/5 篇幅。

④ 今后计划：往往写成今后的工作计划，常占正文的 1/3 篇幅。

(2) 专题性报告正文。

① 概述情况：讲清工作的开展情况，或问题发生的原委，或事件的起因和经过。

② 说明理由、做法和反映：说明理由，或介绍取得的成绩和经验，或分析存在的问题及原因，或说明工作做法，或写出群众反映。

③ 提出意见：写出基本看法，以及解决问题的建议和办法。

④ 结尾：一般用"特此报告""以上报告如无不妥，请批转各地执行"等习惯用语结尾，有的不写。

4. 落款

最后写明发文机关或负责人，加盖印章，并写明发文时间。

(五)报告的写作注意事项

(1) 写综合性报告应注意抓住重点，突出主要矛盾和矛盾的主要方面。在此基础上列出若干观点，分层次阐述。说明观点的材料要详略得当，以观点统领材料。

(2) 写专题性报告要一事一报，体现其专一性，切忌在同一专题性报告中反映几个互不相干的事项和问题。

(3) 切忌将报告提出的建议或意见当作请示，要求上级指示或批准。

(六)请示与报告的区别

请示是下级机关向上级机关请求指示或批准的呈请性公文。报告是下级机关向上级机关汇报工作、反映情况、提出意见和建议、答复上级机关的询问或要求时使用的陈述性公文。

请示与报告同属上行文，它们的区别主要有以下几点。

(1) 使用范围不同。

(2) 行文目的不同。报告的主要目的在于"报"，即向上级机关呈报工作情况，使下情上达。而请示的行文目的在于"请"，即请求上级机关给予指示、批准。

(3) 行文时限不同。报告可在事前(一般报告工作范围、计划打算、实施方案等)或在工作进行中行文，也可在事后行文。而请示必须在事前行文，不能"先斩后奏"。

(4) 内容的容量不同。报告的内容可以是单一的(如专题性报告)，也可以是各方面的各种情况(如综合性报告)，结束语没有期复内容。而请示的内容单一，只能一文一事，结束语有期复要求。

(5) 收文处理不同。上级机关收到下级机关的报告，只须了解下情，获得信息，把握动向，以便做决策时参考，不须答复。而上级机关收到下级机关的请示，则必须作出明确的答复。

【例文】

××市人民政府关于治理××河水质污染问题的报告

××省人民政府：

省政府转来××××委员会提出的关于××河水质污染状况的报告，经市政府调查研究，对报告中提出的有关问题及解决方案报告如下。

一、解决××河水质污染问题的关键是尽快建成污水处理厂。现在××河的污染主要是×区排放的污水所致。×区的排放量为25万吨，污水比较集中，因污水处理厂未能及时建立，污水直接排入××河，造成了××河的污染。

为解决××河的污染，市政府已抓紧×区污水处理厂的建设，争取在××××年建成。×区污水处理厂原设计概算为831.6万元，按现行价格估算为1100万元，已于××××年×月开工，建成了8项附属设施，计划完成投资200万元。市政府今年安排的300万元投资已全部落实，×区城环局正在组织实施。

根据××河河道以南人口密集区的地下水污染和环境问题，在污水处理厂未建成之前，利用现有污水管道，把污水引到×区污水处理厂以西，污水直接排入污水处理厂的出口，这样就避开了污染区。

二、电热厂的粉煤灰也是污染源之一。对于电热厂储灰厂的选址，必须考虑到对地下水和环境的污染。选址已责成×区电热厂抓紧做工作，争取尽快报市政府有关部门审批。对储灰厂渗漏对地下水的污染，主要采取截流集中排放的措施，以减少对地下水的污染。

××市人民政府(章)
××××年×月×日

二、通报

(一)通报的概念及种类

通报是用于表彰先进、批评错误、传达重要精神或情况的指导性公文，属下行公文。

通报一般可分为以下几种。

(1) 表彰性通报。表彰性通报主要用于表彰先进，介绍单位或个人成功的经验、做法，学习先进，见贤思齐，改进与推动工作。

(2) 批评性通报。批评性通报主要用于批评后进，纠正错误，打击歪风，指出有关单位或个人存在的错误事实，提出解决办法或处理意见。

(3) 传达性通报。传达性通报主要用于传达上级重要精神与重要情况，以引起人们的警觉与注意，对当前的工作起指导作用。

(二)通报的结构及写作要求

通报由标题、主送单位、正文、发文机关和日期组成。

(1) 标题。标题由发文机关+事由+文种或事由+文种构成，如《国务院关于一份国务院文件周转情况的通报》《关于人大建议、政协提案办理情况的通报》等。

(2) 主送单位。主送单位要顶格写，后面加冒号。

(3) 正文。正文要有具体事实。

表彰性通报和批评性通报一般分为四个部分。①主要事实。表彰性通报要突出主要先进事迹；批评性通报要抓住主要错误事实。②分析指出事例的教育意义。表彰性通报要在阐述先进事迹的基础上，提炼出主要经验、意义和值得学习与发扬的精神；批评性通报要分析错误的性质、危害，以及产生的根源和责任，指出应吸取的主要教训等。③奖惩决定。表彰性通报和批评性通报，都应写明组织结论与予以表彰或处理的决定。为了防范和杜绝类似错误的发生，批评性通报的结尾处，通常要有针对性地提出防范的措施或规定。④表彰性通报和批评性通报最后要提出希望或要求。而传达性通报只传达上级重要精神与重要情况，一般分为三部分，不写希望或要求。

(4) 发文机关和日期。在正文右下方标明发文机关名称，加盖印章，并写明发文日期。

【例文】

××省人民政府办公厅
关于××××年1—8月全省物价情况的通报

各市、县人民政府，各地区行政公署，省政府各部门：

今年以来，我省物价在较高水平上保持了相对平稳，物价指数上涨幅度逐月有所下降，但物价涨幅仍然较大。据统计，1—8月全省零售物价指数比上年同期上升了24.3%，其中，城镇上升了23.7%，农村上升了24.8%。与上年物价总水平上涨20%比较，今年1—8月高出4.3个百分点。有些地方今年8月的蔬菜价格比上年还高出30%~40%，这不能不说的确有工作问题。现将各地1—8月物价指数上升情况随文附发，请对照检查一下。

实现今年物价控制目标的任务仍十分艰巨，需要进一步加强物价管理，特别是对物价上涨幅度较大的农村，要采取切实有力的措施，坚决控制物价上涨；在物价上涨幅度回落较多和完成物价控制目标把握较大的地方，工作也不能有丝毫懈怠。绝不允许擅自出台任何涨价措施，各地要为实现全省物价控制目标做出贡献。

今年年初，省政府确定的各地和省级有关部门控制物价的目标，是考核政绩的主要指标之一。今年后几个月，各地和各有关部门都要加强物价控制。1—8月物价上涨幅度已经低于上年全年上涨幅度的地方，要力争今年物价指数上涨比上年低5个百分点；1—8月与上年持平或略高的地方，要保证今年物价指数上涨比上年低3个百分点；1—8月物价上涨幅度较大的地方，要确保今年物价指数上涨低于上年。省级有关部门，要按省政府的要求，抓紧最后一个季度的时间，从严控制物价，做好工作，确保全省物价控制目标的实现。

附：××××年1—8月全省及部分市、县、乡零售物价指数表(略)

××省人民政府办公厅(章)
××××年×月×日

三、通知

(一)通知的概念及种类

通知是批转下级公文、转发上级或不相隶属机关公文、发布规章、任免人员、传达事项，要求有关单位和人员周知、办理或共同执行的事项而普遍使用的文种。它是最常用的行政公文。

通知一般可分为以下几种。

(1) 指示性通知。指示性通知是指上级机关对下级机关某一项工作作出的指示和安排，而根据公文内容又不宜用"命令(令)"或"决定"时，可使用这类通知。

(2) 知照性通知。知照性通知用于告诉各有关方面周知的事项等。这种通知的发送对象很广泛，既可以是下级，也可以是平级。

(3) 事务性通知。事务性通知用于上级机关对下级机关就某一具体事项布置工作、交代任务；同级机关及不相隶属的单位之间就某一项具体工作的进行或某一具体问题的解决要求对方配合及协助办理等。

(4) 任免、聘用通知。任免、聘用通知是上级人事、组织部门对有关人员的职务任免、聘用所发的通知。

(5) 批转类通知。批转类通知是用于中转下级机关公文的批示性通知。

(二)通知的结构及写作要求

通知由标题、主送单位、正文和结尾四部分构成。

(1) 指示性通知的写法。标题由发文机关、事由和文种组成，也可省去发文机关名称。正文由缘由、内容、要求等部分组成。缘由要简洁明了，说理应充分，内容要具体明确、条理清楚、详略得当，充分体现指示性通知的政策性、权威性和原则性；要求要切实可行，便于受文单位具体操作。

(2) 知照性通知的写法。这种通知使用广泛，体例格式多样，主要是根据通知的内容，交代清楚知照事项。

(3) 事务性通知的写法。通常正文由发文缘由、具体任务、执行要求等组成。会议通知也属事务性通知的一种，但写法与一般事务性通知有所不同。会议通知的内容一般应写明召开会议的原因、目的，会议名称，通知对象，会议的时间、地点，须准备的材料等。

(4) 任免、聘用通知的写法。一般只写决定任免、聘用的机关、依据，以及任免、聘用人员的具体职务即可。

(5) 批转类通知的写法。一般要在通知中注明"批准""转发"字样，并附有要转发的下级机关的公文和具体落实要求。

【例文】

例文的内容请扫描右侧二维码。

国务院关于机构设置的通知.pdf

第七节 函、纪要

一、函

(一)函的概念

《条例》中规定："函。适用于不相隶属机关之间商洽工作、询问和答复问题、请求批准和答复审批事项。"函是上下级、平级和不相隶属的机关之间在日常公务联系中使用的一种公文文种。

由于函是与主管部门而不是与有隶属关系的上级机关发生联系，因此有别于"请示"。一般来说，向有直接隶属关系的上级机关请求指示、批准用"请示"，向无隶属关系的主管部门请求批准用"函"。

函的使用范围广泛，涉及各方面的公务联系。

(二)函的种类

(1) 按行文方向划分，函可分为去函和复函。

(2) 按文面格式划分，函可分为公函和便函。

(3) 从作用上看，函可分为以下五种。

① 知照函，用于把需要知照的情况告知对方的函。

② 商洽函，在平行机关或不相隶属机关之间相互协商或联系工作时使用，如商调函、联系参观学习的函、查询有关人或事的函、洽谈业务来往的函等。

③ 询问函，是向去函机关询问有关问题或简述某一涉及对方机关权限范围事项的处理意见，需对方机关给予答复时使用的函。

④ 请求批准函，是向平级或不相隶属的有关业务主管部门请求批准的函。

⑤ 答复函，也称复函，在答复对方来文所询问的问题和事项时使用。上级机关对下级机关的一般性请示往往也用答复函。

(三)函的特点

(1) 行文的多样性。函是行文格式最灵活的一种公文。一般公文只有一个行文方向；而函则既可平行，又可上行、下行，同时还可向不相隶属的机关或单位行文。

(2) 功能的多样性。函的使用范围广泛，根据《条例》的规定，函除可以代行指示、请示、报告、批复等职能外，还有相互商洽、询问等功能。机关之间的日常公务联系，在不便使用其他公文文种时都可使用函行文。

(3) 表述的灵活性。函篇幅短小，写法灵活。函的写法根据其内容而定，例如，代行请示的函，可按照请示的写法来写；代行批复的函，可参照批复的写法来写。

(四)函的结构及写作要求

函一般由标题、发文字号、主送机关、正文和落款组成。

(1) 标题。标题一般由发文机关+事由+文种或事由+文种组成，如《国家税务总局关于人民银行委托加工饰品征税问题的函》，复函标题为《关于××(答复事项)的复函》。便函可不用标题。去函的标题可只标明"××函"；复函则应写明"复函"。

(2) 发文字号。发文字号为完全式，即由发文机关代字、年号、顺序号组成。但函的发文机关代字后要加一个"函"字，如鲁府函〔2022〕15号。

(3) 主送机关。需要商洽工作、询问情况或答复问题的有关单位，一般应写全称。

(4) 正文。函的正文一般由开头、主体和结尾组成。

① 开头部分。此部分应阐明行函的原因、目的或依据。例如，商洽函、询问函和请求批准函要写明为什么提出商洽、询问或请求批准，即阐明行此函的目的。答复函一般是先引叙来函"你单位××××年×月×日的来函收悉"，然后写明答复的依据。答复的依据可以是有关政策、法规，也可以是对对方来函内容的阐述。

② 主体部分。此部分应阐明行函的事项，即商洽、询问、请求批准或答复的事项，如事项较多，可采用分条列项的方式撰写。

③ 结尾部分。结尾是正文的最后一部分，它的写法一般有三种。第一种是常用的"请审核批准""请即函复""盼复""望早日函告""望准予××为荷""妥否，请批准"等；答复函的结束语通常有"此复""特此函复"等。函的结束语直接放在主体部分后，也可提行另写。第二种是写希望和要求，给执行请求事项的答复指明方向。第三种是秃尾，就是请示事项答复完毕就告结束，此种结尾方法使用的频率越来越高。

(5) 落款。在正文的右下角写上发(复)函机关的名称、主要负责人的签名，有的还要写上联系人。如果是几个机关联合发函，发函机关的名称应当并列。在签名之下写明成文日期，并要在签名和日期上加盖公章。

(五)函的写作注意事项

要写好函，必须做到以下几点。

(1) 行文目的要明确。要一函一事，切忌一函数事。无论是去函还是复函，行文的目的都应具体、准确。去函的侧重点在于询问问题要清楚明白，复函的侧重点在于对来函所

提出的问题给予明确、具体的答复。

(2) 行文要体现平等坦诚的精神。这主要是指语言要朴素自然，不必故作谦卑和酸涩，文字恳切得体、简洁朴实，用语谦和有礼，切不可盛气凌人。

(六)函与其他文种的区别

1. 函和通知的区别

函和通知虽然都有告知性作用，但它们也有明显的区别。从内容上来看，函告知的多是一般性事项，通知告知的多是比较重要的、严肃的事项；从行文机关的关系来看，函的行文机关多是不相隶属的机关，通知的行文机关一般是具有法定隶属关系的上级机关对下级机关。

2. 函和批复的区别

函和批复都是可以用来回复有关单位的公文，但批复主要用来批复下级机关的请求，当然有时也用来批复其他公文。批复的问题，一般都是比较重要的。函主要用来回复不相隶属的机关在业务上须批准的事项，也可以用来回答不相隶属机关的来函，但回复的问题常常是一般性的。

【例文】

××区人民政府关于暂缓审批
××中央商务区规划范围内单位(企业)开发建设用地手续的函

×府函〔20××〕××号

市国土资源房管局：

为深入贯彻落实省委、市委工作会议精神，加速产业调整，提高产业层次，提高城区核心竞争力，实现经济和社会事业快速发展，××区将对区内规划布局进行大规模重组，拟在××路(两侧)以东、××路以西、××路(两侧)以北、×××路(两侧)以南约 2.5 平方公里的区域内开发建设××中央商务区。

我区区委、区政府就该项目已向市委、市政府作了正式汇报，市委、市政府主要领导已明确表态，同意××区开发建设中央商务区，指示务必认真做好商务区的规划设计和建设，要把中央商务区建设成为××区的一颗明珠。为此，我区立即成立了以区委书记、区长××为指挥的指挥部，全面开展了前期准备工作。目前，已向市规划局提交了中央商务区规划选址申请，市规划局对该项目选址已下达函复意见书(×规函业字〔20××〕××号)，我区正在按市规划局要求，组织前期的可行性论证和概念规划设计方案等准备工作。

但是，在我区开展前期工作的同时，我们发现该区域内的很多单位(企业)已办理或正在办理用地审批手续，其开发建设意向与中央商务区的功能定位相差较大。为更好地落实市委、市政府主要领导的指示精神，控制好现有土地资源，特请贵局立即暂缓办理该范围内建设项目的用地审批手续，待中央商务区概念规划通过后，按照概念规划的功能定位和要求予以审批。

附件：××中央商务区范围示意图

××区人民政府 (章)
二〇××年十二月三十一日

主题词：城乡建设　　工程　　审批　　函

抄送：市规划局，存档。

××区人民政府办公室　　　　　　　　　　　　20××年12月31日印发

二、纪要

(一) 纪要的概念

纪要是根据会议记录和会议文件以及其他有关材料加工整理而成的，它是反映会议基本情况、传达会议议定事项和主要精神，并要求有关单位共同遵照执行的一种文体。

有的需要下发执行的纪要，可以以"通知"的形式发出。纪要可以上报上级机关，供上级机关了解会议的情况以便取得领导的支持与指导；也可以抄送有关的平行机关交流信息，沟通情况，以取得他们的协助和配合。其主要作用是沟通情况，交流经验，统一认识，指导工作。

(二) 纪要的特性

(1) 内容的综合性。纪要是在对会议中各种材料、与会人员的发言以及会议简报等进行综合分析和概括提炼的基础上形成的，注重真实客观、准确全面，具有整理和提要的基本特点。

(2) 指导性。这一特性包含两层含义：一是会议本身的权威性；二是纪要集中反映了会议的主要精神和决议事项。因而纪要一经下发，就对有关单位和人员产生约束力，起着类似于指示、决定或决议等指挥性公文的作用。纪要还可以作为与会同志向单位领导汇报、向群众传达的文字依据。

(3) 纪实性。纪要是根据会议的主旨、议程、决议等概括整理成文的，对会议基本情况是纪实性的。纪要的撰写者不能变更会议议定的事项，不能更改在会议上达成的共识和形成的决议，更不能对会议内容随意进行评议。

(4) 备考性。一些纪要主要不是为了贯彻执行，而是为了向上级汇报或向下级通报情况，必要时可作查阅之用。

(5) 形式的灵活性。撰写纪要时，可采取发言记录式，即按顺序将每个发言人的主要意见归纳整理出来；或按内容性质分类，每一类都有相对独立的小中心；或者将两种形式综合使用。

(三)纪要的分类

1. 按会议性质来划分

按照会议性质的不同，纪要大致可分为办公会议纪要、专题会议纪要、联席(协调)会议纪要、座谈会议纪要、决定性会议纪要等。下面重点介绍办公会议纪要、专题会议纪要和决定性会议纪要。

(1) 办公会议纪要是记述机关或企业、事业单位等对重要的、综合性工作进行讨论、研究、议决等事项的一种会议纪要。这类纪要，有的起通报情况的作用，以使有关人员了解会议的基本情况和精神；有的用于传达会议精神，是有关方面开展工作的依据。

(2) 专题会议纪要是专门记述座谈会讨论、研究情况与成果的一种会议纪要。其主要特点是主题的集中性与观点意见的分呈性相结合，既要归纳比较集中统一的认识，又要将各种不同的观点和倾向性意见都归纳表达出来。

(3) 决定性会议纪要对与会单位具有指示和指导作用，具有决定的性质。它反映的是会议的结论性意见，因而具有较强的政策性。这种会议纪要必须经过大会讨论通过才能发布。

2. 按纪要的写法来划分

根据纪要写法的不同，纪要可分为决议型会议纪要、情况型会议纪要、综合型会议纪要三种。决议型会议纪要只记载会议决议或协议的事项；情况型会议纪要对会议的各方面情况进行记录和整理，传达会议的有关信息；综合型会议纪要需要全面概括会议进行情况、讨论的结果和会议的主要精神，它在全面反映会议内容的基础上加以综合，适用范围最广泛。

(四)纪要的结构和写作要求

1. 纪要的结构

纪要一般由标题和正文两部分构成。

(1) 标题。纪要的标题一般由会议名称和文种两部分组成。

(2) 正文。正文是纪要的主要部分，一般由开头、主体和结尾三部分组成。

① 开头部分。纪要的开头一般要写明会议的概况，包括会议召开的时间、主持召开会议的单位、开会地点、参加会议的人员以及会议的议题等。有的还写明会议程序和概述会议总的情况。这一部分要写得简明扼要。

② 主体部分。纪要的主体应记述会议的要点，主要写清以下三个方面的内容。第一，说明议题。主要是提示会议的宗旨和中心议题，内容不宜多写，文字要高度概括。第二，分析形势，研讨问题。主要是阐述会议讨论的重大问题，或者是对工作情况的基本估计，总结经验，提出需要解决的问题。这一部分常在段落或层次之首冠以"会议认为"或"与会代表一致认为"作为提挈语。第三，阐述会议结果。这是会议纪要最重要的一部分，主要阐述会议讨论的意见、形成的决议、做出的决定、提出的要求，以及需要采取的措施等。这部分常在段落和层次之间冠以"会议要求""会议决定""会议强调"等词语作为提挈语，以引出会议的主要精神。

③ 结尾部分。纪要的结尾提出希望和号召，或者列出尚未解决的问题，供以后继续研究探讨。

2. 纪要的写作要求

(1) 客观整理，保证真实。纪要是会后形成的文件，是对会议情况实事求是的反映，一定要保证内容的真实性。纪要的撰写者在会议期间要尽量全面掌握会议的情况；在综合会议内容时，只能进行必要的归纳、概括和提炼，不能随便增减内容或想当然地修改原意。

(2) 详略得当，突出"要点"。撰写纪要一定要抓住"要"字，紧紧围绕会议的中心议题，抓住会议要解决的问题，立足会议的实际情况，体现会议的主要精神；对会议材料要去粗取精，对与会者的发言要归纳出具有代表性、典型性的意见；对会议的一般内容不宜写得过于具体，但要注意写好结论性的意见。

(3) 切忌将纪要写成会议决议或会议记录。会议纪要即使在会议结束前写出来，其成文日期也不能写成会议结束前的时间，可以写成会议结束的同日，一般是会后正式定稿的日期。

××物理学会 X 射线专业委员会 第三届学术交流会会议纪要.pdf

【例文】

例文的内容请扫描右侧二维码。

思考与练习

1. 行政公文的概念及性质是什么？
2. 请根据 15 种行政公文的格式和要求，各撰写一份行政公文。

第三章 事务文书写作

学习要求

了解事务文书的基本含义；明确事务文书的特点；掌握事务文书的分类及各类事务文书的写作格式和要求。

第一节 概　　述

一、事务文书的概念和特点

(一)事务文书的概念

事务文书是指党政机关、社会团体、企事业单位或个人处理日常事务，用来沟通信息、总结经验、研究问题、指导工作、规范行为的实用性文书。事务文书尽管不是《条例》中的法定文种，却是在日常工作中使用最广泛的文书。

(二)事务文书的特点

(1) 指导性。事务文书是用来处理事务的应用文体。它针对现实情况或工作中的问题进行报道、总结或研究，目的是推动实际工作，解决实际问题，使党的方针政策得以贯彻落实。因此，它对实际工作具有现实的指导意义。

(2) 真实性。事务文书的指导性以真实性为前提，要做到信息准确、情况真实、材料无误，典型经验合乎规律，观点揭示普遍原则，表达实事求是。

(3) 灵活性。与公务文书相比，事务文书的体例格式更加自由、灵活。在结构形式上，它一般并没有规范化的体例格式；在表达方法上，它也更加多样化，常常结合使用叙述、说明和议论；在语言运用上，它更富主动性，可以在真实反映情况和问题的前提下，讲究语言表达的艺术效果等。

二、事务文书的分类

事务文书按照不同的标准，可以分为不同的种类。常用的事务文书有以下几类。

(1) 书信类文书。书信类文书是在日常生活、学习、工作中传递信息、处理事务、交往应酬时使用频繁的应用文体。这类文书包括一般书信、表扬信、感谢信、慰问信、推荐信、求职信、咨询信、举报信、倡议书、建议书、申请书和检讨书等。

(2) 日常事务类文书。日常事务类文书是单位或个人对一定时限内的工作、生产或学习有目的、有步骤地安排部署所撰写的文书。这类文书包括规划、计划、总结、读书笔记、条据、电报和大事记等。

(3) 发言报告类文书。发言报告类文书是反映工作状况和经验，对工作中存在的问题或具有普遍意义的重要情况进行交流报告的文书。这类文书包括述职报告、调查报告、评估报告、讲话稿等。

(4) 规章类文书。规章类文书是政府机构或社会各级组织针对某方面的行政管理或纪律约束，在职权范围内发布实施的需要人们遵守的规范性文书。这类文书包括章程、条例、办法、细则、规则、规程、制度、守则、公约等。

三、事务文书的写作要求

(一)以方针政策为指导，以法律规定为依据

事务文书的政策性很强，它是党和国家的方针政策在有关实际工作中的具体体现。拟稿者须认真领会有关的政策，并运用政策原则去指导工作。同时，事务文书还必须以法律规定为依据，不能与现实政策和法规相抵触。

(二)深入调查研究，获取真实材料

撰写事务文书要了解实际情况，进行深入细致的调查研究，尽可能多地收集、积累资料，只有这样才能明情况、知变化、定决策，才能发挥事务文书的指导性功能与务实的作用。

(三)实事求是，切实可行

写作事务文书如拟订计划，或制定规范文书，或写调研总结，或拟会议材料，都是为了解决工作中的实际问题，因此必须实事求是，提出的政策措施和办法切实可行。

(四)格式约定俗成，语言准确简练

事务文书的格式虽然不像行政公文那样程式化，但许多文种的格式也有约定俗成的共同特点。在结构方面，事务文书要求开门见山、突出重点、层次分明；在语言方面，要求用语准确，尤其是规章类文书，更要讲究炼词炼句，不能出现歧义，表述不能模糊。

第二节　书信类文书

一、一般书信

(一)一般书信的含义及作用

一般书信是相对于专门书信而言的，它是指个人之间来往的信件，是人们用书面形式互相交流的一种工具。人们相隔两地，或虽在一起，但不便面谈时，就用书信进行问候、交流思想、讨论问题。它使用起来迅速、灵活、方便，是最常见的、运用得最广泛的应用文之一。

(二)一般书信的格式

一般书信由信封(封文)和信笺(笺文)两部分组成。

1. 信封

信封中国国家标准于 1978 年首次制定，1987 年进行了第一次修订，1993 年进行了第二次修订，2003 年的修订(GB/T 1416－2003)是第三次修订。新的信封国家标准自 2004 年 6 月 1 日起执行。新标准将信封分为国内信封和国际信封两种。信封一律采用横式，信封的封舌应在信封正面的右边或上边，国际信封的封舌应在信封正面的上边。B6、DL、ZL 号国内信封应选用每平方米不低于 80 克的 B 等信封用纸Ⅰ、Ⅱ型；C5、C4 号国内信封应选用每平方米不低于 100 克的 B 等信封用纸Ⅰ、Ⅱ型；国际信封应选用每平方米不低于 100 克的 A 等信封用纸Ⅰ、Ⅱ型。信封用纸的技术要求应符合《信封用纸》(GB/T 22834—2008)的规定，纸张反射率不得低于 38.0%。信封正面左上角距左边 90 mm、距上边 26 mm 的区域为机器阅读扫描区，信封正面离右边 55～160 mm、离底边 20 mm 以下的区域为条码打印区。对使用不符合国家标准、未经邮电管理部门监制的信封邮寄的信函，全国各地邮电局(所)原则上不予收寄，由此造成的时间延误应由用户负责。

信封上的内容即封文由三部分组成：收信人的地址和姓名、寄信人的地址和姓名、双方所在地区的邮政编码。

(1) 收信人的地址和姓名。要求写清楚收信人所在的省(自治区)、市、县(区)、街道和门牌号码；农村地区要写清楚省(自治区)、市、县、乡镇、村。发给机关、团体、厂矿、学校等单位的信，也应在单位名称前详细写明其地址。这部分内容一定要写齐全，写准确，写清楚，写工整，从第一行空两字处写起，一行写不完可转行接着写，但地名不要拆开写。

收信人的姓名要写在信封中间，字号稍大些。姓名后空两字处可写上"同志""先生"等字样，也可不写；在它们的后面空一字写"收""启"等字样。

(2) 寄信人的地址和姓名。这部分内容写在收信人姓名下面一行的右边，要求与收信人的地址一样，也要写得准确、详细，使收信人一看信封就知道信的由来和寄信者。另外，当信件无法投递时，邮局也可按此地址将信件退回。

(3) 信封上还应准确无误地填写好收信人所在地区和寄信人所在地区的邮政编码。

信封上的字，不要用铅笔写，以防字迹模糊不清；也不要用红色笔写，这会被认为是绝交信。

托人转交的信，收信人地址为捎信者所熟悉的，可不写(反之则写)，只写"面交××同志""烦交××同志"等即可。在信封的右下方写上"××托(拜托)"即可。信封样式如下。

```
┌─────────────────────────────────────────┐
│ □□□□□□                      ┌──────┐ │
│                              │ 贴邮 │ │
│ ××省××市××区××街××号      │ 票处 │ │
│                              └──────┘ │
│         ×××   同志  收              │
│                                         │
│              ××省××市××大学×系××寄 │
│              □□□□□□                │
└─────────────────────────────────────────┘
```

2. 信笺

信笺是信的内页，即书信的内容，称为笺文。信笺一般由称谓、问候语、正文、结尾、署名、日期六部分组成。

(1) 称谓。称谓是寄信人对收信人的称呼，它表示双方的关系，在信笺第一行顶格书写，后面用冒号，要单独占一行。称谓的全称应包括姓名、称呼和修饰语。

我国素来重视人伦、名分，因此在交际活动中应该特别重视称谓妥当，写信时尤其如此。笺文中的称谓包括名字(或号)、公职位、私关系(包括血缘关系及亲戚关系)、敬词等。上述四者，在有的信中单独使用，如"主席""妈妈""大哥""爷爷"等；在有的信中则两项联合使用，如"希哲老师""母亲大人""王涛先生""春生儿"等。在实际使用中，四者如何结合，请注意下列问题。

若收信人是晚辈，写信时可以直呼其名。除此以外，凡有字号的，都要称字或号；也可以从收信人的字号中选一个字，后面加一个"公""翁"或"老"等字。公职位，即在社会(包括国家机关、企事业单位及社会团体)中的职务、职称、地位。如果收信人有过两种以上的职务(或职衔)，甚至身兼数职，就需要选择一个适当的称呼，选择的原则是视书信内容与收信人的哪个职位关系密切。所谓私关系的称谓，即表示发信人与收信人之间在家族、亲戚、世交领域内相互关系的称呼。敬词是表示发信人对收信人的尊敬之情而附加的称谓词语，主要表达发信人对收信人尊敬的感情和态度。现在常用的敬词有"同志""先生""女士""吾兄""仁兄"等。尤其是"先生"，用得极为普遍，弹性极大，对没有适当称呼的收信人用"先生"称呼，一般不会错。

(2) 问候语。问候语从称谓下面一行空两字处写起，单独成行。问候语一般是"您好""近好"等。如是节日，则可以致以节日的问候，如"新年好""节日愉快"等。对教师，可问身体、工作、精神方面，如"近日身体好吗""精神好吗"；对学生，可问学习的情况等。问候语的后面一般用感叹号或问号。

(3) 正文。正文是笺文内容的主体，也即书信所要说的事，所要论的理，所要叙的情。正文从问候语下面一行空两字处写起。正文的内容一般应分段书写，可分为缘起语、主体文、总括语三个部分。

① 缘起语说明写信的原因和目的，用以引出主体文，如"听说你大学毕业，已分配到计算机部门工作，特写信表示祝贺，并与你商讨几个问题……"或"来信收到……"等。

② 主体文是信的主要部分，写信人要询问或要回答的问题，都在这一部分中。如果问题较多，可按主次分段排列，一般一件事或一个问题为一段。如果是回信，应先回答对方信中提出的问题，再写自己的事情。回答对方的问题时应有针对性，要做到有的放矢。

③ 总括语大多用在内容较多的书信末尾，将正文的内容总括一下，使收信人对信的内容更清楚。若写信人认为无必要，也可不写。

(4) 结尾。一般是写祝愿或致敬的话。常用的致敬语是"此致敬礼""祝身体健康""祝工作顺利""祝学习进步""祝节日快乐"等。

结尾是有格式的，不能随便写。结尾的内容一般分为两部分写：前一部分写"此致"或"祝"，可接正文末行写，也可另起一行空两字写；后一部分写"敬礼"或祝愿的话，应单独占一行顶格写。

(5) 署名。署名写在致敬语或祝愿语的下一行接近右端的地方，写姓名全称或只写名不写姓,这要根据双方的关系来定。姓名之前可加上自称或修饰语来表明身份、关系,如"儿××""好友××"。

(6) 日期。日期写在署名下面,可写年月日,也可将年省去,还可写上写信的地点。

信写完后,最好仔细读一遍,查看意思表达得是否清楚、完整,用词是否恰当,有无漏字、错字。如果发现有不妥之处,就要及时改正。发现有遗漏的事情,还可以在信的最后或空白处以"附言"的形式补充。

(三)一般书信的写作要求

书信虽然是常见的、运用得最广泛的应用文之一,但要真正写好一封信并不容易。常常见到有些人写信时写了撕,撕了写;或写了涂,涂了写,直到将信发出去,仍然感到不满意。造成这种情况的原因固然是多方面的,但没有掌握书信的写作要求是其中一个很重要的原因。

(1) 写信前,首先应明确与收信人的关系及写信的目的。关系不同,目的不同,在使用称呼、语气和写法上也就不同。初次通信与多次通信的写法不一样,批评、驳斥对方的意见与表扬、鼓励对方的做法不一样,向长辈或有经验的人请教问题和与同辈或同学讨论问题不一样,等等。提出自己的主张和看法,应采用议论的方式;介绍某个事物,应采用说明的方式;反映某个事件,应采用叙述的方式;表达自己的喜怒哀乐,应采用抒情的方式;等等。只有将这些问题都弄清楚了,才能做到有的放矢,明确地表达出写信人的意思。

(2) 要做到行款格式正确。通过前文的介绍,我们已经知道一般书信从信封到信笺、从称谓到署名、日期均有一定的格式,只有按其格式行文,才能让收信人看得清楚、看得明白。那些或因格式不对而被退回的信件,或因称谓欠妥而闹出笑话,或因问候语乱写而不合规范,或因忘记署名、写明日期而令人费解等现象,严重地影响了信件的内容,应当引起高度重视。

(3) 注意使用简明、平直和口语化的语言。写信使用的语言要简明,开门见山。内容当长则长,当短则短,不要啰唆,不要拖沓。写信使用的语言要平实和口语化,平时怎样说,写信时就怎样写,直截了当,让人一目了然。不要刻意地去"做"文章,堆砌辞藻,弄得华而不实。

二、表扬信、感谢信、慰问信

(一)表扬信、感谢信

1. 表扬信、感谢信的性质

表扬信是以集体、单位或个人的名义对某集体、单位或个人的先进思想、模范事迹表示赞扬的书信。集体、单位或个人可以将表扬信寄到或亲自送到受表扬者所在的单位,也可以寄给报社,在报纸上发表。

感谢信是专门用来向那些对自己有所帮助、支持的集体、单位或个人表示感激或谢意的书信。感谢信有的直接写给被感谢者;有的写给被感谢者所在集体或单位表示感谢,并要求集体或单位对其给予表扬。

2. 表扬信、感谢信的写法

表扬信与感谢信的性质相近，写法也大体相同。第一行正中书写标题"表扬信"或"感谢信"。正文部分要写清楚表扬、感谢的是何单位或个人，有何先进思想、先进事迹，以及先进事迹对社会、对自己所产生的重大意义和积极效果。最后写上表示敬意、感谢或赞扬的话，如"此致敬礼""谨表谢意""向您学习"等。落款写清发信单位名称或个人姓名以及发信日期。

3. 写表扬信、感谢信时应注意的问题

(1) 写表扬信时，要写明表扬的是谁，表扬什么先进事迹。事实要具体，应充分反映出对方的可贵品质，尽量用事实说话，不宜过多议论，评价时要掌握分寸。

写感谢信时，要写明感谢的是谁，发生了什么事以及自己的态度。重点要把写信人在何时、何地、何种情况下，得到了对方何种帮助和支援写清楚。

(2) 要实事求是、恰如其分，不要以偏概全。

(3) 态度要诚恳，语言要真挚，文字力求生动，使感激、鸣谢之情洋溢于字里行间，要表达出向对方学习的态度和决心。

【例文一】

表 扬 信

××大学：

我们是中国人民解放军某部三连的全体官兵。2月4日我连干部的家属陈×自杭州携三岁的女儿来部队探亲，不慎在某火车站将火车票和所有的现金遗失。正当陈×母女万分焦急之时，你校的张×和施×同学向她们伸出了援助之手，这两位同学不仅为她们买了到目的地的火车票，而且一路上为陈×母女购买饭菜，照顾有加，到站以后又为她们叫好出租车并预先付了车费，陈×母女这才平安到达部队驻地。

张×和施×同学这种助人为乐的雷锋精神，令我们全体指战员感动万分。我们十分感谢张×、施×同学对陈×母女俩的热情帮助，我们号召全连干部战士向这两位同学学习，在建设祖国、保卫祖国的工作中奉献我们的青春，同时也希望学校领导对张×、施×同学予以表扬。

此致

敬礼！

某部三连全体官兵
2月10日

【评析】

该表扬信是某部三连全体官兵写给"××大学"的一封表扬信。信中表扬了××大学的张×和施×两位同学，他们在遇到部队干部家属陈×及女儿来部队探亲在火车站失窃后，帮助其购买火车票、买饭菜、预付出租车费等助人为乐的行为，表达了某部三连全体官兵的感谢之情，并希望学校领导对张×和施×同学予以表扬。

此信交代清楚了事件发生的时间、地点、人物和具体内容，使读者一目了然，又备受教育。语言朴实无华,情真意切,符合表扬信的要求。

【例文二】

贺××同学感谢《×××》杂志为其呼吁捐款治病

《×××》杂志社:

  请贵刊转告全国所有关心我的大学生、解放军战士、工人、教师及各界朋友,我的病情经几家大医院治疗和各界的关心,目前已得到控制,现正在家休养。如不出意外,下学期开学即可返校学习。

  顽疾缠身是人生中的不幸,我遭此一难,几乎摧毁了我和我的家庭。由于《×××》杂志的呼吁,一封封来自远方的书信、一张张几经周折转来的药方,使我那不情愿跳动的心又恢复了正常的节奏;几乎凝滞的血又沸腾了。一双双援助的手、一颗颗充满爱的心,指明了我生活的路,温暖了我一家几乎冷却的心。

  可敬的叔叔、阿姨、各位同学,我和你们天各一方,相见无期,你们却把微薄的收入,甚至把你们的助学金、生活费,或者卖字画的钱寄给了我。而你们当中甚至本人就有残疾,没有经济收入,却要用你们宝贵的血来挽救我……近来,我的脑海中经常出现你们的身影。有年迈的老人,有可爱的军人,有可敬的老师,还有很多我不相识的人……我无法具体描绘你们的形象,但你们的高尚品格、助人为乐的精神将永存于我心中,永存于我家乡父老的心中……

  唯一遗憾的是我不能当面答谢各位。在此请接受用你们的爱心挽救的人的深深谢意,愿你们爱的春风暖遍祖国,充满世界。

  为了不辜负你们的一片爱心和良好祝愿,我将继续我的学业,继续我的事业,争取取得优异的成绩,献给关心我的远方的各位朋友。

  愿我们的心永远相通。

贺××
××××年×月×日

【评析】

  这是贺××同学为感谢《×××》杂志为其呼吁捐款治病而写的一封感谢信,以表达他对广大热心读者的深深谢意。本文先向关心自己的社会各界朋友报告了自己的病情,之后写了由于杂志社的呼吁,自己受到了救助,家人冷却的心得到了温暖。接着作者用较大的篇幅来抒发自己的感激之情,最后表示自己今后一定要努力学习,用优异的成绩报答朋友们的关怀。

  这封感谢信清楚地交代了感谢的原因及事件发生的前前后后,表达了写信者的感激之情,并说明了社会各界的关心所产生的结果及写信者今后的打算,完全符合感谢信的一般写法。该感谢信语言朴实自然,措辞亲切中肯,是一种真情实感的自然流露。

(二)慰问信

1. 慰问信的概念及种类

  慰问信是以组织、群众或个人的名义,向有关集体、单位或个人表示慰劳、问候、致意的书信。

慰问信能够充分体现组织的温暖和关怀，体现人与人之间的深情厚谊。它可以给被慰问者以继续前进的信心、克服困难的勇气，以及勤奋学习和努力工作的力量。

慰问信根据内容的不同可分为三种：向做出贡献的团体或个人表示慰问，肯定他们的成绩与贡献，鼓励他们戒骄戒躁继续前进，争取更大的收获；由于某种原因，集体、单位或个人遇到了重大的损失或巨大困难时，向他们表示同情和安慰，表示亲切关怀，在精神上给对方以温暖、鼓励；某些重大节日到来之际，特向有关集体、单位或个人致以节日慰问。

2. 慰问信的内容与结构

(1) 标题。标题常见的有三种形式：一种是直接用"慰问信"三字做标题；一种是用发文单位名称+受文对象名称+文种做标题，如《福建省人民政府致福建前线三军慰问信》；还有一种写法是用受文对象名称+文种做标题，如《致柯××大夫家属的慰问信》。

(2) 受文对象。写明被慰问的单位或个人的称呼。

(3) 正文。慰问信的正文主要写明慰问的内容，通常采用分段式来表述。首先，正文的开头要交代写慰问信的背景和原因；其次，概括地叙述慰问对象的先进思想、模范事迹，或是遇到困难时所表现出来的不怕牺牲的可贵品质和高尚风格；再次，写向他们表示慰问和学习的词语；最后，写明表示共同愿望和决心的话语以及祝愿的话语。

(4) 落款。在正文的右下角注明写信的集体、单位名称或个人姓名，以及写信的时间。

【例文】

例文的内容请扫描右侧二维码。

三、推荐信与求职信

致邹韬奋夫人沈粹缜
的慰问信.pdf

(一)推荐信

1. 推荐信的概念及种类

推荐信是学校、其他单位或有关部门及个人，从有利于工作的角度出发，把人才或其他事项推荐给对方时所用的一种专用书信。

根据推荐信的内容分类，常用的推荐信有推荐求职信、推荐相见信、推荐买卖信、推荐求助信、推荐技术信和推荐书刊信等。

2. 推荐信的结构与写法

推荐信一般包括标题、称谓、正文、祝颂语、署名和日期共六个部分。

(1) 标题。在第一行正中写"推荐信"三个字。

(2) 称谓。在第二行顶格写对方单位名称或负责人姓名，后面加冒号。

(3) 正文。这是推荐信的主体部分，在称谓下一行空两字写被推荐的人才或事项的具体情况，要抓住主要特点，介绍真实情况。正文末尾要写出推荐者的希望和要求。

(4) 祝颂语。另起一行空两字写"此致"，下一行顶格写"敬礼"之类的敬语。

(5) 署名和日期。在祝颂语下面两行或三行右下角写明发信单位名称或个人姓名及发信日期。

3. 写推荐信应注意的事项

(1) 推荐的理由要写得充分。无论是推荐某人还是推荐某事，都一定要把推荐的原因、出发点、理由说充分，以便对方接受。

(2) 措辞要讲究分寸，不要堆砌溢美之词，不要隐瞒缺点和不足。

(3) 语言要精练，不要过多地分析论证。

【例文】

推 荐 信

××省教委：

张明系我校中文系2022届本科毕业生，在校期间一直任校刊编委，曾在省级刊物上发表过教学论文，在校刊上多次发表学术论文，能运用英语写作。该生思想进步，遵纪守法，曾两次被评为校级"三好学生"，且该生口头表达能力较强。

希望能分配到大专院校或中等学校从事教学工作。

此致

敬礼！

××大学人事处(章)
××××年×月×日

(二)求职信

1. 求职信的概念及特点

求职信是个人向机关、团体、企业或有关领导谋求职业的一种专用书信。求职信集介绍、自我推销和下一步行动建议于一身，它总结归纳了履历表，并重点突出背景材料中与未来雇主最有关系的内容。一份好的求职信能体现求职者清晰的思路和良好的表达能力，换句话说，它体现了求职者的沟通交际能力和性格特征。

求职信的主要特点如下。

(1) 自荐性。求职信中要对自己的成绩、专长、兴趣和爱好做自我介绍，毛遂自荐。

(2) 申请性。这一点和申请书相仿，具有表达愿望、提出要求、申请批准接纳的作用。

2. 求职信的结构和写法

一般来说，求职信属于书信一类，其基本格式应当符合书信的一般要求。一个人的书信如果写得精彩，那么他的求职信也不会差。求职信的基本格式与书信无异，主要包括称谓、正文、结尾、署名、日期和附录六个方面的内容。

(1) 称谓。求职信的称呼与一般书信不同，书写时须正规一些。如果是写给国家机关或事业单位的人事部门负责人，可用"尊敬的××处(司)长"称呼；如果是写给"三资"企业领导，则用"尊敬的××董事长(总经理)先生"；如果是写给各企业厂长经理，则可称之为"尊敬的××厂长(经理)";如果是写给院校人事处负责人或校长的求职信,可称"尊敬的××教授(校长、老师)"。

不管写给什么身份的人,求职信都不要使用"××老前辈""××师兄(傅)"等不正规的称呼。如果打听到对方是高学历者,可以用"××博士""××硕士"来称呼,则其会更容易接受,无形中会对求职者产生一种亲切感。

(2) 正文。求职信的中心部分是正文,形式多种多样,但内容都要求说明求职信息的来源、应聘职位、个人基本情况、工作成绩等事项。

首先,写出信息来源渠道,如"得悉贵公司正在拓展省外业务,招聘新人,且昨日又在《××商报》上读到贵公司的招聘广告,故有意角逐营业代表一职"。记住,不要在信中出现"冒昧""打扰"之类的客套话,他们的任务就是招聘人才,何来"打扰"之说?

如果你的目标公司并没有公开招聘人才,也即你并不知道他们是否需要招聘新人时,你可以写一封自荐信去投石问路,如"久闻贵公司实力不凡,声誉卓著,产品畅销全国。据悉贵公司欲开拓海外市场,故冒昧写信自荐,希望加盟贵公司。我的基本情况如下……"这种情况下,用"冒昧"二字就显得很有礼貌。

其次,在正文中要简明扼要地介绍自己与应聘职位有关的学历水平、经历、成绩等,令对方从阅读完毕之始就对你产生兴趣。但这些内容不能代替简历,较详细的个人简历应作为求职信的附录。

最后,应说明能胜任职位的各种能力。这是求职信的核心部分,目的无非是表明自己具有专业知识和社会实践经验,具有与工作要求相关的特长、兴趣、性格和能力。总之,要让对方感到你能胜任这个工作。在介绍自己的特长和个性时,一定要突出与所申请职位有联系的方面,千万不能写那些与职位毫不沾边的东西。比如,你想应聘业务代表一职,却在求职信中大谈"本人好静,爱读小说"等与业务无关的性格特征,结果肯定不会太理想。

(3) 结尾。结尾一般应表达两个意思:一是希望对方给予答复,并盼望能够得到参加面试的机会;二是表示敬意、祝福,如"顺祝愉快安康""深表谢意""祝贵公司财源广进"等,也可以用"此致"之类的通用词。

最重要的是,别忘了在结尾认真写明自己的详细通信地址、邮政编码、联系电话和电子信箱等。如果让亲朋好友转告,则要注明联系方式方法以及联系人的姓名和他与你的关系,以方便用人单位与之联系。

(4) 署名。按照中国人的习惯,直接签上自己的名字即可。国外一般都在名字前加上"你诚挚的、你忠实的、你信赖的"之类的形容词,但这种方法不能轻易效仿。

(5) 日期。日期写在署名右下方,应用阿拉伯数字书写,年月日都写全。

(6) 附录。求职信一般要求和有效证件一同寄出,如学历证、职称证、获奖证书、身份证的复印件,并在正文左下方一一注明。

【例文】

自 荐 信

尊敬的领导:

　　您好!

　　我是××大学××系的一名学生,即将面临毕业。

××大学是我国××人才的重点培养基地，具有悠久的历史和优良的传统，并且素以治学严谨、育人有方而著称；××大学××系则是全国××学科基地之一。在这样的学习环境下，无论是在知识能力，还是在个人素质修养方面，我都受益匪浅。

　　四年来，在师友的严格教育及个人的努力下，我具备了扎实的专业基础知识，系统地掌握了××××、×××等有关理论；熟悉涉外工作常用礼仪；具备较好的英语听、说、读、写、译等能力；并能熟练操作计算机办公软件。同时，我利用课余时间广泛地涉猎了大量书籍，不仅充实了自己，也培养了自己多方面的技能。更重要的是，严谨的学风和端正的学习态度塑造了我朴实、稳重、创新的性格特点。

　　此外，我还积极地参加各种社会活动，抓住每一个机会锻炼自己。大学四年，我深深地感受到，与优秀学生共事，使我在竞争中获益；向实际困难挑战，让我在挫折中成长。祖辈们教我勤奋、尽责、善良、正直；××大学培养了我实事求是、开拓进取的作风。我热爱贵单位所从事的事业，殷切地期望能够在您的领导下，为这一光荣的事业添砖加瓦，并且在实践中不断学习、进步。

　　收笔之际，郑重地提一个小小的要求，无论您是否选择我，尊敬的领导，希望您能够接受我诚恳的谢意！

　　祝愿贵单位事业蒸蒸日上！

×××
××××年×月×日

(附联系地址：×××××××××；邮编：××××××；电话：×××××××××××；电子信箱：×××××××××；QQ：×××××××；微信号：××××××××)

四、咨询信与举报信

(一)咨询信

1. 咨询信的概念

　　咨询信是写信人就自己不太熟悉、不太了解或不理解的事情及问题，向有关部门或专家请求解答时所使用的一种专用书信。

2. 咨询信的结构与写法

　　咨询信通常由标题、称呼、正文、结尾、落款五部分组成。

　　(1) 标题。咨询信的标题常见的一般是由一句问话组成，问话直接亮出自己的问题，如"我可以得到她的谅解吗？""他们的做法违法吗？"等。

　　(2) 称呼。称呼要顶格写上收信的单位、机关名称或收信人的姓名，并加冒号，如"尊敬的××先生："、"编辑同志："等。

　　(3) 正文。正文要将自己的问题如实地向对方提出来，要求把起因、状况、结果、需要回答的问题具体、清楚地写出来，以便收信人知道你所询问的问题，利于对方正确地判断和回答你的问题。

　　(4) 结尾。结尾可以写一些表示敬意的话，如"此致敬礼""顺祝文安"等，也可以省略不写。

(5) 落款。落款要注明发信人的称呼、姓名，并署上发信日期。有的咨询信还在落款下面隔两行注明自己的详细地址和联系方式。

3. 写咨询信应注意的问题

(1) 咨询信一般只问一个具体问题，而不把诸多问题放在一起。

(2) 写咨询信是要求对方答复或协助，因此用语要有礼貌，要谦虚。为了表示对方打扰的歉意，要说些表示感激的话，署名后写出"敬上"，以示客气。

(3) 咨询信所要求答复的问题要具体、清楚，不可含糊其词，否则会影响回信人对问题的正确答复。

(4) 咨询信的语言要求朴实、自然、简明扼要，直截了当地提出所咨询的问题，不堆砌华丽的辞藻，以免使对方反感。

【例文】

咨 询 信

××市公安局：

我的姐姐在国外，想把孩子送回祖国上小学、中学，让孩子接受祖国的文化教育，培养下一代的民族意识，加深他们对故土的感情，拟学习一段时间后再返回原居住地。对于这个问题，不知有什么规定，需办理哪些手续，请你们拨冗予答复为盼。

寿光市学院路×号××
×××
××××年×月×日

【评析】

这封咨询信的特点是语言朴实、自然，将所要咨询的问题具体、清楚地表达了出来，便于收信人对问题做出及时、正确的答复；此外，该信只提出了一个具体问题恳请答复。例文是代亲友就一些具体政策手续向有关部门写信咨询的。其最大的特点是简明扼要地交代缘由，提出具体问题并不失礼节地"请你们拨冗予答复为盼"。

一般来说，咨询信的格式是比较灵活的，可视具体情况而定。

(二)举报信

1. 举报信的概念

举报信又叫检举信，它是为检举、告发某单位或个人的违纪违法行为，向司法机关或纪检监察机关等写的专用书信。

2. 举报信的结构和写法

举报信通常由标题、称谓、正文、祝语、落款和附件六部分组成。

(1) 标题。举报信的标题，通常由被检举单位或个人名称和事由组成，如"××地区电老虎依然横行"；也有的由被检举单位或个人名称、事由和文种组成，如"关于××招生办受贿问题的检举信"。

(2) 称谓。第二行顶格写受理机关的名称，后面加冒号。

(3) 正文。举报信的正文一般应写明以下几个方面的内容。

① 被举报人的基本情况，诸如姓名、年龄、性别、单位、职务、住址等。

② 举报人的基本情况，如姓名、年龄、性别、单位、职务、住址等。

③ 错误事实和证据。写错误事实要交代清楚时间、地点、动机、目的、手段、情节、结果，要忠于事实，不夸大、不编造、不缩小；证据包括人证、物证、书证，证据要确实、充分。最后，要求依法追究刑事责任，或要求给予行政处分等。

(4) 祝语。正文下一行空两字写"此致"，转行顶格写"敬礼"之类的敬语。

(5) 落款。注明写举报信之人的姓名和写举报信的日期，也可以不写姓名。

(6) 附件。在落款下一行写明附件件数，如书证×份、物证×份等。如无须附件，此部分可省略。

【例文】

县长多占房　群众愤不平

××省纪委：

××县县长×××，利用职权，一家四口人占据宿舍三处，群众愤愤不平。

×××于××××年从××县调入我县任副县长，××××年升任县长。他在原任职的县有平房三间，调入我县后，退掉其中最小的一间，保留两间。××××年6月他又在我县××街占据三室单元楼一套，原来的两间平房留给年仅18岁的女儿独居。

××××年年初，我县建成教师宿舍楼，该县长又以原单元楼离县政府远为由，侵占两室一厅的宿舍一套。此事不仅引起教师强烈的不满，讥讽道"县太爷'狡兔三窟'，穷教员望楼兴叹"，而且引起县政府机关干部议论纷纷。

希望省纪委派人查处此事，追回其多占公房。

此致

敬礼

××县十名机关干部
××××年×月×日

五、倡议书与建议书

(一)倡议书

1. 倡议书的概念和作用

倡议书是为了更好地完成某项任务，个人或集体提出某些合理化建议或创造性措施，向广大群众或有关单位公开发出倡议，希望大家响应所使用的一种专用书信。

倡议书的作用主要有以下两点。

(1) 倡议书具有广泛的群众性。它可以在较大范围内调动群众的积极性，使大家心往一处想，劲往一处使，齐心协力共同做好一些有益于社会的事务或开展某些公益活动。

(2) 倡议书是开展精神文明建设的一个有效方法。倡议书的内容一般是与人们的日常生活相关的一些事项，比如，倡议爱护花草树木，保护生态环境；倡议众志成城、同心协力；等等。所有这些都有益于人们的身心健康，属于社会主义精神文明的重要内容。

倡议书是一种建议、倡导，不会给人一种强制的感觉。它在这种轻松倡导的氛围之中，宣传了真、善、美，使人们在无形之中就能受到深刻的教育。

2. 倡议书的特点

(1) 群众性。倡议书不是对某个人、某一集体或某一单位而言的，它往往面向广大群众，或对一个部门的所有人发出，或对一个地区的所有人发出，甚至向全国发出。因此广泛的群众性是倡议书的根本特征。

(2) 对象的不确定性。倡议书是要求广大群众响应的，然而其对象范围往往是不确定的。即便是在文中明确了具体的倡议对象，但实际上有关人员可以表示响应，也可以不表示响应，它本身不具有很强的约束力；而与此无关的别的群众团体却可能有所响应。

(3) 公开性。倡议书是一种广而告之的书信。它就是要让广大的人民群众知道、了解，从而激起更多的人响应，以期在最大的范围内引起共鸣。

3. 倡议书的结构与写法

倡议书一般由标题、称呼、正文、结尾和落款五部分组成。

(1) 标题。倡议书的标题一般由文种名单独构成，即在第一行正中用较大的字号写"倡议书"三个字；另外，标题还可以由倡议内容和文种名共同组成，如《把遗体交给医学界利用的倡议书》。

(2) 称呼。倡议书的称呼可依据倡议的对象而选用适当的称呼，如"广大的青少年朋友们："""广大的妇女同胞们："等。有的倡议书也可不用称呼，而在正文中指出。

(3) 正文。倡议书的正文需包括以下几个方面的内容。

① 倡议书的背景、原因和目的。倡议书的发出贵在引起广泛的响应，只有交代清楚倡议活动的原因，以及当时的各种背景事实，并申明发布倡议的目的，人们才会理解和信服，才会自觉地行动。这些因素如果交代不清，就会使人觉得莫名其妙，难以响应。

② 倡议的具体内容和要求。这是正文的重点部分。倡议的内容一定要具体化，开展怎样的活动，都做哪些事情，具体要求是什么，它的价值和意义都有哪些，均需一一写明。倡议的具体内容一般是分条开列的，这样写清晰明确，使人一目了然。

(4) 结尾。结尾要表明倡议者的决心和希望，或者写出某种建议。倡议书一般不在结尾写表示敬意或祝愿的话。

(5) 落款。在正文或结尾的右下方写明倡议者单位、集体的名称或个人的姓名，并署上发布倡议的日期。

4. 写倡议书应注意的问题

(1) 倡议书的内容要有新的时尚和精神，要切实可行，要不违背国家的方针政策。

(2) 倡议书的背景、目的要写清楚，理由要充分。

(3) 倡议书的措辞要恰当，情感要真挚，同时要富于引导性。

(4) 倡议书的篇幅不宜太长。

【例文】

例文的内容请扫描右侧二维码。

(二)建议书

1. 建议书的概念及其沿革概述

主题教育活动倡议书.pdf

建议书是指个人、单位或集体向有关单位或上级机关和领导，就某项工作提出某种建议时所使用的一种常用书信。有的建议书也称"意见书"。

我国古代就有许多提建议之类的文章，比如，李斯的《谏逐客书》是建议秦王广开才路、集纳人才的；贾谊的《论积贮疏》是建议汉文帝积储粮食、财力、物资的；赵充国的《屯田奏》是建议采用士兵屯田垦荒政策的。

中华人民共和国成立以后，人民当家做主，建议书变成了人民发表意见、提供建议的工具。

2. 建议书与倡议书的区别

(1) 对象不同。建议书一般是群众向领导提出建议；而倡议书是向群众建议。

(2) 作用不同。建议书仅仅是建议，没有发动群众去做的意思；倡议书有鼓动和号召的作用。

(3) 应用范围不同。建议书多是在本单位、本部门、本系统使用，范围小；倡议书多是面向社会，范围大。例如，《关于保护环境的倡议书》就是面向社会各部门、各阶层的。

3. 建议书的写法

建议书一般由标题、称呼、正文、结尾和落款五部分构成。

(1) 标题。标题一般有两种写法：一种是在第一行中间写上"建议书"字样；另一种建议书还要写上所建议的内容。

(2) 称呼。建议书的称呼要求注明受文单位的名称或个人的姓名，要在标题下空两行顶格写，后加冒号。

(3) 正文。建议书的正文由以下三部分构成。

① 提出建议的原因、理由以及自己的目的、想法。这样往往可以使受文单位或个人从实际出发，考虑建议的合理性，从而为采纳建议打下基础。

② 建议的具体内容。一般建议的内容要分条列出，这样可以做到醒目。建议要具体明白、切实可行。

③ 提出自己希望采纳的想法，但同时也应谨慎虚心，不用命令的口气。

(4) 结尾。结尾一般是表示敬意或祝愿的话，与一般书信相同。

(5) 落款。落款要写上提建议的单位名称或个人的称呼、姓名，并署上成文日期。

4. 建议书的特点

(1) 建议书是向有关部门或上级领导提建议时所使用的一种书信。它没有公开倡导具体实施的特点，只是作为一种想法被提出来，具有较强的文本性特点，作为一种假想的

"条条"而存在。

（2）建议书中的建议事项必须被有关部门、领导批准认可后才能实施。因此建议书具有较强的可塑性，它不是最终的定文形式，可以被修改，被增删，甚至被弃之不用，这都是由具体的情况决定的。

【例文】

傅青元对学习问题的看法和建议

编辑部：

青海教师进修学院院长傅青元就当前中小学学生学习负担普遍过重的问题，向记者谈了他的一些看法。他说，产生学生学习负担过重这一现象有以下几个原因。

一、教材多。我国原来的教材中，反映当代最新的科学成就少。为了赶上世界先进水平，编新教材时有意识地将一部分内容逐级下放，大学教材有不少内容下放到高中，高中教材有不少内容下放到初中，初中教材有不少内容下放到小学。教材过多，老师讲不完，只有开快车，加班加点。这是目前孩子们学习负担过重的主要原因。

二、学制短。小学、中学各六年，学习时间相对较少。

三、片面追求升学率。升学率的高低实际成了学校衡量老师、社会评价学校好坏的唯一标准。每年升学人数有限，就业也很困难，这就无形地对学生形成了综合性的压力。

四、教学不得法。青海中学教师约一万名，按本科毕业生教高中、专科毕业生教初中的师资要求来看，只有 1/3 的教师是合格的。大多数教师做不到让学生当堂理解所学内容，当堂消化，只能用笨办法占用学生的休息、体育、文娱活动时间。

关于这一问题的解决办法，傅青元谈了几点意见。

一、首先是教育行政领导干部应认真学习党的教育方针和政策，正确执行党的教育方针、政策，研究教学规律，坚决制止和纠正片面追求升学率的错误做法。衡量学校教育工作和教师的教学质量，应以学生德、智、体全面发展为标准，绝不应单纯以分数高低或升学率的高低为标准。

二、加速中等教育结构的改革，多办些职业中学。同时，要普遍建立研究生院，将一些教材内容放在研究生阶段去学习，而不要层层下放。研究生院学制可以是四年，对于没有培养前途的研究生，一两年即可淘汰，另行分配工作。

三、下大功夫培训师资，提高师资水平。教师不仅要深入钻研教材，还要在改进教学方法上下苦功夫。坚决废止注入式，运用启发式，把课讲得有趣味、生动活泼，调动学生学习的主动性和积极性，使学生轻松愉快地完成学习任务。

四、加强教育科学研究。现在我们的教育思想受传统的教学影响很深。侧重于知识的灌输，不注重学生智力的开发，中学的教材内容分量过重，与培养学生独立分析问题的能力、发展学生个性是有矛盾的。我们有些学生的创造性和解决问题的能力较弱，就是这些原因造成的。而现在一些教育比较强调学生智力的开发，有许多值得借鉴的地方，应该加强研究。

记者：李蔚
2017 年 5 月 13 日

【评析】

教育界人士就当前中小学生学习负担普遍过重的问题谈了自己的看法，分析了造成学生学习负担重这一问题的原因，提出了关于这一问题的解决办法。这封建议书是记者代笔，本着认真负责的职业精神，从实际出发，实事求是地分析问题、解决问题的。全文根据现实条件提出了切实可行的几点比较准确、合理的意见，语言精练、准确，分寸把握得比较好。在行文中，首先，分条阐述了提出建议的原因，即分析"产生学生学习负担过重这一现象"的原因，以便接下来具体阐述解决问题的办法。其次，是建议的具体内容即"如何解决问题"，分条列出，醒目清晰，内容具体明白，切实可行。总之，这封建议书具体明确，有针对性，并提出了合理化建议和建设性意见。同时，这种建议也有利于调动广大同仁的积极性，从而提出更好的建议，以推动工作顺利开展。

——来自《百度文库》

六、申请书与检讨书

(一)申请书

1. 申请书的概念及种类

申请书是个人或集体向组织、机关、企事业单位或社会团体表述愿望、提出请求时所使用的一种文书。

申请书从用途上划分，可以分为以下几类。

(1) 思想政治生活方面的申请。这种政治申请一般是指加入某些进步的党派团体，如申请加入中国少年先锋队、中国共产主义青年团、中国共产党、工会等。

(2) 工作学习方面的申请。这种申请是求学或在实际工作中所写的申请，如入学申请书、带职进修申请书、工作调动申请书等。

(3) 日常生活方面的申请。日常生活中所涉及的柴米油盐、吃穿住行，我们常会遇到一些问题，需要个人申请才可以被组织、集体、单位考虑、照顾或着手给予解决，诸如申请住房贷款、申请结婚登记、个人申请开业或困难补助申请等。

2. 申请书的结构与特点

申请书由标题、称谓、正文、结语和落款五部分组成。

(1) 标题。申请书的标题有两种形式：一种由性质+文种构成，如《入团申请书》；另一种是直接用文种"申请书"做标题。

(2) 称谓。称谓要另起一行顶格写明接收申请书的单位名称或领导人姓名，后面加冒号，如"×××团支部："、"系总支领导同志："等。

(3) 正文。正文包括以下三项内容。

① 申请内容。开篇就要向领导、组织提出申请什么，要开门见山，直截了当，不能含糊其词。

② 申请原因。申请原因即为什么提出申请，也就是说明写申请书的目的、意义及自己对申请事项的认识。

③ 决心和要求。最后进一步表明自己的决心、态度和要求，以便组织了解申请人的认识和情况。这一部分要写得具体、详细、诚恳、有分寸，语言要朴实准确、简洁明了。

(4) 结语。申请书可以有结语，也可以没有。结语一般是表示敬意的话，如"此致敬礼"等；也可写表示感谢和希望的话，如"请组织考验""请审查""望领导批准"等。

(5) 落款。在右下方署明申请人的姓名，并在下面注明写申请书的日期。

【例文】

例文的内容请扫描右侧二维码。

入党申请书.pdf

(二)检讨书

检讨书又叫检查，并不常用，它是机关领导或当事人，因工作中产生责任事故、失职行为、违反上级政策指示等，给工作造成损失，须从主观原因上进行检查认识、总结教训，而向上级领导所作的检查报告。检讨书是一种自我批评和自我教育，它体现了共产党人和在党领导下的工作干部，在由于自己的过错给党和人民的事业造成损失以后，能够自觉地拿起自我批评的武器，检查自己思想作风上的错误，勇于承担责任，以利于接受教训、改正错误。我们的工作应当是对党忠诚、对人民负责的，因此在撰写检讨书时，当事人应本着诚恳坦率的态度，严于剖析自己，不能躲躲闪闪、怕触痛处、强调客观、回避责任。

检讨书的结构，一般先写出责任事故和自己的错误事实，然后着重检查产生错误的思想根源和自己的批判认识，并简要说明今后改正的决心和方向，或主动提出让组织处理的请求。

【例文】

我 的 检 讨

王鹏飞同志的意见很好。我希望把他的信和我的初步检查，都在报纸上公开发表，以教育更多的新闻工作者。

1月下旬，我到滇南采访，23日得知沙甸军民要在除夕开联欢会。我了解了有关内容，在24日(除夕)晚饭前写成初稿。因为沙甸无法发稿，加上我要去县城完成另一项采访任务，便离开了沙甸。临行前我嘱托驻地部队的新闻干事李文义同志到时候去参加晚会，并且约定，如果不能按原计划进行，一定要在晚11时前给我打电话。当晚，李文义同志没有给我打电话，我就把稿子发往报社了。看到王鹏飞同志的来信，才知道报道有误。

经查，当晚张子仁阿訇因病重，不能到会讲话，是由宣传干事代讲的；沙甸的演出队没有按原计划演出，是因为群众要求早些看电影。另外，李文义同志因为爱人来部队探亲，也没有应约去晚会现场。这就造成了报道在重要情节上的失实。

造成失误的原因，主要是我责任心不强，采访作风不深入、不踏实。作为一名记者，不论有多少理由，都应亲临第一线，掌握第一手材料，确保事实准确无误；尤其是事前草拟了稿子，发稿时更应认真核实。我没做到这一点，却去完成另一篇报道，盲目追求发稿数量，这就必然顾彼失此。

这篇报道的失实，令我的心情非常沉重。我感谢王鹏飞同志的批评，一定认真吸取教训，避免今后发生类似的错误。

杨登渠
××××年×月×日

【评析】

这份检讨书，是记者杨登渠针对自己报道失误事件所做的深刻检查。检讨中说明了事情的经过，找出了失误的原因，并对自己的工作作风做了认真的自我批评，最后表明了态度。该检讨书认识到位、检查深刻、语言真诚、态度端正，符合检讨书的写作要求。

第三节　日常事务类文书

一、计划与规划

(一)计划

1. 计划的性质及分类

计划是党政机关、社会团体、企事业单位和个人，为了实现某个目标或完成某项任务而事先做的安排和打算。《礼记·中庸》云："凡事预则立，不预则废。"所谓"预"，就是事先的预想、计划和安排。人们无论做什么工作，事先都要有一个预想，有一个安排、意见、方案，或者说切实可行的打算，不打无准备之仗，这样事情成功的可能性就大；否则，工作就容易陷入盲目和被动，以致造成挫折和失败。计划是计划类文书的统称。因为计划涉及内容和期限的不同，所以计划文书有不同的分类方法。按内容分类，有全面的综合性计划，如社会发展计划、国民经济计划等；有单项计划，如生产计划、学习计划等。按覆盖的范围分类，有国家的、地区的、系统的、部门的、单位的、个人的计划等。按针对的时间分类，有多年性的，一般又称为规划；有近期的，如年度、季度、月份的计划等。按计划的详细程度分类，有计划要点、简要计划和详细计划。概括地说，有以下几类规划或计划。

(1) 规划是具有全局性的、较长时期的长远设想。

(2) 方案是从目的、要求、工作方式方法到工作步骤——对专项工作作出全面部署与安排的计划。

(3) 安排是对短期内的工作进行具体布置的计划。

(4) 设想是初步的草案性的计划。

(5) 打算是短期内工作的要点式计划。

(6) 要点是列出工作主要目标的计划。

2. 计划的特点

(1) 明确的目的性。制订任何一份计划，都必须有明确的目的性，即在一定时间内完成什么任务，获得什么效益。如果计划中的目的性不明确，没有针对性，计划也就失去了现实意义。

(2) 很强的预见性。制订计划既要符合客观实际,又要对未来作出科学的预见。这就要求计划的制订者在行文前,必须对各种可能出现的情况有清醒的认识、正确的估量,对将要做哪些工作、达到什么目的、如何去实施等有一个正确的设想。由此可见,没有预见性,也就没有计划。

(3) 互相协调性。计划是工作的先导,对一个单位来说,有了计划就可以把领导决策的总体任务分解到所属的各个部门和单位,分解到相应的时间阶段上,这样就可以把各方面的人力、物力、财力组织起来,互相协调行动,并加以合理的安排和使用。

3. 计划的作用

(1) 计划是建立正常工作秩序、提高工作效率的重要前提。人们无论做什么工作,事先有了计划,就有了明确的目标和具体的工作步骤,就可以把大家的意志和行动统一起来,增强自觉性,减少盲目性,充分发挥每个职能部门和人员的创造力,将工作有条不紊地开展起来,有效地提高效率,直至达到既定的目标。

(2) 计划是领导指挥和检查工作的重要依据。计划一旦确定,本单位的领导就可以根据计划的目的、要求,采取有力的措施,协调人力、物力、财力,使工作进行得有条不紊;上级领导机关也可以根据计划对下级单位、部门的工作进行检查与督促。

4. 计划的写作要求

由于计划的种类、范围、时限不同,所以计划的具体写作格式也有区别,常见的有条文式、表格式和表格+条文式三种。

以下介绍比较普遍采用的条文式(文字叙述形式)的计划的写法。

计划通常由标题、正文和结尾三部分构成。

(1) 标题。标题写在第一行的正中央,包括制订计划的单位名称、计划的内容、计划的种类几个部分,如《××县 20××年税收工作计划》《××大学 20××年度教学改革计划》。有的计划标题由单位+事由+文种或者时间+事由+文种三项构成,如《20××年防汛工作计划》;还可只由事由+文种两项构成,如《关于进行公务员考核的初步计划》。

(2) 正文。这是全文的主体部分,应写明制订该计划的指导思想、根据或基本情况。一般可围绕着"为什么、做什么、怎么做、何时完成"几个问题展开,包括前言、目标和任务、措施和步骤等内容。

① 前言。即正文的开头,说明理由和根据,先叙述前一段时间的简要情况,意在说明为什么要编制该计划,同时说明编制该计划的依据。

② 目标和任务。这是全文的主要内容,要具体、明确地写明"做什么",并提出完成任务的具体指标。写作过程中要有主有次地写清楚完成什么任务、达到什么目的和要求。

③ 措施和步骤。要明确先做什么,后做什么,体现出先后的顺序。措施一般包括人力、物力、办法、手段、组织领导等内容。这一部分在写作上要具体,特别是对完成任务的条件、步骤、时限都要有要求。

(3) 结尾。结尾一般包括应注意的事项,需要说明的问题,以及提出的希望或发出的号召。有的计划在写完措施之后专门写一段结语,有的则不需要专门写结语。

5. 编制计划时应注意的问题

(1) 应"吃透两头",从实际出发。任何单位或个人在编制计划时,一要根据党的路线、方针、政策和上级的指示精神;二要结合本单位或个人自身的实际情况,抓住须解决的主要问题,发动群众讨论,群策群力,确定新的任务、措施、步骤和时限要求,制订出一个符合实际情况的计划。

(2) 要量力而行,留有余地。凡是切实可行的计划,都应有科学的态度,既要量力而行,又要留有余地,要符合客观事物发展的规律。这里需要注意两个问题,一是既不可把计划定得过高,也不能定得过低,一定要积极稳妥;二是随着时间的推移和条件的变化,及时调整、修改和补充已不适应形势发展的部分,使之不断完善,更符合客观规律。

(3) 内容要具体,文字要简洁。计划的内容,即所提出的任务、指标、措施、办法、步骤等,如规定做什么、怎么做、谁来做、做到什么程度,都要在计划中写得具体、明白,责任分明。

(4) 计划还要突出重点,做到重点与一般相结合,分清主次,不可面面俱到。

(5) 计划要加强领导,加强预见性。"没有预见,就没有领导",这句话也适用于编制计划。

(6) 计划这个文种还要求用语准确、言简意赅,文风朴实。

(二)规划

1. 规划概述

规划是计划中最宏大的一种;从时间上说,一般要在三年以上;从范围上说,大都是全局性的工作或涉及面较广的重要工作项目;从内容和写法上说,往往是粗线条的,比较概括,如《×××省经济和社会发展十年规划》《×××省工业结构调整规划》等。规划是为了对全局或长远工作作出统筹部署,以便明确方向、激发干劲、鼓舞斗志。相对于其他计划类公文而言,规划带有方向性、战略性和指导性,因而其内容往往更具有严肃性、科学性和可行性。这就要求写作者首先必须进行深入的调查和周密的测算,在掌握大量可靠资料的基础上,根据党、国家和具体单位的发展方针确定发展愿景和总体目标,然后充分吸收有关方面的意见,以科学的态度,经过多种方案的反复比较、研究和选择,确定各项指标和措施。

2. 规划的具体写法

规划因具有严肃性,所以一般都是通过"指示性通知"来转发的,其格式都是由标题和正文两部分组成,一般不必落款,也不用写成文时间。规划的标题是"四要素"写法,即单位名称+时间期限+内容范围+"规划"二字,如《×××省"十四五"期间经济发展规划》。

规划的正文一般都比较长,大致有以下几个方面的内容。

(1) 前言,即有关的背景材料,也就是制定规划的起因和缘由。这是制定规划的依据,因此不能简单地罗列事实,而应把诸多有关情况进行认真的综合与分析,找出其有利因素和不利因素,这样才会使人相信下面所提的规划目标言之有据、可靠。

(2) 指导方针和目标要求。这是规划的纲领和原则,是在前言的基础上提出的,因此既要写得鼓舞人心，又要写得坚定有力，要用精练的语言，概要地阐述出来。

(3) 主要任务和政策、措施。这是规划的主体和核心，是解决"做什么"和"怎样做"的问题，因此任务要提得明确，措施要提得概括有力。这部分内容通常有两种结构：一是对于全面规划或任务项目较多的规划，因其各项任务比较独立，没有多少共同的完成措施，一般采用以任务为主线的"并列式结构"(措施都在各自的任务之后分别提出)；二是对于专题规划或任务较单一的规划，因其任务项目较少且其项目之间的联系较大，一般采用任务、措施分别叙述的"分列式结构"。

(4) 结尾，即愿景展望和号召。这部分内容要写得简短、有力，富有号召力。

【例文】

例文的内容请扫描右侧二维码。

关于西北战场的
作战方针.pdf

二、总结

(一)总结的概念、特征和作用

1. 总结的概念

总结是对前段社会实践活动进行全面回顾、检查、分析、评判，从理论认识的高度概括经验教训，以明确努力方向，指导今后工作的一种机关事务文体。它是党政机关、企事业单位、社会团体都广泛使用的文体。

2. 总结的特征

总结的特征主要表现在自我性、回顾性、客观性和理论性四个方面。

(1) 自我性。总结是对自身社会实践进行回顾的产物，它以自身工作实践为材料，采用第一人称的写法，其中的成绩、做法、经验、教训等，都有自我性的特征。

(2) 回顾性。对于这一点，总结与计划正好相反。计划是预想未来，对将要开展的工作进行安排；而总结是回顾过去，对前一段的工作进行检验，目的是做好下一阶段的工作。所以总结和计划这两种文体的关系是十分密切的，一方面，计划是总结的标准和依据；另一方面，总结又是制订下一步工作计划的重要参考。

(3) 客观性。总结是对前段社会实践活动进行全面回顾、检查的文种，这决定了总结具有很强的客观性特征。它是以自身的实践活动为依据的，所列举的事例和数据都必须完全可靠、确凿无误，任何夸大、缩小、随意杜撰、歪曲事实的做法都会使总结失去应有的价值。

(4) 理论性。总结还必须从理论的高度概括经验教训。凡是正确的实践活动，总会产生物质和精神两个方面的成果。作为精神成果的经验教训，从某种意义上说，比物质成果更宝贵，因为它对今后的社会实践有着重要的指导作用。这一特性要求总结必须按照"实践是检验真理的唯一标准"的原则去正确地反映客观事物的本来面目，找出正反两个方面的经验，得出规律性的认识，这样才能达到总结的目的。

3. 总结的作用

总结的作用主要有以下几个。

(1) 指导和推进各项工作。通过总结，可以肯定成绩，发现问题，找出成功的经验和失败的教训，用以指导今后的工作和实践。正如毛泽东所说："人类总得不断地总结经验，有所发现，有所发明，有所创造，有所前进。"今天，我们正处于经济建设的历史新时期，及时总结经验，可以更好地指导和推动各项工作。

(2) 为制定路线、方针、政策提供依据。党和国家的一系列方针、政策，都不是凭空产生的，而是在调查研究，分析、概括问题的基础上制定的。通过总结，人们可以提高正确认识和贯彻执行党的路线、方针、政策的自觉性。

(3) 不断提高思想认识水平和工作能力。对工作进行认真回顾、总结的过程，就是对工作中的各个方面、各个环节进行深入分析研究，养成善于思考、善于观察和分析事物，学会全面地、辩证地看问题的过程。人们经常在总结工作中思考，注意找出经验和教训，并从中找出一些科学的、规律性的东西，这样就可以不断提高思想觉悟、认识水平和工作能力。

(二)总结的分类和写法

1. 总结的分类

根据不同的分类标准，可将总结分为以下不同的类型。

(1) 按范围分类，总结可分为班组总结、单位总结、行业总结、地区总结等。当然也有个人总结，但因个人总结不属于公文的范畴，本书不作介绍。

(2) 按性质分类，总结可分为工作总结、教学总结、学习总结、科研总结、思想总结、项目总结等。

(3) 按时间分类，总结可分为月度总结、季度总结、半年总结、年度总结、一年以上的时期总结等。

(4) 按内容分类，总结可分为全面总结、专题总结等。

区分以上总结的种类，目的在于明确重心，把握界限，为构思写作提供方便。但上述分类不是绝对的，相互之间可以相容、交叉，比如，《×××大学××××年度工作总结》，按性质讲，它是工作总结；按范围讲，它是单位总结；按时间讲，它是年度总结；按内容讲，它是全面总结。同时，大学的工作总结不可能不涉及教学和科研，那么它也包括了教学总结和科研总结的成分。这说明在总结的分类上，应灵活掌握，不必过于拘泥类型。

2. 总结的写法

总结的结构一般分为标题、前言、正文、结尾、署名和日期五部分。

(1) 标题。标题一般是根据中心内容、目的要求、总结方向来确定的。同一事物因总结的方向即侧重点不同，其标题也就不同。总结的标题有单标题，也有双标题。单标题就是只有一个题目，如《我省干部选任制度改革的一次成功尝试》。一般来说，总结的标题由总结的单位名称、总结的时间、总结的内容和种类四部分组成，如《××市化工厂××××年度生产总结》《××市××研究所××××年度工作总结》。也可以省略其中一部分，如《第三季度工作总结》，省略了单位名称。毛泽东的《关于打退第二次反共高潮的总结》，其标题不仅省略了总结的单位名称，也省略了时间。双标题就是分正、副标题，正标题往往揭示主题，即所需总结提炼的东西；副标题往往指明总结的单位、时间、内容等，如《辛勤拼搏结硕果——××县氮肥厂××××年工作总结》。

(2) 前言。前言即写在前面的话，是总结的起始段落。其作用在于用简练的文字概括交代总结的问题；或者说明所要总结的问题、时间、地点、背景，以及事情的大致经过；或者将总结的中心内容——主要经验、成绩与效果等作概括的提示；或者将工作的过程、基本情况、突出的成绩作简单的介绍。其目的在于让读者对总结的全貌有一个概括的了解，为阅读、理解全篇打下基础。

(3) 正文。正文是总结的主体，一篇总结是否抓住了事情的本质，是否实事求是地反映了成绩与问题，是否科学地总结了经验与教训，文章是否中心突出、重点明确、阐述透彻、逻辑性强、使人相信，都取决于主体部分的写作水平与质量。因此，一定要花大力气把主体部分的材料安排好。正文的基本内容是做法和体会、成绩和经验、问题和教训。

① 成绩和经验是总结的目的，也是正文的关键部分，这部分材料如何安排很重要，一般的写法有两种。一是写出做法、成绩之后再写经验，即表述做法、成绩后从分析成功的原因、主客观条件中得出经验教训。二是写做法、成绩的同时写出经验，寓经验于做法之中。也有在做法、成绩之后用"心得体会"的方式来介绍经验的，这实际上是前一种写法。成绩和经验是总结的中心和重点，是构成总结正文的支柱。所谓成绩，是工作实践过程中所得到的物质成果和精神成果；所谓经验，是指在工作中取得的优良成绩和成功的原因。在总结中，若成绩表现为物质成果，则一般运用一些准确的数字表现出来。而精神成果则要用前后对比的典型事例来说明思想觉悟的提高和精神境界的高尚，使精神成果在总结中"看得见、摸得着"，这样才有感染力和说服力。

② 存在的问题和教训一般放在成绩和经验之后写。存在的问题虽不在每一篇总结中都写，但思想上一定要有个正确的认识。每篇总结都要坚持辩证法，坚持一分为二的两点论，既要看到成绩，又要看到存在的问题，分清主干和枝节。这样才能发扬成绩，纠正错误，虚心谨慎，继续前进。写存在的问题和教训时语言要中肯、恰当、实事求是。

主体部分篇幅大、内容多，要特别注意层次分明、条理清楚。主体部分常见的结构形式有以下三种。

第一，纵式结构，就是按照事物或实践活动的过程安排内容。写作时，把总结所包括的时间划分为几个阶段，按时间顺序分别叙述每个阶段的成绩、做法、经验和体会。这种写法的优点是可以将事物发展或社会活动的全过程交代得清楚明白。

第二，横式结构，就是按照事实性质和规律的不同，分门别类地依次展开内容，使各层之间呈现相互并列的态势。这种写法的优点是各层次的内容鲜明集中。

第三，纵横式结构，就是在安排内容时，既要考虑到时间的先后顺序，体现事物的发展规律，又要注意内容的逻辑联系，从几个方面总结出经验与教训。这种写法，多数是先采用纵式结构，写事物发展的各个阶段的情况或问题，然后用横式结构总结经验与教训。

主体部分的外部形式，有贯通式、小标题式、序数式三种情况。贯通式适用于篇幅短小、内容单一的总结。它像一篇短文，全文之中不用外部标志来显示层次。小标题式将主体部分分为若干层次，每层加一个概括核心内容的小标题，重点突出，条理清楚。序数式也将主体部分分为若干层次，各层用"一、二、三……"[或"(一)(二)(三)……"及"1.2.3.……"]的序号排列，使层次一目了然。

(4) 结尾一般写今后努力的方向，或者写今后的打算。这部分要精练、简洁。

(5) 署名和日期。署名写在结尾的右下方，在署名下边写上总结的年、月、日。如果为了突出单位，可把单位名称写在标题下方，结尾则只写成文日期即可。

(三)撰写总结应注意的问题

(1) 要坚持实事求是的原则。实事求是、一切从实际出发，是总结写作的基本原则。但在总结写作实践中，违反这一原则的情况却屡见不鲜。有人认为"三分工作七分吹"，在总结中夸大成绩，隐瞒缺点，报喜不报忧。这种弄虚作假、浮夸邀功的坏作风，对国家、单位、个人及其事业都没有任何益处，必须坚决杜绝。

(2) 要注意共性，把握个性。总结很容易写得千篇一律，缺乏个性。当然，总结不是文学作品，无须刻意追求个性特色，但千篇一律的文章是不会有独到价值的，因而也是不受人欢迎的。撰写总结使用的材料须注意三个问题：一要准确；二要丰富；三要典型。要写出个性，总结就要有新鲜的角度、新颖的材料、独到的发现、独到的体会。

(3) 要详略得当，突出重点。有的人写总结时总想把一切成绩都写进去，不肯舍弃所有的正面材料，结果文章写得臃肿拖沓，没有重点，不能给人留下深刻印象。总结的选材不能求全贪多、主次不分，要根据实际情况和总结的目的，把那些既能凸显本单位、本地区特点，又有一定普遍性的材料作为重点，写得详细、具体，对于一般性的材料则要略写或舍弃。

此外，在总结中切忌使用"基本上""大体上""一定程度"等模棱两可、含糊笼统的语言。

【例文】

例文的内容请扫描右侧二维码。

××区经贸委××××年工作总结.pdf

三、读书笔记

(一)读书笔记的概念及种类

读书笔记是人们在平时的学习和生活中，把自己阅读书籍的心得体会和精彩内容整理、记录下来的文字材料。

(1) 读书笔记一般可分为三大类，具体如下。

① 摘要式。摘要式读书笔记即将书中或文章中一些重要观点、精彩精辟语句以及有用的数据和材料摘抄下来，目的是积累各种资料，为科研、教学、学习和工作做好准备。可按原书或原文系统摘录，也可摘录重要论点或段落，还可摘录重要数字。

② 评注式。评注式读书笔记不仅要摘录要点，还要写出自己对这些要点的看法和评价。常用的方法有书头批注，即在书中重要地方用笔做记号或在空白处加批注、折页做记号；也可用提纲方法把书和文章的论点或主要论据扼要记录下来；还可用摘要式综合全文要点，记下主要内容；读完全书或全文对得失加以评论也是一种方法。

③ 心得式。心得式读书笔记即读后感，是在读书或读文章之后写出自己的认识、感

想、体会和对自己的启发。常用的方法有：札记，是摘记要点与心得结合的产物；心得，是将读书体会、感想、收获写出来；综合观点、见解，提出自己的看法并记录下来，也是很好的读书方法。

(2) 读书笔记的记载方式有下列几种形式。

① 笔记本。成册笔记本可用来抄原文、写提纲、记心得、写综述。其优点是便于保存，缺点是不便分类，但可按类单独成册。

② 活页本。活页本可用来记各种各样的笔记。其优点是便于分类、节约纸张和便于日后查阅。

③ 卡片。使用卡片的优点是便于分类，可按目排列，便于灵活调动又节省纸张；缺点是篇幅小，内容不宜过长。

④ 剪报。把报纸和有用的资料剪下来，长文章可贴在笔记本或活页本上，短小材料可贴在卡片上。剪报材料可加评注，也可分类张贴，要注明出处，以便使用。

⑤ 全文复印。对重要读书材料，为保持完整性，可全文复印编目分类留用。

(二)读书笔记的写法

这里重点分析心得式读书笔记即读后感的写法。无论什么类型的读书笔记，都离不开"读"——对原文的引述、概括、评价等，都离不开"感"——自己的感想。只要把这两个字表达好了，就是很好的读后感。

读后感写作的基本思路如下。

(1) 简述原文的有关内容，如所读书籍、文章的名称、作者、写作年代，以及原书或原文的内容概要。写这部分内容是为了交代感想从何而来，并为后文的议论做好铺垫。这部分一定要突出一个"简"字，绝不能大段大段地叙述所读书籍、文章的具体内容，而是要简述与感想有直接关系的部分，略去与感想无关的东西。

(2) 亮明基本观点。选择感受最深的一点，用一个简洁的句子明确表述出来。这样的句子可称为"观点句"。这个观点句表述的就是这篇文章的中心论点。观点句可以写在篇首，也可以写在篇末或篇中。初学写作者，最好采用开门见山的方法，把观点句写在篇首。

(3) 围绕基本观点摆事实、讲道理。这部分就是议论文的本论部分，是对基本观点(中心论点)的阐述，通过摆事实、讲道理证明观点的正确性，使论点更加突出，更有说服力。这个过程应注意的是，所摆事实、所讲道理都必须紧紧围绕基本观点，为基本观点服务。

(4) 围绕基本观点联系实际。一篇好的读后感应当具有时代气息，有真情实感。要做到这一点，就必须善于联系实际。这个"实际"可以是个人的思想、言行、经历，也可以是某种社会现象。联系实际时应当注意紧紧围绕基本观点，为观点服务，而不能盲目联系、前后脱节。

以上四点是写读后感的基本思路，但是这个思路不是一成不变的，要善于灵活掌握，比如，"简述原文"一般在"亮明基本观点"前，但两者的次序也是可以互换的。再如，如果在第三个步骤摆事实、讲道理时所摆的事实就是社会现象或个人经历，就不必再写第四部分了。

(三)写心得式读书笔记(读后感)应注意的问题

(1) 要重视"读"。在"读"与"感"的关系中，"读"是"感"的前提与基础；

"感"是"读"的延伸或者说结果。必须先"读"而后"感",不"读"则无"感"。因此,写读后感首先要读懂原文,要准确把握原文的基本内容,正确理解原文的中心思想和关键语句的含义,深入体会作者的写作目的和文中所表达的思想感情。

(2) 要准确选择感受点。读完一本书或一篇文章,会有许多感想和体会。对同一本书或同一篇文章,不同的人会从不同的角度思考问题,会产生不同的看法,受到不同的启迪。以大家熟知的"滥竽充数"的成语故事为例,从讽刺南郭先生的角度去思考,可以领悟到没有真本领蒙混过日子的人早晚要"露馅儿",认识到掌握真才实学的重要性;若是考虑在齐宣王时南郭先生能混下去的原因,就可以想到领导者要有实事求是的领导作风,不能华而不实,否则会给浑水摸鱼的人留下空子可钻;若要从管理体制的角度去思考,就可进一步认识到齐宣王的"大锅饭"缺少必要的考评机制,为南郭先生一类的人提供了饱食终日混日子的客观条件,从而联想到改革开放以来,打破"铁饭碗"、废除大锅饭的必要性。

四、条据与证书

(一)条据

1. 条据的概念和种类

条据是人们在日常生活和社会交往中借、领、收、还钱或物时所写的作为凭证的条子或单据。条据可分为便条和单据。

(1) 便条。

便条是一种最简单的书信,是人们临时遇到某件事情要告诉对方,又不能面谈,或是由于手续的需要,所写的一种说明条据。常用的便条有以下七种。

① 留言便条(可简称留言条)。因故未遇到被访者,而到访者又不能久等时,可写一张便条,说明来访目的或要商量的事宜。

② 馈赠便条。在同事、同学、朋友间互相赠送礼品时,附一张便条,开列所赠礼品的名称和数量,一并交给对方,请其查收。如果对于接到礼品,可说明礼品接到,并郑重道谢。

③ 催索便条。把物品或款项借给别人,日久未还,自己又亟须使用时,可写张便条,加以催索,请借者归还。写这种便条时,措辞要婉转一点儿,语言要客气一些。

④ 请托便条。托朋友或熟人办事,或介绍自己的朋友请另一个朋友帮忙时,可写一张便条,算是请托。

⑤ 邀约便条。朋友、熟人之间,邀约做客、邀请吃饭、约游名胜、约请观看演出时,可写张便条,以示邀请。

⑥ 取借便条(可简称借条)。需要一笔款项或某件物品,一时不便,可写张便条,向人借用,并说明归还的期限。

⑦ 请假便条(可简称请假条)。因突然有事或有病,不能按时上班,可写张便条,说清事由,并讲明请假的时间。

(2) 单据。

常用的单据有以下八种。

① 发票。发票是商业单位或个体商户出售货物或使用劳务等开出的单据。
② 送货单。送货单是厂家在客户购货后送出货物时开列的单据。
③ 订单。订单是客户预订购买货物时所开的单据。
④ 回执。回执是客户收到货物后发回送货单位的单据。
⑤ 借据。借据是向机关、单位、团体或个人借取钱或物时开给对方的单据。
⑥ 收据。收据是收到对方交来的钱或物时开出的单据。
⑦ 领据。领据是向机关、单位、团体领取钱或物时开出的单据。
⑧ 保单。保单是担保人或单位提供各种担保所开出的单据。

2. 条据的格式及写法

(1) 常用的便条有请假条、留言条、一般便条等。便条的格式和一般书信类似，只是写得极其简单。下面以请假条的写法为例进行介绍。
① 标题。在第一行居中位置写上"请假条"字样，以表明该条据的类型。
② 开头。在第二行顶格写收条人的姓名，姓名后加称呼，如"同志""老师"等，其后加冒号。
③ 正文。从第三行空两字起写正文。
④ 结尾。正文写完后，接正文后(或另起一行空两字)写上"此致"，另起一行顶格写"敬礼"二字。
⑤ 落款。在结尾下一行的右下方署名，并在其下方写日期。

(2) 各种单据的格式和写法大致相同。单据一般由标题、正文、落款三部分组成。下面以欠条的写法为例进行介绍。
① 标题。单据的标题一般由文种名构成，即在正文上方中间位置以较大字号写上"欠条"等字样，表明单据的性质。也有的在此位置写上"暂欠"或"今欠"字样作为标题，但采用这种标题时正文应在下一行顶格写。
② 正文。单据的正文从标题下一行空两字写起，要写清欠什么人或什么单位什么东西、数量是多少，并要注明偿还的日期。正文写完后可以紧接着写上"此据"二字，也可以另起一行空两字写。
③ 落款。落款要署上欠方单位名称和经手人的亲笔签名，如果是个人出具的欠条则需署上欠方个人的姓名，并同时署上写欠条的日期。单位的要加盖公章，个人的要加盖私章。

3. 写条据应注意的事项

(1) 内容要写清楚，做到一文一事。
(2) 数字书写要规范，提到钱或物的数字，一律用大写，并标明单位，钱数后还应加上"整"字。
(3) 要使用法定计量单位。
(4) 字体要端正，字迹要清晰，文字、数字一般不能涂改；必须涂改时，应在涂改处加盖公章或私章，或另写一份。

【例文一】

请 假 条

刘主任：

  接厂部通知，派我下乡去采购材料，时间约一星期。10月12日至16日这段时间不能到培训班来上课，特此请假。

2班学员：张三
××××年10月11日

【例文二】

留 言 条

李四：

  最近我们组的产品质量不够稳定，我发现是由于前道工序的原料不合格的缘故。我明日参加产品质量鉴定培训班学习，请你明日一上班就去抽样检查，做好详细的记录，我回来后再商量解决的办法。我提早下班了，特留此条。

夜班王小虎
即日凌晨2时

【例文三】

证 明 条

大众综合商店：

  我厂于本月12日向你店购买生活用品一批(品名及数量详见清单)，货款已于当日付讫。今由我厂驾驶员刘新华同志(车号：××××××)到你店提取。

  特此证明。

  附：生活用品清单

××××厂(公章)
××××年×月×日

【例文四】

借 条

  今借到图书室《微型计算机应用基础》《计算机文字录入员培训教材》《Windows基础教程》(附光盘一张)共叁册，定于6月15日前归还。

赵兴华(私章)
××××年×月×日

【例文五】

欠 条

  今向你店购买办公用品一批，因携款不足，现先付陆仟叁佰捌拾玖元整，尚欠壹仟柒佰零肆元整，定于 12 月 6 日送到。

　　　　　　　　　　　　　　　　　　　××公司采购员孙虎(私章)
　　　　　　　　　　　　　　　　　　　××××年×月×日

【例文六】

收　　据

　　今收到四月份加班费贰佰柒拾肆元整，奖金壹佰捌拾玖元整，共计肆佰陆拾叁元整。此据。

　　　　　　　　　　　　　　　　　　　　　　　　毛晓宁(私章)
　　　　　　　　　　　　　　　　　　　　　　　　××××年×月×日

【例文七】

领　　条

　　今领到材料仓库发给的工作服拾伍套，胶鞋肆双，铁镐贰拾陆把。此据。

　　　　　　　　　　　　　　　　　　　　　　经手人：张华(私章)
　　　　　　　　　　　　　　　　　　　　　　××××年×月×日

【例文八】

介绍条

　　兹介绍我村良种培育场张明同志，前去你场咨询关于日本蓝花菜培育技术，请予接洽。

　　　　　　　　　　　　　　　　　　　××市××乡××村委会(章)
　　　　　　　　　　　　　　　　　　　××××年×月×日

(二)证书

1. 证书的概念

证书是以机关、部门或团体的名义，根据国家政策和有关条件，认定某人、某事或产品达到标准或符合条件的正式书面证明。

2. 证书的种类

(1) 荣誉证书，如先进工作者证书、获奖证书、优秀毕业生证书、劳动模范证书等。

(2) 鉴定证书，如产品鉴定证书、技术鉴定证书等。

(3) 身份证书，如工作证、学生证、工会会员证、研究员证、记者证等。

(4) 学历证书，如毕业证、肄业证书、结业证书。

(5) 学位证书，如学士学位证书、硕士学位证书、博士学位证书。

(6) 凭证、资格类证书，如驾驶员证书、专业技术职称证书、婚姻证书、营业证书等。

3. 证书的内容要素

荣誉证书往往由取得荣誉者姓名、事由、荣誉称号、颁发证件机关、颁发证件日期、公章等组成。

凭证、资格类证书，其内容主要有持证人姓名、性别、年龄、民族、籍贯、所在单位、工种(或职务)、证件号码、公章、签发单位和日期以及照片等。

鉴定证书，如产品合格证书，其内容包括产品名称、等级、型号、性能、规格、生产单位、检验人员等。

【例文】

荣誉证书

潍坊市广播电视台融媒体中心：

　　荣获2020年度融媒影响力奖。

　　特发此证。

山东广播电视台融媒体资讯中心

（盖章）

二〇二〇年十二月

五、电报、电话记录、大事记

(一)电报

1. 电报的概念及分类

电报，即用电信号传递的文字信息。电报因其译码、传递速度、信息内容等的不同，可以分成很多类。

(1) 明码电报与密码电报。电报对某些电文的传递，不是直接拍发和接收的，尤其是用汉字书写的电文，需将文字译成可用电信号传达的电码后才能用发报机向外拍发。电码有全社会共同约定的，也有个别人或集团之间互相约定的。全社会共同约定的电码供公众公开使用，叫明码；由个别人或集团之间互相约定的电码，主要用于保密活动，所以叫密码。

公众日常拍发和接收的电报，都是明码电报。目前明码电报的翻译工作，一般是由电信局的业务人员来做，发报人将拟好的文字电文按邮电局规定的手续写好交付给业务人员就可以了；而收报人收到的电文，已经是业务人员根据接收的电码译成文字的电文了。

(2) 普通电报与加急电报。普通电报与加急电报的区别在于传递的时间长短。就我国目前电报传递的条件来讲，普通电报一般在2～8小时可以收到。但是，普通电报夜间停送，如果事情特别紧急，普通电报的速度不能满足需要时，就需发加急电报。加急电报比普通电报的速度快得多，收费也相应较高，办理发报手续时须写明"加急业务"，并按"加急业务"交费就可以了。

(3) 公务电报与私务电报。电报依其内容来分，可分为公务电报和私务电报两大类。公务电报是为公事而拍发的，公务电报稿的写作属公文文种，可参阅公文写作的有关内容进行书写。私务电报是个人生活交际活动常用的，这类电报稿的写作，属于日常生活应用文的范围。

2. 电报的写法

电报传送的技术复杂，手续较多，因此费用也较高。拍发电报收取的费用是按电报的字数计算出来的，字数越多，收费越高。因此，电报稿的写作，在考虑完整地表达旨意的同时，还必须考虑尽量精减字数以节省费用。

电报稿的内容由以下几个方面组成。

(1) 收报人的地址、姓名、称呼、提称语。
(2) 电报正文。
(3) 自称、署名、末启辞。
(4) 时间、印信辞。

电报稿的结构很像书信、便条，但是，在电报稿中，这些格式的书写比较简单，且有些常被省略，如称呼、提称语、末启辞等；自称与署名有时两者取其一便可；至于时间、印信辞，有时也可省略。

写好电报稿以后，便可到有电报业务的邮电局办理发报手续。办手续时要先向邮电局索取电报稿纸(邮电局印有统一格式的电报稿纸)，然后将拟好的电报稿按要求填到稿纸上。

电报稿纸的头栏由邮电局业务人员填写。电报稿纸填写完毕，交业务人员计费，交付电报费完毕后，对发报人来说手续就算办完了。

日常生活中还有些事情也常用电报的形式通知，这就是某些时效性较强的交际活动，如亲友之间祝贺成功、庆贺婚嫁、祝寿、慰问、吊唁、答谢等。有关交际内容的电报稿的文辞多具礼仪性，又称礼仪电报。

【例文】

生活中有这样一桩事情：哥哥林飞住在昆明，妹妹林风住在北京；哥哥已为母亲预购到 62 次火车票，送母亲去北京的妹妹家，母亲年老行动不便，要迅速通知妹妹按时到火车站接母亲。写信已来不及，只能用电报联系。这封电报稿可以有以下几种写法。

第一种写法：北京市海淀区双清路××号林风母亲乘(62)次列车去京(8)日(18)时(20)分到站你务必准时到站迎接大哥林飞

注：电文中的数词用阿拉伯数字写，该数如果由两个及以上数字组成，则用圆括号括起来，按一个字计费。

这则电报稿写得很明确，但是字数显然多了些，其中有些字完全可以省掉。收报人的地址姓名("北京市海淀区双清路××号林风")是必要的，可进一步精简的内容在正文："母亲乘(62)次列车去京(8)日(18)时(20)分到站你务必准时到站迎接大哥林飞"。

第二种写法：北京市海淀区双清路××号林风母亲乘(62)次车(8)日到京准时接站

如果妹妹预先知道母亲将来京，并知道母亲的身体情况，早有接站的准备，这则电报正文中的"准时接站"四字也是多余的，而只需通报母亲到京的日子和乘坐的车次就足够了，因为车次中就包含着到站的时刻，所以再写"18 时 20 分到站"就多余了。"到站迎接"可缩简为"接站"。"你务必准时"中的"你"可省略；"务必"一般来讲没必要用，除非有针对性地强调；"准时"二字一般来说也没必要写，既然接站，当然应该准时。这则电文便可精简为第三种写法：母乘(62)次车(8)日到京。

甚至还可以进一步精简为：(8)日(62)次接母。

电报稿有两条最基本的写作原则：既要表达清楚，又要尽量节约。因此这则电报稿的自称、署名、末启辞、时间、印信辞等都可以省略，因为是告知妹妹办事，不必客气，最多是发报人自称与署名选一，以便使收报人知道是谁发来的电报，其余皆可略掉。如此，这则电报稿的全文就应该是：北京海淀区双清路××号林风(8)日(62)次接母哥。

(二)电话记录

电话记录就是记载通话双方在电话中的通话情况的书面材料。要做好电话记录必须解决对电话记录的认识问题和记录中的具体做法问题。

1. 电话的优点和电话记录的作用

电话是一种现代化的通信工具，几乎所有的机关、部门、单位都使用这种工具联系事务、处理工作、传达简短而非机密的文件。使用电话有两个优点。第一，灵活方便，不受时间、空间的限制。电话会议可以开半天、一天，简单的问答可以说两三分钟；白天可以用，晚上也可以用。第二，传递迅速。电话不受文字、符号的限制，既不需要像文件那样要经过拟稿、审稿、签批、打印、中转、批呈等手续，也不需要像电报那样要经过填电报稿、发译、电传、收译、送电报等过程，只要接通线路，双方就可以对话交流。

电话记录的作用有两个。第一，电话记录是处理电话内容的依据。人的记忆力总是有限的，不可能在较长时间内将电话内容准确、完全地保存于大脑之中。而电话要求办理的所有事项并不是都能很快就办好的，而且这些事项并不一定都是受话人本人所能办理的，大多数必须由其他有关的人员去办理。如果没有电话记录做依据，靠一层层口头传下去，就可能走样，把事情办糟。第二，电话记录是日后备查的凭证。公务活动是连续进行的，前后是紧密联系的，为了考察以前工作的得失，证明某一事件的真伪，确定今后进行的途径，往往需要查阅过去的资料。如果不记下电话内容，在档案中就缺少打电话这一活动，以及由此而进行的一系列活动的材料，当然也就无法借鉴这些活动的经验教训和了解这些活动与其他事件的联系。因此做好电话记录，不仅是为了今天的工作，也是为了未来的工作。

2. 电话记录的内容

(1) 来电时间。要详细记下来电的具体年、月、日、时、分。

(2) 来电人的单位、职务和姓名。用于公务的电话，发起通话(简称发话)的单位和人员与接受通话(简称受话)的单位总有一定的关系(不是指私人关系和关系网)，这种关系往往影响对来电处理的原则和方法。同时，公务电话往往有来有往，不写明来电人的单位和姓名，也就难以回复。为了处理好来电，在电话记录中必须写明来电人的单位、职务和姓名及来电号码。

(3) 来电内容。这是发话单位要求受话单位知道或办理事项的具体内容，是电话记录中最重要的部分。电话记录的其他内容都是自然性的，如实记录比较容易，而要记清来电的要旨和具体要求，就比较困难了。为了便于处理来电，必须着力记录这部分。

(4) 对来电的处理。电话记录是一种特殊的公文,即由发话单位发话、受话单位记录的公文。因此在电话记录上,既要写上办公室负责人的拟办意见,又要写上主管领导的批办意见,还要写上承办人办理的结果。

以上是接收电话记录的内容,发出电话记录的内容很简单,在此就不再叙述。

3. 电话记录的形式

电话记录的形式既可以是条目式,也可以是表格式。所谓条目式,就是将电话记录的各项内容分别写成条目;所谓表格式,就是根据电话记录中包含的内容设计成表格,将来电的实际情况填进表格的相应项目中去。

表格式样醒目、省事、规范化,便于查阅,因此一般电话记录都采用这种形式。下面是已填写的电话记录(例文),其可作为设计电话记录表格和进行实际记录的参考。

【例文】

××石油管理局油气田建设工程公司机运处接收的电话记录

2021 年 　　　　　　　　　　　　　　　　　　　　　　　　编号:〔2021〕0095 号

来 电 机 关		××石油管理局油气田建设工程公司(电话号码)	来 电 时 间		2021 年 12 月 10 日 9 点 46 分
发话人	部　门	油建公司办公室	受话人	部　门	油建机运处办公室
	职　务	主任		职　务	秘书
	姓　名	沈××		姓　名	余××
来电内容: 　　定于二〇二一年十二月十五日,在油建公司办公大楼二楼会议室召开生产会议,研究二〇二二年生产计划,你单位主管生产的主任、计划股长参加。十二月十四日报到,会期三天。食宿费自理,与会人员携带以下资料。 　　一、本单位二〇二一年完成生产计划统计表。 　　二、本单位二〇二二年生产预定计划数及生产能力表。					
拟办意见	请廖主任阅示。				余××2021 年 12 月 10 日
批办意见	请计划股姚××准备资料。				廖××2021 年 12 月 10 日
处理结果	已按廖主任批示通知了姚××同志				
承办时间	2021 年 12 月 10 日		承办人		姚××

　　　　　　　　　　　　　　　　　　　　　　　　　　　　　　　记录人:余××

4. 电话记录的注意事项

第一,要真实、准确。电话记录不像一般公文那样由文字组成,盖有发文机关印章,有凭有据。电话内容就靠电话记录这种原始材料作为依据,如果记得不真实、不准确,就达不到发话人发话的目的,甚至会造成严重的后果。为了记得真实、准确,记录人员听得不太清楚或没有完全领会发话人发话的要义,或因速度问题而没有记下来时,可以请发话人重复一遍或作解释,若有必要,条件又许可时,还可以将来电的记录读给发话人听,以进行核对。

第二，记录要及时。及时记录可以记得准确而全面，而隔一段时间再记，就难免记漏记错，即使意思差不多，也可能因记的不是原话，给日后的工作带来麻烦。

第三，字迹要清晰。发话单位要求受话单位办的事情并不是记录电话的人所能完成的，往往要经过领导批示后再由其他有关人员完成，中间至少要经过几个环节。如果字写得潦草，别人就有认不清或认错的可能。受话时，若是不需要边听发话人通话边做记录的内容，就可先用一张纸记下来，然后再整理到电话记录簿上。

第四，要注意保密。除专用电话外，在一般电话上谈论和联系的公务，不会有多少机密，但是暂时不能公开的电话内容还是有的。电话记录人员对于电话内容，无论是不是机密的，都不应随便外传。不要把电话记录向无关人员传阅，以免造成不利的影响。那种把电话记录摆在桌上任人翻阅的做法是错误的，应当认真纠正。

第五，记录人员要签名，以示对电话记录的真实性负责。

(三)大事记

1. 大事记的概念和特点

大事记是以时间为顺序，记载重要活动、重大事件的书面材料。

大事记的特点是以时间为经，以事件为纬，一事一记，略举事目，纵贯时间经线，仿佛是浓缩的历史。

大事记既不用上报，也不必下发，还不用交流，只作为国家、地区、单位或部门重要活动的基础材料备查，但它的使用范围很广。因为大事记不仅是反映一个单位变化、发展的重要历史资料，而且对于总结工作、提高管理水平也具有十分重要的作用，特别是目前我国正处在大变革、大发展的重要历史时期，因此，及时编写大事记，更为重要。

2. 大事记的种类

大事记有多种分类方式，根据制文机构职权范围的不同，可分为世界大事记、全国大事记、地区大事记、部门大事记、单位大事记等；根据制文机构性质的不同，可分为组织大事记、国家行政机关大事记、社会团体大事记、企业或事业单位大事记等；根据记载内容、性质的不同，可分为综合性大事记和专题性大事记；根据时间跨度的不同，可分为贯通古今大事记、断代大事记、年度大事记、季度大事记，以及每月大事记、每旬大事记、每周大事记、每日大事记等。

3. 大事记的内容与结构

一般来说，通用年鉴大事记的内容应涵盖六个方面：①党和国家方针政策贯彻执行所产生的重大反响和出现的重大问题；②机构设置、体制变动、重要人事调动，如任免、离退休等和组织变动情况；③重要会议和重大活动，其中包括内务和外事活动；④上级到本地区、本部门参加重大活动，或检查、指导工作并作出重大决策或重要部署、指示等；⑤本地区、本部门的重要工作或重大事件，如取得的重大成绩，获取的重要数据，发生的重大事件、事故、案件、灾情等，以及群众反映的重大问题、提出的重要建议和意见；⑥其他重要动态和需要记载的大事。

大事记的格式是单一的，也是固定的，一般由标题和主体组成。

(1) 标题。标题主要有以下几种形式：一种是由制文单位+文种构成，如《中国铝业公司研究室大事记》《中国铝业公司办公厅大事记》；一种是由事由+文种构成，如《中国铝业公司改革大事记》《中国铝业公司先进性教育大事记》；还有的是由制文单位+时间+文种构成，如《中国铝业公司六月份大事记》。无论是公司大事记还是企业大事记，都属于综合性大事记。公司大事记的标题叫"大事记"，企业大事记的标题叫"企业记事"。

(2) 主体。主体一般由时间和事件两部分组成，其中时间是按年月日的顺序依次排列的；事件是指重要工作活动和重大事件。大事记主体的写法一般是以时记事，或一日一事，或一日几事，一事一记。例如，《中国铝业公司年鉴》(2004 年)中只记 2004 年的大事，现举例如下。

1 月 6 日　中国铝业股份有限公司在香港证券交易所成功完成 H 股配售，共增发新股 5.5 亿股，每股股价为 5.658 港元，增发股价为 IPO 发行股价的 4 倍，融资 31.12 亿港元，融资额创下了香港 H 股面世以来的 H 股增发之最。

1 月 7 日　在人民大会堂举行的"中国十大最具影响力企业"新闻发布会上，中国铝业集团被评为 2021 年度最具影响力的企业。

……

4 月 30 日　中国铝业公司在北京召开干部大会，中共中央组织部副部长王东明到会宣布了党中央、国务院关于调整中国铝业公司领导班子的决定，并作了重要讲话。中央决定：郭声琨同志调广西壮族自治区工作；肖亚庆同志任中国铝业公司总经理、党组书记。同时，国资委也作出决定：熊维平同志任中国铝业公司党组副书记。国资委副主任王勇出席了会议。会上，郭声琨、肖亚庆分别讲了话。

4. 大事记的写法

大事记具有内容的史料性、记载的摘要性和表述的概括性等特点，因此其主体部分的写法要求如下。

(1) 准确无误。准确无误是指时间准确、事件准确。时间应当按照事件顺序写清××××年×月×日；事件要写准在什么时间、什么地点发生了什么事情，或由谁组织、策划了一项什么活动，活动的主要内容和效果如何；等等。

(2) 摘其大事，疏而不漏，要而不繁。有大事就记，无大事就不记，不能漏掉大事、要事。记事要力求言简意赅，摘要记载，不要详述其事。

(3) 大事记的记载应由专人负责，随时记载，每月整理。整理时可以删减、补充，去掉一般日常事务活动，核校、增补大事或事件要素。年终时再进行一次整理，最后请领导审定、签字，装订成册存档。

5. 编写大事记时应该注意的几个问题

(1) 大事记的体例以编年体为主、纪事本末体为辅。按时间顺序记，一事一条。有些事件，持续时间较长，为避免因时间跨度大而造成首尾分离，可采用纪事本末体，在一个条目中交代始末。

(2) 各大事的记述要素要齐备。每件事的记述要素主要包括时间、地点、背景、人

物、活动经过和结果六个方面。

(3) 大事记的记叙与年鉴主体部分的记述要一致，不能出现矛盾。

(4) 要广征博采。要有足够的资料供选编，否则会造成大事记不全面。

(5) 要客观公正。工作有成绩也有不足，有成功也有失误，凡是对企业有一定影响构成大事的，无论成功还是失误都要进行记载。

(6) 要详略得当。略要有个度，前面所说的六个要素要齐全，每件大事的影响和作用要显现。详也要有个度，几个主要记述要素以讲清楚为原则，不渲染、不描绘。

【例文】

例文的内容请扫描右侧二维码。

2017中国大事记.pdf

2021年引发国际热议的中国大事件

世界卫生组织5月7日和6月1日分别宣布，两款来自中国的新冠灭活疫苗获得世卫组织紧急使用认证，让世界各国有了更多选择，扩大了疫苗可及性和可负担性，促进了疫苗全球公平分配。

5月15日，中国"天问一号"火星探测器携"祝融号"火星车成功着陆火星。6月17日，3名中国航天员乘神舟十二号载人飞船前往空间站天和核心舱，并计划驻留约3个月。10月16日，神舟十三号出征，3位乘组航天员开启为期6个月的飞行任务……从载人航天到探月工程，从北斗组网到火星探测，中国航天事业屡获突破、飞速发展。海外专家和媒体高度评价中国载人航天工程的里程碑式进展。

7月1日上午，庆祝中国共产党成立100周年大会在北京天安门广场隆重举行，受到了国际舆论的高度关注及重点报道，盛赞中国共产党取得的巨大成就，将中国共产党成立的这100年形容为"震撼世界的100年"。2021年是中国共产党成立100周年，风雨百年，中国共产党团结带领中国人民，以"为有牺牲多壮志，敢教日月换新天"的大无畏气概，书写了中华民族几千年历史上最恢宏的史诗。

7月1日，中国向世界宣布全面建成小康社会。9月28日国务院新闻办公室发表《中国的全面小康》白皮书，全面阐释了中国全面小康对世界的重要意义。中国全面建成小康社会，标志着我国正式迈入全面建设社会主义现代化国家的新发展阶段，踏上开启第二个百年奋斗目标的新征程。多国人士对此作出积极评价，认为中国全面建成小康社会是伟大成就，对全球发展具有重要意义。

8月8日，为期17天的东京奥运会落下帷幕，本届奥运会上，中国代表团共获38枚金牌、32枚银牌、18枚铜牌，奖牌总数达88枚，在金牌榜和总奖牌榜上均名列第二。万众瞩目的东京奥运会百米飞人大赛，中国选手苏炳添创造了新的历史。在半决赛中，苏炳添跑出个人历史最好成绩9秒83，打破亚洲纪录，成为1989年以来首位进入奥运会百米决赛的亚洲选手。

9月24日，孟晚舟女士乘坐中国政府包机离开加拿大回到祖国，并与家人团聚。通过孟晚舟事件，人们进一步看清：在中国共产党领导下，一个强大的中国始终是中国人民抗击风雨的最强有力保障。

11月5日至10日第四届中国国际进口博览会在上海举行，共有58个国家和3个国际组织参加国家展，来自127个国家和地区的近3000家参展商亮相企业展。数万种新产品、新技术、新服务精彩纷呈，令观众大饱眼福。本届进博会部分展区"全球首发""中国首展"产品数量远超前三届。

截至2021年12月29日，31个省(自治区、直辖市)和新疆生产建设兵团累计报告接种新冠病毒疫苗281011.8万剂次。截至2021年12月16日，中国3~11岁儿童疫苗接种人数已经超过1.4亿人，世界上几乎没有其他国家做得到。

(资料来源：中国时报网，2021年12月31日)

第四节　发言报告类文书

一、述职报告

(一)述职报告的概念和特点

述职报告是领导干部依据自己的职务要求，就一定时期内的任期目标，向选举或任命机构、上级领导机关、主管部门以及本单位的干部群众，汇报自己履行岗位责任情况的书面报告，是干部管理考核专用的一种文体。

述职报告虽以"报告"为名，但与作为党政主要公文的"报告"却不是同类文体，两者的内容、功能和作者身份都有很大的不同。述职报告的内容包括任职期间所取得的工作成绩、不足和失误之处以及存在的主要问题，与总结有很多相似之处。

(二)述职报告的种类

从时间上分，述职报告有任期述职报告、年度述职报告、临时述职报告；从内容上分，有综合述职报告、专题述职报告和单一性述职报告。

(三)述职报告的写法

1. 标题

述职报告的标题有多种类型，大致可概括为单标题和双标题两种模式。

(1) 单标题述职报告。

单标题述职报告的标题形式有如下几种。

① 由职务、时间和文种构成标题，如《××省教委办公室主任××××年度述职报告》。
② 由职务和文种构成标题，如《××公司总经理述职报告》。
③ 由时间和文种构成标题，如《××××—××××学年度述职报告》。
④ 只用文种名称做标题，如《我的述职报告》或《述职报告》。

(2) 双标题述职报告。

双标题由一个主标题和一个副标题组成。将内容的侧重点或主旨概括为一句话做主标题，以单标题的形式构成副标题，这就形成了双标题，如《全心全意为老干部服务——××××年度述职报告》《努力抓好"菜篮子"和"米袋子"——我的述职报告》。

2. 前言

述职报告的前言部分一般包括三个方面的内容：一是岗位职责；二是指导思想；三是概括评价。岗位职责包括自己从何时起担任何职，主要负责什么工作；指导思想是说明自己是在什么样的思想原则、方针政策指引下进行工作的；概括评价是对自己工作的基本评价。这三个方面的内容都要简略地写，一般占用一个自然段即可。

需要说明的是，上述三个方面的内容在写作中可以灵活处理，除岗位职责必不可少外，其他两个方面的内容可以安排在后面的主体部分或者结尾部分。

3. 主体

主体是述职报告的核心部分，主要工作和经验教训都在这一部分表达。主体部分大致有以下三种写法。

(1) 工作项目归类法，即把自己所做的工作按性质加以分类，如生产方面、销售方面、后勤方面等，通常是将一类作为一个层次依次进行阐述。自己主持做的工作和协助别人做的工作要分开写；对自己做出突出成绩的工作，有创造性、开拓性进展的工作，都要重点写，即在反映一般成绩时突出重点，而一般性的工作、日常事务性工作则要写得简单一点。

(2) 时间发展顺序式，即把任期内的时间按先后顺序分成几个阶段来写。这种形式在任期述职报告中经常采用。因为任期时间较长、涉及面广，所做的工作和存在的问题较多，为了便于归纳总结，展现工作的全貌，可将一个时期内的主要工作按时间分段，这样便于在各个阶段中详细叙述所取得的成绩和经验。

(3) 内容分类集中式。这种形式是最常用的，一般分为主要工作、成绩效益、经验教训、存在的问题和对策等几部分。

4. 结尾和落款

必要时，可以安排一个专门的结尾部分，对自己做一个基本的评价，也可以简要说明自己的一些体会或今后的打算。如果前文已经写过这些内容，那么也可以不写结尾部分。

最后一般要用模式化的结束语结束全文，常用的是"特此报告""专此述职"等。结尾之后，要签署姓名和日期。

(四)述职报告写作的注意事项

(1) 实事求是。述职报告要务实，要既讲成绩又讲失误，既讲优点又讲不足，不能揽功诿过。对具有较大影响、能显示自己工作能力和水平的工作实绩，要写得深入透彻；对一般性、常规性的工作可尽量少写或一笔带过。述职报告还要处理好主管与协管工作之间的关系，要注意把个人成绩和集体成绩分清，处理好个人与集体、个人与上级及同级之间的关系。述职报告重点应阐述主管工作的情况，要公正、准确，既不拔高，也不贬低，更不能有失公允，要力求反映工作的真实面貌。对于协管的工作，要讲清楚参与程度、发挥的作用、投入的精力和时间、解决的困难等。

(2) 突出特点。不同的岗位、不同的层次、不同行业的领导有着不同的工作内容和方法，即使同一职务的领导也会因分工的不同而有不同的工作重点，至于工作方法，更是各具特色。鉴于这种情况，述职者要突出自己的工作特点，显示自己的工作个性，尽量避免那种千人一腔、万人一面，没有特点、没有个性的写法。

（3）抓住重点。不论是按工作内容分类，还是按时间顺序叙述，述职报告都不要事无巨细、面面俱到，否则就很容易写成一篇平淡冗长的流水账。要有意识地抓住核心问题，突出重要成绩，总结主要教训。凡重点部分要写得详细、具体、充分、全面；次要部分则可约略提及，一笔带过。

（4）虚实结合。"虚"是指理论观点；"实"是指具体工作情况。述职报告应该以叙事为主、理论为辅，用叙述和议论结合的方式来表达，在事实的基础上加以概括总结，使理论与事实二者有机地结合起来。述职报告既不能像大事记或记流水账那样就事论事、堆砌材料，也不能像理论文章一样，通篇理论阐述，缺乏事实根据。

（5）语言简练。述职报告的语言要精练，要尽量写短一些、精粹一些。述职报告的撰写需要一定的综合概括和文字表达能力，切忌数字化和概论化，也不必过于追求文字的华美，要尽量少用形容词和诸如"大体上""差不多"之类模棱两可的词；对情况的交代、过程的叙述以说明问题为宜，切忌冗长空泛、拖泥带水。

【例文】

例文的内容请扫描右侧二维码。

述职报告.pdf

二、评估报告与调查报告

（一）评估报告

1. 评估报告的概念与种类

评估报告是一种新兴的应用文体，它是随着现代科学管理应运而生的。它对于检查、鉴定和评价经济、科学、技术、文化、卫生、教育事业等有重要意义。

从字面上看，"评"是评价、评判；"估"是估计。评估，就是以一定的项目或工作为对象，按照一定的评估标准，根据一定的工作目标，利用一切可行的技术或手段，收集信息，通过分析、考察，对工作效果作出判断的行为过程。

所谓评估报告，就是反映评估行为和评估结果的书面材料。根据不同的分类标准，评估报告可分为若干种类。

（1）按评估的形式分，评估报告可分为自我评估报告、同行评估报告、群众评估报告和社会评估报告。

（2）按评估的时间分，评估报告可分为年度评估报告和阶段评估报告。

（3）按评估的内容、范围分，评估报告可分为综合性评估报告和专项评估报告。

2. 评估报告的特点

（1）汇报性。评估报告和一般工作报告有相似之处，都是向上级有关部门陈述、汇报，为上级领导决策和指导工作提供依据。它与一般工作报告不同的是：评估行为是短暂的，它是按预定的标准进行的，即按评估标准向上级汇报。

（2）内容上的固定性。一般工作报告的内容比较自由，根据已做过的工作情况撰写；

而评估报告则按既定的评估目的、标准、办法，一项一项地检查(大都实行评分制，分项打分)，这与一般工作报告的内容不同。一般工作报告，突出成绩重点写，一般成绩简略写，没有成绩的方面可不写。而评估报告则不管你已做了什么工作，没做什么工作，都要按评估标准的既定项目逐项汇报，所以内容是固定的。

(3) 语言上的准确性。评估报告是对某单位、某部门、某地区的工作或对某项工程项目作出的评价，对成败下结论。好，好到什么程度；坏，坏到什么程度，都应判断准确，评价公正，符合实际，不能含糊其词、模棱两可。语言上的准确性，是评估报告的又一特点。

3. 评估报告的结构和写法

评估报告一般由标题、正文和落款组成。

(1) 标题。评估报告的标题常见的有两类。一类是公文标题法，又分为以下三种形式。①由被评估单位名称(或项目名称)、时限、事由和文种组成，如《对××县××××年成人教育工作的评估报告》；②只由被评估单位、事由和文种组成，如《××省部分高等院校教育质量评估》；③只用事由和文种作标题，如《关于××项工程质量的评估》。另一类是文章标题法，多由正、副标题组成，正标题揭示中心内容或作出评价，副标题说明评估对象和文种，如《造福子孙的宏伟工程——对两届农田基本建设"大禹杯"竞赛的评估》。

(2) 正文。正文通常由导语(或称前言)、主体和结语组成。

① 导语。工作评估报告的导语，主要写评估的目的，人员组成，评估的时间、方法、步骤，以及评估标准和评估结果。项目评估报告的导语，一般介绍项目的概况，诸如项目的主要产品、产量、规模等。末尾常用"现将评估情况报告如下"引起下文。导语要写得概括、简练。

② 主体。这是评估报告的核心部分，一般包括以下内容：被评估对象的基本情况；分项评估的分析意见(如果是项目评估，就有对项目必要性的评估、技术评估、经济效益评估、管理评估等)；总评估结论，这部分要用大量事例、数字反映评估对象是否符合评估标准，要写得有理有据、充实具体。

③ 结语。这是正文的结束句，主要是对正文的概括和总结。有些评估报告无结语。

(3) 落款。写明评估组织名称或评估人员姓名，注明评估报告的完成时间，如有附件也应注明。

4. 写评估报告应注意的事项

写评估报告时，除了掌握其特点，按规范的格式书写以外，还应注意以下几点。

(1) 撰稿者必须参加评估工作。撰写评估报告，不仅要写评估结果，还应写评估的行为过程，因此只有亲身参加评估工作，掌握第一手材料，才能写出好的评估报告。

(2) 撰稿者应熟悉评估目标、评估标准和评估办法。评估目标是撰写评估报告的依据，评估标准是衡量被评估对象的标尺，评估办法是实施评估的手段，只有目标明确、标准适度、办法科学，并为撰稿者熟练掌握，写作起来才能运用自如、有的放矢。

【例文】

例文的内容请扫描右侧二维码。

××制药厂克菌灵项目评估报告.pdf

(二)调查报告

1. 调查报告的概念

调查报告是指通过对典型问题、情况、事件的深入调查，经过分析、综合，从而揭示出其本质或客观规律的书面报告。具体地说，调查报告是针对某一现象、某一事件或某一问题进行深入细致的调查，对获得的材料进行认真分析、研究，发现本质特征和基本规律之后写成的书面报告。

调查报告是一种在新闻领域和机关领域都可采用的常用文体。不过，有些在机关之间流通的调查报告，可以没有新闻性；而在报刊、广播上发表的调查报告，必须具有新闻性。

调查报告在报刊上发表的时候，也可以叫作"新闻调查"。

2. 调查报告的分类

根据调查报告的具体内容，调查报告可分为以下几种。

(1) 介绍典型经验的调查报告。某一地区、某一单位或某一企业，在贯彻落实党和国家的各项方针、政策过程中，或在日常的思想政治、经济建设、科学教育等方面取得了突出的成绩，为了把它们的具体做法和成功经验反映出来，可以对它们进行专题的调查，然后写出调查报告，这种类型的调查报告就是介绍经验的调查报告。

介绍经验的调查报告与工作通信中那些以反映工作成绩为主的报告近似。区别在于调查报告重在调查，特别注重对调查过程和调查所得数据的叙述和列举。

(2) 揭露问题的调查报告。揭露问题的调查报告是指针对某一存在的问题展开调查，以揭示这一问题的种种现象和深层原因为主要目的的调查报告。它的主要功能是揭露和批判，探究问题产生的根源，分析问题的症结所在，进而提出解决问题的思路和方法。

揭露问题的调查报告也是比较常见的一种调查报告形式。

(3) 反映新生事物的调查报告。这是针对社会现实中某种新近产生或新近有了长足发展的事物而写的调查报告。

在现实社会中，新生事物总是不断涌现的。这些新生事物，究竟是显示了社会发展的某种趋势，有着光明的发展前景，还是昙花一现的偶然现象？对这些新生事物，究竟应该肯定，还是应该引起足够的警惕？反映新生事物的调查报告的文体功能，就是全面地报道某一新生事物的背景、情况和特点，分析它的性质和意义，指出它的发展规律和前景。

对新生事物，调查报告的最终意见可以是肯定性的。例如，《人民日报》刊登的《"中关村电子一条街"调查报告》，当时在对称为"中国硅谷"的中关村电子市场进行调查以后，认为它为科技、教育、经济体制的改革提供了新思路，是值得充分肯定的。但对一些新生事物目前的状况，也可以持一种质疑或探讨的态度。例如，《人民日报》刊登的社会调查——《个人住房贷款缘何发展缓慢》，所调查的个人住房贷款当时在中国是一个新生事物，但是它的发展状况并不理想，原因在哪里？作者揭露了阻碍其发展的几个因素。

(4) 社会情况的调查报告。这是针对一些社会情况所写的调查报告。这里所说的社会情况，主要指社会风气、百姓意愿、婚恋、赡养、衣食住行等群众生活各方面的基本情况。这类调查报告虽不直接反映政治、经济等重大问题，但百姓生活也是与政治、经济密切相关的；另外，这也是群众最关心的一些问题。因此，各种新闻媒体都十分重视对这一领域的报道，《中国青年报》《文汇报》等都曾开辟过公众调查专版。

3. 调查报告的特点

(1) 较强的针对性。必定是某一情况、某一社会问题、某一成功经验，引起了一定程度的注意，为了进一步得到它的详情、真相，认识它的性质，才需要有人专门对它进行调查和研究，并向有关机关提供报告。可见，调查报告是一种针对性很强的文体。

例如，高考是农村青年的一条重要出路，可是我国教育现状还比较落后，考生众多而录取人数有限，于是造成了大量的高考落榜生，他们不甘心重新被捆绑在土地上，可是又找不到出路在哪里，这就形成了严重的社会问题。有人专门就此做了充分调查，写出了《独木桥下的思索——关于农村高考青年的报告》。此外，正规本科生和专科生的录取人数有限，于是就又有了各种各样的成人教育方式，各校纷纷举办自学考试辅导班、脱产成人教育班等，这些办学方式的效果如何，学生能否在这样的教育方式下被培养成才？也有人对此作了调查并写出报告供有关部门参考。这些显然都是很有针对性的写作实例。

(2) 材料丰富翔实。调查报告需要列举大量的相关事例、统计数字和各方意见，在此基础上再提出作者自己的意见。例如，《女性化老龄化值得重视——西安市小学教师队伍建设中的两个问题》一文，关于小学教师老龄化和女性化就列举了下面这些事实和数据。

以莲湖区师资情况为例，这个区共有区办小学42所，教师1250人，其中40岁以上的占63.2%，45岁以上的占42%，而30岁以下的仅占17.12%，许多小学教师的平均年龄是47岁或48岁。教师的严重老龄化已成为突出问题。

据调查，到2018年，莲湖区各小学将有526名骨干教师退休，占现有教师总数的42%，如不及时补充，断层的局面将会接踵而至。

教师队伍的性别倾斜也是一个严重的问题。莲湖区小学教师中有90%以上是女性，在男性比例较大的领导岗位上，男性也仅占26.6%，许多学校除体育教师外都为女性。男教师较多的青年路小学、丰禾路小学、西电二小也只有八九人，占教师总数的17%~20%，一般学校只有四五名男教师，而五星街小学仅有一名男教师。

在调查报告的写作中，大部分的文字都是在列举事实，这使得调查报告具有一种"事实胜于雄辩"的强大说服力。

(3) 提供规律性认识。调查报告确切地说应该叫调查研究报告，它的价值不仅在于调查和报告，更在于研究。研究的结果就是得出规律性的认识，并把这些规律性的认识提供给读者。例如，《人民日报》刊登的调查报告——《按照市场规律提高农民增收——山东省微山县调查》，就概括了若干项提高农民增收的规律性认识：育市场、调结构、重品牌、创名优；"壮龙头""建基地"；"一品带动"、"一业带动"、几块经济高地突起的经济格局。

这些规律性认识是在大量事实的基础上得出的，又是大量事实的理论归宿。只列举种种现象，而缺少理论归纳的调查报告是肤浅的。

4. 调查报告的写法

从外部形式上看，调查报告由标题、前言、主体、结尾四部分组成。

(1) 标题。

① 单标题。单标题有两种写法，即公式化写法和常规文章标题写法。

公式化写法就是按照"调查对象+调查课题+文体名称"的公式拟制标题。如《一个富裕居委会的财务调查》就是这样的标题，其中"一个富裕居委会"是调查对象；"财务"是调查课题；"调查"是文体名称。这样写的好处是要素清楚，读者一看就知道写的是什么单位，涉及的是哪些问题，文种也很明确；而不足就是太模式化，不够新颖活泼。

常规文章标题写法方式灵活多样，可以用问题做标题，如《儿童究竟需要什么读物》；可以直接表达作者自己的观点，如《莘莘打工者，维权何其难》；可以直接叙述事实，如《三个孩子去蛇岛》；可以用形象的画面暗示文章内容，如《"航空母舰"逐浪经济海洋》。此外还有种种写法，在此不再一一列举。

② 双标题。双标题由正、副标题组成，其中正标题一般采用常规文章标题写法，具体写法如上所述。副标题则采用公式化写法，由调查对象、调查课题和文体名称组成，如《明晰产权起风波——对太原市一集体企业被强行接管的调查》。

(2) 前言。

调查报告的前言一般要根据主体部分组织材料的结构顺序来安排，常用的有以下几种类型。

① 提要式。提要式就是把调查对象最主要的情况进行概括后写在开头，使读者在开篇就对它的基本情况有一个大致的了解。例如，《靠名牌赢得市场——关于深圳市飞亚达(集团)股份有限公司的调查》的开头如下。

飞亚达(集团)股份有限公司(以下简称飞亚达)是一家以生产钟表为主的大型企业，2010年成立于深圳。在经济特区这块改革开放的沃土上，该公司坚持不懈地实施名牌战略，终于在竞争激烈的钟表行业后来居上。历经 12 年的艰苦创业，飞亚达由一个钟表小厂发展成为总资产逾 8 亿元、年创利润 8000 万元的上市公司，成为国内同行的翘楚。

这个开头把飞亚达公司的发展情况和主要成绩做了概括的介绍，提纲挈领，统率全文。

② 交代式。在开头简单地交代调查的目的、方法、时间、范围、背景等，使读者在开篇就对调查的过程和基本情况有所了解。例如，《关于北京市家用缝纫机销售情况的调查》一文的开头如下。

为了增强计划性，加强对家用缝纫机的经营，更好地掌握市场销售动态，我们采取了走访经营单位与分析历史资料的办法，对北京市家用缝纫机历年销售情况以及当前社会保有量和市场需求变化进行了调查。经过分析，认为北京市场除上海缝纫机供不应求以外，其他牌号的缝纫机销售已趋于饱和。

这个开头包括目的、方法、范围和结论等几个方面，总的来说属于交代式的开头。

③ 问题式。在开头提出问题，以引起读者对调查课题的关注，促使读者思考。这样的开头可以采用提问的方式引出问题，也可以直接将问题摆出来。例如，《农村发展社会主义市场经济的成功之路——贸工农一体化、产加销一条龙经营的调查》的开头如下。

近些年，随着农村改革的深化和商品经济的发展，贸工农一体化、产加销一条龙的经营方式，正在我国农村迅速突起。它一出现，就显示出旺盛的生命力和巨大的优越性，为农村经济的发展注入了新的活力。这种经营方式对我国农业向商品化、现代化转化有哪些作用？应采取什么方针政策扶持其发展？我们就这些问题进行了调查，并同10个县(市)的有关同志进行了座谈，形成了一些共识。

再如，《明晰产权起风波——对太原市一集体企业被强行接管的调查》的开头如下。

企业要求按照有关法律、法规和政府规定明晰产权，本来是件好事，可太原市一家集体企业却因为明晰产权被所在区政府部门强行接管，陷于瘫痪。该企业把区政府两个部门告上法庭，至今已一年多时间，早就超过了审结期限，可法院却迟迟不判决。

前一段例文入笔先提问，而后一段例文则是采用叙述的方式直接揭露问题，这两段例文都属于问题式的开头。

(3) 主体。

前言之后、结尾之前的文字都属于主体。这部分的材料丰富、内容复杂，在写作中最主要的问题是对结构的安排。其主要结构形式有以下三种。

① 用观点串联材料。由几个从不同侧面表现基本观点的材料组成主体，以基本观点为中心线索将它们贯穿在一起。例如，《人民日报》刊登的调查报告——《按照市场经济规律指导农民增收——山东省微山县调查》的主体就是这样的，它由四部分构成：抓住了规律就抓住了根本；把握市场需求，发挥自身优势；围绕市场竞争，加强联合与协作；遵循价值规律，推进农业"四化"。这四部分是由标题所显示的基本观点贯穿起来的。

② 以材料的性质归类分层。课题比较单一、材料比较分散的调查报告，可采用这种结构形式。作者经分析、归纳之后，根据材料的不同性质，将它们分为几种类型，每一个类型的材料集中在一起进行表达，形成一个层次，每个层次之前可以加小标题或序号，也可以不加。例如，《人民日报》刊登的调查报告——《不信民心唤不回——从宁乡县五个乡镇的变化看做好农村思想政治工作的重要性》，分别从原因、措施、启示三个方面着眼，写了三个大的层次，其中原因又概括为五条，启示又概括为三条，从而形成大层次下的若干小层次。

③ 以调查过程的不同阶段自然形成层次。事件单一、过程性强的调查报告，可采用这种结构形式。它实际上是以时间为线索来谋篇布局的，类似于记叙文的时间顺序写法。这种有清晰过程的写法，可以提高读者的阅读兴趣。

(4) 结尾。

调查报告常在结尾部分表明作者的观点，对主体部分的内容进行概括、升华，因此，它的结尾往往是一个比较重要的部分。常见的写法有下述三种。

① 概括全文，明确主旨。在结束的时候将全文归结到一个思想的立足点上。例如，《关于邯郸钢铁总厂管理经验的调查报告》的结尾如下。

邯钢的实践证明，国有企业要想真正适应社会主义市场经济体制的要求，必须在转换经营机制的基础上转换经营方式，切实转变经济增长方式，这样才能充分挖掘企业的内部潜力，提高企业的整体素质和市场竞争力。邯钢的做法为国有企业实行从传统的计划经济体制向社会主义市场经济体制，从粗放经营向集约经营两个具有全局意义的根本性转变提供了可借鉴的经验。

这样的结尾，就提供了清醒的理性认识。

② 指出问题，启发思考。如果一些存在的问题还没有引起人们的注意，或者受各种因素的制约，作者也不可能提出解决问题的办法，那么，把问题指出来，引起有关方面的注意，或者启发人们对这一问题的思考，也是很有价值的。

③ 针对问题，提出建议。在揭示有关问题之后，对解决问题提供一些可行的建议。

【例文】

例文的内容请扫描右侧二维码。

农村精准扶贫调查报告.pdf

三、讲话稿

(一)讲话稿的含义和作用

讲话稿是人们在工作和社会活动中经常使用的一种应用类文体。从广义上讲，凡是为在会议上发表具有一定目的性、条理性、完整性讲话而拟定的文稿，都可称作讲话稿。讲话稿的篇幅有长有短，长至万字以上的报告稿，短至几百字的礼仪致辞及讨论会发言稿等。

本书的讲话稿特指领导讲话稿，是指各级领导人在各种重要会议上作带有指示或指导性讲话时所用的文稿。讲话的领导人，可以是本单位领导，也可以是上级机关领导，还可以是从其他单位邀请的领导。

领导讲话稿不同于演讲或一般性发言，主要在于不仅讲话人的身份限于领导人，讲话的内容也总是带有一定的指示性、指导性、总结性或号召性，而且所发表的意见体现着领导机关的意图和意旨。

(二)讲话稿的分类及总体特点

领导讲话稿的适用范围相当广泛，种类也比较多，主要分为以下几种。

(1) 导向性讲话。会议开始时，就召开会议的背景、缘由、目的，以及开好会议的要求发表讲话，多是以会议主持人或执行主席的身份讲话；会议进行中，就讨论中提出的问题，结合有关文件精神进行有针对性的讲话，引导与会者用文件精神统一认识。

(2) 指导性讲话。在大会工作报告之后，对会议的中心议题作重点阐述，结合当前形势和本地区、本单位的实际，向与会者提出应当怎样分析和认识一些具体问题。其中往往提出对某些实质性问题的处理原则，具有明显的指示、指导性质。

(3) 总结性讲话。总结性讲话可分为阶段性总结和会议总结讲话。在会议进行中所做的阶段性讲话一般是按会议议程，在转入下一议程之前，就会议已经讨论的问题，针对讨论中的发言、讲话情况作客观的评价，肯定成绩，指出不足，作为阶段小结；在会议结束时，对会议进行总结，提出贯彻会议精神的意见和要求。

按照所参加会议的性质，会议讲话稿可分为工作会议的讲话稿、专题会议的讲话稿、代表大会的讲话稿、座谈会的讲话稿和研讨会的讲话稿等。

(三)讲话稿的结构、内容和写法

领导讲话稿一般由标题和正文两部分组成。

1. 标题

标题可分为简式标题和复式标题两类。简式标题一般由主讲话人的姓名、职务、事由和文种构成,如《×××省长在全省教育工作会议上的讲话》。复式标题由一个主标题和一个副标题组成。主标题一般用来概括讲话的主旨或主要内容;副标题则与简式标题的构成形式相同。

2. 正文

讲话稿的正文包括开头、主体和结尾三部分。

(1) 开头部分。首先根据与会人员的情况和会议性质来确定适当的称谓,如"同志们""各位代表""各位专家学者"等,要求庄重、严肃、得体;然后用极简洁的文字把要讲的内容概述一下,说明讲话的缘由,或者所要讲的内容重点,然后转入讲话的主体。

(2) 主体部分。根据会议的内容和发表讲话的目的,可以重点阐述如何领会文件、指示、会议精神;可以通过分析形势和明确任务,提出搞好工作的几点意见;可以结合本单位的实际情况,提出贯彻上级指示精神的意见;可以对前面其他领导人的讲话作补充讲话;也可以围绕会议的中心议题,结合自己分管的工作,谈几点看法;等等。

(3) 结尾部分。结尾用以总结全篇,照应开头,发出号召,或者征询对讲话内容的意见或建议等。

四、演讲稿

(一)演讲稿的含义和作用

演讲稿,也叫演说词、演讲词、讲演稿,是就一个问题对听众说明事理、发表见解和主张的讲话文稿。它是人们在宣传活动和工作交流中的一种常用文体,经常用于群众集会和某些公共场所,包括各种会议上的演讲、致辞、开幕词、闭幕词,以及礼仪文书中的欢迎词、欢送词、贺词、祝酒词等。它与前文所讲的讲话稿既有相互交叉的内容又有细微的差别。

(二)演讲稿的种类

演讲按不同的分类标准,可以分成多种类型,譬如领导人演讲、竞赛性演讲、论辩性演讲、竞选演讲、就职演讲等。我们根据内容性质的不同,把演讲稿分为以下几种类型。

1. 政治鼓动类

政治鼓动类的演讲稿是指政治家或代表某一权力机构的官员阐述政治主张和见解的演讲稿。各级领导的施政演说、新当选的领导人的就职演说、政治家的竞选演说等,都属于这一类型。著名的范例有《林肯在葛底斯堡的演讲》《丘吉尔在美国度圣诞节的即兴演讲》，以及马丁·路德·金的《我有一个梦想》等。

政治类演讲稿有以下三大特点。

(1) 话题的政治性。这类演讲涉及的往往是重大的政治问题，关系国家、政党、民族以及改革、和平与进步等。演讲者要表明自己的政治倾向，宣传自己的政治观点，力求正确把握历史的发展方向。

(2) 内容的鼓动性。这类演讲是为一定的政治目的服务的，通过演讲，让听众了解自己的施政纲领或政治观点，从而获得理解和支持，这是最基本的演讲目的。因此，这类演讲都要具备强烈的鼓动性、感召力和说服力。

(3) 严谨的逻辑性。政治鼓动类的演讲稿，在提出问题、分析问题、解决问题的过程中，要显示出无懈可击的逻辑力量，只有这样才能使听众口服心服，才能赢得听众的理解和支持。

2. 学术交流类

学术演讲稿是传播、交流科学知识、学术见解及研究成果的演讲文稿。随着科学事业的发展、经济建设的需要、国内外学术交流活动的日益增多，学术演讲或学术报告的活动也越来越多。不仅专业科学技术工作者要参加各种各样的学术活动，进行学术演讲，而且一些机关、企事业单位的领导也要经常参加学术活动，也要成为科学技术方面的内行。因此，学术演讲稿具有广泛的应用范围。

学术演讲稿具有以下特点。

(1) 学术性。所谓学术性，首先，是指讨论的问题是科学性的，而不是社会性的；其次，是对某一学科领域中的现象或问题的系统剖析和阐述，能够揭示事物的本质及其发展的客观规律。

(2) 创造性。所谓创造性，就是对科学问题有独特的发现和独到的见解，要在前人研究的基础上有所前进，而不是原地踏步。因此，学术类演讲不能泛泛地讲一般的知识，而要有自己的新材料、新方法和新见解。

(3) 通俗性。学术演讲具有很强的专业性，它会涉及许多有关复杂抽象的科学道理和不易被一般人理解的专业术语，这样就给听众对演讲内容的理解造成了一定的困难；另外，演讲这种口头传播方式稍纵即逝，不能像阅读文章那样可以反复咀嚼，这样也影响传播的效果。为此，撰稿时要对某些专业知识进行必要的注解，要把抽象深奥的科学道理表达得深入浅出、通俗易懂。

3. 思想教育类

思想教育类的演讲稿是针对现实生活中人们的思想动态、思想倾向和思想问题，以真切的事实、有力的论证、充盈的感情来讴歌真善美、鞭挞假恶丑，引导听众树立正确的人生观、价值观和世界观，激励听众为崇高的理想、事业而奋斗。这类演讲稿适用于演讲比赛、主题演讲会、巡回报告等。

思想教育类的演讲稿具有以下特点。

(1) 时代性。思想教育类的演讲稿所涉及的内容大都是现实生活中比较突出的问题，具有浓郁的时代气息。撰写这类演讲稿时，要把握时代精神，如实宣传现实生活中的新人、新事、新思想、新风尚。

(2) 劝导性。思想教育类演讲的目的是劝说、引导和警示，让人们在人生的道路上走好每一步。为此，演讲者要站在特定的立场上，通过大量翔实的材料，具体生动地阐明自己的观点，使听众在不知不觉中受到感染，并引起思想上的共鸣。

(3) 生动性。思想教育类的演讲，并不是运用抽象的说教方式把自己的观点强加于人，而是运用具体生动的事例和形象直观的表达，去打动听众，使之自觉自愿地接受演讲者的观点。

(三)演讲稿的特点

概括地说，无论哪种类型的演讲稿，其特点主要有以下几个。

(1) 整体性。演讲稿并不能独立地完成演讲任务，它只是演讲的一个文字依据，是整个演讲活动的一个组成部分。演讲主体、听众对象、特定的时空条件，共同构成了演讲活动的整体。

(2) 口语化。口语化是演讲稿区别于其他书面表达文章和会议类文书的重要方面。书面表达文章无须多说，其他会议类文书，如大会工作报告、领导讲话稿等并不太讲究口语化，虽然由某一领导在台上宣读，但听众手中一般也有一份印制好的讲稿，一边听讲一边阅读，不会有什么听不明白的地方。而演讲稿就不同了，它有较多的即兴发挥，不可能事先印好讲稿发给听众。为此，演讲稿必须讲究"上口"和"入耳"。所谓"上口"，就是讲起来通达流利；所谓"入耳"，就是听起来非常顺畅，没有什么语言障碍，不会发生曲解。具体要做到：把长句改成精练易懂的短句；把倒装句改为常规句；把听不明白的文言词语、成语加以改换或删除；把单音节词换成双音节词；把生僻的词换成常用的词；把容易误听的词换成不易误听的词。这样，才能保证讲起来朗朗上口，听起来清楚明白。

(3) 临场性。演讲活动是演讲者与听众面对面的一种交流和沟通。听众会对演讲内容及时做出反应：或表示赞同，或表示反对，或饶有兴趣，或无动于衷。演讲者对听众的各种反应不能置之不顾，因此，写演讲稿时，要充分考虑它的临场性，在保证内容完整的前提下，要注意留有伸缩的余地，要充分考虑到演讲时可能出现的种种问题，以及应付各种情况的对策。总之，演讲稿要具有弹性，要体现出必要的控场技巧。

(四)演讲稿的写法和基本要求

1. 确定主题，选择材料

(1) 根据演讲活动的性质与目的来确立主题。所谓主题，就是演讲的中心话题。演讲稿的撰写，必须在一个有社会价值或科学价值、有现实意义或学术意义的特定问题中展开，否则将是无的放矢。

演讲者总是根据演讲的性质、目的来确定主题的。若被邀请做学术演讲，就应该介绍自己最新的研究成果或自己掌握的最新的学术信息，这样的话题才最具学术性。如果是在思想教育类的演讲活动上作演讲，就应该针对现实中最新的现象或听众最关心的问题发表见解。就连竞选演说和就职演说，也要以把握住听众的理想和愿望来选题。

(2) 根据演讲主题与听众情况来选择材料。材料是演讲稿的血肉，因此材料的选择和使用在演讲稿的写作过程中是一个重要的环节。

首先，要围绕主题筛选材料。主题是演讲稿的思想观点，是演讲的宗旨所在。材料既是主题形成的基础，又是表现主题的支柱。演讲稿的思想观点必须靠材料来支撑；材料必须能充分地表现主题，有力地支持主题。因此，凡是能充分说明、突出、烘托主题的材料都应选用，否则就舍弃，要做到材料与观点的统一；另外，还要选择那些新颖的、典型的、真实的材料，以使主题表现得更深刻、更有力。

其次，材料的选择还要考虑到听众的情况。听众的政治素质、社会地位、文化教养，以及心理需求等都对演讲有制约作用。因而，选用的材料要尽量贴近听众的生活。这样，不仅容易使他们心领神会，而且他们听起来也会饶有兴趣。一般而言，对青少年的演讲，应形象有趣，寓理于事，举例要尽量选择他们所崇拜的人和有轰动效应的事；对工人、农民的演讲，要生动风趣、通俗浅显，尽可能列举他们周围的人和发生在他们中间的事做例子；而对知识分子的演讲，使用材料则必须讲究文化层次。

2. 精心安排好开头、主体和结尾

不同类型、不同内容的演讲稿，其结构方式也各不相同，但结构的基本形式都是由开头、主体和结尾三部分构成。各部分的具体要求如下。

(1) 开头要先声夺人，富有吸引力。演讲稿的开头，也叫开场白，它犹如戏剧开头的"镇场"，在全篇中占据着重要的地位。开头的方式主要有如下几种。

① 开门见山，亮出主旨。这种开头不绕弯子，直奔主题，开宗明义地提出自己的观点。例如，1941年李卜克内西的《在德国国会上反对军事拨款的声明》开头如下。

我投票反对这项提案，理由如下：……

② 叙述事实，交代背景。开头向听众报告一些新发生的事实，比较容易引起人们的注意，吸引听众倾听，例如，1941年7月3日斯大林的《广播演说》的开头如下。

希特勒德国从6月22日向我们祖国发动的背信弃义的军事进攻，正在继续着。虽然红军进行了英勇的抵抗，虽然敌人的精锐师团和他们的精锐空军部队已被击溃，被埋葬在战场上，但是敌人又从前线调来了生力军，继续向前闯进。……我们的祖国面临着严重的危险。

③ 提出问题，发人深省。通过提问，引导听众思考一个问题，并由此造成一个悬念，引起听众对答案的期待，例如，曲啸的《人生·理想·追求》的开头如下。

一个人应该怎样对待自己青春的时光呢？我想在这里同大家谈谈我的情况。

④ 引用警句，引出下文。引用内涵深刻、发人深省的警句，引出下面的内容来，如一个大学生的演讲稿，标题叫《我的思考与奋起》，开头就很精彩，具体如下。

一个人如果一辈子都不曾混乱过，那么他从来就没有思考过。

开头的方法还有一些，不再一一列举。总之无论采用什么形式的开头，都要做到先声夺人，富有吸引力。

(2) 主体部分要层层展开，步步推向高潮。所谓高潮，即演讲中最精彩、最激动人心的段落。在主体部分的行文上，要在理论上一步步说服听众，在内容上一步步吸引听众，在感情上一步步感染听众；要精心安排结构层次，层层深入，环环相扣，水到渠成地将演讲推向高潮。主体部分展开的方式有以下三种。

① 并列式。并列式就是围绕演讲稿的中心论点，从不同角度、不同侧面进行表现，其结构形态呈放射状向四面展开，宛若车轮之轴与其辐条。而每一侧面都直接面向中心论点，证明中心论点。

② 递进式。递进式即从表面、浅层入手，采取步步深入、层层推进的方法，最终揭示深刻的主题，犹如层层剥笋。用这种方法来安排演讲稿的结构层次，能使事物得到由表及里的深入阐述和论证。

③ 并列递进结合式。这种结构，或是在并列中包含递进，或是在递进中包含并列。一些气势雄伟的演讲稿常采用这种方式。

(3) 结尾要干脆利落，简洁有力。演讲稿的结尾，是主体内容发展的必然结果。结尾或归纳，或升华，或希望，或号召，方式很多。好的结尾应收拢全篇、干脆利落、简洁有力，切忌画蛇添足、节外生枝。

(五)演讲稿撰写的注意事项

撰写演讲稿时，应注意下列事项。

(1) 撰写演讲稿时，要根据听众的文化层次、工作性质、生存环境、品位修养、爱好愿望来确立选题，选择表达方式，以便更好地沟通。

(2) 演讲稿不仅要充分体现演讲者独到、深刻的观点和见解，而且要对声调的高低、语速的快慢、体态语的运用进行设计，以达到最佳的传播效果。

(3) 撰写演讲稿时，还要考虑演讲的时间、空间、现场氛围等因素，以强化演讲的现场效果。

【例文】

习近平在庆祝中国共产党成立100周年大会上的讲话

同志们，朋友们：

今天，在中国共产党历史上，在中华民族历史上，都是一个十分重大而庄严的日子。我们在这里隆重集会，同全党全国各族人民一道，庆祝中国共产党成立一百周年，回顾中国共产党百年奋斗的光辉历程，展望中华民族伟大复兴的光明前景。

首先，我代表党中央，向全体中国共产党员致以节日的热烈祝贺！

在这里，我代表党和人民庄严宣告，经过全党全国各族人民持续奋斗，我们实现了第一个百年奋斗目标，在中华大地上全面建成了小康社会，历史性地解决了绝对贫困问题，正在意气风发向着全面建成社会主义现代化强国的第二个百年奋斗目标迈进。这是中华民族的伟大光荣！这是中国人民的伟大光荣！这是中国共产党的伟大光荣！

同志们、朋友们！

中华民族是世界上伟大的民族，有着5000多年源远流长的文明历史，为人类文明进步作出了不可磨灭的贡献。1840年鸦片战争以后，中国逐步成为半殖民地半封建社会，国家蒙辱、人民蒙难、文明蒙尘，中华民族遭受了前所未有的劫难。从那时起，实现中华民族伟大复兴，就成为中国人民和中华民族最伟大的梦想。

为了拯救民族危亡，中国人民奋起反抗，仁人志士奔走呐喊，太平天国运动、戊戌变法、义和团运动、辛亥革命接连而起，各种救国方案轮番出台，但都以失败而告终。中国迫切需要新的思想引领救亡运动，迫切需要新的组织凝聚革命力量。

十月革命一声炮响，给中国送来了马克思列宁主义。在中国人民和中华民族的伟大觉醒中，在马克思列宁主义同中国工人运动的紧密结合中，中国共产党应运而生。中国产生了共产党，这是开天辟地的大事变，深刻改变了近代以后中华民族发展的方向和进程，深刻改变了中国人民和中华民族的前途和命运，深刻改变了世界发展的趋势和格局。

中国共产党一经诞生，就把为中国人民谋幸福、为中华民族谋复兴确立为自己的初心使命。一百年来，中国共产党团结带领中国人民进行的一切奋斗、一切牺牲、一切创造，归结起来就是一个主题：实现中华民族伟大复兴。

——为了实现中华民族伟大复兴，中国共产党团结带领中国人民，浴血奋战、百折不挠，创造了新民主主义革命的伟大成就。我们经过北伐战争、土地革命战争、抗日战争、解放战争，以武装的革命反对武装的反革命，推翻帝国主义、封建主义、官僚资本主义三座大山，建立了人民当家作主的中华人民共和国，实现了民族独立、人民解放。新民主主义革命的胜利，彻底结束了旧中国半殖民地半封建社会的历史，彻底结束了旧中国一盘散沙的局面，彻底废除了列强强加给中国的不平等条约和帝国主义在中国的一切特权，为实现中华民族伟大复兴创造了根本社会条件。中国共产党和中国人民以英勇顽强的奋斗向世界庄严宣告，中国人民站起来了，中华民族任人宰割、饱受欺凌的时代一去不复返了！

——为了实现中华民族伟大复兴，中国共产党团结带领中国人民，自力更生、发愤图强，创造了社会主义革命和建设的伟大成就。我们进行社会主义革命，消灭在中国延续几千年的封建剥削压迫制度，确立社会主义基本制度，推进社会主义建设，战胜帝国主义、霸权主义的颠覆破坏和武装挑衅，实现了中华民族有史以来最为广泛而深刻的社会变革，实现了一穷二白、人口众多的东方大国大步迈进社会主义社会的伟大飞跃，为实现中华民族伟大复兴奠定了根本政治前提和制度基础。中国共产党和中国人民以英勇顽强的奋斗向世界庄严宣告，中国人民不但善于破坏一个旧世界、也善于建设一个新世界，只有社会主义才能救中国，只有社会主义才能发展中国！

——为了实现中华民族伟大复兴，中国共产党团结带领中国人民，解放思想、锐意进取，创造了改革开放和社会主义现代化建设的伟大成就。我们实现新中国成立以来党的历史上具有深远意义的伟大转折，确立党在社会主义初级阶段的基本路线，坚定不移推进改革开放，战胜来自各方面的风险挑战，开创、坚持、捍卫、发展中国特色社会主义，实现了从高度集中的计划经济体制到充满活力的社会主义市场经济体制、从封闭半封闭到全方位开放的历史性转变，实现了从生产力相对落后的状况到经济总量跃居世界第二的历史性突破，实现了人民生活从温饱不足到总体小康、奔向全面小康的历史性跨越，为实现中华民族伟大复兴提供了充满新的活力的体制保证和快速发展的物质条件。中国共产党和中国人民以英勇顽强的奋斗向世界庄严宣告，改革开放是决定当代中国前途命运的关键一招，中国大踏步赶上了时代！

——为了实现中华民族伟大复兴，中国共产党团结带领中国人民，自信自强、守正创新，统揽伟大斗争、伟大工程、伟大事业、伟大梦想，创造了新时代中国特色社会主义的伟大成就。党的十八大以来，中国特色社会主义进入新时代，我们坚持和加强党的全面领导，统筹推进"五位一体"总体布局、协调推进"四个全面"战略布局，坚持和完善中国特色社会主义制度、推进国家治理体系和治理能力现代化，坚持依规治党、形成比较完善的党内法规体系，战胜一系列重大风险挑战，实现第一个百年奋斗目标，明确实现第二个百年奋斗目标的战略安排，党和国家事业取得历史性成就、发生历史性变革，为实现中华民族伟大复兴提供了更为完善的制度保证、更为坚实的物质基础、更为主动的精神力量。中国共产党和中国人民以英勇顽强的奋斗向世界庄严宣告，中华民族迎来了从站起来、富起来到强起来的伟大飞跃，实现中华民族伟大复兴进入了不可逆转的历史进程！

一百年来，中国共产党团结带领中国人民，以"为有牺牲多壮志，敢教日月换新天"的大无畏气概，书写了中华民族几千年历史上最恢宏的史诗。这一百年来开辟的伟大道路、创造的伟大事业、取得的伟大成就，必将载入中华民族发展史册、人类文明发展史册！

同志们、朋友们！

一百年前，中国共产党的先驱们创建了中国共产党，形成了坚持真理、坚守理想，践行初心、担当使命，不怕牺牲、英勇斗争，对党忠诚、不负人民的伟大建党精神，这是中国共产党的精神之源。

一百年来，中国共产党弘扬伟大建党精神，在长期奋斗中构建起中国共产党人的精神谱系，锤炼出鲜明的政治品格。历史川流不息，精神代代相传。我们要继续弘扬光荣传统、赓续红色血脉，永远把伟大建党精神继承下去、发扬光大！

同志们、朋友们！

一百年来，我们取得的一切成就，是中国共产党人、中国人民、中华民族团结奋斗的结果。以毛泽东同志、邓小平同志、江泽民同志、胡锦涛同志为主要代表的中国共产党人，为中华民族伟大复兴建立了彪炳史册的伟大功勋！我们向他们表示崇高的敬意！

此时此刻，我们深切怀念为中国革命、建设、改革，为中国共产党建立、巩固、发展作出重大贡献的毛泽东、周恩来、刘少奇、朱德、邓小平、陈云同志等老一辈革命家，深切怀念为建立、捍卫、建设新中国英勇牺牲的革命先烈，深切怀念为改革开放和社会主义现代化建设英勇献身的革命烈士，深切怀念近代以来为民族独立和人民解放顽强奋斗的所有仁人志士。他们为祖国和民族建立的丰功伟绩永载史册！他们的崇高精神永远铭记在人民心中！

人民是历史的创造者，是真正的英雄。我代表党中央，向全国广大工人、农民、知识分子，向各民主党派和无党派人士、各人民团体、各界爱国人士，向人民解放军指战员、武警部队官兵、公安干警和消防救援队伍指战员，向全体社会主义劳动者，向统一战线广大成员，致以崇高的敬意！向香港特别行政区同胞、澳门特别行政区同胞和台湾同胞以及广大侨胞，致以诚挚的问候！向一切同中国人民友好相处，关心和支持中国革命、建设、改革事业的各国人民和朋友，致以衷心的谢意！

同志们、朋友们！

初心易得，始终难守。以史为鉴，可以知兴替。我们要用历史映照现实、远观未来，从中国共产党的百年奋斗中看清楚过去我们为什么能够成功、弄明白未来我们怎样才能继续成功，从而在新的征程上更加坚定、更加自觉地牢记初心使命、开创美好未来。

——以史为鉴、开创未来，必须坚持中国共产党坚强领导。办好中国的事情，关键在党。中华民族近代以来180多年的历史、中国共产党成立以来100年的历史、中华人民共和国成立以来70多年的历史都充分证明，没有中国共产党，就没有新中国，就没有中华民族伟大复兴。历史和人民选择了中国共产党。中国共产党领导是中国特色社会主义最本质的特征，是中国特色社会主义制度的最大优势，是党和国家的根本所在、命脉所在，是全国各族人民的利益所系、命运所系。

新的征程上，我们必须坚持党的全面领导，不断完善党的领导，增强"四个意识"、坚定"四个自信"、做到"两个维护"，牢记"国之大者"，不断提高党科学执政、民主执政、依法执政水平，充分发挥党总揽全局、协调各方的领导核心作用！

——以史为鉴、开创未来，必须团结带领中国人民不断为美好生活而奋斗。江山就是人民、人民就是江山，打江山、守江山，守的是人民的心。中国共产党根基在人民、血脉在人民、力量在人民。中国共产党始终代表最广大人民根本利益，与人民休戚与共、生死相依，没有任何自己特殊的利益，从来不代表任何利益集团、任何权势团体、任何特权阶层的利益。任何想把中国共产党同中国人民分割开来、对立起来的企图，都是绝不会得逞的！9500多万中国共产党人不答应！14亿多中国人民也不答应！

新的征程上，我们必须紧紧依靠人民创造历史，坚持全心全意为人民服务的根本宗旨，站稳人民立场，贯彻党的群众路线，尊重人民首创精神，践行以人民为中心的发展思想，发展全过程人民民主，维护社会公平正义，着力解决发展不平衡不充分问题和人民群众急难愁盼问题，推动人的全面发展、全体人民共同富裕取得更为明显的实质性进展！

——以史为鉴、开创未来，必须继续推进马克思主义中国化。马克思主义是我们立党立国的根本指导思想，是我们党的灵魂和旗帜。中国共产党坚持马克思主义基本原理，坚持实事求是，从中国实际出发，洞察时代大势，把握历史主动，进行艰辛探索，不断推进马克思主义中国化时代化，指导中国人民不断推进伟大社会革命。中国共产党为什么能，中国特色社会主义为什么好，归根到底是因为马克思主义行！

新的征程上，我们必须坚持马克思列宁主义、毛泽东思想、邓小平理论、"三个代表"重要思想、科学发展观，全面贯彻新时代中国特色社会主义思想，坚持把马克思主义基本原理同中国具体实际相结合、同中华优秀传统文化相结合，用马克思主义观察时代、把握时代、引领时代，继续发展当代中国马克思主义、21世纪马克思主义！

——以史为鉴、开创未来，必须坚持和发展中国特色社会主义。走自己的路，是党的全部理论和实践立足点，更是党百年奋斗得出的历史结论。中国特色社会主义是党和人民历经千辛万苦、付出巨大代价取得的根本成就，是实现中华民族伟大复兴的正确道路。我们坚持和发展中国特色社会主义，推动物质文明、政治文明、精神文明、社会文明、生态文明协调发展，创造了中国式现代化新道路，创造了人类文明新形态。

新的征程上，我们必须坚持党的基本理论、基本路线、基本方略，统筹推进"五位一体"总体布局、协调推进"四个全面"战略布局，全面深化改革开放，立足新发展阶段，完整、准确、全面贯彻新发展理念，构建新发展格局，推动高质量发展，推进科技自立自强，保证人民当家作主，坚持依法治国，坚持社会主义核心价值体系，坚持在发展中保障和改善民生，坚持人与自然和谐共生，协同推进人民富裕、国家强盛、中国美丽。

中华民族拥有在5000多年历史演进中形成的灿烂文明，中国共产党拥有百年奋斗实践和70多年执政兴国经验，我们积极学习借鉴人类文明的一切有益成果，欢迎一切有益的建议和善意的批评，但我们绝不接受"教师爷"般颐指气使的说教！中国共产党和中国人民将在自己选择的道路上昂首阔步走下去，把中国发展进步的命运牢牢掌握在自己手中!

——以史为鉴、开创未来,必须加快国防和军队现代化。强国必须强军,军强才能国安。坚持党指挥枪、建设自己的人民军队,是党在血与火的斗争中得出的颠扑不破的真理。人民军队为党和人民建立了不朽功勋,是保卫红色江山、维护民族尊严的坚强柱石,也是维护地区和世界和平的强大力量。

新的征程上,我们必须全面贯彻新时代党的强军思想,贯彻新时代军事战略方针,坚持党对人民军队的绝对领导,坚持走中国特色强军之路,全面推进政治建军、改革强军、科技强军、人才强军、依法治军,把人民军队建设成为世界一流军队,以更强大的能力、更可靠的手段捍卫国家主权、安全、发展利益!

——以史为鉴、开创未来,必须不断推动构建人类命运共同体。和平、和睦、和谐是中华民族5000多年来一直追求和传承的理念,中华民族的血液中没有侵略他人、称王称霸的基因。中国共产党关注人类前途命运,同世界上一切进步力量携手前进,中国始终是世界和平的建设者、全球发展的贡献者、国际秩序的维护者!

新的征程上,我们必须高举和平、发展、合作、共赢旗帜,奉行独立自主的和平外交政策,坚持走和平发展道路,推动建设新型国际关系,推动构建人类命运共同体,推动共建"一带一路"高质量发展,以中国的新发展为世界提供新机遇。中国共产党将继续同一切爱好和平的国家和人民一道,弘扬和平、发展、公平、正义、民主、自由的全人类共同价值,坚持合作、不搞对抗,坚持开放、不搞封闭,坚持互利共赢、不搞零和博弈,反对霸权主义和强权政治,推动历史车轮向着光明的目标前进!

中国人民是崇尚正义、不畏强暴的人民,中华民族是具有强烈民族自豪感和自信心的民族。中国人民从来没有欺负、压迫、奴役过其他国家人民,过去没有,现在没有,将来也不会有。同时,中国人民也绝不允许任何外来势力欺负、压迫、奴役我们,谁妄想这样干,必将在14亿多中国人民用血肉筑成的钢铁长城面前碰得头破血流!

——以史为鉴、开创未来,必须进行具有许多新的历史特点的伟大斗争。敢于斗争、敢于胜利,是中国共产党不可战胜的强大精神力量。实现伟大梦想就要顽强拼搏、不懈奋斗。今天,我们比历史上任何时期都更接近、更有信心和能力实现中华民族伟大复兴的目标,同时必须准备付出更为艰巨、更为艰苦的努力。

新的征程上,我们必须增强忧患意识、始终居安思危,贯彻总体国家安全观,统筹发展和安全,统筹中华民族伟大复兴战略全局和世界百年未有之大变局,深刻认识我国社会主要矛盾变化带来的新特征新要求,深刻认识错综复杂的国际环境带来的新矛盾新挑战,敢于斗争,善于斗争,逢山开道、遇水架桥,勇于战胜一切风险挑战!

——以史为鉴、开创未来,必须加强中华儿女大团结。在百年奋斗历程中,中国共产党始终把统一战线摆在重要位置,不断巩固和发展最广泛的统一战线,团结一切可以团结的力量、调动一切可以调动的积极因素,最大限度凝聚起共同奋斗的力量。爱国统一战线是中国共产党团结海内外全体中华儿女实现中华民族伟大复兴的重要法宝。

新的征程上,我们必须坚持大团结大联合,坚持一致性和多样性统一,加强思想政治引领,广泛凝聚共识,广聚天下英才,努力寻求最大公约数、画出最大同心圆,形成海内外全体中华儿女心往一处想、劲往一处使的生动局面,汇聚起实现民族复兴的磅礴力量!

——以史为鉴、开创未来,必须不断推进党的建设新的伟大工程。勇于自我革命是中国共产党区别于其他政党的显著标志。我们党历经千锤百炼而朝气蓬勃，一个很重要的原因就是我们始终坚持党要管党、全面从严治党，不断应对好自身在各个历史时期面临的风险考验，确保我们党在世界形势深刻变化的历史进程中始终走在时代前列，在应对国内外各种风险挑战的历史进程中始终成为全国人民的主心骨！

新的征程上，我们要牢记打铁必须自身硬的道理，增强全面从严治党永远在路上的政治自觉，以党的政治建设为统领，继续推进新时代党的建设新的伟大工程，不断严密党的组织体系，着力建设德才兼备的高素质干部队伍，坚定不移推进党风廉政建设和反腐败斗争，坚决清除一切损害党的先进性和纯洁性的因素，清除一切侵蚀党的健康肌体的病毒，确保党不变质、不变色、不变味，确保党在新时代坚持和发展中国特色社会主义的历史进程中始终成为坚强领导核心！

同志们、朋友们！

我们要全面准确贯彻"一国两制"、"港人治港"、"澳人治澳"、高度自治的方针，落实中央对香港、澳门特别行政区全面管治权，落实特别行政区维护国家安全的法律制度和执行机制，维护国家主权、安全、发展利益，维护特别行政区社会大局稳定，保持香港、澳门长期繁荣稳定。

解决台湾问题、实现祖国完全统一，是中国共产党矢志不渝的历史任务，是全体中华儿女的共同愿望。要坚持一个中国原则和"九二共识"，推进祖国和平统一进程。包括两岸同胞在内的所有中华儿女，要和衷共济、团结向前，坚决粉碎任何"台独"图谋，共创民族复兴美好未来。任何人都不要低估中国人民捍卫国家主权和领土完整的坚强决心、坚定意志、强大能力！

同志们、朋友们！

未来属于青年，希望寄予青年。一百年前，一群新青年高举马克思主义思想火炬，在风雨如晦的中国苦苦探寻民族复兴的前途。一百年来，在中国共产党的旗帜下，一代代中国青年把青春奋斗融入党和人民事业，成为实现中华民族伟大复兴的先锋力量。新时代的中国青年要以实现中华民族伟大复兴为己任，增强做中国人的志气、骨气、底气，不负时代，不负韶华，不负党和人民的殷切期望！

同志们、朋友们！

一百年前，中国共产党成立时只有50多名党员，今天已经成为拥有9500多万名党员、领导着14亿多人口大国、具有重大全球影响力的世界第一大执政党。

一百年前，中华民族呈现在世界面前的是一派衰败凋零的景象。今天，中华民族向世界展现的是一派欣欣向荣的气象，正以不可阻挡的步伐迈向伟大复兴。

过去一百年，中国共产党向人民、向历史交出了一份优异的答卷。现在，中国共产党团结带领中国人民又踏上了实现第二个百年奋斗目标新的赶考之路。

全体中国共产党员！党中央号召你们，牢记初心使命，坚定理想信念，践行党的宗旨，永远保持同人民群众的血肉联系，始终同人民想在一起、干在一起，风雨同舟、同甘共苦，继续为实现人民对美好生活的向往不懈努力，努力为党和人民争取更大光荣！

同志们、朋友们！

中国共产党立志于中华民族千秋伟业，百年恰是风华正茂！回首过去，展望未来，有中国共产党的坚强领导，有全国各族人民的紧密团结，全面建成社会主义现代化强国的目标一定能够实现，中华民族伟大复兴的中国梦一定能够实现！

伟大、光荣、正确的中国共产党万岁！

伟大、光荣、英雄的中国人民万岁！

(资料来源：共产党员网，2021年7月1日)

思考与练习

1. 什么是事务文书？事务文书有哪些类型？试比较事务文书和公务文书的主要区别。

2. 构建社会主义和谐社会是每个公民义不容辞的责任，请你试以本单位的名义，拟一则内容与这句话紧密相关的倡议书。

3. 写读书笔记是提高学习效能的一种主要方法，试结合你读过的著作或文章写一篇见解独到的心得体会。

4. 述职报告的特点是什么？述职报告包括哪些结构和内容？

5. 写讲话稿时应注意哪些问题？

第四章　财经文书写作

学习要求

了解财经文书的基本特点和写作要求；掌握财经文书的结构与写法；会写财经文书。

第一节　概　　述

一、财经文书的概念

概括地讲，财经文书即在财经工作中，为直接体现党和国家的方针、政策，解决工作中的突出问题，以事实为依据，以科学理论为指导，直接阐明作者或作者所代表的主体的目的、主张、观点、意见，或对某一事物或现象予以说明、分析、议论等的文书。

二、财经文书的分类

财经文书有狭义和广义之分。狭义的财经文书是专指各类只为财经工作所用的财经专业文书，是专门用于经济活动的经济应用文体的统称。广义的财经文书，即是人们在财经工作中所使用的各类反映经济活动内容的文书的统称，既包括财经专业文书，也包括一些同时在其他社会领域或部门广泛应用的文书。本章侧重阐述狭义的财经文书，包括意向书，协议书，合同，市场调查报告与市场预测报告，经济活动分析报告，可行性研究报告，审计报告，说明书，招标书，投标书，经济情报，预算、决算报告及经济决策报告等。

三、财经文书的特点

(1) 鲜明的政策性。财经文书产生于财经业务需要，而又直接受财经业务活动的制约，要体现党的政策，否则会给党和国家造成重大损失。
(2) 情况的真实性。它不允许有丝毫的虚构和夸张，所涉及的材料都要真实、准确、可靠。
(3) 效用的针对性。效用的针对性表现在它有特定的读者，而且是为办理财经事务而写的，用以指导解决财经问题。
(4) 程式的稳定性。财经文书的用纸、格式、装订以及各种标记都有特定的要求。
(5) 语言的务实性。财经文书追求一种朴实、庄重、简明、准确的语言风格。

四、财经文书的写作要求

(1) 主旨必须正确、专一、鲜明、突出、周密、严谨。
(2) 材料必须真实、准确、典型、新颖。

(3) 主旨和材料必须统一。
(4) 结构要完整严谨、比例恰当、层次分明，内容要条理清晰，前后衔接连贯。
(5) 语言要准确、简练、平实。
(6) 撰写者要掌握必要的表达特点与技巧。

第二节 意向书、协议书、合同

一、意向书

(一)意向书的概念和种类

意向书是用来表示合作的意向，经合作的另一方同意、接纳的一种文书。这种文书旨在表明一种意向，它表明当事人双方的设想、兴趣、态度、观点和打算，不具有法律效力。意向书往往是签订协议、合同的基础文书。按其签署方式，意向书可分为单签式意向书、联签式意向书和换文式意向书三种。

(二)意向书与合同的区别

(1) 从内容上看，意向书的内容概括、简单，仅表明当事人双方的意向、设想和打算；而合同的内容具体、详细、周密，对双方的权利、义务等都有具体的要求。

(2) 从用途上看，意向书多用于技术合作、工程确立、联合投资、经济洽谈等方面；而合同多用于购销、工程承包、加工承揽、货物运输、供用电、财产租赁、仓储保管、借款、保险等方面。

(3) 从法律效力上看，意向书不具有法律效力，不受法律保护；而合同具有法律的约束力和强制性，当事人必须全面履行合同规定的义务，任何一方不得擅自变更或解除合同，不论哪一方违背了合同中规定的条款，都要负违约责任。

(三)意向书的结构与写法

意向书通常由以下三部分构成。
(1) 标题。一般来说，意向书的标题由事由和文种组成，如《代办古籍出口意向书》。
(2) 正文。这是意向书的主体部分，一般先写签订意向书的目的、意义，再写意向事项。如果内容较多，可采用条款式写法。
(3) 签署。单签式意向书，只由出具意向书的一方签署，文书一式两份，由合作的另一方在副本上签字认可，交还对方；联签式意向书由双方联合签署，各执一份作为凭证；换文式意向书，用双方交换文书的方式表达合作意向，各自在自己的文书上签署。

【例文一】

合作培训意向书

甲方：××市现代科学技术培训中心
乙方：××出版社
经双方商讨，拟合作举办一期编辑、校对技术短期培训班。初步意向如下。

一、培训期为3个月。××××年9月1日开班,11月30日结业。

二、培训学员10名。由乙方选送25岁以下、具有高中文化程度的人员。

三、培训费为2万元,由乙方在开班前支付给甲方。

四、甲方提供培训场地、师资、教材,并负责教学管理,发放结业证书。

××市现代科学技术培训中心(章)   ××出版社(章)

代表:×××(签字)   代表:×××(签字)

××××年×月×日   ××××年×月×日

【例文二】

例文的内容请扫描右侧二维码。

二、协议书

××、××市第一商业局促进两市企业经济联合意向书.pdf

(一)协议书的概念及作用

协议书是在公关活动中就某一问题或某些事项交换意见,经过协商、谈判达成共识后,由有关各方共同签署的具有法律效力的记录性应用文书。

协议书是签订双方协作关系的具体反映,是经济管理的有效手段,也是达到经济目的或双方当事人议定的某一目的的有效措施。作为一种能够明确彼此权利与义务、具有法律约束力的契约性文书,协议书对当事人双方都具有制约性,它能监督双方信守诺言、履行承诺。协议书在社会经济活动中起着重要的作用,常见的有以下几种。

(1) 为正式签订合同作准备,起意向书的作用。在经济协作过程中,当事人双方初次接触,或者有些经济问题比较复杂,因此双方不可能立刻达成共识,取得一致意见,进而签订正式的合同,而是需要经过多次谈判、反复协商才能达到双方满意。为了表明双方合作的诚意,保证正式洽谈取得成果,在签订正式合同前双方就要先签订协议书。这种协议书的内容比较概括,只对某些问题作出纲要性的规定,不作具体细则规定,只是为正式签订合同作准备、提供参考和依据,起到意向书的作用。

(2) 补充或修订合同条款,起合同作用。有的合同在履行过程中,双方或一方当事人发现有些条款不够妥当,或者遇到新的情况,导致原签订的条款无法继续履行,比如《建设工程合同》,在履行过程中遇到建筑材料涨价,承包方的经济利益势必受到影响,原签订的合同就无法正常履行,这就需要当事人双方再次进行协商,对原合同的有关条款进行修订或者补充。经双方当事人同意,对原合同进行修订或者补充的条款内容,实际上已成为合同的一部分。这种协议书经双方当事人签字盖章后,即可生效。若修订的内容需要有关部门的鉴(公)证,即可上报给原合同的鉴(公)证机关,获得批准后,就成为已签订合同的组成部分。

(3) 协议书即是合同。《中华人民共和国民法典》列举了经济生活中常见的19种合同,但在实际的经济生活中,有许多合同关系目前尚无法律、法规可遵循,其内容显然超出了《中华人民共和国民法典》规定的种类,只能靠双方当事人协商签订协议书。这种协议书内容具体详细,实质上就是合同,具有与合同相同的法律效力。

(二)协议书的特点与分类

1. 协议书的特点

协议书与合同有着极其相似的文体特征。作为一种独立的契约性文书，它除了具有合法性、合意性、公平性、诚实守信的特点外，还具有原则性、灵活性和广泛性的特点。

(1) 原则性。签订协议书的双方当事人对合作的内容、条件、要求等作粗线条的约定，详细具体的合作内容与形式需继协议书之后，再经充分协商签订正式的合同。

(2) 灵活性。协议书由于内容广泛，且没有固定统一的写作格式，所以其内容的安排、条款的详略等完全由双方当事人协商议定。

(3) 广泛性。协议书的使用范围比合同要宽泛得多，凡是不宜签订合同的合作形式，只要当事人双方协商一致，均可签订协议书。

2. 协议书的分类

根据协议书的作用，协议书可以分为以下三种。

(1) 意向式协议书。意向式协议书制作于正式合同之前，为正式签订合同提供依据和参考，是签订合同的"前奏""序曲"。

(2) 补充修订式协议书。补充修订式协议书制作于正式合同之后，即补充和(或)修订已签订合同中条款内容的不足，是合同签订后的"尾声"。

(3) 合同式协议书。凡是在《中华人民共和国民法典》规定的 19 种合同形式之外的合作形式，均可采用协议书的形式。合同式协议书是合同的"正剧"。

(三)协议书的结构及写作要求

协议书由以下四部分组成。

1. 标题

协议书的标题，或是突出协议书的中心内容，如《××公司、××毛纺厂联营协议书》《收养协议书》；或是突出协议书的性质，即是什么协议，如《工程协议》《合作协议》《拆迁协议书》。

2. 签订协议当事人的名称

在标题的左下方，并列写上签订协议的双方当事人的单位名称及法定代表人姓名，或自然人姓名。为了行文方便，规定某一方为"甲方"，另一方为"乙方"，并在名称或姓名后面用括号注明。

3. 正文

正文是协议书的主要部分。在正文部分必须写明当事人双方所议定的事项，写清楚当事人双方各自应承担的义务和所享受的权利，即完成什么项目，达到什么要求，何时完成，所应得到的报酬，不能按时完成的责任，不能付酬的责任，等等。这些内容通过以下条款来表达，其形式与合同相同，只是详略不同。

第一项：标的。

第二项：数量。
第三项：质量。
第四项：价款或者报酬。
第五项：履行的期限、地点和方式。
第六项：违约责任。

除此之外，正文部分还要写明本协议一式几份、由谁保管，注明协议的附件，以及有效期限。

4. 结尾

结尾包括签订协议书的当事人双方的单位名称及法定代表人姓名，或自然人姓名，均需加盖印章；签订协议书的日期。

(四)协议书写作的注意事项

协议书写作应注意的事项如下。

(1) 协议书的写作要求在政策法规上与合同相同，其内容必须符合国家的法律法规、政策和方针；否则，即使双方当事人意见一致，签订了书面协议，此协议在法律上也是不能生效的。

(2) 在表达上，协议书也与合同一样，要求内容明确、具体，措辞要清晰、简明，不能语义含糊以致出现歧义。根据内容的需要，协议书的格式比合同相对灵活些。

(3) 协议书内容的修订、补充，也需经双方当事人同意，改动之处需由双方加盖印章。协议书的修订也可以不改变原书面形式，再另签一份补充协议书附在其后即可。

【例文】

例文的内容请扫描右侧二维码。

技术合作协议书.pdf

三、合同

(一)合同的概念

合同是双方或多方当事人之间为实现一定的目的、明确彼此的权利和义务的书面协议。合同属于经济文书，但在实际使用中已远远超出了经济范畴，所以又称为契约文书。

合同是《中华人民共和国民法典》中最重要的法律概念之一，有广义和狭义之分。广义的合同是指一切以明确权利和义务为内容的协议，它包含了所有法律部门中的合同关系。狭义的合同是将合同仅仅看成民事合同，即民事主体设立、变更、终止民事权利义务关系的合同。

《中华人民共和国民法典》第四百六十四条明确规定："合同是民事主体之间设立、变更、终止民事法律关系的协议。"可见，该合同概念是狭义的合同概念。有的学者将合同的概念表述为"合同是当事人之间对产生、变更、终止民事权利义务关系的意思，表示一致的法律行为"。在合同关系中，享有权利的当事人一方又称为债权人，负有义务的当事人一方又称为债务人。

(二)合同的种类

合同按不同的分类标准可分为不同的种类。

1. 以权利和义务关系的类型分类

以权利和义务关系的类型作为划分合同的标准，合同可分为：买卖合同，供用电、水、气、热力合同，赠与合同，借款合同，租赁合同，融资租赁合同，承揽合同，建设工程合同，运输合同，技术合同，保管合同，仓储合同，委托合同，行纪合同，中介合同等。

2. 以合同的法律特征分类

根据合同的法律特征，合同可以分为以下类型。

(1) 诺成性合同与实践性合同。

这是根据合同成立是否以交付标的物为要件划分的。诺成性合同是指当事人双方意思表示一致即可成立的合同。如买卖合同就是典型的诺成性合同，双方当事人只要就合同的主要条款达成一致协议，合同就成立。实践性合同是指除双方当事人意思表示一致外，尚须实际交付标的物才能成立的合同。如借用合同就是实践性合同，只有在出借人将借用物交付借用人时，合同才成立。

这样区分的法律意义在于：这两种合同(诺成性合同和实践性合同)成立和生效的时间不同，诺成性合同自当事人各方就合同条款达成一致协议时就成立和生效；而实践性合同在一方当事人未交付标的物时不能成立和生效。

(2) 要式合同与非要式合同。

根据合同的成立是否需要特定的形式将合同分为要式合同和非要式合同。要式合同是指合同必须采用特定形式的合同。非要式合同是指法律没有特别规定，当事人也没有特别约定需采用特定形式的合同。

这样区分的法律意义在于：如果是要式合同，合同缺乏形式要件就不能成立和生效；而非要式合同，当事人可采用任何形式，合同形式不影响合同的成立和效力。

(3) 单务合同与双务合同。

根据当事人双方权利、义务的分担方式将合同分为单务合同和双务合同。单务合同是指仅由当事人一方负担义务，而他方只享有权利的合同。双务合同是指合同当事人双方相互享有权利、相互负有义务的合同。

(4) 有偿合同与无偿合同。

根据当事人取得权利有无代价，合同可分为有偿合同和无偿合同。有偿合同是指双方当事人一方需给予他方相应的利益才能取得自己利益的合同，如买卖合同，买方必须支付价款才能取得货物，卖方必须给付货物才能取得价款，双方都需偿付代价。无偿合同是指当事人一方取得他方利益而自己对得到的利益不付出相应代价的合同，如赠与合同、借用合同等。

(5) 有名合同和无名合同。

根据法律上有无规定一定的名称，合同可分为有名合同和无名合同。有名合同是指法律上已确定了一定名称的合同，《中华人民共和国民法典》"第三编　合同"的"第二分编　典型合同"中所列合同皆为有名合同；无名合同是指有名合同之外的、尚未由立法统一确定名称的合同。无名合同如经法律确认或在形成统一的交易习惯后，可转化为有名合同。

这样区分的法律意义在于：处理这两类合同纠纷所适用的规则不同。对有名合同纠纷，可直接运用该类合同法律规则处理。对无名合同纠纷，则应该比照类似的有名合同的规则，或根据有关法律中的一般规定和原则进行处理。

(6) 主合同与从合同。

根据两个合同间的主从关系，合同可分为主合同和从合同。主合同即凡不依他合同的存在为前提而能独立成立的合同；从合同则是指凡必须以他合同的存在为前提才能成立的合同，如为担保借款合同而订立抵押合同，借款合同是主合同，抵押合同则是从合同。主合同的存在决定了从合同的存在，主合同消灭，从合同也随之消灭。

(7) 一时的合同与继续性合同。

这是以时间因素在合同履行中所处的地位为标准，将合同分为一时的合同和继续性合同。一时的合同是指一次给付合同内容就实现的合同，买卖合同、承揽合同、赠与合同等都是一时的合同。一时的合同可分为一次给付的合同和分期给付的合同。继续性合同是指合同内容不是一次给付即可完结，而是继续地实现的合同。租赁、借用、保管、仓储等合同都是继续性合同。

这样区分的法律意义在于：两者解除的效力不同，继续性合同解除后原物无法返还，无法恢复原状，因此其解除不具有溯及既往的效力；而一时的合同，其解除可以有溯及既往的效力。

(三)合同的特点

1. 合同是一种民事法律行为

民事法律行为是民事主体实施的能够引起民事权利和民事义务的产生、变更和终止的合法行为。法律行为是人们表示自己意思的、有法律后果的行为，由此产生的权利义务关系是法律关系。合同作为民事法律行为，在本质上属于合法行为。也就是说，合同当事人所作出的意思表示要符合法律要求，合同才具有法律约束力。合法的合同当事人的权利受法律保护，当事人的义务受法律监督，不履行或不完全履行合同要承担法律责任。

2. 合同是当事人意思表示一致的法律行为

合同是双方或多方当事人协商达成一致的产物，是当事人之间"合意"的结果。因此它有以下含义：一是合同关系必须是双方(或多方)当事人的法律行为，而不能是单方面的法律行为，各方当事人需互相作出意思表示；二是各方意思表示是一致的，也就是说，双方(或多方)当事人达成了一致的协议。

3. 合同当事人的法律地位平等

合同是当事人各方在平等、自愿的基础上产生的民事法律行为。在合同关系中，当事人无论是法人还是公民，无论其地位高低，抑或是上下级关系的机关，其法律地位都是平等的，任何一方不得把自己的意愿强加于他方，否则合同无效。合同的这一法律特征，反映了合同主体在法律上的平等，从而使合同内容尽可能体现双方当事人的意志和经济利益。

(四)合同文本的结构模式与内容要素

1. 合同文本的结构模式

现实生活中合同内容丰富多样，合同形式也多种多样。随着社会经济的发展、交易的复杂化，各类合同示范文本也应运而生。综观内容繁简不一的合同文本，可以发现合同文本具有较为稳定的书面结构模式。合同文本的书面结构模式一般由首部、正文、尾部和附件四部分构成。

(1) 首部由标题、当事人基本情况及合同签订时间、地点构成。

标题是合同的性质、内容、种类的具体体现，如《生猪、鲜蛋、菜牛、菜羊、家禽购销合同》，表明该合同是买卖合同中鲜活农副产品的买卖合同。切不可出现标题与合同内容不一致的现象。

当事人基本情况及合同签订时间、地点居标题之下，正文之上。当事人基本情况包括当事人的名称或者姓名和住所，同时写明双方在合同中的关系，如"买方""卖方"等。当事人是法人或其他组织的，写明该法人的名称和地址；当事人是自然人的，写明该自然人的姓名和地址。此项内容是确定当事人、确定合同权利和义务承担者的主要依据。

(2) 正文是合同最重要的部分，也是合同的内容要素，即合同的主要条款。合同主要条款的内容在下文介绍。

(3) 尾部，即合同结尾，一般包括以下内容：双方当事人签名、盖章；单位地址、电话号码、电报挂号、邮政编码；银行开户名称、银行开户账号；签证或公证。

(4) 附件，主要是对合同标的条款或有关条款的说明性材料及相关证明材料，如技术性较强的商品买卖合同，需要用附件或附图的形式详细说明标的的全部情况。合同附件是合同的共同组成部分，同样具有法律效力。

2. 合同的内容要素

合同正文由合同的内容要素构成，合同内容要素即主要条款如下所述。

(1) 标的。标的是合同当事人权利和义务共同指向的对象。合同标的可以是货物，可以是货币，也可以是工程项目、智力成果等。合同的标的要写明标的名称，以使标的特定化，以便确定当事人的权利和义务。

(2) 数量和质量。数量是以数字和计量单位来衡量标的的尺度。质量是标的内在素质和外观形态的综合，包括标的名称、品种、规格、型号、等级、标准、技术要求、物理和化学成分、款式、感觉要素、性能等。数量和质量条款是合同的主要条款，没有数量，权利义务的大小很难确定；没有质量，权利义务极易发生纠纷。因此该条款要给予明确、具体的规定。

(3) 价款或者报酬。价款是根据合同取得财产的一方当事人向另一方当事人支付的以货币表示的代价。报酬是根据合同取得劳务的一方当事人向另一方当事人支付的货币，又称为酬金。价款或报酬是有偿合同的必备条款，合同中应说明价款或报酬的数额及计算标准、结算方式和程序等。

(4) 合同的期限、履行地点和方式。合同的期限包括有效期限和履行期限。有的合同，如租赁合同、借款合同等必须具备有效期限。合同的履行期限是当事人履行合同的时间限度。履行地点和方式是确定验收、费用、风险和标的物所有权转移的依据。

(5) 违约责任。违约责任是违反合同义务的当事人应承担的法律责任。合同规定违约责任有利于督促当事人自觉履行合同,发生纠纷时也有利于确定违约方所承担的责任,这是合同履行的保障性条款。

(6) 解决争议的方法。合同发生争议时,其解决方法包括当事人协商、第三者调解、仲裁、法院审理等。当事人在订立合同时,应当约定争议解决的方法。

(7) 其他。除合同主要条款以外,双方当事人还应根据实际情况约定其他有关双方权利和义务的条款。

(五)合同写作的基本要求

合同写作的基本要求如下。

(1) 合同的内容要合法、合理,符合国家的方针、政策、法令,严格按照有关专业法律、法规的规定执行。

(2) 合同的书写要注意两个方面的问题:一是合同条款要具体、明确,表意要清晰,要结合实际情况签订合同,把必备条款详细地列出来,确保合同条款完备,避免履行时出现争议;二是书写要规范,不仅语句、文字要规范,而且格式也要按照合同示范文本书写。

【例文】

公房租赁合同

××实业有限公司(甲方)
××市房地产管理局(乙方)

根据市有关公房管理的规定,经双方协商一致,签订本合同。

一、乙方将××路××号房间一套租给甲方作办公用房。该房屋及设施(详见设施清单)均在良好状态下交付甲方使用。

二、租期自××××年1月1日起至××××年12月30日止,共××年。租金自签约之日计算,按年度收租金人民币50000元。甲方在接到乙方交款通知单5天内(节假日顺延)一次交清。逾期支付,交纳滞纳金,即每逾期一天,向乙方交纳滞纳金10元,以补偿乙方所受的损失。

三、未经乙方同意,甲方不得将该房另作他用或转让给他人,否则本合同即自行终止,由此造成的经济损失由甲方承担。

四、甲方在征得乙方同意后,可对该房屋自行修缮或变动、拆除和添置设施。其增设与添补设施在租赁关系结束时不得拆除,应无偿地归乙方所有。

五、甲方负责下列维修事项:按原设计要求每三年油漆粉刷室内一次。使用期不满三年,其油漆粉刷按实际月数计算,地板打蜡每年两次。

六、未经乙方同意,甲方不得擅自增加用电设备。否则,由此引起的后果由甲方负责。

七、租赁期间,该房间水、电、煤气、电话等费用由甲方自理。

八、乙方应定期检查房屋有无积水、漏水等现象及危险情况,并负责房屋和设备的正常维修。检查前一周通知甲方。

九、租赁关系结束时，由乙方验收房屋及设施，如有损坏，由甲方负责修复或赔偿。

十、甲方欲续租本房，需于本合同期满前两个月书面通知乙方，另订租赁合同。

十一、本合同自签订之日起生效，本合同一式两份，甲乙双方各执一份。

附件：房内设施清单一份，共计3页。

甲方：××实业有限公司(盖章)
代表：梁××(签字)
乙方：××市房地产管理局(盖章)
代表：顾××(签字)
××××年××月××日

第三节　市场调查报告与市场预测报告

一、市场调查报告

(一)市场调查报告的概念及适用范围

市场调查报告是将从市场搜集到的市场营销方面的情报信息，以科学的方法进行整理分析，并作出较为公允的结论，以便为市场营销提供切实可行的决策依据的经济管理应用文。

市场调查报告旨在反映市场营销方面的情报资料，揭示市场商品需求状况以及影响这种需求状况的诸多因素，分析诸因素之间的关系，对市场营销的正确决策具有至关重要的作用。

市场调查报告是随着商品生产和商品交换的发展以及市场营销的深入开展而逐渐发展和成熟的，它的应用范围主要在市场营销领域，被从事和管理市场营销的部门广泛使用。市场调查报告有广义和狭义之分。广义的市场调查报告是对产品从生产到消费的各种营销环节进行全面的调查研究和分析评价；而狭义的市场调查报告则是对产品的销售环节进行详尽的调查研究和分析评价。

我们通常所谈及的大都是狭义的市场调查报告，它主要侧重于准确确定市场对产品的需求，把握产品的竞争形势；提出产品的设想报告，为新产品的开发设计提供必要的信息；收集分析产品在用户或消费者中的反映，为进一步改进设计、制造和管理提供依据。

(二)市场调查报告的种类

市场调查报告一般分为两大类：一类是资料性的调查报告；另一类是论述性的调查报告。前者主要根据历史资料、统计资料及实地考察得来的第一手资料进行写作；后者着重对问题作具体的分析评论，阐明观点并对重大问题发表意见和建议。市场调查报告又分为综合市场调查报告、专题市场调查报告和典型市场调查报告三种形式。

(1) 综合市场调查报告。综合市场调查报告是围绕产品市场营销的诸多侧面进行调查，全面系统地收集、整理和分析有关商品流通、销售和服务的情报资料，涉及的面比较广，花费的时间也比较长，得出的结论相对比较全面。

(2) 专题市场调查报告。专题市场调查报告是围绕一个专门问题或情况进行专项调查，其涉及面相对于综合市场调查报告来说要窄一些，重在研究具体问题，具有较强的针对性，从而能使调查深入细致，研究透彻深刻。这种形式的调查报告通常被从事市场营销和管理的部门采用。

(3) 典型市场调查报告。典型市场调查报告，多用于营销活动的起步阶段，它主要是借助对典型问题的研究，在小范围内进行试验，从中找出带有普遍性或倾向性的问题，总结成功的经验，发现不完善之处，然后由点到面地把营销活动的局面逐步打开。典型市场调查报告选取的调查对象，必须具有典型性和代表性。例如，《"海燕"为何折翅》一文中，选择的调查对象是西安无线电一厂，该厂的"海燕"牌电视机，由闻名遐迩到资不抵债，最终宣告破产，是市场营销中一个由盛及衰的典型，通过对它的调查研究，必然可以收到振聋发聩、引人深思的效果。

(三)市场调查报告的写作步骤

市场调查报告的写作步骤如下。

1. 设计调查提纲

调查提纲包括调查的目的、对象、范围，调查的参与人员，调查的起止时间以及所采用的调查方法。设计调查提纲是很严谨的工作，提纲设计得好，就为后面的调查打好了基础。

2. 确定参与调查的人员

参与调查的人员要有代表性，有一定的工作经验，并具有特定的领域的专业知识和业务能力，最好能聘请一些权威人士，以便对市场调查的项目作高屋建瓴的指导。

3. 收集整理资料

收集的资料包括在调查工作中得到的原始材料，开会、座谈的记录，参观访问的记录，有关方面提供的或有关人士撰写的材料，等等。一份资料可以写一份提要，提要的内容既可以是典型突出的事例，也可以是对这份材料的评价。提要需简洁、概括、明晰，便于选择。

整理资料是对资料作去粗取精、去伪存真的选择，根据调查的目的及实际情况对资料进行归纳分类，筛选剔除，为撰写市场调查报告准备和提供充足的第一手资料。

4. 选择市场调查的方法

市场调查的方法有多种，比较常见的有普遍调查、抽样调查、典型调查和重点调查。在市场调查的具体实践中，运用比较普遍的具体方法有观察法、询问法、实验法和资料收集法四种。

(1) 观察法。调查者针对某一产品，到市场中去直接观察并记录用户或消费者的购买行为，掌握用户或消费者的消费动态，概括出用户或消费者对产品的性能、感官特征、款式或配套、适用标准或指标、包装规格、质量保证、价格及销售地区的一系列情况。这种方法的优点是简单易行，结论直接；缺点是调查面有局限性，耗时较长。

(2) 询问法。调查者根据事先拟订的调查内容,通过口头或书面的形式获得资料。口头询问多采用对消费者或用户进行访问或组织召开座谈会的形式;书面询问大都借助调查表、用户意见征询单,开列出所征询的项目,让被调查者填写,以此来收集用户或消费者对产品的意见或期望。询问法的优点是针对性强,信息反馈及时;缺点是口头询问有一定的局限性,书面询问的回收率不确定。

(3) 实验法。实验法又称样品征询法,是目前运用较多的一种调查方法。调查者从影响市场调查的诸多因素中选出有代表性的因素进行调查。它主要包括四个方面。其一是方案设计。根据市场调查研究的资料及用户或消费者的需求,针对产品的不同类别、用途、销售对象、季节、地域、产品档次、价格目标等,确定产品的方案设计。其二是试样、选择。按技术设计试制样品,通过调整色彩、图案、款式以及技术参数,取得较佳的效果。其三是小批量试制。按选定的样品,进行小批量试制,以验证其工艺设计的符合程度。其四是定型设计。对产品的组织规格、实物质量、原材料、设备选型、主要工艺参数、技术标准、主要操作规程等进行定型评审,将评审结果作为产品正式投产的依据。当前国际国内通用的展销会、试销会、博览会等即是实验法的实际操作。实验法的优点是有的放矢,按需求来确定生产规模,能满足不同用户和消费者的需要;缺点是投入的人力、物力较多,所需的实验时间也相对较长。

(4) 资料收集法。资料收集法主要是利用各种信息情报来获取有利用价值的营销策略。这种方法是根据报纸刊物、业务简报、产品介绍、广告、广播电视及其他的大众传媒,广泛收集有关的市场动态、科研成果、商业行情、经济简讯及国家的宏观经济政策等,从中采集和筛选与企业生产经营直接相关的资料、数据、典型事例,经过分析研究,得出结论。这种方法的优点是信息来源广泛,相互比较分析的机会较多;缺点是信息获取不够及时,且有时资料的真实可信程度有待进一步核实。

总而言之,市场调查的方法有很多,在具体的运用中,要依照具体的情况选取不同的调查方法,有时可以结合使用几种调查方法。

(四)市场调查报告的结构及写作要求

市场调查报告一般包括标题、前言、正文和结尾四部分。

(1) 标题。市场调查报告的标题,应根据市场调查的目的、内容、范围等项目来拟定。通常情况下,标题直接揭示市场调查的内容,如《老年市场与银色产业》。还有的标题包括写作市场调查报告的单位、时间和范围,如《山东凯马集团关于二〇一七年汽车在西北五省的销售调查》。无论采用什么样的标题,都要揭示市场调查报告的信息内容,做到用词精确、醒目简练。

(2) 前言。前言又称为引言、导语或开头,它是对市场调查的简单说明,前言是否得体,对整个市场调查报告的质量有着较大的影响。前言主要说明调查的目的、对象、范围,有时还要说明调查了多长时间,采取了哪些方法,抽样统计有多少,抽样是怎样选择的。这样可以让读者知道这个调查是怎么做的,调查的结果源于哪些渠道,对调查的对象有一个大概了解,以引起读者的注意和思考。前言需写得简明扼要、朴实严谨。

(3) 正文。正文是市场调查报告的核心部分,市场调查报告既要反映市场调查的基本情况,又要表明调查者的观点和建议,写作时应根据材料来安排层次,做到条理清晰。其结构要根据调查的目的、内容、范围以及事情的繁简来决定。

常见的结构方式有三种。一是按照事物发生、发展的先后顺序来安排材料，即逐点逐条地反映事物的发展演变过程，比如，调查了三个方面，报告就分成三部分来写，前后作一些必要的概括。二是按照事物的性质组织材料，并列地从几个方面来表述。例如，《喜忧参半的纺织品市场》一文，第一部分先简要地回顾了我国纺织品市场的历史概况及其发展的连续性，重点在于引出第二部分的内容，即我国纺织品市场的现实情况，第三部分主要是对我国纺织品市场的预测，预测中包含了作者的观点和建议。这三部分的内容浑然一体，使读者对我国纺织品市场的"喜忧参半"有了一定程度的了解。三是既考虑事物发展的规律，又兼顾事物的性质来安排材料。无论采用什么样的结构方式，都必须选取典型事例来支持作者的观点，力求使市场调查报告条理清晰、逻辑严密、观点鲜明、文字准确，避免只谈现象、不作分析的概括和总结，以及只讲经验、回避对失误的认识和补救的现象。

(4) 结尾。市场调查报告一般都要用简要说明来结束全文。所谓简要说明，即是说明那些在正文里没有谈到而应该附带说明的问题；或是一些在正文里没有涉及，但又对市场调查报告有一定影响的重要情况；或是本报告之外的一些其他材料和典型事例；或是一些统计数据和附件；等等。其均可视需要置于结尾中一并交代。结尾之后须注明作者的单位和姓名及写作时间。

(五)市场调查报告写作的注意事项

(1) 要如实反映情况。市场调查报告要从客观实际出发，如实反映调查情况，内容应具体详细，真实可靠。结论必须建立在大量的第一手资料和辩证地分析研究的基础上，表述要准确严密，富于逻辑性，力避掺杂调查者的个人主观色彩。

(2) 要详略得当。描述调查情况不能平分笔墨，烦琐地罗列现象，而应选取最能说明问题的典型事例和有代表性的数据，既注意面上的情况，又突出点上的问题。好的市场调查报告是"改"出来的，其反复修改的过程，也是提高认识、明确观点的过程，是选择材料、恰当处置详略的过程。

阐述调查报告的观点结论，可以详说，也可以略写，甚至还可以暗含于文章之中不特别明确地指出来。但不论采用哪种方法，市场调查报告都应该把点与面、事实与观点有机地结合起来，力求详略得当、观点鲜明。

(3) 要讲求时效。如今我们所处的时代是信息时代，消费节奏在不断加快，产品的更新周期也相应缩短，市场的情况瞬息万变。因此，市场调查报告不可避免地具有很强的时效性。适时的市场调查报告可以带来良好的经济效益；反之则一文不值，甚至造成经济损失。

二、市场预测报告

(一)市场预测报告的概念及性质特点

市场预测是按照客观经济规律，根据已经掌握的具体资料，对市场的过去和现状进行深入调查，并对市场的需求进行科学推测的一种方法。市场预测报告是描述市场预测结果、反映市场发展变化趋势的一种经济管理应用文。

预测是对未来事件的陈述。预测得是否准确，表述得是否清楚，关键在于对市场的历史和现状的把握程度，而这种把握又要建立在大量的事实和统计数据的基础之上。

市场预测除具有社会性、可扩散性、可分享性等特征外，还有其独特的性质，具体如下。

(1) 有效性。市场预测报告可以用来指导具体的经济活动，或者用来进行系统的经济分析，至少也要给人以启示和引导，由此来观察经济运行变化和发展趋势，为产品最终占领市场做好相应的准备。预测本身就是一种分析，它能显示在某种前提下会产生某种结果，而在另一种前提下又会产生另一种结果，这是任何完善的决策都需要的第一手资料。

(2) 及时性和准确性。经济活动是动态的，在不断地适应—不适应—再适应的过程中循环往复，因此市场预测报告所提供的信息——对未来市场的把握，应是既及时又准确的，这样才能使其成为决策和管理的可靠依据。所谓及时，是指预测的结果必须适时发布，让企业或决策者尽早掌握事物发展的变化规律，在安排生产计划或制定经营决策时参考。所谓准确，是指市场预测不仅要求所反映的内容绝对真实，而且要求所反映的事物变化态势绝对真实。及时而不准确，或者准确而不及时，都不符合市场预测的要求。

(3) 参考性。预测要说明的问题是，在一定的条件下，如果不采取某种措施和行动，就可能会出现什么样的情况或变化，以便使决策者寻求新的更好的行动方案。因此，预测就有了重要的参考价值。

(二)市场预测的适用对象

市场预测是随着商品生产的发展而发展起来的，商品流通越加速，就越要求有适时的市场预测。目前我国已建立社会主义市场经济体系，国家对国民经济的运行实行的是宏观调控，对绝大多数企业的生产而言，主要是由市场这一经济杠杆来进行调节的。那么，市场预测对合理调节市场的供求关系，满足市场和消费者需要的适销对路产品的生产，以及在开发新产品、进行市场建设、制定销售策略、反馈使用信息等方面，越来越显示出它的价值。比如，在制订生产经营计划时，就要了解未来市场的需求；在与其他国家进行贸易交往中，除应遵循国际惯例外，还需弄清国际市场的经济形势，同时还要考虑不同国家的风俗习惯等，所有这些都离不开市场预测。由此可知，市场预测在商品交换、生产经营、市场营销、最高决策等诸多经济活动中均适用，只是要根据不同的预测对象有所侧重。

(三)市场预测报告的种类

市场预测报告的种类，可以从不同的角度来划分。

1. 按预测的时间分类

按预测的时间分，市场预测报告可分为短期预测报告、中期预测报告和长期预测报告。

所谓短期预测报告，是对 1 年左右的经济活动发展变化趋势进行预测后写出的报告；所谓中期预测报告，是对 2~4 年的经济活动发展变化趋势进行预测后写出的报告；所谓长期预测报告，是对 5 年或 5 年以上的经济发展前景进行预测后写出的报告。除此之外，为了适应迅速变化的市场需要，现在还有了季度、半年或一段特定时间的市场预测报告，这种报告又称为近期市场预测报告。

2. 按预测的范围分类

按预测的范围分，市场预测报告可分为宏观预测报告和微观预测报告。

宏观预测报告是指国家或政府的某个职能部门针对宏观经济的各项未来活动，进行总体构架，并经过预测后写出的书面报告。它以经济社会发展全局的各个有关的总量指标、相对数指标和平均数之间的联系作为考察对象，预测其发展变化的趋势。

微观预测报告是指具体的经济单位，根据本身的经济活动前景，作出相应的未来经济活动的发展变化趋势的报告。在实际操作中，人们通常所用的市场预测报告，都属于微观的范畴。

3. 按预测的方法分类

按预测的方法分，市场预测报告可分为定性预测报告和定量预测报告。

定性预测报告，也称市场调研预测报告。它是根据调查材料对预测目标的未来发展进行定性判断的报告。这种报告多由企业的管理决策人员和熟悉业务的人员，根据调查材料及凭借以往的成功经验，对未来市场发展变化的趋势作出判断，有一定的主观色彩。

定量预测报告，也称统计分析报告或数学分析预测报告。它是将若干个有内在联系的因素进行数量分析和测算，从而推断出经济发展前景的报告。数量的分析和测算，一般都用绝对数(倍数)和相对数(百分数)来表示差异的程度。

一篇预测报告中往往既有定性分析，也有定量分析。在实际操作中，定性预测与定量预测经常是结合使用的。

4. 按预测的内容分类

按预测的内容分，市场预测报告可分为综合性预测报告和专题性预测报告。

所谓综合性预测报告，是指把经济活动的方方面面都作为预测的对象。如就商业企业的综合预测而言，其预测的内容应包括对消费水平的预测，对消费倾向的预测，对竞争形势和技术发展趋势的预测，对收入水平、价格变化以及产品质量对消费结构的影响等的研究预测。

专题性预测报告则是某个具体的经济实体把其经济活动的某一特定方面作为预测对象来进行预测，即就事论事地分析、评析本单位在经济运行过程中需要解决的问题。这种预测，尽管涉及的面较小，但对问题的症结往往挖掘得比较深，也比较容易找准影响经济活动的某一特定因素或环节。在日常的经济活动中，一个经济实体，不可能也没有必要对本单位的经济活动，经常地进行全面的综合性预测，而更多采用的是专题性预测。

(四)市场预测报告的写作步骤

写作市场预测报告之前，要做大量的准备工作，具体情况如下。

(1) 确定预测的对象和预测的时间期限。市场预测报告，首先应确定预测的对象，这样预测才会有明确的目的性和具体的针对性。其次应确定预测的时间，是长期预测，还是中期预测，抑或是短期预测。如果是中期、长期预测，就应当采用综合性预测的方法，把各方面的因素考虑周全一些；如果是短期预测，则应采取专题性预测的方法，具体问题具体对待，切入点尽量小一些。

(2) 拟定调查项目，收集相关资料。市场预测基于充分占有第一手资料，因此在拟定了调查项目之后，就应收集调查项目的有关资料，除会计数据外，还应收集有关的统计、计划、经济资料，国内外的市场动态，大宗物资以及贵重、关键物资的价格浮动，外汇汇率的变化，反馈的信息，消费者的意见及没有现成数据的活资料，等等。从某种意义上讲，相关资料的占有率，对写好市场预测报告至关重要。

(3) 选择市场调查和市场预测的方法。市场预测和市场调查密不可分，市场调查是市场预测的手段和基础，市场预测是市场调查的推断和结果。两者的着眼点不同，市场调查着眼于市场的过去和现状；而市场预测则着眼于市场未来的发展变化趋势。

市场预测的对象和目的不同，选择市场调查和市场预测的方法也不一样。市场调查服从于市场预测，市场调查是根据市场预测的需要，开展广泛的调查研究。在调查的过程当中，应注意把静态的材料和动态的材料结合起来，把书面材料和口头材料结合起来，并注意挖掘那些能反映未来发展变化趋势的未定型材料——没有形成文字或统计数字的情况和倾向，调查得越深入细致，对市场预测的准确性影响也越大。

市场调查贯穿市场预测的始终，无论采用什么样的市场预测方法，都离不开充分缜密的市场调查。

对市场预测的方法很难作出确定的划分，通常市场预测包括以下几种方法。

① 经验预测法。经验预测法又分为集合意见法和专家意见法。集合意见法就是广泛征集有实际经验的基层工作人员、中层经营管理人员和高层决策人员的意见，通过去粗取精、去伪存真的筛选过程，经过分析、比较、综合，得出预测的推断和结果。专家意见法是国外流行的一种方法，即召集有关专家，对所要预测的内容进行考察论证。专家们均是特定领域的权威人士，通过会议或小组评议的办法，就所要预测对象的基本状况、市场动态、产品适用情况等具体的细节展开讨论，经过分析后作出判断。为了避免专家会议的不足，有时还采用将预测问题和背景材料分别寄给有关专家，请专家们在互不通气的情况下，以书面形式给出自己的意见，在规定的时间内寄回。然后对这些专家的意见进行综合归纳，再反馈给各有关专家，请他们再进一步仔细斟酌，得出结论并按期寄回。当专家们的意见基本趋于一致时，就可作出最后的结论。这种预测的方法，是经过反复征询、集中、筛选，最后形成一种较统一的意见，它的参考价值较大。无论是集合意见法，还是专家意见法，它们都是基于参与人员均有一定经验这一点之上的，故而形成的预测具有长期实践和连续观察的特点。这种预测一般比较准确，在经营活动中很有参考价值。

② 统计分析法。统计分析法是市场预测中广泛采用的一种方法，主要是运用有关方面的历史统计资料，用数学方程组的关系，抽象地描述调查的实体及其相互关系，进行预测计算，着重从系统性、连续性、可靠性，以及定性研究与定量分析相结合的角度，来评定和鉴别预测结果。这种方法旨在通过分析各种变化因素之间的因果关系，寻求发展变化的趋势，从而对未来的发展前景作出预测。

③ 相关分析预测法。相关分析预测法就是通过分析影响商品流通诸因素的数量关系，对未来市场的发展变化趋势进行预测。所谓相关，可以分为直接相关和间接相关。直接相关是一种商品的增减，会影响另一种商品的增减；间接相关就是一个数的变化与另外若干个数的变化有关，很难找出一个固定的数量变化关系。随着市场经济的进一步活跃，这里提到的相关，绝不仅仅是简单的由此及彼的直接相关，而更多地表现为既有联系、又

有影响的间接相关，这也充分显示了市场经济中的多元化数量关系。运用相关分析预测法，就是要让人们在事物间的相互联系中，找出哪些是促使其变化的主要因素，哪些是次要因素，从而对市场前景的发展变化趋势作出预测。

总而言之，市场发展变化的趋势受多种因素的影响和制约，我们在进行市场预测的过程中，不能仅用一种具体的方法，必须灵活交替或综合运用上述的预测方法，并且还要考虑国内外的政治经济形势及国家的重大决策对市场的影响，才能作出准确程度较高的市场预测。

(4) 整理、汇总、排序、归纳调查结果。任何市场预测都是以经济分析为基础的，而要进行经济分析就要有科学的态度和科学的方法。一定要认真进行调查研究，充分占有资料，利用先进的测算方法，围绕特定的目标，展开深入细致的分析研究，以此寻找和把握市场经济活动的本质和规律。为了达到这个目的，就要将前面收集到的调查结果进行整理、汇总、排序、归纳，对所有的调查结果，从各个不同的方面，运用各种分析方法，比较、权衡、论证，指出各个结果的利弊得失，为最终确定市场预测的结论提供依据，最后筛选出最有说服力的市场预测结论。

(五)市场预测报告的结构与写作要求

市场预测报告的写作，应根据具体的预测内容来定，在表述时不可能用统一的形式框定。通常情况下，市场预测报告由标题、前言、正文、结尾和落款几部分组成，但在实际的写作过程中，可以根据需要有所取舍和变化。

(1) 标题。市场预测报告的标题一般由单位、时间和主要内容概括组成，如《××××年我国粮食市场分析》，其中"××××年"是时间，"我国粮食市场分析"是主要内容概括，省略了预测的单位。市场预测报告的标题还可由单位名称、主要内容概括和文种组成，如《××厂对电饭锅市场供销的预测》，其中"××厂"是单位名称，"电饭锅市场供销"是主要内容概括，"预测"是文种。

(2) 前言。市场预测报告中的前言，一般情况下都是提出预测的对象，这往往反映了市场预测报告的内容指向。这部分要写得简明扼要，只要把预测的对象引出即可。有些市场预测报告的前言中还概括地介绍了预测问题对具体单位的重要意义。

(3) 正文。这是市场预测报告的主体部分，应总体叙述，列项分析，概括地对历史和现状进行分析，对前景进行预测，并提出建议。这部分内容通常包括预测对象的供需历史和现状；对市场前景的预测；对产品未来市场的营销策略及对策与建议。

简而言之，市场预测报告的基本内容由四部分组成，即问题、现状分析、趋势分析和对策建议。在实际工作中，市场预测报告的作用是提供决策参考，根据决策需要的不同，其具体内容构成应有所侧重。这部分写作的重点是，对调查获得的直接的、间接的资料进行充分的分析。报告写得成功与否，关键在于分析得是否全面、系统，是否有独到的见解。如果分析得透彻，对市场前景的发展变化趋势得出较有说服力的结论，就能使报告真实可信，并成为决策的依据，其所提出的对策建议也才能最终被社会认可。

正文的内容也不能面面俱到，而应有所侧重，其主要的落脚点应放在对市场前景的发展变化趋势上，而不能局限于一般的叙述，更不能成为市场调查后的材料堆砌。应该强调的是，大量占有资料是前提，充分地分析和消化资料是关键，并在此基础上，慧眼识金地提炼和概括资料。

具体的分析可以采用文字、统计图表、几何图形或数学方程来表述。为了保证资料的严肃性，应仔细核对内容，尤其应对数字和计量单位进行核查；为了保证资料的可信度，应说明资料的来源或出处；为了保证资料分析的科学性，应从不同角度进行评价和论证。

需要指出的是，预测是分析的结果，在分析的过程中，必须体现清晰的逻辑条理，切忌牵强附会和故弄玄虚。

(4) 结尾。结尾部分反映市场预测报告的对策与建议。这些对策与建议，无论是抽象的策略思路还是具体的对策措施，都必须针对预测的具体问题，说明市场预测的结论或对策意图。

有一些市场预测报告，把对策与建议归入正文部分，这也是可以的。要不要把对策与建议单列出来，主要是看这部分的内容含量。如果对策与建议是由正文的分析评价自然而然得出来的，且文字比较简明，最好把它归入正文部分；如果对策与建议不能简单地由正文直接得出来，且需要说明的文字又比较多，最好是把它单独作为一个部分。

(5) 落款。市场预测报告的落款部分，包括具名和日期。具名应在正文的右下方写明单位名称或作者姓名。日期应写明年月日，写在具名的下面。落款虽然简单，但不能省略，其作用主要是备查。

(六)市场预测报告写作的注意事项

市场预测是一门多学科、综合性的边缘科学，要写出内容充分、参考价值可观的市场预测报告，要求写作人员必须具有良好的相关专业知识，并有较高的写作水平。写作市场预测报告需要注意的事项有以下几个。

(1) 注重调查研究。预测未来的市场变化总是建立在因果关系之上的。预测的唯一基础在于当时实际存在的事实。市场预测报告正是建立在对所有事实和其关系的充分了解，并进行推理和对事实的权衡之上的。就此而言，大量地、全面地占有第一手资料是至关重要的，那么先决条件是作者必须投身到经济工作的实践中，全面了解经济活动的历史和现状，善于捕捉经济信息。调查不深入、不细致，没有把握住关键问题，或者掌握的资料不全面，数据不可靠，都有可能使预测的结果不准确、不真实，从而给工作带来损失。

(2) 重视资料分析。当市场调查工作结束之后，写作者占有了一定的写作素材或事实数据，应对资料进行整理、核实和分析。其第一步是将调查收集的资料，用数理统计方法和工具进行整理对比，制成图表；第二步是根据整理分析后得出的图表，进行定性定量分析。对资料进行分析，就是要把最有说服力、最能反映未来市场变化的各种数据，用准确无误的语言表述出来，毫不犹豫地剔除不足以说明事物本质特征的那些资料和数据，写出有见地的市场预测报告。

(3) 力求表达准确。市场预测报告要准确精练地概括市场经济某一侧面的历史沿革和现实存在，描述未来的经济趋势，措辞要严谨，语气要恰当，忌夸张、虚构，力求实事求是。

【例文】

例文的内容请扫描右侧二维码。

北京汽车深圳市场
预测分析报告.pdf

第四节 经济活动分析报告、可行性研究报告、审计报告

一、经济活动分析报告

(一)经济活动分析报告的概念

经济活动分析报告是经济管理部门或企业用以对本系统的业务活动或企业内部的生产经营活动进行分析研究并反映其结果的一种经济管理应用文。

经济活动分析报告撰写的优劣，与经济活动分析的优劣有着直接的关系。所谓经济活动分析，就是经济管理部门或企业遵循国家的有关方针、政策和法规，以计划资料、核算数据和调查研究的情况为依据，对本部门或本企业生产经营活动的过程及其结果进行的研究分析。经济活动分析的任务是从分析研究各项经济指标(包括资产负债率、流动比率、速动比率、应收账款周转率、存货周转率、资金利润率、销售利税率、成本费用利润率等八项指标)以及影响经济指标各因素之间的数量关系中，找出其规律性，给予正确评价，并从中发现问题，提出改进措施，不断提高管理水平和生产经营效益。

(二)经济活动分析的作用

开展经济活动分析对经济管理部门或企业都具有十分重要的作用，具体表现在以下几个方面。

(1) 有利于经济管理部门掌握情况，总结工作并获得决策依据。对经济管理部门来说，其管理工作的好坏取决于管理水平的高低，而管理水平的高低在很大程度上又取决于其对所管辖系统情况的了解和把握，以及对所出现的各种情况能否作出正确分析并制定出相应政策。而经常开展经济活动分析则为经济管理部门掌握情况，研究分析问题，制定相应政策、法规提供了一个重要的手段。

(2) 有利于企业检查生产经营的各个环节执行国家方针、政策情况和计划完成情况，及时发现、纠正问题。随着我国社会主义市场经济的确立和发展，企业生产经营的自主权愈来愈得到保证。但是企业自主经营并非脱离政府的管理和法规约束，相反，企业在自主经营实现其生产经营计划的同时，更应自觉遵守国家的有关政策和规定，维护国家整体的经济秩序。这就有赖于在开展经济活动分析的过程中，去发现有悖于国家政策、法规的问题，及时予以纠正，使企业生产经营得以健康、顺利的发展。

(3) 有利于企业提高管理水平和经济效益。企业开展经济活动分析，最重要的目的是要解决如何提高经济效益的问题。但企业经济效益的好坏除受外部环境因素的制约外，企业内部管理水平的高低也是至关重要的。开展经济活动分析，可使企业在研究分析经济效益问题的同时，发现企业在管理上存在的不足，从而改进、修正管理的制度和措施，更好地解决如何提高经济效益的问题。

(三)经济活动分析的种类

经济活动分析根据不同标准可划分为不同类别，而不同的经济活动分析则形成了不同

的经济活动分析报告。

(1) 按不同经济部门划分，经济活动分析可分为工业经济活动分析、商业经济活动分析、交通运输经济活动分析、农业经济活动分析等。

(2) 按分析的内容范围划分，经济活动分析可分为全面分析、部门分析、专题分析等。全面分析也称综合分析或系统分析，它是指一个地区、部门或企业对其一定期限内的经济活动的各项经济指标完成情况进行全面系统的分析，一般按年、季、月定期进行。部门分析又称单项分析，它是指经济主管部门或企业职能部门结合本身的业务，对其所分管的经济指标进行分析，如财务部门的财务分析、计划部门的生产分析等。专题分析又称专项分析，它是指经济主管部门或企业对其业务活动或生产经营活动中发生的关键或突出问题及时进行深入细致的分析。专题分析具有针对性、专业性强的特点，它要求分析的内容要集中，重点要突出，分析要透彻。

(3) 按分析进行的时间划分，经济活动分析可分为定期分析和不定期分析。定期分析一般按年、季、月进行，多用于综合分析。不定期分析因为大多是对及时发现的迫切需要解决的问题的分析，故多用于专题分析。

(四)经济活动分析的方法

进行经济活动分析必须使用正确的方法。经济活动分析因分析的事物和现象不同，或者因分析的目的不同应选用不同的方法。进行经济活动分析常用的方法主要有以下几种。

1. 比较分析法

比较分析法简称比较法，又称对比法。它是运用相关经济指标进行对比分析来确定指标间的差异，从中发现问题、查明原因的一种方法。所谓指标对比，在实际分析中，是用企业本期各项经济指标实际完成数与计划指标、上期或上年同期或以前历史同期实际数比较，有时根据需要还可与同行业先进企业比较。通过上述几种比较，来考察企业计划完成情况以及企业经济活动的发展状况。

比较分析法简单明了，是经济活动分析中应用得极为广泛的一种方法。但运用此种方法时，必须注意指标的可比性，即相互对比的指标应在时间单位、计算口径、计算基础等方面保持一致。如果对比指标在某方面不可比，则可通过调整使其一致后再进行对比。在实际分析中，对比指标可以用绝对数，也可以用增减数、增减率等进行对比。另外，若是与同行业企业进行经济指标对比，应选择技术条件和其他条件大体相近的企业进行比较。

2. 因素分析法

因素分析法又叫因果论证法。它是依据经济活动的结果，探寻其产生的原因(即影响结果产生的各因素及其影响程度)的一种方法。运用此种方法，需先将对比法所确定的差异数值作为分析对象，然后再找出产生差异的各个因素及其影响程度。因素分析法又分为连锁替代法和差额分析法。

(1) 连锁替代法，又称连环替代法。它是以组成综合性指标各因素的实际数，顺序替换基数(计划数)来计算各因素对计划完成结果影响程度的一种方法。

(2) 差额分析法。差额分析法是因素分析法的一种简化形式。它是利用各个因素的实际数与计划数之间的差额来计算各个因素对计划完成情况影响程度的一种分析方法。

3. 调查研究分析法

比较分析法和因素分析法都是基本的数量分析方法，其基本目的是通过对企业的各种经济指标进行数量分析，确定寻找问题的方向。但是发现了问题所在，并不等于找出了问题产生的原因。这时就必须进行调查研究，查明实际情况，追究原因，这样才能"对症下药"，提出切实可行的改进措施。

(五)经济活动分析报告的写作步骤

(1) 确定分析目的。企业经济活动分析目的的确定与经济活动分析的任务有密切关系，因此，经济活动分析的目的首先必须依据经营决策的需要确定。根据企业存在的实际问题去研究，这就有了明确的目的。全面分析往往具有定期总结性分析的特点，分析时要求对各项经济指标完成情况及其相互联系和影响的分析作全面的综合反映；专题分析则要抓住企业在生产经营过程中出现的突出问题为分析对象，分析时要抓住矛盾的关键所在，透彻分析，以便引起决策者的重视。

(2) 拟订分析提纲。经济活动分析的提纲是根据经济活动分析的目的来拟订的。它应表明经济活动分析的对象、内容和要求，规定所需要的资料范围以及调查研究的内容和方法。分析提纲在具体分析活动中只是起指导作用，不可过分拘泥于提纲，应在具体分析中根据实际情况加以修订和补充。

(3) 收集分析资料。进行经济活动分析，必须有依据，也就是说，经济活动分析是在既有资料的基础上完成的。因而在经济活动分析前，必须做好资料的收集整理和分析研究。企业经济活动分析所依据的资料有：计划资料，它是企业进行经济活动分析时的重要尺度；核算资料，它是考核企业经济计划完成情况的主要依据；历史资料，它是考核企业经济效益比率、认识企业经济活动规律的依据；先进企业资料，它是横向考核企业的参考；调查研究资料，它是对企业经济活动进行定量分析后用以说明情况和原因的第一手资料。

收集到资料后，下一步就要对资料进行加工整理和分析研究，即对有关资料进行解剖对比和综合归纳。解剖对比和综合归纳可采用筛选、求同、求异、逻辑推理等方法进行。筛选法就是对各种资料和现象进行分类排队，再经过筛选，以便分清主次、鉴别真假；求同法是通过分析，发现与其他研究对象相同的因素；求异法则是通过分析，发现与其他研究对象不同的因素；逻辑推理法是运用逻辑推理中的演绎、归纳、类推方法从许多经济现象中观察、预测其发展的趋势和变化。在解剖对比和综合归纳的过程中，防止满足于对矛盾的一般揭示，而应力求抓住主要矛盾，找出决定性因素，使分析研究由此及彼、由表及里地深入进行。

(4) 撰写分析报告。在对企业经济活动进行了科学、周密、深入的分析研究并且查明了影响计划完成的因素和程序，找出了具体原因之后，就可作出分析结论，提出今后改进的意见和措施。至此，经济活动分析报告写作的准备工作已经完成，即可进行报告的撰写。

(六)经济活动分析报告的结构及写作要求

经济活动分析报告一般由以下几个方面构成。

(1) 标题。经济活动分析报告的标题一般由分析的时限、分析的对象(即被分析的单位)、分析的内容(即所分析的问题)组成。如《××××年××市糖业烟酒公司财务分析报告》，其中，"××××年"为分析时限，"××市糖业烟酒公司"为分析对象，其余则揭示了分析的内容范围。分析对象一般与分析单位是一致的，若不一致，则应在标题下方正中位置或分析报告落款处署名。比如，《××××年度××市商业系统财务指标完成状况分析》是由该市财政局商粮处分析撰写的，与分析的对象不一致，报告落款处则应署上其名称。

(2) 前言。前言是分析报告的开头部分，它一般是交代所要分析对象的基本情况，揭示分析的意图。交代分析对象的基本情况，可概括叙述分析时限内经济活动的社会背景和客观条件，或概括叙述一定客观条件下企业为经济活动所做的主要工作、采取的主要措施或存在的主要问题，或列举所要分析的主要经济指标完成的数字，或两项、三项兼而有之。

前言的撰写既要全面概括，又要重点突出，特别是应对主要成绩或主要问题作突出交代，以引起人们的注意，同时也便于决策机构发现问题。前言的表述可用叙述式或列表式，或两者兼用，即列出表格并叙述说明。

(3) 主体。主体是分析报告的核心，是对前言中提出的问题或经济指标完成情况运用资料和数据所做的具体分析。如果把前言内容看作交代"是什么"的问题，那么主体内容要解决的则是"为什么"的问题。解决"为什么"的问题的过程，实质上就是查找产生问题的原因的过程，只有原因查明了，才能制定相应措施，解决实际工作中存在的问题。

写作主体部分时，一定要把本年各项经济指标完成数据与上年同期或本年计划相比，或与两者同时相比，用以揭示它们的差异，然后依据调查所得的资料，说明产生差异的原因。在具体表述时，可采用数据、文字交融式或数据、文字分列式两种方式进行。所谓数据、文字交融式，是指在文字叙述过程中，根据分析需要，随时穿插一些数据，论述说理。这种方式使数字融于文字之中，叙述和分析紧密结合，说理自然顺畅。所谓数据、文字分列式，是将数据集中起来罗列，然后集中分析。这种方式可使数据对比醒目，分析集中透彻，便于给人们以清晰的总体把握和了解。数据可采用叙述式或表格式集中罗列，然后分析说明；也可以先分析说明，然后再采用叙述或表格式集中罗列数据。

(4) 结尾。经济活动分析报告的结尾一般是对主体部分分析查找出的问题提出的改进意见和措施，有的还会指出目前仍存在的问题和不足。经济活动分析要提出问题、分析问题，但最终是为了解决"怎么办"的问题。如何解决问题至关重要，因而结尾提出的改进意见或措施一定要注意实事求是、有的放矢、切实可行。如果在主体部分有关问题已完全说明，则不必写结尾。

(七)经济活动分析报告写作的注意事项

(1) 经济活动分析必须实事求是、注重实效。经济活动分析具有鲜明的针对性和实用性特点，也就是说，分析必须从企业实际出发，进行实事求是的分析，为改善企业经营管理、提高企业的经济效益服务。如果把撰写经济活动分析报告视作例行公事，那就完全失去了经济活动分析的意义。

(2) 分析影响企业各项指标完成的因素时，应特别注意对企业自身因素的分析。一般来说，影响企业各项经济指标完成的因素，既有客观的，也有主观的。客观因素，如政策调整、市场形势、相关行业的变化等，对此应该实事求是地加以分析，指出其对企业产生的有利影响和不利影响，以便决策机构从宏观上研究审查这些影响的利弊，并予以平衡。主观因素，如企业内部的生产经营管理、财务管理、人事劳资管理、分配管理等，对企业内部这些方面的问题更应深入分析，力求抓住症结所在，这样才有利于企业自身机制的健全。因为在同样的客观条件下，企业经济效益的高低，关键就在于企业内部管理水平的高低。

(3) 经济活动分析既要着眼于短期效益，又应考虑长远目标。企业经济效益对企业自身来说，有短期利弊和长远利弊的区分，短期效益应服从长期效益，分析时对有损于长远效益的短期效益，必须实事求是地指出利害，并提出适当措施予以纠正或尽量减少其对长期效益的损害。

【例文】

例文的内容请扫描右侧二维码。

利民菜市场××××年上半年财务分析报告.pdf

二、可行性研究报告

(一) 可行性研究报告的概念

可行性研究是一种在自然科学和社会科学领域广泛使用的，具有分析、论证性质的科学方法。把可行性研究论证的过程和结论用书面文字的形式表述出来，就称作可行性研究报告。

可行性研究是随着近代技术进步和经济管理科学的发展而兴起的一整套科学工作方法，目前已经日趋完善，并广泛地应用于各种科学管理的实际工作中。国外的实践经验证明，凡是经过可行性研究的建设项目，成功者多，失误者少。为此，世界各国把可行性研究作为项目建设必不可少的一项工程程序。国家计委颁布的《关于建设项目进行可行性研究的试行管理办法》规定，利用外资的项目，技术引进和设备进口项目、大型工业交通项目(包括重大技术改造项目)，都应进行可行性研究；同时又规定，凡编制可行性研究的建设项目，不附可行性研究报告及审批意见的，不得审批设计任务书。由此可见，可行性研究在现代科学管理中占有举足轻重的地位。

可行性研究报告的基本任务是：为技术改造、技术开发、基本建设、科学研究、技术引进和设备进口等项目，进行方案规划、技术论证、经济核算和分析比较，为项目的决策提供可靠的依据和建议。

(二) 可行性研究报告的特点

(1) 预测性。可行性研究报告中的分析、论证是在方案实施之前进行的，它主要运用预测的方法，借助对过去的探讨和对目前的研究，而得到对未来的了解。预测本身就是一种分析，它可以通过召开座谈会和书面调查等方式进行调查研究，收集有关信息和资料，并在此基础上提出各种有因果关系的预测，即在某一种前提下会产生什么结果，在另一种前提下又会产生什么结果，并作出对项目(事情)的定性分析。预测还可以通过数学模型法进行，即在全面收集统计资料的基础上，以正确的经济理论为指导建立数学模型，据以推算经济发展趋势，作出对项目(事情)的定量分析。在实际运用中，各种预测方法也可以结合使用，从而为可行性研究的准确性和可靠性提供保障。

(2) 最佳性。在可行性研究报告最终确定前，要对研究对象进行全面系统的分析，找出有利与不利因素，分析成功与失败的可能性，权衡所得与所失的各种情况，并在此基础上提出若干种可相互替代的方案和措施，经过反复比较和精确的分析推算，最后选择出最佳方案，为项目(事情)的最终实施提供科学依据。这种最佳方案，可以是优中选优的方案，也可以是由各个方案中的合理部分组合而成。无论是哪种情况，这个最佳方案都应该是最切合该项目(事情)现有的实际情况的，方案的期望结果与实际收益之间的差距也应该是最小的。

(3) 实证性。凡要进行可行性研究的项目，都是耗资额大，动辄几十万元、上百万元，甚至更多的项目，如果不做局部试验，则很难保证最佳方案不会出现遗漏和偏差。因此，在选定了最佳方案以后，方案的制定者都要进行局部试验，即投入少量资金和装备进行试验，直到盈利情况已经清楚为止。唯有如此，可行性研究报告才具有实际应用的价值。

(4) 综合性。可行性研究是一种多学科、跨部门、跨行业、多层次的综合性研究。它必须在广泛调查研究和充分占有资料的基础上，利用先进的计算技术，对研究对象进行分析和论证。因而作为可行性研究结果的书面形式——可行性研究报告，它也不可避免地具有综合性这一特征。

(三)可行性研究报告的写作步骤

可行性研究报告是可行性研究结果的书面形式，可行性研究是可行性研究报告的先导，因此，撰写可行性研究报告，依赖于可行性研究的进行与开展。可行性研究包括一整套由浅入深的社会、经济、技术的调查研究程序，其主要有以下几个。

(1) 机会研究。机会研究是对项目(事情)的设想、概念和费用所做的粗略研究，即通过对该项目的资料的分析，鉴别该项目是否有进一步研究的价值和必要。如果有价值，就进行下一步的研究；如果没有价值或价值不大，就重新提出设想，另找他途。机会研究所需要的费用，要用大指标匡算，或用已有的类似项目(事情)进行推算。

(2) 初步可行性研究。机会研究阶段所提出的设想，经研究认为可行，就进入此阶段。其目的在于摸清所投资项目(事情)的产品规模和原料来源、可供选择的技术、工程范围、厂址和大致的组织机构、建设时间等情况，并对项目(事情)的投资提出概算。它的研究重点是资源、市场、工艺、经济、政治、社会、生态等一系列制约条件，并提出总概算。如果上述内容可行，就进入下一个研究阶段；如果不可行，就停止研究。

(3) 可行性研究。这一步研究是为项目的投资决策提供技术、经济方面的依据，即提供一个完整的项目方案，包括项目(事情)中的各个环节，对项目(事情)的风险与机会作出初步评价，并在此基础上编制可行性研究报告，提出投资总造价。

(4) 评价和决定。在可行性研究的基础上，对所研究项目(事情)的优势、劣势进行比较，作出最后评价——作出可行或不可行的最终决定。最后评价的内容还包括对财务和盈利的评价。在我国，评价企业的经济效果，现在一般采用资金利税率(利税和总投资费用之比)和税后利润率来计算。

(四)可行性研究报告的结构及写作要求

可行性研究报告的内容尽管因行业的不同、企业性质的不同而各有差别和侧重,但总的来说大同小异。现以中外合资企业的专题性可行性研究报告为例,扼要介绍如下。

1. 标题

标题由进行可行性研究的项目名称和文种两部分组成,如《化学镀镍项目投资可行性研究报告》,其中"化学镀镍项目投资"是项目名称,"可行性研究报告"是文种。有的可行性研究报告也可以把论证得来的结论作为标题,如《三峡工程宜早日兴建》,这是一种变通形式的标题。有时为了进一步表述清楚,可在主标题下面加副标题。

2. 正文

正文的写作,是可行性研究报告的主体部分,一般包括以下几个方面的内容。

(1) 概述。概述是对项目所作的总说明,即简要地陈述项目提出的理由和背景,以及项目所包含的主要工程,如中外合资各方的基本情况、合资方案的主要设想和内容、合资方案总的分析和结论,还应交代本项目的任务依据、范围及工作概况。

(2) 生产规划。生产规划包括产品的名称、规格、技术性能、用途与规模、能力。这部分内容还应交代:国内、国外市场情况的调查资料和分析,国内、国外市场的预测,近期进出口情况的统计(如历年有大量进出口的,附上最近十年来的进出口数量及有关资料),产品在国内市场销售和出口的可能性(无外销出口可能的产品,本项可省略);国内、国外销售价格以及与国内外主要竞争对手的产品的对比与分析;产品销售运输方法和条件。

(3) 物料供应规划。物料供应规划包括原材料、半成品、配套件、辅助材料、维修材料、电力、燃料以及其他公用设施等的使用、来源、价格,国内可供量和落实措施,每年的进口计划,等等。

(4) 厂址方案和建厂条件。厂址的选择包括区域概况、自然环境、社会经济情况、交通运输、工程地质概况等。确定厂址方案是一项政治、经济和技术性很强的工作,牵涉面广,与当地的工农业生产发展的全面安排有密切联系。因此,在现场勘察中,应会同被选厂址所在地的各有关部门,对该地域近期和远期的经济发展计划,工业布局,资源的开发利用,本地区与其他地区合作、联合协作的条件,项目对本地区、本行业、本部门经济的贡献,等等,作认真的讨论和研究,并就建厂条件的几个可供选择方案逐一分析论证,最终择优而用。

(5) 工程设想和技术论证。在工程设想中,首先要确定厂址位置,而后绘制厂房总平面布置图,进而对主要设备的选型进行技术论证。设备的选型和技术论证,要注明设备的名称、型号、规格、数量等,如需进口设备的,应注明来源国别、厂家,还要写明外文全称;与此同时,要对工程设想和设备费用进行估算。

(6) 环境保护。根据《中华人民共和国环境保护法》(2014 年修订)和《建设项目环境保护管理条例》(2017 年修订)的规定,新建、改建和扩建的工程,特别是对环境有较大影响的建设项目,要编制环境影响报告书,对厂址区域环境现状、环境保护和治理措施要有相应的统筹规划,尤其是对废气、废水、废渣、噪声等污染源,应加以重点防治。

(7) 生产组织。在生产组织中，最重要的因素是劳动定员和人员培训。它包括现有的专家、技术人员、行政管理人员、熟练工人的情况，解决缺乏高中级技术人员、管理干部、熟练工人等问题的具体办法，以及对现有人员进行培训的项目、进程和要求。

(8) 经济评价。经济评价包括工程投资，资金的概算、来源及使用分配，财务分析，经济分析，论证结论五个因素。

① 工程投资。工程投资包括询价、谈判、签订合同、工程设计、技术与设备的交付，工程施工、调试与试生产进度，正式投产时间，建筑安装工程内容和工作量，生产流动资金等项目。

② 资金的概算、来源及使用分配。项目的总费用数额，包括准备工作阶段的实际发生费用、外汇资金的来源(申请国家拨付、利用外汇贷款、延期贷款、补偿贸易、自筹外汇等)和偿还方式(国家统一偿还或企业自行偿还等)。外汇均按美元计算，非美元外汇的要说明折算率。国内资金的概算，均以人民币万元为单位计算，它包括厂房、道路、铁路、燃料、电力、水源、绿化、文教卫生、福利设施、劳动保护等所需资金的数量、分配及解决办法。

③ 财务分析。财务分析通常是分年进行的。它不仅包括成本、外汇支付、贷款利息、利润、工程总投资、单位工程投资、投资回收年限、资金利润率、贷款偿还年限、投资偿还年限、内部收益率等，还包括项目调试、是否达到设计能力及其以后若干年的盈亏预算表、企业负债及偿还债务能力的说明。

④ 经济分析。经济分析也是分年进行的。它包括项目的经济效益、产量、产值、销售收益、经济寿命以及社会效益等。

⑤ 论证结论。经过对上述内容的具体论述及大量数据的佐证，可行性研究报告到这部分便可以水到渠成地归结论证结论，主要是从盈利能力、经济效益和抗风险能力的有关指标来论述；在得出结论时，还可附有建议。

总而言之，正文是可行性研究报告的核心部分，在具体的写作中，写作者可根据实际情况，对所列内容作适当的调整或增删。

3. 结尾

可行性研究报告的结尾，主要是说明可行性研究报告的拟定单位或作者姓名，并注明写作的日期。有些可行性研究报告，在结尾处附加一些补充说明的内容，诸如可行性研究报告批准后要做什么工作等，或有什么附件及附件的数量和页数。

(五)可行性研究报告写作的注意事项

撰写可行性研究报告时的注意事项如下。

(1) 要客观全面。客观是就资料而言的，撰写可行性研究报告，应尽量收集和利用国内已有的资料，诸如近年来单位内、地区内、行业内的生产规模、经济指标、生产标准、科研情报、专利项目、统计计量水平、能源交通状况等，还要到实地去作重点考察，了解该企业生产经营情况、课题或产品的质量情况。

全面是就研究而言的，参加可行性论证的人员要有代表性，兼顾各方面，尤其是要有权威咨询机构的协助和健全的预审、审查制度。分析要从全局出发，研究手段要完备，力避片面性和主观性,坚决杜绝分析研究中的"马后炮式"(先列入计划,然后再找人作技术、经济分析)、"秘书式"(写作班子仅是为了贯彻某些领导的意图,闭门造车,与实际相去甚远)和"橡皮式"(没有确定的结论,或所得结论不可靠、模棱两可)。

(2) 分析论证要准、深、远。所谓"准",即计算数字要准确,情况要真实,结论要正确。所谓"深",即分析要深入,要透过现象看本质,不能就事论事。所谓"远",即要用发展的眼光看问题,要有预见性,预测今后一段时间将会出现的、随着客观环境发展变化的一种可能性或必然性。

【例文】

例文的内容请扫描右侧二维码。

大化坪镇毛竹深加工项目可行性研究报告.pdf

三、审计报告

(一)审计报告的概念及作用

审计报告是审计人员按照国家有关法规和审计准则对被审计单位进行审计后,依据委托人的要求,对审计工作计划规定的各项审计任务完成情况、结果及意见出具的书面报告。

审计报告的作用因审计报告种类的不同而有一定差异,概括起来,审计报告的作用主要有以下几个方面。

(1) 鉴定和证明作用。鉴定作用是审计报告最基本也是最重要的作用,比如,政府主管部门为了进行决策和管理,或为了查处经济犯罪事实;投资人、债权人或金融机构为了获得企业真实的生产经营情况和财务状况,以决定投资或贷款事宜;关闭、合并、停产企业为了结算移交等,都需要以专业审计机构出具的审计报告作为依据。此时出具的审计报告就起着鉴定和证明的作用。

(2) 保护和促进作用。审计机构出具的审计报告中关于被审计单位的财产、财务以及生产经营状况的真实数据,对该企业的债权人、投资者进行投资决策、回避风险提供了可靠的依据。这在一定程度上是对债权人和投资者利益的保护。另外,在审计工作中,审计人员针对审计工作中发现的企业在生产经营管理方面存在的问题所提出的改进措施和合理化建议,也会促进被审计企业经营管理的改善和经济效益的提高。

(3) 检验和总结作用。审计报告作为审计工作的终结,所担负的表述审计过程和审计结论任务,就决定了它必然具有对审计工作自身的检验和总结作用。因为,审计工作是否符合有关规定和要求,结论是否客观、公正,建议和意见是否切实可行等,在审计报告中都可一目了然,从中我们即可对审计工作自身进行全面的考察,总结经验教训,以利于今后工作的改进和水平的提高。

(二)审计报告的种类

审计报告依据不同的标准可分为不同的种类。

(1) 按审计范围划分,审计报告可分为综合审计报告和专题审计报告。综合审计报告是指对被审计单位的全面审计;专题审计报告则是对被审计单位某个方面进行的审计。

(2) 按审计内容划分,审计报告可分为财政财务审计报告、经济效益审计报告和财经法纪审计报告。财政财务审计报告，是对被审计单位财务凭证、账目、会计报表等有关资料进行的审计；经济效益审计报告，是对被审计单位经济效益实现途径和实现程度的审计；财经法纪审计报告，是对被审计单位违反财经纪律有关问题的审计。

(3) 按审计目的划分，审计报告可分为公布目的的审计报告和非公布目的的审计报告。前者一般用于对企业股东、投资者、债权人公布的附有财务报表的审计报告；后者一般用于企业经营管理、合并或业务转让、融通资金等而实施的审计报告。

(4) 按审计机构划分，审计报告可分为外部审计报告和内部审计报告。外部审计报告是指由各级政府审计部门或社会上独立开业的会计、审计事务所撰写的审计报告。这类审计报告具有公证性质和法律的强制性。内部审计报告是指机关和企事业单位内部审计部门撰写的审计报告。它主要用于对本单位财务管理、经济效益、资料统计等的审核评价，提出改进意见或措施，以促进本单位财务管理水平、经营管理水平的提高。

(5) 按审计报告内容的详略程度划分，审计报告可分为简式审计报告和详式审计报告。简式审计报告多用于公布目的的审计报告；而详式审计报告多用于企业经营管理的审计，因为内容丰富，故需详细陈述。

(三)审计报告的特点

(1) 依法的有效性。任何审计工作都必须依法从事，即依据国家颁布的有关法规、法纪进行。否则，审计工作将成为无效劳动，其报告也就完全失去了鉴定和公证的作用，更谈不上具有法律的强制性。只有依法审计，才能做到审计工作的客观、公正，从而维护审计工作的信誉。

(2) 资料的真实性。审计报告中用以说明、分析的资料必须真实、可靠，这是关系到审计工作质量优劣的关键所在，必须认真对待。为此，要求审计人员务必深入、详尽地调查，掌握有关资料，精确周密地分析研究有关资料，做到数据、事实准确无误，分析实事求是、有理有据。

(3) 结论的客观性。审计报告的结论是审计工作最终也是最重要的成果，它是审计报告用以鉴定、公证被审计单位有关工作或问题的依据，因而审计结论必须公正、客观，不能受任何其他因素影响而出现偏颇。

(四)审计报告的写作步骤

(1) 汇编审阅审计工作底稿。审计人员在审计工作全部按照专业要求完成之后，所有参与审计工作的人员均应将所积累的工作底稿按委托审计的内容、范围和要求予以整理分析，并由审计工作负责人将所有工作底稿进行汇编，形成一套完整、系统的审计工作记录。

(2) 分析研究工作记录，研究确定审计意见。审计工作记录汇编形成后，必须进一步对其进行去粗取精、去伪存真的分析研究，即要明确区分哪些是典型材料和重要数据；能够说明问题的资料和数据是否充分、可靠；违纪问题是否有法规法纪的依据；等等。另外，还必须做到对确定要写入审计报告的事实和数据进一步调查核实；对有些违纪问题，必要时核对有关法规法纪；对在审计报告中可写可不写的材料存档备查。

(3) 编制审计报告的写作提纲，撰写审计报告。审计报告的写作提纲可根据审计对象、审计目的、审计种类和审计结果等方面实际拟订,其基本原则应以能够显示审计报告整体条理清晰、内容充实,审计目的得以充分体现和表达为准。写作提纲拟订后,即可撰写审计报告初稿。初稿必须经审计工作负责人进行复核、修改定稿后,才能作为正式的审计报告出具给委托人。

(五)审计报告的结构及写作要求

审计报告一般由文字、报表和其他证明材料三部分组成,其中文字部分是报告的主体,报表和其他证明材料则是作为补充说明有关问题的佐证。

审计报告的文字部分由于审计报告的种类、目的的不同,其内容和结构会有一定差异,但一般都由标题、审计概况、审计过程、审计结果及其评价、审计意见、建议或措施、签署审计日期几部分构成。

(1) 标题。审计报告的标题可由被审计单位名称、审计内容和文种三部分组成,如《关于××市××厂的审计报告》,此标题表明该审计属于综合审计;又如《关于××公司外汇使用的专项审计报告》,此标题表明该审计属于专项审计。标题也可只写"审计报告",然后在交代审计概况时,说明被审计的单位名称。由于审计报告具有公文性质,因此应按公文要求进行编号。

(2) 审计概况。审计概况可概括叙述审计原因、审计目的、审计范围以及被审计单位的基本情况等,有时还可将对审计的总评价放在这部分。

(3) 审计过程。审计过程的叙述可根据审计内容的简明和复杂程度来确定其繁简。若审计的问题比较集中,而且问题自身清晰明了,则只写审计工作中发现的问题,其审计过程不必详述;若审计的问题复杂,则可根据需要交代审计过程中发现的问题的重要细节和审计方法。

(4) 审计结果及其评价。审计报告对审计过程中发现的问题应该说明其产生的原因、审计的结果以及对审计结果的评价。这部分内容的写作应有所选择,防止事无巨细地罗列,应选取那些与审计任务和目的有关或影响重大的问题,以免因内容庞杂、主要问题不突出而使审计报告难以形成正确的审计意见。

(5) 审计意见。审计报告在对所审计的主要问题及其结果进行了评价之后,则可依据审计结果及其评价提出审计意见。审计意见的基本类型有无保留意见、保留意见、否定意见和拒绝表示意见四种。

审计人员在审计报告中无论签署上述哪一类型的意见,都应根据被审计单位的会计报表和会计事项的处理是否基本符合要求,是否能够真实地反映该单位的财务状况、经营成果和资金变动情况,是否能够按审计人员的要求,对本单位财务报表中需要调查的项目已作了相应处理,而且不存在对审计报告产生重大影响的未确定事项等方面去衡量。签署第一种类型的意见是审计人员和被审计单位双方都满意的。问题是在签署第三种、第四种意见时应该持慎重态度,而且是在经过细致耐心的思想工作之后的最后决定。比如,按规定如果被审计单位的会计报表重要项目失实,或是重要会计事项的处理、会计报表重要项目的编报方法不符合现行法规,所有这些问题使该单位的财务状况、经营成果等情况不能得以如实反映,而被审计单位的有关人员对存在的问题又拒绝调整,此时审计人员则应以法规和法纪为依据,尽量做好说服工作,只是在迫不得已的情况下,才按第三种意见类型签署。

(6) 建议或措施。审计人员针对审计工作中核查出的问题及其产生的原因,可对被审计单位有关工作中存在的漏洞和弊端提出改进措施和建议,以促进被审计单位加强内部管理、提高管理水平。

(7) 签署审计日期。审计报告完成之后,应由审计部门有关负责人复核,签名并加盖公章。有些审计报告必要时应由参加审计的主要审计人员同时签名。审计报告的日期是以审计人员执行完外勤工作的日期为准,不应以被审计单位会计报表截止日签署。

(六)审计报告写作注意事项

写作审计报告时应注意如下事项。

(1) 撰写审计报告必须有认真负责、不怕吃苦的精神。撰写审计报告是一项严肃而细致的工作,容不得半点疏忽大意。撰写时若发现审计内容有疑点,绝不可因怕麻烦、怕吃苦而搪塞敷衍,必须认真核查落实,直到明确无误时方可写入报告之中。

(2) 撰写审计报告应力求文字清晰,表述精确,内容完整。对于有些属于依法定性的问题,为了体现依法审计的严肃性,增强说服力,应引用有关法规条文予以说明。

【例文】

例文的内容请扫描右侧二维码。

关于××市钢管厂××年度财务收支的审计报告.pdf

第五节　说明书、招标书、投标书

一、说明书

(一)说明书的概念

说明书是向读者、用户、观众介绍某种读物、产品的内容、使用方法或戏曲、电影的故事情节、演员阵容等的文字材料。

(二)说明书的分类

一般来讲,按所要说明的事物来分,说明书可以分为产品说明书、使用说明书、安装说明书、戏剧演出说明书等。

(1) 产品说明书。产品说明书主要是指关于那些日常生产、生活产品的说明书。它主要是对某一产品的所有情况的介绍,诸如对其组成材料、性能、存储方式、注意事项、主要用途等的介绍。这类说明书可以是生产资料产品方面的,如发电机;也可以是生活消费品方面的,如食品、药品等。

(2) 使用说明书。使用说明书是向使用者介绍具体的关于某产品的使用方法和步骤的说明书,请参看例文《"真汉子剃须刀"使用说明书》。

(3) 安装说明书。安装说明书主要介绍如何将一堆分散的产品零件安装成一个可以使用的完整的产品。我们知道，为了运输的方便，许多产品是拆开分装的。这样用户在购买产品之后，需要将散装部件合理地安装在一起。这样在产品的说明书中就需要有一个翔实的安装说明书，如《CD-ROM 驱动器安装》。

(4) 戏剧演出说明书。戏剧演出说明书是一种比较散文化的说明书，它的主要目的在于介绍戏剧、影视作品的主要故事情节，同时也是为了向观众推荐该戏剧和影视作品。大型的演出活动，对于演职人员的介绍、节目的介绍等也是为了吸引更多的观众而采用的一种宣传式的说明文字。

(三)说明书的作用

一般来讲，说明书的作用主要有以下三点。

(1) 解释说明的作用。解释说明是说明书的基本作用。随着我国经济的发展，工农业产品日益丰富，人民生活水平不断提高，文化娱乐活动也日益繁荣，人们在生产、生活中会遇到各种各样的生产资料产品和生活消费品。科技的发展，使这些产品、消费品包含了很多的科技成分，所以为了使人民群众能很好地使用这些产品，使它们真正为人民的生活服务，各生产厂家均会准备一本(份)通俗易懂的产品或生活消费品的说明书，给用户的使用以切实的指导和帮助。说明书要详细地阐明产品使用的每一个环节和注意事项。

(2) 广告宣传的作用。在商品经济日益发达的今天，说明书的广告宣传作用也是不可忽略的。好的说明书可以使用户产生购买欲望，达到促销的目的。

(3) 传播知识的作用。说明书对某种知识和技术有传播的作用，如介绍产品的工作原理、主要的技术参数、零件的组成等。

(四)说明书与解说词的区别

产品说明书、使用说明书、安装说明书与解说词的区别显而易见，这里主要说明一下戏剧演出说明书与解说词的区别。

(1) 表达方式不同。戏剧演出说明书一般以介绍剧情为主，多运用说明的表达方式；而解说词一般按幕(场)依次说明，多用叙述方式，并且常配以描写、议论、抒情等多种方法。

(2) 语言要求不同。戏剧演出说明书，要求语言朴实、简洁、准确，感情色彩不浓厚；而解说词不仅要适合阅读，还要适合解说员讲解，感情色彩浓厚，文学性强。

(五)说明书的结构与写法

说明书的结构通常由标题、正文和落款三部分构成。

(1) 标题。标题通常由被说明的事物和文种组成，如《电暖器使用说明书》。

(2) 正文。产品说明书的写法可简可繁。简约的，如印在包装盒上的食用说明、使用说明；详细的，如仪器、仪表、冰箱等技术复杂的产品附带的成册说明书。较详细的产品说明书，多用条款式写法，一般包括以下 6 项内容。

① 产品名称及生产厂家。

② 规格型号及注册商标。

③ 主要性能及技术原理。

④ 产品特点及功能用途。
⑤ 使用方法、操作程序、维修保养知识。
⑥ 附产品保修证和使用说明。

戏剧演出说明书，多采用短文式写法，主要向观众介绍节目的内容和情节；有的也介绍一些与节目有关的情况，如作者、编导者、主要演员、美工、音乐等。

(3) 落款。产品类说明书都有落款，写明生产厂家的名称、地址、邮编、电话号码等；戏剧演出说明书一般没有落款。

(六)说明书的写作注意事项

说明书要全面地说明事物，不仅介绍其优点，而且还要清楚地说明应注意的事项和可能产生的问题。其中，产品说明书要实事求是，不能为了达到某种目的而夸大产品的作用和性能。

产品说明书、使用说明书、安装说明书一般采用说明性文字，而戏剧演出说明书则以记叙、抒情为主。

说明书可根据情况需要，使用图片、图表等多种多样的形式，以期达到最好的说明效果。

【例文】

"真汉子剃须刀"使用说明书

本说明适用于各类充电式剃须刀。

充电：将电源插头插入 AC220V 电源之中，则充电指示灯亮，充电 12～16 小时。

注意：充电时间不要过长，以免影响电池寿命。

剃须：将开关键上推至开启(on)位置，即可剃须。若求最佳剃须效果，请将皮肤拉紧，使胡子呈直立状，然后以逆胡子生长的方向缓慢移动。

修剪刀：如有修剪刀功能的剃须刀，请在剃须前，先将修剪刀推出，修短胡须后再用网刀剃净。

清洁：剃须刀要经常清洁。清洁前应先关上开关。旋下网刀，用毛刷将胡须屑刷净。清洁后轻轻放回刀头架，且到位。清洁时应轻拿轻放，避免损坏任何部件。

保修条例：保修服务只限于一般正常使用下有效。一切人为损坏，如接入不适当电源、使用不适当配件、不按照说明书使用；因运输及其他意外而造成其损坏；非经本公司认可的维修和改造、错误使用或疏忽而造成的损坏；不适当的安装；等等。如发生以上行为，保修服务立即失效。此保修服务并不包括运输费及维修人员上门服务费。

保修期外享受终身维修，维修仅收元器件成本费。

剃须刀中内、外刃属消耗品，不在保修范围内。

保修期：正常使用 6 个月。

注意事项：充电时间 12～16 小时。

换刀网、刀头时一定要选用原厂配件。

【评析】

这是一篇关于剃须刀的使用说明书。该使用说明书还附上了"保修条例"部分,严格来讲,"保修条例"不属于使用范围内的内容,可以略去。就其使用说明来讲,该说明书介绍了三个主要的步骤:一是充电;二是剃须;三是清洁。这款剃须刀是充电式的,刚打开的产品尚未充电,因此要求先充电。第一部分(充电)介绍了剃须刀所接用的充电电压、充电时间及注意事项等。

第二部分(剃须)将剃须的具体操作方法、剃刀走动的方向等都进行了详细介绍。除此之外,还指出有"修剪刀"的剃须刀可在剃须前先将修剪刀推出,修短胡须后用网刀剃净。

第三部分(清洁)是剃须后必做的工作,此部分详细介绍了剃须刀的保养清洁工作。为延长剃须刀的寿命,清洁是很有必要的。

二、招标书

(一)招标书的概念和特点

招标书是招标人在兴建工程、合作经营某项业务或进行大宗商品交易时,公布标准和条件,公开邀请投标人承包或承买,利用投标人之间的竞争,从中选择出最佳投标对象而形成的书面文件。招标是国内外经济活动中常用的一种交易形式,以招标的形式选定承办人,在发展贸易、完成工程建设、置办设备等方面,既能取得"快、好、省"的效果,又能促进承办人的挖掘潜力。

招标书主要有以下特点。

(1) 明确性。对招标项目或招标工程的主要目的、基本情况、产品要求、人员素质和具体规定等,应作出明确、清晰的表述,避免含糊其词、模棱两可。

(2) 竞争性。即招标单位通过发布招标公告,可以同时招徕众多的投标单位,这在客观上促使招标人通过投标单位或个人的投标答辩等竞争手段来"择优录取",从而达到降低成本的目的,而且其对投标单位改善经营管理、提高生产效率和经济效益也有巨大的推动作用。

(3) 具体性。招标书在语言表达上要做到准确、具体,必须清楚、有条理地写明有关招标的做法和步骤,不能抽象、笼统,以免影响招标效果。

(二)招标书的种类

1. 公开招标方式

公开招标方式是招标单位在一定范围内发表招标通告、公告或启事,凡是愿意参加又有一定条件的企业或个人,一律机会均等,都有权利购买招标文件,并参加投标活动,具体方式有以下两种。

(1) 公开招标。即在规定的时间和地点开标,当众宣读各投标企业的投标函及标书的主要内容,根据事先议定的原则公布中标条件和中标单位。

(2) 当众拆封标书。即当众宣读各投标企业的投标函及标书的主要内容,不当众公布中标单位，而是经过评审、鉴别和比较后选出 3～5 家投标单位为预选的中标单位，然后招标单位分别与预选的中标单位面议、磋商，将意见协商一致者再次比较后确定中标单位，以书面形式通知中标单位和落标单位。

2. 邀标方式

邀标方式是一种有限的招标方式，即招标单位根据工程或采购材料的具体要求，有选择地邀请若干合适的单位前来投标。这种方式是在招标邀请书发出后，先进行资格预审和开标前的会议；然后再由投标单位提出报价并进行投标、开标等一系列招标投标活动；最后通过标书评审，择优选定中标单位并发出中标、落标通知书，对落标者按照规定付出投标补偿金，并做好其他善后工作。

(三)招标书的结构及写作要求

招标文书主要包括广而告之的招标公告、内部发售的招标文书等内容，现将其结构及写作要求介绍如下。

1. 广而告之的招标公告

招标公告也称招标通告、招标广告。它是招标企业在公开招标时发布的第一份招标文书，其目的是将招标企业要招标的项目广而告之，欢迎所有对此有兴趣的企业前来投标。招标公告一般由标题、正文和结尾三部分组成。

(1) 标题。招标公告的标题由招标企业名称和文种构成，如《中国陕西电子机械厂招标公告》，其中"中国陕西电子机械厂"是招标企业名称，"招标公告"是文种。如果是招标公司发布的招标公告，还应在标题右下方写明编号，以便归档和查对。现举例如下。

中国技术进出口总公司招标公告
编号：CNTIC - J91055

(2) 正文。招标公告的正文部分，主要包括招标目的、招标依据、招标项目、招标范围、招标方法、招标时间等内容，还要写明招标企业的基本情况及招标项目的规格、型号、数量等。招标项目的表达方式有条款式和表格式。条款式分条列出招标项目，条理清楚，一目了然，便于识记。现举例如下。

条款式招标项目

采购清单：
① 500 kV 变电站户外设备。
② 电力载波通信设备。
③ 控制设备和继电保护设备。
④ 绝缘子。
⑤ 导线。

表格式将招标项目编制成图表，使招标项目简明扼要，内容齐全，如表4-1所示。

除此之外，还可写明投标的手续、招标文书的售价、投标企业的条件要求、投标申请书及投标报价(标函)的内容要求、投标方法及要求、投标地点和投标截止日期以及开标的时间、地点等。如果是国际招标,招标文书的售价还要注明货币名称及单位。

表 4-1　工程招标项目表

工程名称	工程量		施工图/张	要求工期		工程结构说明
	单位	数量		开工	竣工	

(3) 结尾。这一部分要写明招标承办单位的名称、地址、电话号码、电传号码、邮政编码等,以方便联系。需要说明的是,招标企业和招标承办单位的名称可能不一致,因为承办单位或许是招标企业下属部门或委托单位。例如,招标业主是中国技术进出口总公司,而承办者则可能是该公司下属的某一业务部门。

2. 内部发售的招标文书

内部发售的招标文书只出售给前来投标的企业,包括投标企业资格审查文书、招标章程、投标企业须知、技术质量要求、购销(发包)合同等。这类招标书均由标题和正文构成。

(1) 标题。招标文书的标题基本上是固定的,如《投标企业须知》《技术质量要求》。如果招标业主自行审查投标企业资格,则要编制资格审查文书。因为其是常用图表格式,所以其标题通常也是固定的,即《投标企业资格审查表》。招标章程的标题一般由招标企业名称、招标项目核心内容摘要和文种构成,如《××省经济贸易委员会招标办公室外购、外协件招标章程》。

(2) 正文。《投标企业资格审查表》的正文主要列出招标业主想要了解的投标企业与完成招标项目有关的基本情况,即被审查的主要内容,如营业执照、等级证书;全员人数及技术人员、技术工人的情况;自有资金情况及开户银行出具的投标保证金存入证明;社会信誉、经营作风和履行合同情况;年承受工作量能力及已承担的任务(含正在施工和拟开工项目);企业业绩和施工经验;等等。

《招标章程》的正文主要说明招标的宗旨;招标的法律依据;招标项目名称(标的);招标、投标、开标的时间、办法、程序、要求;招标业主和投标企业应遵守的原则等。

《投标企业须知》的正文部分把没有或不宜写进招标公告和招标章程而投标企业又必须做到的一些具体要求、条件作出更为具体明确的规定。比如购买图纸,就可明确限定投标企业只能购买所要投标的单项图纸资料,不允许任何投标企业购买全套图纸资料。

《技术质量要求》即主要招标项目、设备、零部件的技术质量要求。它要根据招标项目、设备和零部件的性质、用途分类编制,一般绘制成图表比较适宜。特别要注意的是,技术质量标准一定要明确具体,要注明是国际标准、国家标准还是部颁标准等。

《购销(发包)合同》的内容和格式与一般合同基本相同。

(四)写招标书应该注意的问题

写招标书之前,撰写人必须充分做好市场的调查研究工作,了解市场的信息,明确招标项目的标准和条件。一般先把招标的目的、图样、材料、技术要求、货样等对外公布,印成文件,以备投标人索取或购买。

【例文】

例文的内容请扫描右侧二维码。

南水北调中线京石段应急供水工程(北京段)惠南庄泵站工程建设监理招标公告.pdf

三、投标书

(一)投标书的概念与特点

投标书是与招标书相对应的，投标书是对招标书的回答，它是投标人按照招标书提出的条件和要求，向招标人提出订立合同的建议，是提供给招标人的备选方案。

写投标书之前，必须对招标的项目进行周密的调查研究，并充分了解市场信息，做到知己知彼，成本核算合理，报价不高不低，既要有竞争力，又能获得一定的利润。

投标书的特点如下。

(1) 实事求是。投标书的各项内容要在专家充分论证的基础上实事求是地认真填写。因为一旦决标，中标人将被告知在规定的期限内与招标人签订合同，所以切忌为中标而毫无把握地许诺。

(2) 具体清晰。要写明投标的具体内容，比如，采用什么样的方法措施，达到什么目标和要求，采用什么科学技术，获得什么经济效益，等等，都应该清楚明白，否则就无法使招标单位确认。

(3) 准确准时。投标书写好后要加盖投标单位和负责人的印章，密封后，在规定的有效期内及时寄(送)招标人。

(二)投标书的种类

按投标的使用对象划分，投标书可分为以下三大类。

(1) 生产经营性投标书，如建设工程项目投标书、承包经营投标书、产品扩散投标书、劳务投标书等。

(2) 技术合作性投标书，如科研课题投标书、重大关键项目投标书、技术引进或转让投标书等。

(3) 生活投标书。

按投标书的形式划分，投标书可分为表格式与说明式两种。

(三)投标书的结构及写作要求

投标文书又称标单、标函。其种类依投标项目的性质划分，有生产经营性投标文书，如建设工程项目投标文书、承包经营投标文书；有技术合作性投标文书，如科研课题投标文书以及技术引进、技术转让投标文书等；有商业贸易性投标文书，如采购物资设备投标文书等。

投标文书写作的内容、数量、文种，应根据招标文书的要求和投标的实际需要而定。以商业贸易性投标文书为例，主要有《投标企业资格审查表》《投标商业条件表》《投标价格表》三种，其格式一般也是由标题、正文和结尾三部分构成，还有的包括附件共四部分构成。

(1) 标题。投标文书的标题格式基本相同，都是由"投标"、内容名称和文种三项组成，如《投标申请书》《投标答辩书》《投标企业资格审查表》《投标商业条件表》《投标价格表》等，有的简单写成"投标书"也未尝不可。

(2) 正文。投标文书的正文部分因投标文书的性质、作用不同而有所不同，但开始部分，首先应该表明承担招标项目的意向和愿望，并写明投标的依据和主导思想。

《投标企业资格审查表》是招标业主印制发售的，投标企业填写的核心目的就是如实反映本企业的基本情况，让招标业主对本企业有一个基本了解，取得信任，以便取得投标资格。该文书在结构上主要是表格形式。

《投标商业条件表》的主要内容有可供商品名称、日供数量、可供总量、交货地点、交货方式、服务条件和补充说明等。

《投标价格表》的主要内容有可供商品或零部件名称、数量、材质，可达到的质量标准、单价、补充说明等。

(3) 结尾。投标文书的结尾主要由投标企业的印鉴和法人代表的签章及日期、地址、电话号码等构成。这一部分看似简单，却是必不可少的；否则，就是无效投标文书。

投标文书写作质量对能否中标至关重要，投标文书要始终紧扣招标文书中提出的问题、要求、条件，逐一予以说明。计算的数据要精确，报价要适度，价高则不易中标，价低则可能亏损，应认真复核。投标文书要装订齐整，严格密封，标价不能泄露。

(4) 附件。附件要将单位项目的主要部分的标价及主要材料、设备等予以说明。

【例文一】

投标申请书

招标单位：

我方经仔细研究，在充分理解并完全同意《××市××区水利工程建设施工招标公告》及其附件的基础上，经我方法定代表人授权，由(委托代理人姓名)作为我方全权代表，并以(申请人的名称)的名义，向你方提出投标申请。

我方愿意接受你方及其授权代表的查询或调查，以便核实我们递交的与此申请相关的报表、文件和资料。本申请书还将授权给我们的开户银行、客户以及相关的个人或机构的授权代表，按你方的要求，向你方提供与此申请有关的证明资料，以供你方核实我方在申请中提交的有关报表、文件和资料。

我方在此声明，申请文件中所提交的报表和资料在各方面都是完整、真实和准确的。如出现不完整、不真实、不准确的资料，我方愿意承担由此引起的一切后果。

申请人名称：×××
法定代表人签名(公章)：×××
授权代表签字：×××
××××年×月×日

【例文二】

投 标 书

致：×××公司

根据贵方×××××××项目招标采购所需的货物和有关服务的招标编号为×××

的招标书及相应的修改书，×××(投标人法定名称)，授权签字代表××(名称、职务)提交投标书正本壹套、副本××套。

投标书由下列文件构成。

——投标书。

——投标一览表。

——投标报价表。

——对招标文件中主合同文本及商务附件响应的文件。

——对招标技术文件响应的文件。

——货物说明一览表。

——服务说明一览表。

——商务条款偏离表。

——由×××(银行名称)出具的投标保证金，金额为××(币种、金额)。

——投标人资格证明文件。

——投标人授权投标人代表签署投标书的授权书。

我们已详细审阅了全部招标文件及相应的修改书，如果中标，我们将按招标文件的规定履行合同的责任和义务。

我们按招标文件及相应修改书的要求，提供和交付的货物和服务的投标总价为××(币种、金额)。

此外，签字代表授权同意如下。

(1) 本投标书的有效期为自开标日起90天。

(2) 如果在开标后，我们在投标有效期内撤回投标，其投标保证金将被贵方没收。

(3) 我们同意提供按贵方要求的与投标有关的一切数据或资料，完全理解贵方不一定要接受最低价的投标或收到的任何投标。

(4) 如果我们中标，我们将按招标文件要求，于收到中标通知书20天内提供履约保函，其金额为合同金额的10%。

(5) 如果我们中标，我们将按招标文件要求，于收到中标通知书20天内，以××方式向贵方支付招标佣金，其金额为投标总价的××%，即××(币种、金额)。

(6) 如果我们中标，我们将按招标文件要求与业主(或代理)签订正式供货合同，本投标文件和贵方的招标文件，以及相应的有效修改书及澄清文件，将构成正式供货合同及合同附件的基础。

与本投标有关的一切正式联系地址、电话、传真如下。

地址：×××

电话：××××

传真：×××××

邮编：××××××

电子信箱：×××××

联系人姓名、职务：×××

投标人：(加盖公章)

签字人：(授权代表)×××

签字日期：××××年×月×日

(四)写投标书应注意的问题

投标书对招标文件提出的条件和要求，必须有明确的回答，说明文字一定要准确、严密，数字要真实无误。在报送投标书之前，要对投标书做最后的检查，如标书是否已加盖印章、字迹是否清楚、是否已密封好、能否在规定的时间内将标书寄到等，以防止无效的废标书出现，给整个投标工作带来不必要的损失。

第六节 经 济 情 报

一、经济情报的概念及作用

(一)经济情报的概念

经济情报是针对人们从事经济活动的需要，传递的新知识能起借鉴或参考作用的一种应用文体。

广义的情报是信息的传递；狭义的情报是知识的传递。情报既具有知识的性质，又具有信息的性质。信息成为情报一般都要经过信息的选取、综合、分析及研究等信息加工过程。信息是并列的，知识是组合起来的信息，而情报则是知识的传递部分。经济情报就是把知识中的特定经济部分传递给使用者的一种载体。

经济情报是经济管理部门决策的重要依据，是提高管理水平、加速经济发展的重要手段，是存储信息、发展管理科学的重要资源之一。

(二)经济情报的作用

(1) 科学决策。国民经济各部门的领导人，可以从经济情报中了解各方面经济发展的动向、水平以及经济技术指标等，以之作为制订计划、指挥生产、进行科学决策的依据。

(2) 课题研究。科技工作者可以利用经济情报确定科研项目，选择攻关课题，落实研究步骤，决定研究方案，进行实验设计。

(3) 学术讨论。经济情报注重摆事实、讲道理，讲求有理有据、观点鲜明，这就使它显示出学术讨论的价值。特别是经济情报中的述评，通过深化文献、评价文献，总结一定时期的科学技术成就，从而纠偏固正、明确方向，推动科研工作不断发展。

(4) 信息存储。经济情报通过文摘、动态、简讯、综述等文章样式表现出来，可以存储信息，便于检索资料。

二、经济情报的种类及特点

(一)经济情报的种类

1. 索引与文摘

(1) 索引是为检索作引导的情报文献。索引有题录索引和内容索引之分。题录索引列出文献题目，内容索引列出主题词；题录索引中的起止页码为文献全文在所载期刊中的起止页码，而内容索引仅标出文献中与主题词有关的起止页码。

(2) 文摘是对书籍或报刊中文章的扼要摘述。它属于二次文献，是原始文献经过筛选、加工而成的精品。文摘可以分为三类：①简介，它用较少的笔墨给读者指明原始文献论述的范围和主要内容；②提要，它是概述原始文献的主要论点、研究过程、创新内容，并得出所包含的定量数据的一种文献；③摘要，是指对原文的选录和引述或节略。

经济文摘直接对报道经济活动内容的文章、书刊进行浓缩，在忠于原始文献的基础上，把文章或书刊的内容压缩成一篇语意连贯的短文。

2. 动态与简讯

(1) 动态是对眼前发生的或正处于运动状态的具体事实作报道的一种形式，又称"快报"。其类型主要有四种：事件动态、非事件动态、预告性动态和解释性动态。

(2) 简讯是非常简短的情报文献，它用极精练的语言，简明扼要地报道一件事、一个问题，所以又称快讯、简明新闻等。

3. 综述和述评

(1) 综述是对某一课题的有关资料进行归纳概括、分析提炼而形成的综合性情报。

(2) 述评是对一次和二次文献进行归纳、整理、分析，就某一领域或某一专题，发表评论性观点和意见的文献。

(二)经济情报的特点

(1) 知识的时效性。经济情报的最大特点是除真实准确以外，还必须是最新、最近的。提供情报的时差是影响情报价值的重要因素。

(2) 使用的价值性。情报能解决现实和未来的实际问题，具有使用价值。

(3) 传递的社会性。情报是记录下来的知识，只有传递以后才称为情报。如果长期储存在资料库里，不通过印刷、复制或其他技术手段传递到使用者手中，再好的情报也不能发挥作用。近20年来，有些国家从事情报、运输、服务行业的人数，超过了从事物质生产的工农业人数；这表明，情报已成为现代化社会的必需。

三、经济情报的写法

(一)索引与文摘

(1) 索引的编写比较简单，一般是摘记书刊中的题目或内容，按一定次序分条排列，各条下标注出处，标明页码或期数，供人查询。

(2) 文摘的编写方法有浓缩法和移植法两种。浓缩法，即把原始文献中所包含的情报按其重要性进行不同程度的浓缩；移植法，即把原始文献中的有益情报密度最高部分以适当压缩的形式移入文献内。不论采取何种方法，能否编好文摘首先取决于对原始文献是否深入地进行了研究，是否真正领会了它的精神实质。

编写文摘正文，要写出经过选择和确定的内容要素。任何一本文摘中所含的有益情报，都可分解为若干要素。按照这些要素在文中的意义，大致可将其分为两类：第一类要素，包括新思想、新假设、新发现、新发明、新设备、新结构、新工艺、新材料、新性能等，这些都属于必须传递的新情报，是文摘的必备素材；第二类要素，是那些基本上不是最新材料，但能起到补充说明作用的材料，这在文摘中可适当编入。

此外，编写文摘时还应列出著录事项，包括文摘号、题目、作(译)者姓名及原期刊(图书)名称、年、卷、期、起始页次、文别等，都要写准写全。出版社的名称、国别、专利号及专利批准日期、科技报告代号等，要按规定书写，刊名要采用标准的缩写法。最后，要写出文摘员的姓名。

(二)动态与简讯

1. 动态的写法

(1) 整篇文章概括叙述。比如，《经济工作通讯》登载的文章——《山西省邀请日本退休专家在中国"发挥余热"》，整篇文章高度概括。全文仅用 300 字，就把山西省有关单位邀请 4 名日本专家来山西进行技术指导和学术交流的情况，准确、鲜明、生动地表达了出来。

(2) 夹叙夹议。这类动态十分重视抓个性，即抓事物的特点，使共性寓于个性之中。如果我们能在充分认识个性的基础上进行政策宣传，旧政策也能报道出新东西来，如《经济工作通讯》报道了山西省大同市农民白诚兴办 20 个工商企业的情况。文章介绍了白诚创业的 4 条宝贵经验，评价了白诚走的兴业之道是一条"兴旺发达，前景无量"的阳关道，还宣传了党的富民政策和支持"独自办企业，不求国家贷款，走集资兴业之路"的经济政策。

2. 简讯的写法

简讯要求高度概括，能简明扼要地报道一件事、一则信息，一般不交代事情发生的过程和背景。其最大特点是短、快。简讯的结构主要有三类。①导语、主体、背景齐全。这种结构在简讯中不多见。②只有主体部分。在主体部分中，可以有一点背景材料，有的连背景材料也没有，只把某件事说清楚即可。这种结构的简讯较多。③导语式。整个简讯像一个比较完整的导语，时间、地点、事情的经过及背景都有所交代，但都不展开描写。也有的就导语的要求来说也不够完整，连背景都不交代。

(三)综述与述评

1. 综述的写法

(1) 横向综合。即就某一方面的问题，集中全国或一个部门、一条战线上带有全局性的情况、动向、成就加以报道。它是在掌握大量材料的基础上，通过分析和综合，然后提炼出主题。设计结构时，或按问题分类，或依观点剪裁，既要有全面性的概括材料，又要有代表性的典型事例，点面结合，中心突出，层次井然。

(2) 纵向综合。即某一单位，就发展到一定阶段的某一方面的情况，做综合总结性报道，使读者对它有比较全面的了解。综述的结构，一般包括引言、正文、结论、文献等部分。

2. 述评的写法

述评要求对所评价的对象有较系统、较准确的认知，掌握所评价的项目和内容的变革与来龙去脉，指出当前存在的问题和进一步发展的前景，预计可能遇到的困难等。

写综述与述评，都要深入调查，掌握事情发展的全过程，认真分析研究，抓住事物的特点，总结概括出规律性的东西。选材既要注意交代过去的情况，又要突出最新的事实；既要注意事物发展的连续性，又不能事无巨细地罗列现象。

【例文一】

1. 刘俊杰．中国区域经济的非均衡增长及战略选择．湛江师范学院学报：哲社版，1995.3.
2. 宋岭．坚持区域经济协调发展与缩小东西部差距．新疆日报，1996.1.23.
3. 王树林，邢祝国．我国区域经济发展现状及未来协调发展．工业技术经济，1995.6.

【评析】

以上三条是区域经济研究专题资料的索引。编者采取了浓缩法，即将原始文献中的精华部分浓缩出来。其原始文献大多是论文，故此论文的标题便是该文的文眼，于是上例索引便由标题、作者、发文刊物、发文日期组合而成。

【例文二】

例文的内容请扫描右侧二维码。

央行推动金融控股公司立法　加快制度建设.pdf

第七节　预算、决算报告，经济决策报告

一、预算、决算报告的概念、作用及特点

(一)预算、决算报告的概念

预算、决算报告是指经济独立核算单位定期向各级财政主管部门或人民代表大会所做的财政和财务方面预算计划、决算总结的书面报告。

预算是经济独立核算单位对未来一定时期内的收入和支出所做的计划，决算是对其收入和支出结果的总结。

财政预算、决算报告的报告主体是各级行政单位、事业单位和人民政府财政部门，其实质是财政资金的收支计划、运用结果的总结。财务预算、决算报告的主体是一般的企事业单位，其实质是单位财务方面的计划总结，有时企业单位直接称为"××单位××××年度财务计划"。

预算、决算报告的作用、内容构成和写作形式与计划、总结相仿，但它们的内容相对固定。特别是财政预算、决算报告，如财政预算的依据、各级预算编制的内容、项目等都由《中华人民共和国预算法》和《中华人民共和国预算法实施条例》明确规定，因此其写作程式化的特征也更为明显。预算、决算报告，一般采用报表加编制说明的形式，报表的内容、格式、名称和编制说明的内容在《企业会计准则》和《中华人民共和国预算法》《中华人民共和国预算法实施条例》中作出了明确的规定。

(二)预算、决算报告的作用

预算、决算是国家的方针政策在财经方面的具体体现,它除了具有计划、总结的一般作用以外,还有其自身的作用。

(1) 国家预算、决算是国家财政方面宏观调控的手段。国民经济是一个复杂的整体系统,涉及面广,影响因素众多繁杂,调控经济运行需要多部门的协调配合,计划指导、财政政策、货币政策是三大调控支柱。《中共中央关于建立社会主义市场经济体制若干问题的决定》提出"要建立计划、金融财政之间相互配合和制约的机制,加强对经济运行的综合协调、计划,提出国民经济和社会发展的目标、任务以及需要配套实施的经济政策,就要以稳定币值为首要目标,调节货币供应总量,并保持国际收支平衡,财政运用预算和税收手段,着重调节经济结构和社会分析,运用货币政策和财政政策,调节社会总需求和总供给的基本平衡,并与产业政策相配合,促进国民经济和社会的协调发展",这里明确指出了计委、财政、金融部门各自不同的职责和工作任务,它们相互制约、相互协调,共同实现统一的宏观调控的总体目标。我国国家预算是国家进行财政分析和财政宏观调控的重要手段。例如,对结构调整,特别是呈"瓶颈"状态的一些部门,可以通过国家财政预算支出,对"瓶颈"部门进行重点投资,通过税收等杠杆予以支持,配合国家计划和产业政策,完成其结构调整的目标,通过决算可以掌握预算执行的结果,把握经济和事业的发展情况,及时总结预算编制、预算管理、预算执行的经验,及时发现问题,为今后预算指标的确定、目标预测、增收节支、预算平衡提供经验,支持国民经济正常有序地发展。

(2) 一般财务预算、决算报告具有管理和调节功能及控制、约束和评价作用。财务预算是在决策基础上编制的财务计划,是财务决策所确定的经营目标的系统化和具体化,它可以有效地加强领导,使单位各部门和全体职工明确财务管理方面的奋斗目标以及收入成本和利润方面应达到的水平及努力方向,使各项财务指标收支管理做到有计划、有控制,并可以据此检查经营成果,评定工作成绩。而决算报告可以总结本期预算的执行情况,可以通过对财务数据的全面分析使上级主管部门和单位各部门了解情况,可以看到成绩,发现问题,找出差距,促进今后工作的开展,可以为本单位有针对性地改进财务管理工作、制定新一期预算和为上级有关部门的宏观决策提供依据。

(三)预算、决算报告的特点

预算、决算报告主要有如下特点。

(1) 作用的法规性或约束性。预算、决算报告是依法编制和依法执行的,国家为了强化预算的分配和监督职能,健全国家对预算的管理,加强国家宏观调控,保障经济和社会的健康发展,根据《中华人民共和国宪法》制定了《中华人民共和国预算法》及《中华人民共和国预算法实施条例》。它们对预算编制内容、编制程序、预算管理和审批、预算执行和调整、决算监督等都作出了明确的规定,从事预算工作的部门和人员必须遵照执行。

(2) 写作的程式性和编制的程序化。我国的预算和决算都是经过严格的程序汇总编制完成的,从编制到审批执行等都必须遵守各项法规。例如,财政预算的依据、各级预算编制内容、项目等都由《中华人民共和国预算法》和《中华人民共和国预算法实施条例》明确规定,每年的预算、决算原则,要求方法以及报送期限、报表格式由各级财政部门按照上级的统一部署作出规定和制发。因此,其表现出明显的写作的程式性和编制的程序化的特征。

(3) 分析的专业性和整体的科学性。我国的国家预算既是国家进行财政分配和财政宏观调控的重要手段，又是国家的年度财政收支计划，其指标的确定是在匡算和具体预算后完成的。这里的匡算和具体预算都必须依据科学的方法，如基数法和系数法。对预算执行情况的分析，也受有关法规的约束，且在时间上、分析方法上和分析内容上执行法规和上级的规定，从而表现出专业性和科学性的特点。

二、预算、决算报告的种类

(1) 按形式分，预算、决算报告可分为独立的预算、决算报告，合为一体的预算、决算报告。

(2) 按内容分，预算、决算报告可分为：财政预算、决算报告，财务预算、决算报告。财政预算、决算报告一般由财政部门编报；财务预算、决算报告一般由单位的财务部门编报。

(3) 按单位分，预算、决算报告可分为：中央预算、决算报告，地方各级政府预算、决算报告，部门预算、决算报告，单位预算、决算报告。中央预算、决算报告由财政部编制；地方各级政府预算、决算报告由地方各级政府的财政部门编制；部门预算、决算报告和单位预算、决算报告由该部门、该单位有关部门编制完成后，交同级人民代表大会或上级业务主管部门审批核准。

(4) 按写作格式分，预算、决算报告可分为：报告式预算、决算报告，公文式预算、决算报告，文章式预算、决算报告。报告式预算、决算报告一般是交同级人民代表大会审议，所以格式上有称谓、前言和结束语；公文式预算、决算报告一般是上报业务主管机关的，所以格式上有主送机关；文章式预算、决算报告一般是企业的财务计划和总结，没有特殊的格式要求。

三、预算报告的内容和结构

《中华人民共和国预算法》规定，国家实行一级政府一级预算，设立中央，省、自治区、直辖市，设区的市、自治州，县、自治县、不设区的市、市辖区，乡、民族乡、镇五级预算。同时规定了各级预算的组成及预算管理职权、预算收支范围、预算编制的有关要求；并指出"各级预算应当做到收支平衡""中央预算和地方各级政府预算，应当参考上一年预算执行情况和本年度收支预测进行编制""地方各级预算按照量入为出、收支平衡的原则编制，不列赤字""各级预算的编制应当与国民生产总值的增长率相适应""各级预算支出的编制应当贯彻厉行节约、勤俭建国的方针"等。

在预算草案编制工作开始之前，首先由国务院于每年 11 月 10 日前，向省、自治区、直辖市和中央各部门下达编制下一年度预算草案的指示，提出编制的原则和要求，财政部在国务院下达指示后具体部署预算草案编制事项，制发预算收支科目、报表格式、编报方法等。中央各部门以及各省、自治区、直辖市，根据国务院的指示和财政部的部署，结合本部门、本地区的具体情况，提出编制本部门、本行政区域预算草案的要求，并具体部署本部门所属单位、本行政区域所属地区单位预算草案的编制工作。预算草案的编制一般采取自下而上或自上而下的编制程序。

一般企业单位和部门也从全面预算的角度特别提出财务预算的任务、要求和方法。一般的企业单位经过预测和决策将企业未来经济活动各方面的主要目标和任务确定后,为了保证完成预定的目标和任务,还须通过制定全面预算,规划和控制企业未来的全部经济活动。全面预算管理是企业管理特别是现代企业管理的重要内容和手段之一。它用数量表达的形式来反映与概括企业的全部经营活动,是对企业全部经营活动实施计划的数量说明。全面预算包括经营预算、专门决策预算和财务预算。其中财务预算以金额的形式反映经营预算和专门决策预算的结果,成为经营预算和专门决策预算的总决算。企业的计划、决策、控制和考核都综合在预算的编制与实施过程中。

(一)财政预算报告

1. 财政预算报告的内容

预算报告实际上是反映收支计划一系列数据的表格。在报送预算草案的同时,还要求编写预算说明。这里所说的预算报告的内容实际上是指预算说明的内容,它主要包括以下几个方面。

(1) 编制预算的指导思想、原则、目的和依据。它要围绕党和国家的方针、政策,上级的有关指示精神,国家分配的任务指标,并结合本单位、本部门的实际,说明预算编制的指导思想、原则、目的和依据。

《中华人民共和国预算法实施条例》规定了各级政府编制年度预算草案的依据:①法律、法规;②国民经济和社会发展计划、财政中长期计划以及有关的财政经济政策;③本级政府的预算管理职权和财政管理体制确定的预算收支范围;④上一年度预算执行情况和本年度预算收支变化因素;⑤上级政府对编制本年度预算草案的指示和要求。

《中华人民共和国预算法实施条例》规定了各部门、各单位编制年度预算草案的依据:①法律、法规;②本级政府的指示和要求以及本级政府财政部门的部署;③本部门、本单位的职责、任务和事业发展计划;④本部门、本单位的定员、定额标准,本部门、本单位上一年度预算执行情况和本年度预算收支变化因素。

以上定性内容都应或虚或实、或简或繁地写入指导思想和原则部分。

(2) 收支总额在预算报告中要列明预算年度收入的总数、支出总数、平衡预算数以及与上年相比的增减情况。

(3) 收入和支出的构成及安排。这是报告的重要部分,包括收支规模和收支结构。它必须列举收支构成项目的数据及具体的安排,有时还要就收入的主要项目简要说明其可行性,就支出的主要项目说明其必要性。

(4) 预算安排的政策、缘由。它一般是在列举收支数据的基础上,综述预算体现的政策特点,即体现党和国家的路线、方针、政策的贯彻执行情况,说明预算安排的缘由。这一部分可以理解为指标增减或安排原因的解释。

(5) 提出完成预算的工作措施或工作重点。它要根据指标的安排情况提出任务要求,在分析基本情况的基础上,有针对性地提出完成任务的指标,并制定出有力而又切实可行的措施。

2. 财政预算报告的结构

(1) 标题。报告式预算报告和报刊上发表的预算报告的标题形式固定，一般由"关于+单位+期限+内容+文种"组成，如《关于××省××××年财政预算草案的报告》。

(2) 称谓或主送机关。提请大会审议的预算报告一般用称谓："各位代表""各位委员"。上级主管单位的预算报告，一般用主送机关。

(3) 正文。正文一般采用分条列项和条款式的写作方法，具体写明预算报告的内容。它的写作顺序如下。①编制报告的指导思想和原则。要或虚或实、或简或繁地指出"根据党和国家的方针、政策以及上级的有关指示、部署"，提出国民经济和社会发展计划、财政经济政策，说明国家和上级分配的任务指标；概述上期预算的执行情况；表示"结合本单位、本部门的实际"，最后具体说明指导思想和原则。这里的"指导思想"是要重点说明的部分。②收支总额。要列明预算年度的收入总数、支出总数、平衡预算数以及与上年相比的增减情况。③收入和支出的构成及安排情况，其中包括收入款项、增减情况和平衡情况；支出款项、增减情况和平衡情况；收支安排。④预算安排的政策、缘由，即指标增减原因和政策依据。⑤完成预算的工作措施或工作重点与要求等。

正文部分内容的安排没有统一的要求。分条列项的写作形式一般将全文分成几个部分，即将以上内容合并或独立组织。比较常见的形式如下。①分成预算安排概况、收支项目的具体安排和有关说明以及完成预算的措施三部分。预算安排概况是指包括编制预算的指导思想和原则、目的和依据、收支总额在内的情况概述。收支项目的具体安排和有关说明，包括收入和支出的构成及安排情况和预算安排的政策、缘由。完成预算的措施，即完成预算的工作措施或工作重点或有关工作部署。②分成预算的指导思想和原则、预算安排和完成预算的措施三部分。这里的"预算安排"部分包含了"收支总额""收入和支出的构成及安排情况""预算安排的政策、缘由"等项内容。这一部分可以按上面的顺序组织，也可以按"收入总额—收入细目—增减情况—平衡情况—收入安排""支出总额—支出细目—增减情况—平衡情况—支出安排""预算安排的政策、缘由"的顺序来组织。③分成预算内容、预算说明和工作安排三部分。预算内容包括预算编制的指导思想和原则、收支总额、收入和支出的构成及安排情况。预算说明即预算安排的政策、缘由。工作安排即完成预算的工作措施或工作重点与要求等。

条款式的财政预算报告可以参照规章制度的写作形式在第一部分"总则"或"第一条"里写明编制预算的指导思想，在"细则"或"第二条""第三条"……里逐一写明具体的预算内容和有关的工作要求、工作部署等。

(4) 签署。报告式预算报告的署名和报告日期在标题之下，签署部分可以省略；上报的预算报告需在正文的右下方写明报告时间，有的还需要单位财务负责人和单位主管财务的领导签名和盖章。需要指出的是，提请大会审议的报告式财政预算报告在格式上还需要有开场白和结束语。

开场白一般由报告人交代接受机构或组织的委托，代表机构或组织向大会作《关于××地区××××年度的××的报告》，同时表示请予审查、提出意见等。

结束语一般先承前面的称谓"各位代表"等，然后是表决心，发号召，提要求，同时用鼓动性的语言展望未来，增强与会人员的信心，振奋与会人员的精神。

(二)财务预算报告

1. 财务预算报告的内容

一般企业的财务预算报告的写作没有财政预算报告那样统一和严格的要求。一些管理不太严格的企业，特别是中小企业和私人企业，甚至没有编制预算报告的写作要求，有关的预算内容仅以数据的形式反映在会计的计划报表中，或以寥寥数语写入单位年度计划的某一项里。大中型企业的管理和预算的编制比较严格，财政和二级预算单位也有写作财务预算报告的惯例和要求，但它们往往由上级部门布置任务，制定报表，提出格式要求和撰写要点等，因此个体与个体之间存在较大的差异。概括起来说，财务预算报告的内容、具体预算项目资金来源及其行业、业务等可能有较大差异，但结构形式和内容构成基本相同。因为任何一个企业的财务报表及财务报告或报表的文字说明内容都要遵守《企业会计准则》等相关法规的有关规定。

(1) 编制预算的指导思想和原则。要围绕党和国家的方针、政策以及上级的有关指示精神、任务指标，并结合本单位、本部门的实际，说明预算编制的指导思想和原则。一般企业预算报告的指导思想主要侧重业务方面，常常把深化体制改革、提高经济效益作为指导思想的基本内容。

(2) 上期预算的执行情况概述及结果分析。要将上期工作和经营情况进行概述，然后认真分析，在简要列举上期计划和财务指标完成情况的基础上，指出工作取得的成绩、存在的问题，总结出经验教训，并将其作为本期拟订计划指标的依据和指标增减的原因。

(3) 本期的收支安排。它是财务预算的核心部分，必须列举收支项目和构成项目的指标数据。

(4) 完成预算任务的措施和要求。要根据有关的政策法规和单位的实际情况提出具体的要求，并在分析基本情况的基础上，有针对性地提出完成任务指标有力且又切实可行的措施。

2. 财务预算报告的结构

(1) 标题。标题一般采用公文式标题，由"报告单位+报告期+报告内容+文种"构成，如《×××企业集团××年财务预算报告》。

(2) 称谓或主送机关。大会上宣读的预算报告一般用称谓，如"各位代表""各位委员"等。而上报的预算报告一般用主送机关，如"××市××局"等。

(3) 正文。正文一般分为三部分：前言、主体、结尾。①前言。前言主要写编制预算的指导思想和原则，还可以写编制预算的依据和目的。"依据"包括上期预算的执行情况概述。②主体。主体主要有两种结构形式：第一种，第一部分谈上期预算执行结果情况和本期预算安排，第二部分可以谈措施和步骤；第二种，第一部分谈本期预算安排，第二部分写完成预算的措施、步骤和要求。其中第一种结构形式在单位的财务预算报告中更为常见。③结尾。财务预算报告的结尾同"计划"的结尾，可有可无，一般预算报告主体的内容写完了即结束全文，但有些预算报告从结构上考虑，需另写结尾。这时的结尾可以提要求、发号召、谈希望。

(4) 签署。财务预算报告签署的要求与财政预算报告的相同。

四、决算报告的内容和结构

《中华人民共和国预算法实施条例》规定，财政决算报告的内容是预算收支的年度执行结果，编报时间一般在每年的第四季度，未经审批前称决算草案。其中，第八十三条和第八十四条分别指出，"各级政府财政部门、各部门、各单位在每一预算年度终了时，应当清理核实全年预算收入、支出数字和往来款项，做好决算数字的对账工作"；"各单位应当按照主管部门的布置，认真编制本单位决算草案，在规定期限内上报"。

在我国，决算分为中央决算、地方各级政府决算和单位决算。一般说来，有一级政府就要编制一级独立的预算。每一个预算年度终了后，各级人民政府、各部门、各单位都要编制决算草案。单位决算是指政府各部门所属的行政、企业、事业单位，按其主管部门部署编制的本单位的决算草案；部门决算是指各部门在审核汇总所属各单位决算草案的基础上，连同部门本身的决算收支数字汇编而成的本部门决算草案。县级以上各级财政部门是各级财政决算的编制机关，它根据本级各部门决算草案汇总编制本级政府决算草案；财政部根据审定后的中央各部门的决算草案汇总编制中央决算草案。

目前，我国不直接参与财政决算汇编的单位，主要是一些集体、私营、外资独资和合资企业。它们都无上级主管部门，自负盈亏，独立核算，它们执行《企业会计准则》，每年按规定向税务机关缴纳税款和相关财务报表。它们的年终决算，按有关规定编报会计三表(损益表、资产负债表、现金流量表或财务状况变动表)和有关的决算说明书，上报税务机关。个别地区，如享受特殊优惠政策的开发区，相同的报表和决算说明书同时上报基层财政部门。

(一)财政决算报告

1. 财政决算报告的内容

国家决算是自下而上层层汇编而来的，因此我们将决算报告按编制主体分成单位决算报告、地方各级政府决算报告和中央决算报告。

(1) 单位决算报告的内容。单位决算是各级决算编制的基础，每个预算年度终了后，各基层单位都应按主管部门的部署在进行年终清理的基础上编制单位决算草案。决算草案编成后，再编制决算说明或决算报告，作为预算执行情况的文字总结，这就是习惯上所说的决算报告。上报的决算报告包括决算报表(决算草案)和编制说明两部分。决算报告应根据决算收支数字和事业业务计划完成情况，以及平时积累的有关资料编写，主要包括以下内容。

① 事业或业务的发展情况。
② 单位预算执行的主要情况以及支出、超支或节支、收入超收和短收的原因。
③ 业务计划完成情况及其原因分析。
④ 各项事业发展的成果和费用开支水平，以及定员定额的分析比较。
⑤ 预算管理、财务管理方面采取的主要措施，取得的经验和存在的问题，以及今后提高管理水平的改进意见，等等。

(2) 地方各级政府决算报告的内容。地方各级政府决算是由本级财政部门编制的，决算草案也由决算报表和决算说明两部分构成。决算说明主要包括以下内容。

① 情况概述。其中包括预算执行情况概述(遵循的方针、主要举措、形势变化与执行情况总评)、事业发展情况概述、总收支完成情况等。

② 具体情况的分析说明。其中包括收入情况的分析说明、支出情况的分析说明、结余情况的分析说明、预算变动情况的分析说明、预算管理情况的分析说明和其他情况的分析说明等。

③ 预算执行情况总结。其中包括有效的做法、成功的经验和存在的问题等。

(3) 中央决算报告的内容。中央决算草案是财政部根据中央各部门、单位决算草案进行汇编而成的。中央决算草案完成后须编写决算说明书，并报国务院审定，由国务院提请全国人民代表大会审查批准。在全国人民代表大会开会期间，由财政部部长做报告。这通常是与下一年度的预算草案审批同时进行的。其时，如果决算草案尚未编成，可先提交年度预算执行情况的报告。我国每年的中央决算报告一般在下年的 6—7 月，交由全国人民代表大会常务委员会审批。它也由决算草案和决算说明构成。

2. 预算执行情况报告和决算报告的区别

预算执行情况的报告和决算报告从内容到写作重点都有一定的差异。

预算执行情况的报告的主要内容如下。

(1) 经济(事业)发展情况概述及预算执行情况总评。

(2) 预算收支的完成情况概述。其中包括：财政总收入和总支出数、同预算比的增减情况、同上年比的增减情况。例如，"××市全年收入预算为 58 800 万元，实际完成数为 64 650 万元，全年超收 5 850 万元，超额 10%完成了预算收入任务。支出预算为 30 600 万元，实际完成数为 28 620 万元，结余 1 980 万元，节约了 6.5%，全年超收加节余为 7 830 万元。"

(3) 各项收入和支出的完成情况。其中包括财政各主要收入项目的完成情况及与预算和上年比，各主要支出项目的完成情况及与预算和上年比，其他单独列项的收支完成情况、平衡情况等。

(4) 预算完成结果的分析。其中包括影响预算收支的基本因素分析；执行情况的具体评价；成绩和成功的做法；问题和产生问题的原因及有关情况说明。这里所谓的"影响预算收支的基本因素"一般是固定的，而其所受影响和情况是不同的。比如，财政收入的主要项目是税收，占税收较大比重的是其中的工商税收，而影响工商税收的主要因素是国民经济计划的执行情况、税制本身的变化(税种是否有增减、税率是否有调整等)、国家的物价政策等。因此，总结经验和教训、发现问题并说明产生问题的原因就成为预算执行情况报告的一项核心内容。"有关情况说明"主要是对政策调整和一些不可预见的因素造成的决算与预算出入较大情况的说明。

(5) 今后的努力方向和工作的改进措施。这一部分的内容一般不展开，更多情况下，预算执行情况报告和下一年度的预算草案同时在同级人民代表大会上被宣读。因此，这一部分内容可以省略，或者调整到预算草案中重点展开。

预算执行情况报告因在每年 3 月前后的人民代表大会上被宣读审议，并被各大报纸杂志刊载，且被收入各种经济类年鉴中，所以影响很大；又因它是对预算执行情况的全面总结和评述，有介绍、有分析、有概括提炼、有评价，内容也更为全面。而决算报告一般是在每年的 6—7 月完成的,有关的预算执行情况已在全国人民代表大会上审议通过,那么财政决算报告的主要内容只是对决算草案的说明(少分析,少提炼,多客观介绍),说明项目之下主要是最后的决算数据。相关的经验教训总结采用简单带过的概述形式,不予展开。相对来说,决算报告较预算执行情况报告在内容和写作上都简单得多。

决算报告的具体内容如下。

(1) 概述。其中包括简单的财政情况评价和决算总收支情况介绍以及平衡情况简介。

(2) 决算收支情况分述。其中包括财政收入主要项目的决算情况和数据增减情况、财政支出主要项目的决算数据和增减情况、其他收支项目的决算数据和增减情况。

(3) 有关说明。这里主要是指决算数额与预算执行情况报告中相同项目的数额是否有变化,以及数额变化的情况和原因等。

(4) 预算执行情况总结。其中包括总评、主要成绩和问题、今后努力的方向等,但不予展开。

3. 财政决算报告的结构

(1) 标题。标题采用公文式标题形式。在大会上宣读的决算报告的标题是"关于+×××单位(包括地区范围)+××××年+内容+文种"。例如,《关于××省××××年财政决算草案的报告》。

经审议通过,并反映决算最终结果的决算报告(国家决算报告在第二年 6—7 月公布)的标题是"×××单位(包括地区范围)+××××年+文种"。例如,《××市××××年财政决算报告》或《关于××市××××年财政决算的报告》。

(2) 称谓或主送机关。其写法同预算报告。

(3) 正文。正文一般分为三部分:前言、主体和结尾。

① 前言。前言一般写经济发展和事业发展情况概述,相当于总结开头的工作概况。有时财政总收支的决算情况概述也放入这一部分。

② 主体。主体一般先总述财政、财务总收支的决算结果及平衡情况,然后分述各项预算收入和支出的完成情况,最后分析预算完成情况。通过分析、总结成绩和经验,指出预算执行中的问题和产生问题的原因(包括对一些不可预见因素的说明)。

主体可以采用分条列项的写作方法,常见的结构形式有:第一,决算情况总述;第二,决算项目及数额分述,即各主要收入项目的完成情况,各主要支出项目的完成情况,其他单独列项的收支完成情况分述;第三,情况分析。

还有一种结构形式也比较常见,它将"决算收支总述"调整到前言部分,"今后的努力方向和对工作的改进措施"由结尾调整到主体里,具体结构形式如下:第一,收入情况(收入总额—主要收入项目的完成情况—其他收入项目的完成情况—收入完成情况的评价和分析);第二,支出情况(支出总额—主要支出项目的完成情况—支出项目完成情况的评价和分析);第三,经验和问题,以及今后的努力方向和对工作的改进措施。

③ 结尾。结尾一般写今后的努力方向和对工作的改进措施。上述第二种结构形式一般无结尾。

(4) 签署。其写法与预算报告相同。

报告型的决算报告也有开场白和结束语,其内容同预算报告。另外,除在报刊上发表的、大会上宣读的预算、决算以外，它们都带预算、决算报表或会计报表，而且是报表作主件，文字说明作附件。

(二)企业财务决算说明书(决算报告)

1. 企业财务决算说明书(决算报告)的内容

企业财务决算说明书与财政决算报告的内容有明显的不同，但结构形式相仿，写法灵活。它主要是对年终结算三表(损益表、资产负债表、现金流量表或财务状况变动表)的项目内容和变化情况进行补充和说明，重点是对决算内容及决算与计划比(包括与预算比)、上年比的增减情况进行表述、评价和分析。

(1) 概况。这一部分概述报告的基本情况，主要是单位事业、经营活动的发展情况，一般包括主要成绩或业绩、主要问题，为下面具体介绍决算情况打下良好基础。

(2) 预算执行结果(或者是财务计划指标的完成情况，决算结果)概述，即收入、支出总数的完成情况，以及它同计划比、同预算比、同上期比的增减情况。

(3) 收入支出各主要构成项目(或企业财务计划及报表中的重要项目，如产量产值、成本、费用、利润等)的完成情况。这里的"主要构成项目"应该与预算或计划项目口径一致，要写出具体的决算数额以及它们与计划比、与预算比、与上期比的增减情况。

(4) 影响预算执行或计划指标完成的原因分析和经验总结。这一部分的写作类似于总结，是决算报告的核心。

(5) 财务管理工作情况及效果。

(6) 存在的问题及今后的打算。

2. 企业财务决算说明书(决算报告)的结构

(1) 标题。标题由"报告单位+报告期+报告名称"组成。例如，《××市商业局××××年财务决算说明书(或决算报告)》。

(2) 正文。正文由前言、主体和结尾组成。

① 前言。前言概述报告期的基本情况。

② 主体。主体包括具体预算执行结果(或者是财务计划指标的完成情况)的总述和分述；指标增减原因和成功做法总结；财务管理工作情况及效果；等等。

③ 结尾。结尾简述存在的问题及今后的打算。

正文的结构形式主要有两种：一种是并列结构形式；另一种是递进结构形式。所谓并列结构形式，是指先概述基本情况和预算计划的完成情况，然后按指标分项，在各个项目之下先介绍此项指标的完成情况，然后是完成情况分析—计划执行结果评价—概括成绩和问题—改进措施。所谓递进结构形式，是指先概述基本情况和预算计划的完成情况，然后是综述各种指标的完成情况—综合分析评价—提炼出成绩和问题—综述改进措施和今后的努力方向。还有一种结构形式是先按报表来分类，再分别具体介绍、分析指标的完成情况、指标增减变化的原因、执行中的成绩和问题等。除了递进结构形式以外，其他结构形式均无结尾。

(3) 签署。其中包括落款和报告发出的时间，有的还需要单位财务负责人签字盖章，盖章时要用财务专用章。

五、预算、决算报告的写作要求

(一)对预算、决算的要求

预算、决算要合规、合法、合理,做到科学、真实、准确。

从事预算工作的人应该精通业务,熟练掌握各种预算方法。预算收支安排应贯彻党和国家的方针政策以及上级的有关指示;应符合预算管理体制的要求;应符合国家和上级分配的指标及国民经济计划指标的要求;要本着勤俭节约、收支平衡、统筹兼顾、确保重点的预算原则;既符合单位的实际情况,又符合国家的统一要求,综合考虑,力求科学合理。

决算应严格按照《中华人民共和国预算法》《企业会计准则》,以及上级规定的程序和要求、办法,在年终清理的基础上进行;严格遵守决算纪律和报送时间,决算编制应做到正确、完整、及时。

(二)对写作的要求

预算、决算报告要符合文体特点,结构要严谨,条理要清晰,文字要精练、准确。

一般的预算、决算报告都是表述预算、决算草案内容的,它们都可以被看成是表格内容的文字说明,一般的预算项目和数字、决算项目和数字已在相应的表格中列明。关于预算、决算的报告,一是对表格中的主要项目内容进行表述;二是对数字本身所不能说明的指标的变化情况和指标增减的原因、指标确定的依据和方法、工作任务和措施、预算的执行情况和预算的调整情况、成绩和问题等进行说明和归纳。而对表格中所有内容不能一一表述完整的,可以用"详细情况请见××表"作提示;另外,决算对预算执行情况的总结也以概括提炼的形式完成。

预算、决算报告是对财政和财务收支的年度计划和年度总结,一般涉及的内容很多,篇幅较长,因此,文章的谋篇布局就要精心考虑。具体到写作,无论是独立的预算报告、决算报告,还是合为一体的预算、决算报告,它们都按逻辑顺序组织全文,都采用分条列项的写作形式。这里条项的划分考虑的是逻辑原则。也就是说,它们的内容基本上是固定的,哪些合并为一项,哪些独立,哪些并列,哪些递进是从符合逻辑和阅读习惯出发的,目的是重点突出、条理清晰、表达顺畅。

最后是语言表达方面的要求。预算、决算报告是实用文体,要符合实用文体的表达习惯和语体风格要求,语言要准确、简明、庄重、朴实。

(三)决算报告要与预算报告相呼应

预算的实质是财政和财务收支计划,决算的实质是对预算执行结果的总结,它们在结构上应保持一致。也就是说,它们的收支科目口径要一致;各单位、各部门、各地区决算的主要项目要与预算一致。只有这样,才能进行科学的对比,才能据此进行监督和展开分析,实现预算、决算本身的目的。一般情况下,大会上宣读的预算、决算报告或合为一体的预算、决算报告,在结构和内容上的联系会比较清楚,但独立的预算报告和决算报告往往容易忽略这一点。

六、经济决策报告

(一)经济决策报告概述

1. 经济决策报告的概念、性质

(1) 经济决策报告的概念。

决策是在管理过程中,为了解决目前存在的问题和预测未来可能会出现的问题而经过分析、研究,提出解决方法,进行选择并作出的决定。

所谓经济决策,是指经济管理人员依据有关的法令、政策,系统地对比、分析、研究有关的经济信息,从而确定经济发展目标,制定发展规划,提出实施方案,以指导经济工作,争取更大的经济效益的决定和策略。

依照经济决策过程,将经济决策的目标、内容、方案等,以一定的格式表述出来的书面材料,就是经济决策报告,又称作决策方案。

(2) 经济决策报告的性质。

经济决策是人们对经济活动现象的认识,对经济活动规律的探索,对经济活动走向的判断,对经济活动行为的选择。

经济决策报告如实记载着人们对经济活动的认识、探索、判断和选择,是经济管理应用文体之一,体现着人们对经济活动的自觉意识。

经济决策报告体现着人们的竞争意识。在经济大潮中,万船竞发,百舸争流,商海沉浮,适者生存。经济决策能否及时确定,经济决策报告能否及时撰写;经济决策是否科学正确,经济决策报告是否详尽完备,实际上就是一种竞争。经济决策及其报告如果确实行之有效、胜人一筹,就能在激烈的经济竞争中立于不败之地。

经济决策报告体现着人们的超前意识。经济决策报告不仅是对过去和现在的经济市场的认识和把握,更为重要的是对未来经济市场的展望和预测。所以,撰写经济决策报告要有超前意识,要将视点瞄向未来市场。

经济决策报告体现着人们的创造意识。经济决策报告所涉及的大都是经济活动中出现的新情况和新问题,通过对其进行分析研究,确定新的决策目标,制订新的实施方案,提出新的方法措施,决策者是以新的经济眼光、新的思维方式去认识和把握未来市场的,而经济决策报告就体现出人们的这种创造意识。

经济决策报告体现着人们的风险意识。尽管在撰写经济决策报告时,要充分调查研究市场状况,获取大量准确详尽的信息数据,要进行科学的经济预测,要在诸多预选方案中优中择优,然而,经济活动错综复杂,市场经济风云变幻,任何一个科学、正确的经济决策都不可能不具有风险性。这就要求决策者既果敢抉择,又慎重行事。

2. 经济决策报告的种类

在经济管理工作中,需要进行各种各样的决策,经济决策报告从不同的角度可以有不同的分类。

(1) 按经济决策形式分类。

按经济决策形式划分,经济决策报告有规范性经济决策报告和非规范性经济决策报告。

所谓规范性经济决策报告，是指对在经济活动中多次出现、在经济管理中经常需要解决的问题进行决策的经济决策报告。这类经济决策报告要解决的问题，完全相同或基本相同，其产生的原因、自身的特点、与之相关的各种因素，已被决策者全部或基本掌握，借助于以往经验，按照已建立的制度和既定程序就能解决。这类经济决策报告不必作出新的决定。所谓非规范性经济决策报告，是指对在经济活动中首次出现、在经济管理中首次需要解决的问题进行决策的经济决策报告。这类经济决策报告要解决的问题前所未有，无经验可资借鉴，因而就要求决策者高度重视，集中精力分析研究、准确决策。

(2) 按经济决策的范围和影响分类。

按经济决策的范围和影响划分，经济决策报告有宏观战略性经济决策报告和微观战术性经济决策报告。

所谓宏观战略性经济决策报告，是指就关系到经济活动、经济管理的全局性问题进行决策的经济决策报告。所谓微观战术性经济决策报告，是指为解决局部性问题或个别性问题进行决策的经济决策报告。微观战术性经济决策报告的内容应和宏观战略性经济决策报告的内容保持方向上的一致。当然，宏观与微观、战略与战术是相对而言的。一个企业、一个部门、一个地区都有自己事关全局的宏观战略目标，需要作出不同的战略决策，但是，相对于整个国家来说，它们又成为局部的或个别的了。

(3) 按经济决策的层次分类。

按经济决策的层次划分，经济决策报告有企业经济决策报告、部门经济决策报告、地区经济决策报告和国家经济决策报告。决策层次不同，决策权力和决策范围也不同，不同层次的经济决策在经济活动、经济管理体系中的作用不同，因而经济决策报告的内容也不同。但是，不同层次的经济决策报告的内容必须依次互相衔接、一脉贯通。

3. 经济决策报告的特点

经济决策是以市场调查、经济预测为基础的，它们都是人们对经济活动的了解和把握。同样，经济决策报告和市场调查报告、经济预测报告都是关于经济活动的经济管理应用文体。它们在内容上有许多共同点，如三者都要有尽可能详细准确的经济信息，要有对经济活动的现状分析和未来预测等。但经济决策报告与市场调查报告、经济预测报告相比，又具有以下特点。

(1) 决定性。这是经济决策报告的主要特点。所谓决定性，就是明确规定企业、部门、地区甚至国家的经济发展目标和为实现经济目标而采取的实施方案以及措施与对策等。上述内容一经确定，就成为行为目标和中心任务，具有不可动摇的权威性。这一特点与公文中的决议、决定的特点相类似。

(2) 功利性。经济效益是各种经济活动追求的终极目标。一般来说，经济决策就是力求以最少的投入谋取最大化的经济效益。经济决策报告无论是决策目标的制定，还是实施方案的分析、选择和确定，无一不是谋求最大化的经济效益。经济决策报告的本质特点就是追求经济利益。

(3) 择优性。经济决策报告的一个重要内容，就是对预选方案的比较和选择。即依据决策目标，提出数个预选方案，并对预选方案逐一分析，指出其优势与缺陷，通过综合比较，优中择优，最终确定一个最佳方案为实现决策目标的方案。择优性是经济决策报告的行为特点。

(4) 原则性。撰写经济决策报告必须以信息详准、科学预测、可行性论证、整体系统、集体决策等基本原则为指导。所谓信息详准原则，就是经济决策报告的决定性内容，必须以全面、准确、详尽、及时、适用的信息为基础。所谓科学预测原则，就是经济决策报告必须以经济预测为前提，只有科学的经济预测，才能正确确定经济决策目标、制订方案措施，作出正确的经济决策。所谓可行性论证原则，就是在经济决策报告中，要反复论证经济决策及实施方案的可行性，要对各个预选方案的利弊进行定性、定量的分析和评估。所谓整体系统原则，就是要有整体意识、全局意识，撰写经济决策报告时，一切应以企业的整体利益为重，局部利益要服从整体利益和长远利益，企业利益要服从地区、国家利益。所谓集体决策原则，就是要充分发挥集体智慧，尤其是发挥董事会、智囊团和广大员工的智慧，集思广益，博采众长，集中正确意见，作出科学决策，这也是现代企业制度的一个特点。原则性是经济决策报告的决策特点。

(5) 科学性。撰写经济决策报告要有科学的态度和科学的方法。要了解和掌握现代社会各个学科的发展动态和最新成果，作为决策的参考依据；要运用各种科学的方法进行分析研究，比如运用矩阵决策法、决策树方法，尤其是运用质与量结合法，从中寻求和把握经济活动的本质和规律，使经济决策报告能符合经济发展的客观规律。科学性是经济决策报告的方式特点。

(二)经济决策报告的写作步骤

经济决策报告的撰写，一般分以下四个步骤。

(1) 调研预测，确定决策目标。决策前，要全面系统地调查了解决策问题的历史和现状，掌握相关的各种因素和具体数据，通过分析预测，把握其未来发展趋势，从而确定决策目标，即决策拟达到的预期效果。决策目标必须具体明确，相关的时间、质量、数量等都要确定。

(2) 依据决策目标，提出预选方案。确定决策目标后，就要根据自身的实际状况和各种条件，采用多种切实的决策方法，提出若干预选方案。预选方案中对相关因素和可能出现的结果要有必要的分析和计算。预选方案的内容就是为实现决策目标拟采取的方法和措施，比如，为实现利润目标，所采取的增加适销对路的产品、提高产量、降低成本、节约开支、加强管理等方法和措施。

(3) 分析比较，评估预选方案。对拟定的各个预选方案，从各个不同的方面，运用各种分析方法，比较、分析、权衡、论证，指出各个方案的利弊得失，为最终确定实施方案提供依据。

(4) 确定方案，撰写决策报告。经过综合、分析、补充、完善，优中择优，确定实现决策目标的最佳实施方案。最后，依据集体决策的结果，写出经济决策报告。

(三)经济决策报告的结构及写作要求

经济决策报告的内容涉及经济活动的各个方面。撰写经济决策报告要根据确定的决策内容，安排相应的文章结构。一般而言，经济决策报告由标题、正文和结尾三部分构成。

1. 标题

经济决策报告的标题是对决策报告内容的概括，要求醒目、具体、简洁。标题由决策内容和文种组成，如《数控产品开发决策方案》。有时还可写明决策单位名称，如《第二汽车制造厂车身厂开发新产品的决策方案》。决策方案一般是要上报的，因此，标题末尾需用"报告"取代"方案"。"决策报告"就是文种。

2. 正文

正文是经济决策报告的主体。正文必须包含"决策目标""依据资料""预选方案""比较论证""实施方案"等内容。结构上一般分为引言、主体和结论三个部分。

(1) 引言部分。引言通常用简明扼要的语言，开门见山，明确提出"决策目标"。它在结构上往往独自成段。决策目标要求具体明确。决策目标是经济决策报告的纲，纲举目张，主体部分、结论部分都依此而展开。

(2) 主体部分。主体部分是经济决策报告的核心。"依据资料""预选方案""比较论证"等内容要依次排列。

① 依据资料：经济决策报告所依据的资料，要求高度概括出市场调查中所获得的各种信息和有关数据，要对这些信息数据进行分析研究，并以此预测未来市场发展趋势。依据资料要全面、充分、准确、可靠。行文上，可用图表对比罗列，也可分条阐述分析。预测部分还可围绕决策的目标和内容展开论述。

② 预选方案：在经济决策报告中，一般要提出多种不同的预选方案。每个方案都应有投资、费用、效益等具体数据和详细措施，以便比较和选择。

③ 比较论证：这是经济决策报告的关键。经济决策报告要用科学的方法和合理的标准，对各个方案进行实事求是的对比、分析和论证。其内容包括各个方案实施条件的分析(如资金、资源、技术、设备、时间、场地等限制因素)，各个方案实施时预期效益的综合评估(包括经济效益、社会效益、自然生态效益等)，各个方案实施时可预见性困难的分析(如可能出现的问题、出现问题的原因、出现问题的可能程度和重复程度，以及预防措施、应变措施等)。经济决策报告就是通过对各个预选方案投入与产出、风险与效益等的综合对比、分析和论证，作出令人信服的决策结论的。

(3) 结论部分。这是经济决策报告作出的决策结论，即全文围绕决策目标，对比、分析、论证各个预选方案后，确定的最佳实施方案。这一部分通常是独自成段的。

经济决策报告的正文部分，可以根据决策的具体内容，精心组织，灵活安排结构形式。一般常用的有总—分—总式结构方式，即总提决策目标；然后分别提出依据资料，列出各种预选方案并逐一进行比较、分析和综合评估；最后是总结式结论，确定最佳实施方案(决策方案)。预选方案的提出、比较、分析、评估，既可用条文式逐一单列安排结构，也可用图表式交错对比安排结构。从思维方式上来说，既可以采用先分析比较然后得出结论的归纳方式安排结构，也可以采用先提出结论，然后再分析论证的演绎方式安排结构；另外，还可以按照经济活动发展变化的过程和时间顺序安排结构。无论采用哪种结构方式，都要求经济决策报告的思维逻辑严密，结构安排紧凑，表述清晰准确，语言凝练精准。

3. 结尾

经济决策报告的结尾，由署名和日期构成，即在正文的右下方要写明决策单位的全称，署名的下方要写明作出决策的日期，要求年月日齐全。这是"报告"文体的程式化内容和格式，同时又是必不可少的。

(四)经济决策报告写作的注意事项

经济决策报告所要确定的决策目标，为实现决策目标而采用的实施方案等内容，大都是涉及经济发展方向，具有战略性、全局性的重大经济问题。同时，实现决策目标又要受到各种条件的限制，因此，撰写经济决策报告要特别注意以下几点。

1. 掌握政策，遵纪守法

经济活动是人类最基本的实践活动。任何国家都会制定一系列的经济法规用以保障本国经济活动健康、有效地运行和发展。我国正在探索一条有中国特色社会主义经济发展的道路，经济体制改革正在不断深入。党和国家已经或正在制定、颁布一系列的方针、政策、法令、法规，旨在加快中国经济建设的发展速度。任何企业、部门、地区在进行经济决策时，无论撰写哪一类型的经济决策报告，都必须学习和掌握党和国家的经济方针、政策，遵守和执行国家的经济法规和法令。只有如此，经济决策单位的合法经济权益才能得到法律的保护，经济决策报告才有可能是正确的、科学的、合法的，才有可能得到社会各界的认可和支持，也才有可能达到预期的决策目标。任何违反党和国家的方针、政策、法令、法规的经济决策报告，都要严格禁止。

2. 因地制宜，讲求实效

由于种种原因，我国存在着经济发展不平衡的客观现实，各个企业、各个部门、各个地区都有各自不同的经济发展历史和现状。因此，撰写经济决策报告时，各个企业、各个部门、各个地区都要从自身实际出发，因地制宜，讲求实效，使经济决策报告建立在实际需要和可能实现的基础上。所谓实际需要，就是经济决策的目标对象和实施结果都是确实需要的；所谓可能实现，就是决策单位具备实施决策方案、实现决策目标的主客观条件。只有具备必需的主客观条件，经济决策报告才是切实可行的。另外，撰写经济决策报告的根本目的是追求经济效益，唯有如此，才能使经济决策达到预期目的。那些脱离实际、一哄而上、盲目决策的教训，应该吸取；那些为盲目决策张目鼓噪的经济决策报告，应该杜绝。

3. 目标具体，上下贯通

决策目标是经济决策报告中统领全文的"纲"，它是撰写经济决策报告的前提和方向。因此，决策目标必须具体、明确、恰当。明确就是表达清楚，具有确定性，毫不含糊；恰当就是大小适度，有实现的可能性；具体就是有具体衡量验证其实现程度的标准，不能抽象空洞。同时，每个企业、部门、地区都与上级、下级发生纵向联系。在经济决策报告中，一级决策目标既应适合于上一级的决策目标，又能分解为下一级的决策目标，即一级决策目标既相对独立,便于实现,又上下贯通,互相衔接。那些华而不实、模糊不清、互相脱节的决策目标应该避免。

4. 文风朴实,语言精确

经济决策报告的内容讲求充实厚重,与此相对应,撰写经济决策报告也要讲求朴实的文风,不求辞藻华丽,也不求表达生动,唯一讲求的是"辞达而已矣"。经济决策报告的表达方式以议论、说明为主,辅之以叙述,不需要描写,也不用夸张等修辞手法。要注意尽量使用书面语言和专业化语言。语气要庄重、严肃,具有决策的权威性,语言要简练、精确、规范化。

思考与练习

1. 协议书有哪些特点?协议书与意向书有何不同?
2. 合同有哪些特点?请按合同的特点及结构要求,结合实际草拟一份租赁合同。
3. 请你根据所学知识写一篇市场调查报告。
4. 请根据当地经济活动情况,利用所学知识写一篇经济活动分析报告。
5. 根据说明书的知识,请选择一种日常家用电器写一篇说明书。
6. 招标书与投标书有何区别与联系?

第五章　法规文书写作

学习要求

掌握各种法规文书的概念，理解其特点和写作要求；重点掌握起诉状、答辩状的概念、特点和写法；体会例文，模拟写作，培养撰写法规文书的能力。

第一节　概　　述

法规文书一般包括规章制度和司法文书。

一、规章制度的概念及种类

规章制度是机关、团体、企事业单位为了管理的需要而制发的对一定范围内有关工作、活动与人们的行为作出规范要求并具有约束力的公务文书。这类文书包括章程、条例、办法、规定、制度、细则、公约、守则等。

二、规章制度的特点

(1) 法规性。规章制度是为了加强管理、维护工作秩序而制定的，一经公布实施，就要求有关人员遵照执行，具有一定的约束力和强制性。

(2) 作者的限定性。制发者必须依法在自己的职权范围内形成相关层次的规章制度，否则制发的文书无效。

(3) 制发的程序性。规章制度的制发程序有严格要求，即通过法定程序使文件获得法定效力。

三、司法文书的概念及种类

司法文书一般有广义和狭义两种解释。

广义的司法文书是指公安机关、国家安全机关、检察机关、法院、监狱等司法机关、律师组织、公证机关、仲裁机关、当事人及诉讼参与人依法制作的处理各类诉讼案件及非诉讼事件的具有法律效力或法律意义的文书的总称。

狭义的司法文书仅指司法机关在办理各类诉讼案件中依法制作的各类文书，具有国家公文的性质，是严格意义上的司法文书。

司法文书一般包括起诉状、答辩状、法律意见书、公证书、授权委托书、仲裁调解书、判决书等。

四、司法文书的特点

(1) 制作的合法性。司法文书的制作总是和一定的法律程序相联系的，有着严格的规定。什么情况下依据什么法律，应制作什么文书，制作的主体是谁，制作的内容和要求是什么，如何提交或送达等，都必须有法律依据。任何单位和个人都不能随心所欲地进行制作。

(2) 形式的程式性。司法文书是一种具有明显程式性的文书。每一种司法文书都必须按照国家有关机关颁布的统一格式样本制作，不允许别出心裁、另搞一套，主要表现为结构规定化、用语规范化、称谓统一化。

(3) 实施的有效性。司法文书是处理司法事务的文字凭证，具有法律效力或法律意义。

五、司法文书的作用

(1) 司法实践活动的忠实记录。司法文书是对司法实践全过程各阶段进行情况的文字记录和法律凭证，因此我们可以从一个案件的完整的司法文书中看出整个诉讼活动和非诉讼事件的前因后果及办理过程。

(2) 实施法律的有效保证。法律的强大威力在于它具有国家性和强制性，司法文书正是保证法律得以实施的重要手段和得力工具。司法文书中的裁判决定就是实际执法行为的法律凭据，从而使法律发挥其应有的效用。

(3) 检查执法情况的有力工具。司法文书是一种宝贵的档案资料，如刑事案件，通过对立案、侦查、批捕、起诉、判决、执行等阶段司法文书案卷的查阅和分析，可检查执法的情况。

(4) 考察干部及普法教育的重要依据。司法文书可以作为一个综合尺度，考察司法干部的思想业务素质和语言文字表达能力，对教育当事人和增强广大群众的法律意识也是一种实际、具体、生动的教材。

第二节 规 章 制 度

一、各种规章制度的定义

(1) 章程：是指党政机关、团体制定的纲领性文书，对组织的宗旨、性质、任务、机构、成员和活动规则作出规定的文书。章程应由该组织代表大会通过后公布施行。

(2) 条例：是由国家机关制定或批准，规定某一事项或机关、团体的组织、职权等带有法规性质的文书。

(3) 制度：是针对社会组织或某些范围、某一事项制定的行为准则。

(4) 细则：是为了贯彻执行条例中某条款或某几条条款而制定的详细规则。

(5) 公约：是群众在自觉的基础上共同商定的对某一事项作出的具体要求。

(6) 守则：是要求特定的群体共同遵守的道德和行为规范的文书。

二、规章制度的结构形式

规章制度一般由标题、正文、落款三个部分组成。

(1) 标题。规章制度的标题一般由单位名称、内容和文种组成，如《××公司员工守则》等。单位名称，是指规章制度适用的单位或范围，或是制定、颁发规章制度的单位名称。

(2) 正文。规章制度的正文一般有以下两种结构形式。

① 分章列条式(章条式)。即将规章制度的内容分成若干章，每章又分若干条。第一章是总则，中间各章叫分则，最后一章叫附则。

② 条款式。这种规章制度只分条目不分章节，适用于内容比较简单的规章制度。一般开头说明缘由、目的、要求等，主体部分分条列出规章制度的具体内容。其第一条相当于分章列条式写法的总则，最后一条相当于附则的写法。

(3) 落款。规章制度的落款在正文的右下方，一般由制定规章制度的单位名称和制定日期组成。标题中有单位名称的，落款可省略。

三、规章制度的写作要求

(1) 体例格式的规范性。规章制度在一定范围内具有法定效力，用语简洁、平易、严密，在格式上，不论是章条式，还是条款式，本质上都是采用逐章逐条的写法，条款层次由大到小依次可分为七级：编、章、节、条、款、目、项。一般以章、条、款三层组成最为常见。

(2) 内容的严密性。规章制度需要人们遵守其特定范围内的事项，因此其内容必须有预见性、科学性，就其整体而言，必须通盘考虑，使其内容具有严密性，否则无法遵守或执行。

【例文一】

××股份有限公司章程

第一条 本公司名称为_____。

第二条 本公司的宗旨是从事《马萨诸塞州公司法》所规定的公司能够从事的一切合法行为或活动，《马萨诸塞州公司法法典》所规定的银行业务、信托公司业务或专门职业活动不属于本公司的业务范畴。

第三条 本公司发起人姓名及其在本州的法定地址。

第四条 本公司仅有权发行一种股票，该股票为普通股票。授权所发行股票的总股额为×××股。

第五条 本公司第一任董事人员的姓名和地址如下。

姓名：_____ 地址：_____

第六条 公司董事对经济损失的责任应根据马萨诸塞州法律所规定的最大限量予以减免。

第七条 本公司有权按照马萨诸塞州法律规定的最大限量保护公司董事和办事员不受

伤害。

以下署名人(均为以上所列公司的第一任董事)已在本公司章程上签名，特此证明。

日期：_____

_____(签字)

以下署名人(均为以上所列公司的第一任董事)声明，他们都是以上公司章程的签署人，签署此章程是他们的自愿行为。

日期：_____

_____(签字)

××股份有限公司章程细则

第一条 公司本部和其他办事处

第1款 公司本部

公司本部所在地由董事会决定。它可设在马萨诸塞州之内或以外的任何地方。如果本部设在马萨诸塞州，公司秘书应在本部内保存此公司章程附则原件或一份副本。如果本部设在马萨诸塞州之外，公司章程附则应当保存在马萨诸塞州主要营业地点。本公司办事人员必须按《马萨诸塞州公司法法典》第1502条的规定向马萨诸塞州文务部提交年度报表，并说明公司本部的详细地址。

第2款 其他办事处

公司也可在董事会随时指定的或应公司业务所要求的其他地点设立办事处。

第二条 股东大会

第1款 股东大会地址

所有股东大会必须在公司本部或公司董事会所决定的其他地点召开。

第2款 年会

股东每年于×月×日×时举行年会。如果该日期为法定假日，会议将在假日后的营业日的相同时间内举行。

第3款 特别大会(略)

第4款 ……

第10款(略)

第三条 董事

第1款 权力……

第11款(略)

第四条 高级职员

第1款 高级职员……

第8款(略)

第五条 常务委员会

第1款 ……

第4款(略)

第六条 公司档案和报告

第1款 ……

第5款(略)

第七条 公司代理人的补偿和保险
第1款 补偿……
第2款(略)
第八条 股份
第1款 ……
第3款(略)
第九条 章程的修正
第1款 经股东修正

经公司持有多数上市且享有投票权的股东同意，可以通过、修正或废除章程。但如果修正后的章程使董事的额定人数降到 5 人以下，且反对修正或不赞成通过修正本的票数等于或超过上市且享有投票权的股东的 16%～23%，该章程修正本不得有效。

第2款 经董事会修正

根据股东通过、修正或废除章程的权利，董事会可通过、修正或废除任何章程，但变更董事法定人数的章程修正除外，董事会只有在股票发行前通过修正方可生效。

证 明 书

兹证明以上列出的是公司章程真实无误的章程副本，该章程已由公司董事会在以下所列的日期合法通过。

××××年×月×日
秘书签名：×××

【例文二】

例文的内容请扫描右侧二维码。

快递暂行条例.pdf

第三节　起诉状、答辩状

一、起诉状

(一)起诉状的概念

起诉状是法律文书中应用最为广泛的一类文书，它是指在诉讼过程中，公民、法人和非法人团体向法院提起诉讼的法律文书。

在诉讼过程中提出诉讼者，即为原告，被诉讼者即为被告。原告诉讼时应向人民法院提交诉状，并具有正本和副本。其中正本一份，副本份数根据被告人数确定，有一个被告就有一个副本。根据诉讼法的规定，自己书写诉状确有困难而又没有请人代书的，当事人可以口头诉讼，并由人民法院制作笔录。

(二)起诉状的种类

根据其所适用的不同性质的诉讼程序，起诉状可分为民事起诉状、刑事自诉状及行政起诉状。

(三)起诉状的格式

起诉状分为首部、正文和尾部。首部包括标题和当事人情况；正文包括诉讼请求、事实和理由、证据和证据来源；尾部为落款、附项、日期等内容。

(四)民事起诉状

1. 民事起诉状的概念

民事起诉状是原告对与自己有直接利害关系的民事权利和义务方面的争执或其他民事纠纷，向应当作为第一审受理本案的人民法院提起诉讼的法律文书。

2. 民事起诉状的起诉条件

民事诉讼是法律行为，《中华人民共和国民事诉讼法》规定，民事起诉应具备如下条件。

(1) 必须有民事权益或者其他民事纠纷才能写起诉状。这些纠纷应属于《中华人民共和国民法通则》《中华人民共和国经济法》《中华人民共和国婚姻法》的调整范围。例如，涉及财产继承权、知识产权(著作、发明、发现等)、债权、经济合同纠纷以及婚姻家庭纠纷等。

(2) 原告必须是与本案有直接利害关系的人。

(3) 有明确的被告。

(4) 有具体的诉讼请求和事实。

(5) 诉讼必须向应当作为第一审受理本案的人民法院提起。所谓第一审人民法院一般是指被告所在地的辖区基层法院。

3. 民事起诉状的写法

(1) 首部。首部包括标题和当事人基本情况。

① 标题。标题一律写"起诉状"或"民事起诉状"字样。

② 当事人基本情况。当事人包括原告、被告和他们的代理人。原告和被告如果是自然人，就要写清楚他们的姓名、性别、年龄、工作单位、住址；如果原告或被告之间有亲属关系，还应当写明他们之间的亲属关系。如果当事人是法人或其他组织，在"原告"这个称谓下面，要写明单位的名称和所在地，并写清楚该单位的法定代表人或主要负责人姓名、职务、电话；企业性质、工商登记核准号；经营范围和方式；开户银行及账号。如果该单位是委托业务经办人或律师代理进行诉讼的，要写明委托代理人及其姓名、单位、职务等。

原告或被告如果不止一人，要依次列写。

(2) 正文。正文包括诉讼请求、事实和理由、证据及其来源。

① 诉讼请求。诉讼请求是原告向法庭提起诉讼的目的，也称作案由。诉讼请求要写得明确、具体、合法，各自独立的请求事项要分项列出，最后一项通常为诉讼费用的负担要求。

② 事实和理由。事实和理由部分是诉状的核心内容。事实要按事件的基本要素叙述

清楚，即时间、地点、人物、事件、原因、结果这六个要素要齐全，叙述事实，要分清主次，并明确双方争执的焦点。

理由要明确是非，着重论证纠纷的性质、被告应负的法律责任，以及原告诉讼请求的合法性。最后，要有针对性地引用相关法律条文，以获得法律上的支持。

③ 证据及其来源。这一部分，一般采用清单式列举的方法，即只需依照一定顺序列举出证据和证据来源、证人姓名和住址，不需要写出证据的具体内容，也不需要对证据进行分析。

(3) 尾部。尾部写明受诉法院名称、附项、起诉人姓名或名称、起诉状制作日期。其中，附项部分要注明副本的份数，如果起诉时提交证据的，还要依次注明证据的名称和数量。

【例文】

民 事 起 诉 状

原告：
  名称：_____ 地址：_____ 电话：_____
  法定代表人姓名：_____ 职务：_____
  委托代理人姓名：_____ 性别：_____ 年龄：_____
    民族：_____ 职务：_____ 工作单位：_____
    住址：_____ 电话：_____

被告：
  名称：_____ 地址：_____ 电话：_____
  法定代表人姓名：_____ 职务：_____
  诉讼请求：_____
  事实和理由：_____
  此致
  _____人民法院

           原告：_____（盖章）
           法定代表人姓名：_____（签章）
           _____年____月____日

附：合同副本_____份。
  本诉状副本_____份。
  其他证明文件_____份。

注：(1) 事实和理由中应写清合同签订的经过、具体内容、纠纷产生的原因、诉讼请求及有关法律、政策依据。

  (2) 原告应向法院列举所有可供证明的证据，包括证人姓名和住所，书证、物证的来源及由谁保管，并向法院提供复印件，以便法院调查。

(3) 本诉状适用于被告为法人或其他组织。

(五)刑事自诉状

1. 刑事自诉状的概念

刑事自诉状是指被害人直接向人民法院提起控诉，控告被告人侵犯其人身权利或其他合法权益的犯罪行为，要求追究被告人刑事责任的法律文书。

在刑事自诉状中，还可以提起附带民事诉讼。提起附带民事诉讼有两种情况：一是被害人由于被告人的犯罪行为遭受物质损失的，在刑事诉讼过程中，有权提起附带民事诉讼；二是如果是国家财产、集体财产遭受损失的，人民检察院在提起公诉的时候，可以提起附带民事诉讼。

2. 刑事自诉状适用的案件

根据《中华人民共和国刑事诉讼法》的规定，可以使用刑事自诉状的自诉案件包括以下三类：①起诉才处理的案件，这类案件指侮辱案、诽谤案、暴力干涉婚姻案、虐待家庭成员案等；②被害人有证据证明的轻微刑事案件，这类案件指伤害案、重婚案、遗弃案、破坏现役军人婚姻案、抗拒执行判决裁定案等；③被害人有证据证明被告人侵犯自己人身、财产权利的行为应当依法追究刑事责任，而公安机关或者人民检察院不予追究被告人刑事责任的案件。

3. 刑事自诉状的自诉条件

(1) 必须是被害人或其法定代理人提起自诉的书状，其他人无权提起。

(2) 被告人的行为，必须是构成犯罪的行为。

(3) 是向对本案有管辖权的第一审人民法院起诉的书状。它既不同于上诉状，也不同于申诉状。

(4) 必须是对法定的自诉案件提起诉讼的书状，即对起诉才处理或其他不需要进行侦查的轻微刑事案件提起自诉的。

4. 刑事自诉状的写法

(1) 首部。首部包括标题和当事人的基本情况。

① 标题。文书名称写《刑事自诉状》；附带民事诉讼的，文书名称写《刑事附带民事起诉状》。

② 当事人基本情况。当事人包括自诉人和被告人，要写清姓名、性别、出生年月日、民族、籍贯、职业、工作单位、职务、住址等。对被告人的出生年月日确实不知的，可写其年龄。如果是刑事附带民事诉讼，则当事人部分应分别称为"自诉人及附带民事原告人"和"被告人"；如果民事被告不是刑事被告人的，则写"被告"。有法定代理人的，在当事人之下写明法定代理人的情况。

(2) 正文。

① 案由。即写明所控告的人犯了什么具体罪名。

② 诉讼请求。写明请求人民法院依法追究被告人刑事责任，如果有附带民事诉讼的，应分条写明要求被告人赔偿损失的项目和具体数额。

③ 事实与理由。事实部分要写清楚被告人的具体犯罪行为，一般按照被告人实施犯罪行为的先后顺序写明起因、经过和结果，并应注意写明时间、地点、人物、动机、目的、手段等基本要素。

理由部分要通过事实概括被告人的行为，引述《中华人民共和国刑法》分则的有关条款，证明被告人所犯罪名和应该承担的刑事责任。提起附带民事诉讼的，还要引述《中华人民共和国民事诉讼法》的有关条款，证明被告人应当承担的民事责任。

④ 证据和证据来源。证据在诉讼中占有关键地位。《中华人民共和国刑事诉讼法》第二百一十一条第(二)项规定："缺乏罪证的自诉案件，如果自诉人提不出补充证据，应当说服自诉人撤回自诉，或者裁定驳回。"这表明自诉人首先负有举证责任。因此，对刑事诉状中所控告的事实，自诉人必须举出证据加以证明，即在诉状中自诉人要列出证据名称和证据的来源，列出证人的姓名和地址，以便法院查证。

(3) 尾部。尾部写明受诉法院名称、附项，自诉人签名或盖章，以及文书制作日期。其中，附项应写明副本份数以及递交的证据清单。

【例文】

刑事自诉状

自诉人陈××，女，××××年2月17日出生，汉族，初中文化，住本市××县××乡××村，农民。电话：××××××××。

被告人胡××，男，××××年3月9日出生，汉族，中专文化，系本市大港区××公司工人。电话：××××××××。

案由：重婚。

诉讼请求：

依法追究被告人胡××犯重婚罪的刑事责任。

事实与理由：

自诉人与被告人自幼相识，××××年建立恋爱关系，并于××××年春登记结婚，××××年2月生一女孩。

××××年6月，被告人调到新的工作单位后，隐瞒已有妻女的事实，与本单位女职工王××恋爱。他为了达到与王××结婚的目的，多次给自诉人来信编造与自诉人离婚后可以在本单位分配到职工住房，待分配到住房后再复婚的谎言，欺骗自诉人离婚。当自诉人了解到真实情况后，即拒绝了被告人的要求，之后被告人经常无故打骂自诉人。××××年下半年，被告人开始不再回家，也不给孩子抚养费用。××××年3月，被告人骗取了单位的介绍信，与王××正式办理了结婚登记手续。

上述事实，由各种书证和证人证言为证。

综上所述，被告人的行为触犯了《中华人民共和国刑法》第二百五十八条的规定，已构成重婚罪，请求依法追究其刑事责任。

此致
××市大港区人民法院

自诉人：陈××

××××年10月11日

附：被告人信件4封及结婚登记材料2份
　　证人张××，地址：××××××
　　证人周××，地址：××××××

注：
(1) 本诉状供刑事自诉案件起诉用，用钢笔或毛笔书写。
(2) "自诉人""被告人"栏，均应写明性别、出生年月日、民族、籍贯、职业或工作单位和职务、住址等项。对被告人的出生年月确实不知的，可写其年龄。
(3) "案由和诉讼请求"栏，应写明控告的罪名和具体的诉讼请求。
(4) "事实与理由"部分的空格不够用时，可增加附页。
(5) 自诉状副本份数应按被告人的人数提交。

(六)行政起诉状

1. 行政起诉状的概念

行政起诉状是公民、法人或者其他组织认为行政机关和行政机关工作人员的具体行政行为侵犯了其合法权益，按照《中华人民共和国行政诉讼法》的规定向一审人民法院提起诉讼，要求依法裁判的书状。

2. 行政起诉状的起诉条件

《中华人民共和国行政诉讼法》第四十九条规定："提起诉讼应当符合下列条件：(一)原告是符合本法第二十五条规定的公民、法人或者其他组织；(二)有明确的被告；(三)有具体的诉讼请求和事实根据；(四)属于人民法院受案范围和受诉人民法院管辖。"

"属于人民法院受案范围"有其特定的含义，它与人民法院对刑事、民事案件有完全的管辖权有所不同，行政起诉是实行特定主管的原则。这就是说，人民法院只主管法律规定由它主管的那一部分行政案件，对法律没有规定由它主管的，则不予受理。因此，要提起行政诉讼，原告首先必须弄清楚自己起诉的行政案件确属法律规定由人民法院主管，然后才能撰写行政起诉状，进行诉讼活动。

3. 行政起诉状的写法

行政起诉状由首部、诉讼请求、事实和理由、尾部及附项四个部分组成。

(1) 首部。首部应当依次写明以下内容。
① 标题。标题应写"行政起诉状"字样。
② 当事人栏。在标题的下面，分段列写诉讼参加人的称谓，如原告、被告、第三人，先列原告，后列被告，再列第三人。在称谓之下，列写该诉讼参加人的姓名和基本情况，或法人、其他组织的名称和住所。诉讼参加人是法人或其他组织的，在列写其名称、住所之后，另起一行列写其法定代表人或主要负责人的姓名、职务、电话；企业性质、工商登记核准号；经营范围和方式；开户银行、账号。诉讼参加人有代理人的，要紧接着在

被代理人的后面,另起一行列写代理人的姓名和基本情况,还要标明是法定代理人、委托代理人,还是指定代理人。代理人是律师或其单位的业务工作人员的,只列写其称谓、姓名和职务,不列写其基本情况。原告、被告、第三人及其代理人不止一人的,按类依次列写。

(2) 诉讼请求。诉讼请求只对请求的内容作高度概括性的表述,应做到言简意赅,切忌冗长,务求使阅读起诉状的人一目了然,而具体内容则放到后面去写。诉讼请求的具体写法如,"原告对被告就原告在工作中遭受事故伤害不予认定为工伤的处理结论不服,特诉请你院依法审判"。

诉讼请求应当紧紧围绕"具体行政行为是否合法"这一重点提出要求。如果认为被告的具体行政行为所依据的主要证据不足,适用法律、法规错误,违反法定程序,或者超越职权、滥用职权等,可以提出撤销或者部分撤销具体行政行为的诉讼请求,如劳动保障行政部门对于符合法律规定应予认定为工伤的受伤害职工而不予认定就属于这种情形;如果认为被告不履行法定职责或者拖延履行法定职责,可以提出判令被告在一定期限内履行法定职责的诉讼请求,如劳动保障行政部门拒不受理受伤害职工的工伤认定申请就属于这种情形;如果认为被告的错误具体行政行为侵犯了自己的合法权益而造成了损失,可以提出判令被告赔偿的诉讼请求,如工伤职工对工伤保险经办机构核定的工伤保险待遇有异议的就属于这种情形。

(3) 事实和理由。这是行政起诉状的主体部分,必须认真写好。事实部分要全面简要地反映案件的客观事实情况,着重写明案情事实的六个要素,即时间、地点、人物、事件、原因、结果。"人物、事件",是指原被告双方之间行政法律关系的构成,"结果"是指争执的焦点。一定要把两者的含义严格区别开来,叙述清楚,不容混淆。叙述事实的方法是:行政诉讼案件的事实,绝大多数按事情发生、发展的时间顺序叙写,分清层次,叙述清楚。关键性的问题,要详细叙写,说清来龙去脉;一般情况和案件发展过程要概括叙述。

在行政诉讼中,实行举证责任倒置,由被告对其作出的具体行政行为承担举证责任。原告只需就以下事项举证。第一,起诉符合法定条件。被告必须是行政机关,对于工伤保险纠纷行政诉讼而言,应该是当地劳动保障行政部门。此外,只有符合下述四种情形的规定,即"①申请工伤认定的职工或者其直系亲属、该职工所在单位对工伤认定结论不服的;②用人单位对经办机构确定的单位缴费费率不服的;③签订服务协议的医疗机构、辅助器具配置机构认为经办机构未履行有关协议或者规定的;④工伤职工或者其直系亲属对经办机构核定的工伤保险待遇有异议的",用人单位或者工伤职工及其直系亲属才能提起行政诉讼。第二,在起诉被告不作为的案件中,证明其提出申请的事实,如劳动保障行政部门出具的不予受理通知书或者其他的相关证明。第三,在一并提起的行政赔偿诉讼中,证明因受被诉行为侵害而造成损失的事实。

用人单位或劳动者对劳动保障行政部门作出的工伤认定结论不服,在法定时效向人民法院提起行政诉讼的,一般只需提供相应的资质或身份证明材料、工伤认定结论书以及提交给劳动保障部门申请工伤认定的有关材料等证据材料,工伤认定结论是否合法的举证责任由劳动保障部门承担。

(4) 尾部。尾部依次写明:致送人民法院的名称、行政起诉状副本的份数、起诉人签名或者盖章、起诉日期;在其后列出有关证据附项清单。

【例文】

行政起诉状

原告：冯××，男，××岁，现住××市××街道。

被告：××市××区劳动和社会保障局。

法定代表人：×××　任××职务。

案由：工伤认定行政不作为案。

请求事项：

请求法院认定××市劳动和社会保障局拒不履行其工伤认定的职责属于行政不作为行为。判令被告履行职责。

事实和理由：

原告于××××年4月23日始一直在××市××厂工作，××××年8月3日因为车间内堆放的物品倒塌，致伤原告。原告向××市劳动局申请工伤认定，××××年12月20日提出申请后，被告在法定的两个月内没有对原告的要求予以答复。此后原告又多次催问，依然没有得到答复。原告之伤需经劳动保障行政部门认定方能享受工伤待遇，被告拒不履行法律规定的认定责任，给原告造成了很多严重的后果，致使原告身心受到了极大的伤害。被告身为国家行政机关，知法犯法，明知故犯，法律难容，根据《行政诉讼法》的规定，特具状起诉，请人民法院审查，依法判决，以维护法律尊严和原告的合法权益。

此致

××市××区人民法院

具状人(签名)：冯××
××××年3月2日

附：本诉状副本3份。
　　工伤认定申请书1份。
　　医院病历1份。

二、答辩状

(一)答辩状的概念、种类及特点

答辩状是民事案件和刑事案件的被告一方或被上诉一方，针对原告或上诉人的指控，就其起诉状或上诉状中的事实理由和诉讼请求，进行答复和辩护的书状。

两审终审制是我国的主要审判制度之一，据此，答辩状可分为两类：一类是一审程序中的答辩状，是被告针对原告的诉状提出的；另一类是二审程序中的答辩状，是被上诉人针对上诉人的上诉状提出的。如果根据案件的性质分类，答辩状可分为民事答辩状和刑事答辩状两种。

答辩状的特点主要是它的答复性和论辩性。答辩状的提出是一种应诉的法律行为。诉讼程序的发生是原告人(或原告)或上诉人引起的，原告人(或原告)或上诉人在诉状或上诉状中对被告人(或被告)进行指控，为维护自身权益，被告人(或被告)或被上诉人就要对这种指控进行回答。因此，答辩状的答复性特点是很明显的。起诉状或上诉状提出原告人(或原告)

或上诉人的诉讼请求，并为证明请求的合理和合法性，陈述事实讲明理由。而起诉状和上诉状中提出的请求，与被告人(或被告)或被上诉人的切身利益相抵触，其就要运用答辩状批驳对方，申诉自己的理由，以证明对方请求的荒谬性。这本身就是一种辩论，因此，答辩状具有鲜明的论辩色彩。

(二)答辩状的写法

答辩状的内容和结构由以下五个部分组成。

(1) 标题。答辩状的标题直接写"答辩状"即可。

(2) 答辩人的基本情况。答辩人的基本情况包括答辩人的姓名、性别、年龄、民族、籍贯、职业、单位、住址、联系电话。

(3) 答辩的案由和理由。案由，写明因为何人上告何事提出答辩，一般用"现将×××为××一案上告我一事，答辩如下"或"×××诉××一案，提出答辩如下"等语句表述。理由，是答辩状最重要的部分，要摆出充分的理由和列举充足的证据来反驳原告(或原告人)或上诉人的诉讼请求。这种反驳最重要的是从实体上反驳，即以法律规定为理由，反驳原告(或原告人)或上诉人关于实体权利的请求。可以用事实、证据、理由否定原告或上诉人实体上的诉讼权。也可以从程序上反驳，即以诉讼程序在立法上的规定为理由，反驳原告(或原告人)或上诉人的请求，证明其没有具备起诉或上诉所发生和进行的条件。

(4) 答辩的意见。在充分阐述理由的基础上，进行综合归纳，简洁明了地提出答辩者的观点和主张。即指出自己答辩理由的正确性、合理性及原告(或原告人)或上诉人行为的谬误性。

(5) 结尾。结尾由三部分组成，即答辩状呈交的法院名称、答辩人签名盖章和书写答辩状的年月日。

(三)答辩状的格式

答辩状的格式如下。

答 辩 状

答辩人：(姓名、性别、年龄、民族、籍贯、职业、单位、住址、联系电话)
因×××案提出答辩如下。

　　答辩的案由和理由：

　　　　　　　　　　　　　　　　　　　　　　　　　　　　　　　　。
　　此致
×××人民法院

答辩人：×××(签章)
××××年×月×日

(四)答辩状的写作要求

从表达方式上讲，答辩状的第(1)、(2)、(5)部分属于说明方式，第(3)部分属于反驳方式，第(4)部分是立论。反驳有力，立论才能牢固；论点正确，反驳才能理直气壮。要使对方败诉，就要在驳论和立论上下功夫。

(1) 要有针对性。原告(或原告人)或上诉人在诉状或上诉状中列出的事实和理由，是其提出诉讼请求的论据，驳倒其所列论据，他的请求自然就不能成立。因此，答辩状一定要有针对性，针对对方提出的事实和理由进行辨析和反驳，切不可抛开对方提出的问题另做文章。

(2) 要尊重事实。事实是判案的基础。事实是客观存在的，如原告(或原告人)无理，就一定会歪曲事实，或者隐瞒事实真相。答辩状对此最有力的反驳，就是揭露事实真相，并列举出证据。原告(或原告人)有时采用避重就轻、为我所用的办法陈述事实，答辩状要准确进行揭露，把不利于对方的事实部分凸显出来。如果原告(或原告人)尊重客观事实，真实反映事实真相，答辩状就应承认，绝不能无理狡辩。

(3) 要熟悉法律。法院判决和裁定，是以法律为准绳的。撰写答辩状时应当熟悉并熟练运用有关法律条文，使自己的理由和主张建立在合法的基础之上。同时，要揭露起诉状或上诉状中引用法律上的谬误，指出其行为的不合法性。"打官司"就是在弄清事实的基础上，让法院判断谁的行为合法、谁的行为违法。

(4) 要抓住关键。一个案件常常涉及许多人和事，时间跨度可能很大，但无论多么繁冗复杂，总有一个或几个关键部分。撰写答辩状是针对起诉状或上诉状的诉讼请求而进行的答复和反驳，应当避开枝节，抓住双方在案件中争执的焦点，在关系到胜诉和败诉的关键问题上下功夫，争取主动。这就要求答辩状的撰写者，应充分研究事实，掌握证据，分清主次，言简意赅，一语破的。

(5) 要尖锐犀利。"打官司"要赢，关键是要有理、合法。在有理、合法的前提下，语言要讲究尖锐犀利。尖锐犀利不等于挖苦骂人，而是要深刻准确地揭露对方，理直气壮地陈述己见，语言精练，不拖泥带水，具有一种战斗性。

(6) 要善于概括。答辩状在进行答复和反驳后，要正面提出对诉讼事实焦点的主张和看法。这一部分要高度概括，用精练准确的语言归纳出答辩人的观点。这需要撰写者具有高度的概括能力，必要时可以分条表述。

【例文】

民事答辩状

答辩人(系被告人)：张××，男，31岁，××公司工人，现住××市××区七里。

被答辩人(系原告人)：李××，女，30岁，无业，现住同上。

答辩人就被答辩人所诉离婚一案，具体答辩如下。

答辩人认为被答辩人所诉离婚之理由纯属捏造的不实之词。答辩人不能同意被答辩人离婚的要求，理由有三。

一、被答辩人诉称答辩人不务正业，对家务事不管不问，经常在外赌博，致使被答辩人生活困难，连买衣服都得回娘家要钱等情况，确系捏造。事实是：答辩人单位工作制度系三班倒，答辩人下夜班后还干包工活，根本没有赌博之事。答辩人将挣来的钱交给被答辩人支配，现被答辩人有3 000元储蓄，根本不存在买衣服回娘家要钱之事情。

二、被答辩人诉称近三四年来，答辩人对被答辩人张口就骂，举手就打，经常夜不归宿，在外赌博，被答辩人稍加询问，便对被答辩人进行毒打，逼得被答辩人曾两次自杀，经抢救脱险等，更是不符合事实。答辩人从未打过被答辩人，除夜班外，答辩人都在家住。至于被答辩人两次自杀，与答辩人毫无关系，只不过是为其离婚创造条件而已。

三、应当指出的是，被答辩人生活作风不正派，曾于××××年跟×××乱搞两性关系。答辩人发现后，由于被答辩人和×××苦苦哀求，并表示悔改，答辩人才勉强把事情压下去。事情过后，被答辩人迄今并未有悔改表现，但答辩人考虑到两个女儿幼小，愿等待被答辩人悔改过来，与其重归于好。故答辩人请法院对合法婚姻予以保护，对被答辩人的不法行为给予教育，对其无理要求给予驳回，作出公正判决。

此致
××市××区人民法院

答辩人：张××(签章)
××××年×月×日

第四节　公证书、授权委托书

一、公证书

(一)公证的概念

公证是指国家公证机关根据当事人的申请，对法律行为、有法律意义的文书和事实的真实性及合法性进行证明的活动。这种证明活动，是国家为保证法律的正确实施、预防纠纷、保护公民和法人的合法权益而设立的一项预防性的司法证明制度。

(二)公证书及其特点

公证书是公证机关代表国家进行的证明活动所形成的法律文书。其特点如下。

(1) 公证书是公证机关的专用文书。公证是遵照国家法律规定对公民、法人身份，以及财产的权利或合法权益的一种特殊保护方法。只有代表国家的公证机关在公证活动中才能使用这种特殊效力的法律文书，其他机关、组织的证明书不能代替公证书。

(2) 公证书的权威性比其他证明书要高。一般的证明书只能在特定范围内起作用，而公证书的可靠性及其证明能力要比一般的证明书大得多。

(3) 公证书的使用范围比一般证明书广泛。公证书具有通用性、广泛性的特点，它公证的事项广泛，其效力不受国籍、地域、行政级别、行业范围的限制，在国内外都通用。

(三)公证书的功用和分类

1. 公证、公证书的意义和作用

公证制度的基本功能是通过证明活动，维护国家、集体财产以及公民个人的合法权益，是维护社会主义法制和社会经济秩序的一种手段。公证书的作用如下。

(1) 保护经济法人的利益，促进经济发展。经济合同类的公证书能够帮助当事人完善法律行为，明确互相之间的权利义务关系，消除纠纷隐患，揭露和防止虚假诈骗行为，达到保护经济法人的经济利益、完善市场经济法律秩序、促进经济发展的目的。

(2) 保障公民的合法权益，促进社会安定团结。民事权利义务方面的公证书，不仅能使公民在身份、财产上的合法权益受到保护，还能预防纠纷，减少诉讼，有利于社会的

安定。

(3) 保护国家、组织、公民在国外的合法权益。随着我国对外开放的不断扩大,公证书的效力跨越了国界,它可以维护我国公民和法人在国外的合法权益,保证经济、贸易活动的正常开展,增进友好交往,维护国家主权。

2. 公证书的分类

据统计,目前,我国公证的事项有100多种,大体可分为以下五大类。

(1) 证明法律行为。法律行为在社会生活中占有极其重要的地位,对法律行为的公证是公证机关的首要任务。例如,对《经济合同》的证明、对《抚养协议》的证明就是对公民或法人合法行为的证明。

(2) 证明具有法律意义的事实。具有法律意义的事实是指法律行为以外的、对公证当事人具有法律上的利害关系的客观情况。它主要包括两大类:一类是与当事人意志无关,能够引起民事法律关系产生、变更、消灭的客观现象,如对公民出生、死亡的证明;另一类是对公证当事人在法律上有一定影响的客观事实,如对身份、学历、法人资产状况等作证明的文书。

(3) 证明有法律意义的文书。有法律意义的文书是指在法律上对于公证当事人有特定意义的文件、证书等文字资料,如对公民的毕业证书、经济法人的商标注册证书等的证明书。

(4) 赋予某些债权文书以强制执行效力的证明书。债权文书是追偿债款、追还物品的法律文书,公证机关在办理此类公证时,认为它是无疑义的,可在公证书上写明有强制执行效力的文字,使公证书具有特殊的法律效力。

(5) 保全证据的证明。这类公证书是指公证机关根据当事人的申请,对可能灭失或日后难以取得的证据事先收集和固定后作出确认的证明,以达到保全证据的目的。

(四)公证书的制作程序及格式要求

为了保证公证书的质量,使公证书发挥作用,公证书的制作要符合法定程序和格式要求。

1. 公证书的制作程序

公证书属法律文书,要按照草拟—审核—签发—缮抄(打印)—送达的程序进行。

(1) 草拟。由承办公证员根据公证活动的结果写出初稿。
(2) 审核。执笔者或其上级对初稿进行审查、核对、修改。
(3) 签发。公证机关负责人对公证书文稿最后审查及批准生效。
(4) 缮抄(打印)。由秘书人员把生效的文稿抄正或印刷成正式文本。
(5) 送达。公证书加盖印章制成后由公证机关通知当事人来领取,或派人送达,或邮寄给公证当事人。

2. 公证书的结构形式

根据《中华人民共和国公证暂行条例》和《公证程序规则》的规定,公证书应按照司法部规定或批准的文稿格式写作。据统计,司法部共制定了100多个项目公证书的格式样本。从这些格式样本来看,公证书的格式应包括标题、编号、当事人的基本情况、公证证词、承办公证员签名(盖章)、公证机关公章、出证日期等项目。

公证书的结构大体上可分为首部、正文、尾部三个部分。

(1) 首部。它一般由标题、编号、申请公证当事人的基本情况等项内容组成。

(2) 正文。它是公证机关的证词，是公证书的主体部分。

(3) 尾部。它是公证书的落款，由公证机关名称及印章、承办公证员签名及印章、出证时间等项目组成。

(五)公证书的写法

1. 首部的写法

首部应按公证书的格式要求写明标题、编号、当事人基本情况等项内容。

(1) 标题要写明"公证书"字样。按司法部制定的格式样本，公证机关使用的公证书都统一以"公证书"为标题，不必加公证的性质细项。

(2) 编号由年度、公证机关代号、证书顺序号组成。

(3) 不是所有公证书都要写明当事人的基本情况，但对于继承权、收养关系、亲属关系的公证书要写明白。

2. 正文的写法

正文的主要内容是公证证词。要写明证明的对象、证明的范围和内容，说明证明所依据的法律法规等项内容。具有强制执行效力的公证书，还应在公证证词中注明，并具体说明责任人履行义务的期限，写明强制执行标的物的名称、种类、数量等情况。

3. 尾部的写法

按公证书的格式要求，在证词结束后应在右下方写明公证机关名称、承办公证员姓名并加盖印章，方能生效，并写清楚出证时间，时间用汉字书写。

(六)公证书的写作要求

公证书的写作要求是一事一证，依法核实，依据格式书写，文字简明确切，防止产生歧义。

【例文】

企业法人资格公证书
(　　)××字第××号

兹证明××××(单位全称)于××××年×月×日经××工商行政管理局核准登记，取得工商××字第××号《企业法人营业执照》，具有法人资格。［其法定代表人是××(职务)×××(姓名)，注册资金××元，法人住所在××××××，其经营范围是_____，经营方式是××××］

本公证书有效期至××××年×月×日止。

中华人民共和国
××省××市(县) 公证处(章)
公证员：(签名盖章)
××××年×月×日

二、授权委托书

(一)授权委托书的概念、种类及特点

授权委托书是当事人把代理权授予委托代理人的证明文书。它可分为民事诉讼代理的授权委托书和民事代理的授权委托书。

1. 民事诉讼代理的授权委托书的特点

民事诉讼代理的授权委托书有以下特点。

(1) 它是当事人、第三人、法定被代理人委托他人代为诉讼的一种文书,是委托代理人为被代理人进行诉讼活动的依据。只有委托人签名或盖章的授权委托书才有效。

(2) 它是根据被代理人在诉讼中的授权而成立的文书,规定了委托代理人的代理权限。委托代理人有了诉讼代理权,才能在代理权的范围内为代理人实施诉讼行为,如查阅案卷、陈述辩论、审查证据等。被代理人授予的权限有多大,委托代理人就行使多大权限,受委托人无权行使没有被授予的权限。委托代理人在代理权限内的诉讼行为,与当事人自己实施的诉讼行为有同等效力。委托代理人根据代理权所实施的一切诉讼行为,其法律上的后果一概由被代理人承担。

(3) 它是被代理人向人民法院送交的文书。委托代理人的代理权确定之后,就可书写授权委托书。被代理人应当向受理案件的人民法院送交这种文书,以证明代理权的确定及其范围。如果要变更或解除代理权,被代理人应当书面告知人民法院,并通知有关当事人。案件在审结、裁判或双方和解后,授权委托书的效力即告终结,代理权也同时消失。

2. 民事代理的授权委托书的特点

民事代理的授权委托书的特点如下。

(1) 它是非诉讼性的委托代理文书,由被代理人委托代理人在一定权限范围内进行民事法律行为,如委托他人出卖、管理房屋等。

(2) 它同样是根据被代理人的授权而成立的文书。被代理人授予的权限有多大,委托代理人就行使多大权限。委托人委托的权限,应当依法进行,不得违反法律、法规的规定。委托必须出于被代理人的自愿,代理人不得强行要求代理。委托人委托的代理权限应具体明确,不能笼统含糊。

(3) 被代理人授权代理之后,应给予代理人授权委托书,作为代理的凭据。

(二)授权委托书的写法

1. 民事诉讼代理的授权委托书

民事诉讼代理的授权委托书,由以下四个部分组成。

(1) 名称。名称应写明"授权委托书"字样。

(2) 委托人(被代理人)和受委托人(代理人)的个人基本情况,即姓名、性别、年龄、民族、籍贯、职业、住址。

受委托人可以是当事人的近亲属，即夫妻、父母、成年子女和同胞兄弟姐妹，也可以是律师、人民团体和当事人所在单位推荐的人，或是人民法院许可的其他公民。未成年或被剥夺政治权利的人，不能担任代理人；参与案件审理的审判员以及他们的近亲属，也不能担任本案的代理人。

(3) 诉讼委托的实质内容包括以下三个方面。

① 委托代理的是什么案件。要写明案件的名称，如继承案或经济合同纠纷案等。

② 根据法律规定，写明"委托人×××自愿委托×××，并经其同意为受委托人"。

③ 必须具体说明委托的事项和权限。委托人所委托代理的事项和权限，根据委托人的授权而有所不同。诉讼委托书应说明是特别授权委托或一般委托。如果是特别授权委托，应说明"代为承认、放弃、变更诉讼请求，进行和解，提起原诉或者上诉"。其目的是明确责任，以便受委托人按委托人明确的委托权限进行诉讼。如有超越代理权限的行为，对委托人不发生法律效力。按照诉讼委托书中所规定的代理权所实施的一切诉讼行为，其法律后果均由委托人承担。因此，诉讼委托书在具体说明委托事项和权限时，其法律用语的含义应十分明确，不能笼统含糊，如"给予法律上的帮助"和"部分诉讼代理"等含义不清的用语应当忌用。

(4) 结尾。委托人和受委托人分别签名或盖章，并注明具文日期(年、月、日)。

2. 民事代理的授权委托书

民事代理的授权委托书，也由四个部分组成，具体如下。

(1) 名称。名称应写明"委托书"或"×××委托书"字样。

(2) 委托人和受委托人(代理人)各自的基本情况，即姓名、性别、年龄、民族、籍贯、职业、住址或单位名称。

(3) 所规定的权限内容和范围。这是委托书的主体部分，应根据具体情况表述。如果是一次性有效的委托书，应当规定实施某一特定行为的权限；如果是专门委托书，应当规定在某一时期内实施同一行为的权限(如某企业委托某人出卖产品的委托书)；如果是全权委托书，应当规定实施由经营财产所产生的各种法律行为的权限(如全权代理处理房产的委托书)。

(4) 结尾。委托人和受委托人分别签名或盖章，并注明具文日期(年、月、日)。

【例文】

授权委托书

委托单位：_____

法定代表人：_____，职务：_____

受委托人：姓名：_____，工作单位：_____

　　　　　职务：_____

　　　　　姓名：_____，工作单位：_____

　　　　　职务：_____

现委托上列受委托人在我单位与_____因_____纠纷一案中，作为我方诉讼代理人。

代理人_____的代理权限为:_____。
代理人_____的代理权限为:_____。

委托单位:_____ (盖章)
法定代表人:_____ (签名或盖章)
_____年___月___日

第五节　仲裁调解书

一、仲裁调解书的概念

仲裁调解书，是指在仲裁机构的主持下，双方当事人自愿达成协议，而由仲裁机构制作的记载协议内容的具有法律效力的法律文书。

《中华人民共和国仲裁法》第五十一条规定："仲裁庭在作出裁决前，可以先行调解。当事人自愿调解的，仲裁庭应当调解。调解不成的，应当及时作出裁决。"这是制作仲裁调解书的法律依据。

二、仲裁调解书与其他仲裁文书的区别

(1) 仲裁调解书确认的内容必须是当事人自愿达成的协议。
(2) 仲裁调解书是常用的但不是必要的仲裁文书。
(3) 仲裁调解书发挥效力的前提是当事人的签收，且与裁决书有同等法律效力。

三、仲裁调解书的格式、内容及写作方法

仲裁调解书由首部、正文和尾部三个部分组成。

1. 首部

(1) 标题。在文书顶端居中写"仲裁调解书"字样。
(2) 编号。在标题的下方写上"〔年度〕×仲字第×号"。
(3) 当事人的基本身份事项。
① 按仲裁申请人和被申请人的顺序书写；一方或双方有法定代理人、法定代表人(或代表人)或委托代理人的，要分别写明。
② 当事人为法人或其他组织时，应写明详细名称和地址、法定代表人或代表人的姓名与职务。当事人为公民的，应写明其姓名、性别、年龄(出生年、月、日)、民族、籍贯、职业与职务以及住址。法定代理人除写明与当事人的相同事项外，还需写明其与当事人的关系。
③ 委托代理人为一般公民的，应写事项与公民当事人相同；委托代理人为律师的，则写明其姓名和职务，以及所在律师事务所名称。

2. 正文

正文应包括案件事实、协议内容及仲裁费用的负担。

(1) 案件事实。应简要叙述争议发生的原因、经过、争执焦点、请求事项等内容。在写明纠纷事实后，另起一行写明"本案在仲裁过程中，经本会主持调解，双方当事人自愿达成如下协议"，作为过渡语。

(2) 协议内容。写明双方协商一致所达成的协议的具体内容。

(3) 仲裁费用的负担。

3. 尾部

依次写明下述内容。

(1) 调解书发生法律效力的时间。一般写成："本调解书经双方签收后，即发生法律效力。"

(2) 注明该仲裁调解书的份数及双方当事人所持的份数。

(3) 右下方由仲裁员、书记员签名，加盖仲裁委员会印章。

(4) 制作调解书的日期和地点。

四、仲裁调解书写作的注意事项

仲裁机构不得强制制作调解书。调解书确认的协议内容，不得损害国家、集体和第三人的利益。制作调解书的依据是调解协议，当事人若自行达成和解协议又不撤回仲裁申请的，仲裁机构不得根据和解协议制作调解书。

调解书应明确当事人的责任，分清是非，不能简单写出仲裁请求和协议结果。调解书效力的写法，应使用"本调解书经双方当事人签收后即发生法律效力"，而不应采用"本调解书与裁决书有同等法律效力"。因为裁决书自制作之日起即发生法律效力，而当事人在签收调解书前可以反悔，调解书未经当事人签收即没有任何效力。

【例文】

例文的内容请扫描右侧二维码。

中国对外经济贸易
仲裁委员会调解书.pdf

第六节 仲裁裁决书

一、仲裁裁决书的概念

仲裁裁决书，是仲裁机构依照仲裁程序，在查清事实的基础上，根据法律规定，对当事人提交仲裁的争议案件作出处理决定所制作的文书。

仲裁裁决书的法律依据是《中华人民共和国仲裁法》。其中，第四十九条规定："当事人申请仲裁后，可以自行和解。达成和解协议的，可以请求仲裁庭根据和解协议作出裁决书，也可撤回仲裁申请。"第五十一条规定："……调解不成的，应当及时作出裁决。调解达成协议的，仲裁庭应当制作调解书或者根据协议的结果制作裁决书。"第五十四条规定:"裁决书应当写明仲裁请求、争议事实、裁决理由、裁决结果、仲裁费用的负担和裁决日期。当事人协议不愿写明争议事实和裁决理由的,可以不写。裁决书由仲裁员签名,加盖仲裁委员会印章。对裁决持不同意见的仲裁员,可以签名,也可以不签名。"

仲裁裁决书是仲裁机构处理争议案件的最终书面结果,是当事人享有实体权利、承担义务的书面依据。它对维护社会经济秩序、保护当事人合法权益具有重要的意义。

二、仲裁裁决书的格式、内容及写作方法

仲裁裁决书是由首部、正文和尾部组成。首部和尾部的写作内容和格式,与仲裁调解书基本相同,但在尾部没有当事人的签名,其效力的文字表述也不同。

根据《中华人民共和国仲裁法》第五十四条的规定,裁决书应当写明仲裁请求、争议事实、裁决理由、裁决结果、仲裁费用的负担和裁决日期。另外,案件的受理、仲裁庭的组成、开庭与调解以及回避,也要写明。其实,裁决书与调解书的正文写作基本相同,不同点主要是结果产生的原因不同,前者是仲裁机构的裁决,后者是当事人的协议。

三、仲裁裁决书的写作注意事项

仲裁必须根据仲裁协议、仲裁申请书和《中华人民共和国仲裁法》及仲裁程序规则进行,坚持以事实为根据、以法律为准绳的原则。否则,当事人可以根据《中华人民共和国仲裁法》第五十八条的规定向仲裁委员会所在地的中级人民法院申请撤销裁决,人民法院也可以按《中华人民共和国民事诉讼法》第二百六十条或第二百七十一条裁定不予执行。

裁决书应按多数仲裁员的意见作出,不能形成多数意见时,按首席仲裁员的意见作出。对裁决持不同意见的仲裁员,可以不签名。当事人协议不愿写明争议事实和裁决理由的,可以不写。

仲裁不能强行调解或久调不裁,必须根据《中华人民共和国仲裁法》的原则和仲裁程序规则规定的结案期限裁决并制作裁决书。

裁决书的制作不仅要合法及时,而且不应有文字和计算错误或遗漏事项;如有出现此类情况,应当及时补正。当事人自收到裁决书之日起30天内,请求补正的,仲裁庭应当审查补正。

裁决书自作出之日起即发生法律效力,在其尾部应写上"本裁决为终局裁决"字样。

【例文】

例文的内容请扫描右侧二维码。

中国海事仲裁委员会裁决书.pdf

思考与练习

1. 规章制度的写作要求有哪些?
2. 仲裁调解书与其他仲裁文书的区别是什么?
3. 根据生活中的某一事件写一份起诉状。

第六章 礼仪文书写作

学习要求

掌握各种礼仪文书的概念，理解其特点，明确其写作要求；重点掌握欢迎词、祝酒词、聘书的概念、特点和写法；体会例文，模拟写作，培养撰写礼仪文书的能力。

第一节 概 述

一、礼仪文书的概念及种类

礼仪是礼节和仪式的总称。礼仪文书是指为礼仪目的或在礼仪场合使用的文书。

我国是一个文明古国，是世界上有名的礼仪之邦。人们的社会交往活动和思想感情的交流，有许多都是通过一定的礼仪形式和一定的文化活动方式来进行的。礼仪文书就是人们在各种礼节中使用的文体。

礼仪文书的种类有很多，常用的是机关、团体、人民群众在节日和红白喜事中使用的各种请柬、欢迎词、欢送词、祝词、贺信、贺电、闭幕词、悼词、祭文、讣告、唁电、碑文、题词、对联等。

二、礼仪文书的结构形式

礼仪文书一般都由标题、称谓、开头、主体、结尾和署名六个部分组成。

称谓应有尊敬之意和亲切之感。人名要用全名，通常在姓名之前冠以"尊敬的""亲爱的"之类的词语，后边加上头衔，或加"先生""女士"等称呼，对外国元首应加"阁下"等。

主体部分，是礼仪文书的主要部分。写作这部分内容时，要注意以诚相见，给人一种真情实意之感。不同场合，措辞要特别慎重，注意用词要恰当，不能信口开河。

结尾部分，要有结束语，结束语要结合文种的不同类型作出相应的表达。

需要特别注意的是，礼仪文书的篇幅要简短，切忌拖沓冗长。

第二节 欢迎词、欢送词、答谢词

一、欢迎词

(一)欢迎词的概念及写作要求

欢迎词是由东道主出面对宾客的到来表示欢迎的讲话文稿，或由行政机关、企事业单位、社会团体或个人在公共场合欢迎友好团体或个人来访时致辞的讲话稿。

欢迎词的写作要求主要有以下几个方面。

(1) 看对象说话。欢迎词多用于对外交往。在各个社会组织的对外交往中，所迎接的宾客可能是多方面的，如上级领导、检查团、考察团等。来访目的不同，欢迎的情由也应不同。欢迎词要有针对性，看对象说话，表达不同的情谊。

(2) 看场合说话。欢迎的场合、仪式也是多种多样的，有隆重的欢迎大会、酒会、宴会、记者招待会，有一般的座谈会、展销会、订货会等。欢迎词要看场合说话，该严肃则严肃，该轻松则轻松。

(3) 热情而不失分寸。欢迎词应出于真心实意，热情、谦逊、有礼；语言要亲切，饱含真情；要注意分寸，不卑不亢。

(4) 关于称呼。由于是用于对外(本组织以外的宾客)交往，欢迎词的称呼比开幕词、闭幕词更具有感情色彩，更需热情有礼。为表示尊重，要称呼全名。在姓名前面或后面应加上职衔或"先生""女士""亲爱的""尊敬的""敬爱的"等敬语，以表示亲切。

(二)欢迎词的特点

1. 欢愉性

"有朋自远方来，不亦乐乎"，所以致欢迎词应当有一种愉快的心情，言辞用语务必富有激情和表现出致辞人的真诚。只有这样，才能给客人一种"宾至如归"的感觉，为下一步各种活动的顺利进行打下良好的基础。

2. 口语性

欢迎词是现场当面向宾客口头表达意愿的，所以口语化是欢迎词文字上的必然要求。口语化会拉近主人同来宾的关系。

(三)欢迎词的分类

1. 从表达方式上分

(1) 现场讲演欢迎词。一般是由欢迎人在被欢迎人到达时在欢迎现场口头发表的欢迎词。

(2) 报刊发表欢迎词。这是发表在报纸或公开发行刊物上的欢迎词，它一般在客人到达前后发表。

2. 从社交的公关性质上分

(1) 私人交往欢迎词。私人交往欢迎词一般是在个人举行较大型的宴会、聚会、茶会、舞会、讨论会等非官方的场合下使用的欢迎稿，通常要在正式活动开始前发表。私人交往欢迎词往往具有很大的即时性、现场性。

(2) 公事往来欢迎词。这样的欢迎词一般在较庄重的公共事务中使用。要有事先准备好的得体的书面稿，文字措辞上的要求较私人交往欢迎词更正式和严格。

(四)欢迎词的结构及写作要求

欢迎词的结构由标题、称呼、开头、主体、结语和署名六个部分构成。

(1) 标题。标题有以下两种形式。

① 欢迎场合或对象+文种构成，如《在校庆 75 周年纪念会上的欢迎词》。

② 用文种"欢迎词"作标题。

(2) 称呼。标题下一行顶格加冒号称呼对象。面对宾客，宜用亲切的尊称，如"亲爱的朋友："""尊敬的领导："等。

(3) 开头。开头通常应说明现场举行的是何种仪式，发言者代表什么人向哪些来宾表示欢迎。

(4) 主体。在这一部分一般要阐述和回顾宾主双方在共同领域所持的共同立场、观点、目标、原则等内容，较具体地介绍来宾在各方面的成就及在某些方面做出的突出贡献，同时要指出来宾本次到访或光临对增加宾主友谊及合作交流所具有的现实意义和历史意义。也就是说明欢迎的情由，可叙述彼此的交往、情谊，说明交往的意义。对初次来访者，可多介绍本组织的情况。

(5) 结语。通常在结尾处再次向来宾表示欢迎，并表达自己对今后合作的良好祝愿。

(6) 署名。用于讲话的欢迎词无须署名。若需刊载，则应在题目下面或文末署名。

(五)欢迎词写作的注意事项

欢迎词是出于礼仪的需要而使用的，因此要十分注意礼貌。具体而言，要注意以下几点。

(1) 称呼要用尊称，感情要真挚，要能较得体地表达自己的原则和立场。

(2) 措辞要慎重，勿信口开河，同时要注意尊重对方的风俗习惯，应避开对方的忌讳，以免发生误会。

(3) 语言要精确、热情、友好、温和、礼貌。

(4) 篇幅短小，言简意赅。一般的欢迎词都是一种礼节性的外交或公关辞令，宜短小精悍，不可长篇大论。

【例文】

例文的内容请扫描右侧二维码。

开学典礼上的讲话.pdf

二、欢送词

(一)欢送词的概念及分类

欢送词是行政机关、企事业单位、社会团体或个人在公共场合欢送友好团体回归或亲友出行致辞时的讲话稿。

欢送词与欢迎词在分类上大致一样，这里不详细说明，只作一个简单的列举。

按表达方式分，欢送词可分为现场讲演欢送词和报刊发表欢送词两种。

按社交的公关性质分，欢送词可分为私人交往欢送词和公事往来欢送词两种。

(二)欢送词的特点

(1) 惜别性。"相见时难别亦难"，中国人重情谊这一千古不变的民族传统精神在今天更显得珍贵。欢送词要表达对亲朋远行时的感受，所以依依惜别之情要溢于言表，当然格调也不可过于低沉。尤其是公共事务的交往，更应把握好分别时所用言辞的分寸。

(2) 口语性。同欢迎词一样，口语性也是欢送词的显著特点之一。遣词造句也应注意使用生活化的语言，使送别既富有情趣又自然得体。

(三)欢送词的基本格式和写法

欢送词一般由标题、称呼、正文和落款组成。

1. 标题

标题的写法一般有两种。

一种是单独以文种"欢送词"命名；另一种是由活动内容和文种名共同构成，如《在××研讨会结束典礼上的讲话》。

2. 称呼

称呼要求写在开头顶格处。要写出宾客的姓名称呼，如"尊敬的各位先生们、女士们："、"亲爱的同学们："。

3. 正文

欢送词的正文一般由开头、主体和结尾三部分构成。

(1) 开头。开头通常应说明此时在举行何种欢送仪式，发言人是以什么身份代表哪些人向宾客表示欢送的。

(2) 主体。欢送词在这一部分要回顾和阐述双方在合作或访问期间在哪些问题和项目上达成了一致的意见，取得了哪些有突破性的进展，陈述本次合作交流中双方的合作和交流给彼此带来的益处，阐述其深远的历史意义。对于私人欢送词还应注意表达双方在共事合作期间彼此友谊的增进加深以及分别之后的想念之情。若为朋友送行，还要加上一些勉励的话。

(3) 结尾。通常在结尾处再次向来宾表示真挚的欢送之情，并表达期待再次合作的心愿。亲朋远行尤其要表达希望早日团聚的惜别之情。

4. 落款

欢送词在落款处要署上致辞的单位名称、致辞者的身份、姓名，并署上成文日期。

(四)欢送词写作应注意的事项

称呼用尊称，注意宾客身份，致辞要恰到好处，感情要真挚、诚恳而且要健康。措辞要慎重，勿信口开河，要尊重对方风俗习惯，以免发生不必要的误会。语言要精练、热情、友好、温和、礼貌。要言简意赅，篇幅不宜过长。欢送词也是一种礼节性的社交公关辞令，要短小精悍，这样更宜于表达主人对宾客的尊重和礼貌。

【例文】

欢 送 词

尊敬的女士们、先生们：

  首先，我代表×××，对你们访问的圆满成功表示热烈的祝贺。

  明天，你们就要离开××了，在即将分别的时刻，我们怀着依依不舍的心情。大家相处的时间是短暂的，但我们之间的友好情谊是长久的。我国有句古语："来日方长，后会有期。"我们欢迎各位女士、先生有时间再次来××做客，相信我们的友好合作会日益加强。

  祝大家一路平安，万事如意！

×××大学
校长：×××
××××年×月×日

三、答谢词

(一)答谢词的概念及写作要求

  答谢词是由宾客出面发表的对主人的热情接待表示感谢的讲话稿。答谢词的写作要求主要有以下几个方面。

  (1) 客套话与真情。在社交场合，必要的客套话是不能省略的，比如"感谢""致敬"之类热情洋溢、充满真情的词语。

  (2) 尊重对方的习惯。在异地做客，要了解当地的民情、风俗，尊重对方的习惯。

  (3) 注意照应欢迎词。主人已经致辞在前，作为客人不能"充耳不闻"。答谢词要注意与欢迎词的某些内容相呼应，这是对主人的尊重。即使预先准备了答谢词，也要在现场紧急修改补充，或临场应变发挥。

  (4) 篇幅力求简短。欢迎词、答谢词都是应酬性讲话，因此篇幅要力求简短，不宜冗长拖沓，以免令人生厌。

(二)答谢词的写作格式

  答谢词的结构由标题、称呼、开头、正文和结语五个部分构成。

  (1) 标题。一般用文种"答谢词"作标题。

  (2) 称呼。答谢词的称呼与欢迎词相同。

  (3) 开头。对主人的热情接待表示感谢。

  (4) 正文。畅叙情谊，或表明自己来访的意图、诚意，陈述有关的愿望。

  (5) 结语。祝愿，或再次表示谢意。

【例文】

答 谢 词

尊敬的×××先生、尊敬的×××集团公司的朋友们：

  首先，请允许我代表全体成员对×××先生及×××集团公司对我们的盛情接待表示衷心的感谢。

我们一行五人代表××公司首次来贵地访问，此次来访时间虽短，但收获颇大。仅3天时间，就使我们对贵地的电子业有了比较全面的了解，与贵公司建立了友好的技术合作关系，并成功地洽谈了×××电子技术合作事宜。这一切，都得益于主人的真诚合作和大力支持。对此，我们表示衷心的感谢。

电子业是新兴的产业，正蒸蒸日上，有着广阔的发展前景。贵公司拥有一支由网络专家组成的庞大队伍，技术力量相当雄厚，在网络工作站市场中一枝独秀。我们有幸与贵公司建立友好的技术合作关系，为我地电子业的发展提供了新的契机，这必将推动我地的电子业迈上一个新台阶。

其次，我代表××公司再次向×××集团公司表示感谢，并祝贵公司迅猛发展，再创奇迹。更希望彼此继续加强合作，共创明天。

最后，我提议：为我们之间正式建立友好合作关系，为今后我们之间的密切合作，干杯！

××公司

总经理：×××

××××年×月×日

第三节　祝词、贺词、贺电、闭幕词、祝酒词

一、祝词、贺词

(一)祝词、贺词的概念

祝词是行政机关、企事业单位、社会团体或个人在喜庆场合对某人或某项即将开始的工作、事业表示祝福的言辞或文章。祝词一般是在事情未果时所表示的一种祝愿和希望。

贺词是行政机关、企事业单位、社会团体或个人在喜庆场合对某人或某项已经取得成功的工作、事业表示祝贺的言辞或文章。贺词一般是在事情达成时而表示的庆贺和道喜。

祝词和贺词所包含的含义并不相同。祝词一般的对象是事情未果，表示祝愿、希望的意思；而贺词一般的对象是事情已达成，表示庆贺、道喜的意思。因此，祝词和贺词的区别是显而易见的。祝词虽然在事前祝，贺词在事后贺，但祝词、贺词在某些场合却可以互用。人们在实际使用时也常常将祝词、贺词混在一起，祝与贺也难以分清，因此本书我们将一起进行介绍。

(二)祝词、贺词的特点

(1) 喜庆性。祝词、贺词是在喜庆的场合对祝贺对象的一种真诚的祈颂祝福和良好心愿的表达，因此喜庆性是其基本特点，在措辞用语上务必体现出一种喜悦、美好之情。

(2) 体裁的多样性。祝词、贺词无须拘泥于某种文体，但可以根据祝贺对象的具体情况采用合适贴切的文章体裁，既可以用一般的应用文体，也可以采用诗、词、对联等各种其他的文体样式，如夏衍的《贺钱锺书80华诞词》。

(三)祝词、贺词的分类

1. 祝词、贺词从祝贺对象上看可以分为四类

(1) 祝贺寿诞。祝贺寿诞的主要对象是老年人。在祝贺中,既赞颂他已取得的辉煌成绩,又祝愿他幸福、健康、长寿。祝贺寿诞的对象也可以是新得子女的一对夫妻,贺其喜得子嗣,祝其夫妻生活更加甜美。祝贺寿诞的对象还可以是自己,称自寿。自寿往往抒发个人的感慨、抱负,或自勉,如熊瑾玎的《六十自寿》内容如下。

仆仆风尘六十年,胸中豪气尚盘旋。千辛历尽心翻快,百体呈衰齿独坚。抗战不难行蜀道,宣传无懈说民权。法西斯未全消灭,岂敢停骖倦著鞭。

(2) 祝贺事业。事业成功的祝贺涉及范围极广,比如,会议开始时祝会议圆满成功,会议结束时贺会议圆满结束;展览会剪彩时祝其取得较好的社会效益,展览会结束时贺其已取得了预期目标;当某人考入大学时,贺其金榜题名,祝其鹏程万里、百尺竿头更进一步。其他如公司开业、银行开张、报刊创刊、社团纪念等均可贺其已取得的成就,祝其今后事业顺利发达。

(3) 祝贺婚嫁。既贺新婚,又祝新人婚后和谐美满。

(4) 祝贺酒宴。以酒助兴,酒只是人们交往中的一种媒介形式。酒宴上的祝词、贺词,其实是在向赴宴宾客表达一种祝福和庆贺。

2. 祝词、贺词从表达形式上看可分为两类

(1) 现场即席致辞祝贺。一般来说,在较为随意轻松的场合可以即兴表示祝贺。若在公共事务场合下,为庄重严肃起见,应按事先拟好的祝贺词发言。

(2) 信函电传祝贺。有时祝贺人无法到场祝贺,在这样的情况下,可以用书信的方式祝贺,也可以拍发电报、传真或用电子邮件来表示祝贺之意。

(四)祝词、贺词的基本格式和写法

祝词、贺词通常由标题、称呼、正文和落款四个部分组成。

1. 标题

祝词、贺词的标题一般由两种方式构成:一种是由致辞者、致辞场合和文种共同构成,如《周恩来总理在欢迎尼克松总统宴会上的讲话》;另一种是由致辞对象和致辞内容共同构成,如《贺紫金山国庆集体婚礼》《在谢××先生和王××小姐婚礼上的祝词》。

2. 称呼

称呼写在开头顶格处,写明祝词或贺词对象的姓名。一般要在姓名后面加上称呼甚至有关的职务头衔,以示敬重,如"尊敬的史密斯博士"。

3. 正文

正文一般由以下三项内容构成。

(1) 向受辞方致意,要说明自己代表何人或何种组织向受辞方及其何项事业祝福贺喜,如孙玉茹《在创新电脑公司开业庆典上的贺词》如下。

改革开放带来累累硕果。在这万象更新的金秋季节,天津创新电脑公司隆重开业了。在此,我代表各位来宾和广大用户,向你们表示衷心的祝贺!

(2) 概括评价受辞方已取得的成就,如《在创新电脑公司开业庆典上的贺词》是这样的。

你们公司的名字是"创新",今天我的贺词也要来一个创新。在这里,我不想谈"门盈喜气,店满春风"的老话,也不想说"生意兴隆通四海,财源茂盛达三江"的俗愿,我只想从"创新"的"新"字谈起,那就是——新事、新风、新辉煌。众所周知,科学技术是第一生产力,正当电脑这一崭新的生产力以惊人的速度进入人类一切领域的时候,你们则站在时代的前列,以股份制的新形式成立了公司,并打出了"为时代文明铺路,让电脑走进千家万户"的旗帜。你们公司开业可喜可贺,而你们所从事的新事业更可喜可贺!自古以来,没有哪个商家不贪利,没有哪个商家不爱财。然而你们却说:"我们从事的是文明事业,我们就要有别人没有的新风尚,生财有道,以德为先,以信为本。"并推出了人无我有、人有我新的宗旨:"有价的电脑,无价的服务""全心全意为用户,献出兄弟姐妹情。"朋友们,你们说,有这样的商家,有这样的新风,你们还愁买不到称心的电脑吗?他们还愁财源不像长江之水一样滚滚而来吗?

(3) 展望未来美好前景,再次向受辞方表示衷心的祝贺,如《在创新电脑公司开业庆典上的贺词》的结尾如下。

创新,创新,只有创新才会出新;创新,创新,只有开拓才能前进。如今,党的政策已经为你们铺平了道路,朋友们,扬鞭起程吧,此时风光正好,天下太阳正红。各位来宾,让我们举杯祝愿,祝创新公司的事业蓬勃发展,一步一层天!

4. 落款

落款处应当署上致辞单位名称,或致辞人姓名,最后还要署上成文日期。

(五)祝词、贺词的写作要求和注意事项

1. 祝词、贺词的写作要求

(1) 语言要充满热情、喜悦、鼓励、希望、褒扬之意,以便使对方感到温暖和愉快,受到激励与鼓舞。

(2) 祝词不应使用辩论、谴责、批评等词句和语气。

(3) 颂扬与祝贺要恰如其分,过分的赞美之词会使对方感到不安,自己也难免有献媚之嫌。

2. 祝词、贺词写作应注意的事项

祝词、贺词要求热情洋溢,充满喜庆,满怀诚意地表达自己的良好祝愿,多用褒扬、赞美、激励之词,但又千万不可滥用溢美之词,以免给人阿谀奉承之嫌。

祝词、贺词文体上可以多种多样,只要写出特色,表达诚挚的祝愿即可。

【例文一】

例文的内容请扫描右侧二维码。

【例文二】

例文的内容请扫描右侧二维码。

元旦祝词.pdf

中共中央、国务院向中国体育代表团致贺信.pdf

二、贺电、闭幕词

(一)贺电

1. 贺电的概念及写作要求

贺电是一种表示庆贺的公关礼仪电报。

贺电是用电报的形式拍发给对方的表示祝贺赞颂的一种电信文书。贺电一般篇幅短小，感情充沛，文字明快，它多是领导机关或领导人以代表人物的名义发给有关单位、集体或个人的。贺电也可以登报、广播，这时往往会产生很大的鼓舞作用。

贺电的写作要求如下。

(1) 文字精练明白。电报是按字数计收费用的，所以电文越简短越好。但精练应以表达清楚、明白为前提。

(2) 严格按格填写。电报的按字计费是按电报纸上的格子计费，所以要严格认真填写，手写字体要端正。

(3) 数字的写法。数字用阿拉伯数字填写，一个数字可以填在一个格子里，并用括号括起来。

(4) 电报挂号的用法。"电报挂号"是一个单位在电信部门登记后获得的专用号码，使用这个号码，就可以代替单位的地址和名称。

(5) 关于附项。附项是电文以外的内容，不拍发、不计费。但因其具有在电报无法投递或出现其他意外情况下供电信部门与发报人联系的作用，所以应如实详细填写。

2. 贺电的写作格式及内容

(1) 贺电的写作格式。

贺电的结构由收报人地址姓名、收报地点、电报内容、附项四个部分构成。拍发礼仪电报，要用电信局印制的礼仪电报纸按栏、按格填写。

① 收报人地址姓名。先写地址——×路、街道、门牌号码，再写单位名称或个人姓名。

② 收报地点。填写省、市、县名，大城市可略写省名。

③ 电报内容。先写祝贺的话，再写发报人地址姓名或发报单位地址名称。发报日期、时间在电报中反映，电文中可省略。

④ 附项。附项包括发报人签名或盖章、住址、电话。

(2) 贺电的内容。

贺电的内容一般由标题、称呼、正文、结尾和落款五个部分组成。

① 标题。贺电的标题，可直接由文种名构成，即在第一行正中写"贺电"二字。有的贺电标题也可由文种名和发电双方名称共同构成。有的还有副标题，即以发电单位名称、受电单位名称和文种作为主标题，而用副标题说明内容。

② 称呼。称呼要写上收电单位或个人的名称、姓名，是个人的还应在姓名后加上"同志""先生"或职务名称等称呼。称呼要顶格写，后面加冒号。

③ 正文。贺电的正文要根据内容而定，若发给单位或某一地区庆祝活动的，宜在表示祝贺的同时，对其作出的各种成绩、取得的巨大成就给以充分肯定，并给以鼓舞，提出希望。一般私人之间的交往，则直接祝贺其取得的成绩或荣誉就可以了。

④ 结尾。贺电结尾要表达热烈的祝贺和祝福之意，有时也提出希望。

⑤ 落款。即在正文右下方署上发电单位或个人的姓名，并写上发电日期。

3. 贺电写作的注意事项

贺电的篇幅不能太长，一般用百余字表达祝贺即可。贺电在用语上要细细斟酌，贺颂要恰如其分，提出的要求和希望要合乎情理。另外，贺电要及时、迅速拍发。

【例文】

中共中央 国务院对 AG600 首飞成功的贺电

工业和信息化部、中国民航局、中国航空工业集团公司并参加 AG600 首次飞行任务的各参研参试单位和全体同志：

在大型灭火/水上救援水陆两栖飞机 AG600 首飞成功之际，中共中央、国务院向参加 AG600 项目研制任务的全体参研参试单位和人员，表示热烈的祝贺和亲切的慰问！

大型灭火/水上救援水陆两栖飞机 AG600 是我国首次按照中国民航适航规章要求研制的大型特种用途飞机，是国家应急救援体系建设急需的重大航空装备。它的首飞成功，标志着我国航空工业特种用途飞机研制能力取得重大突破，是继 C919 大型客机首飞成功后我国民用航空工业发展的又一个重要里程碑。这是在以习近平同志为核心的党中央坚强领导下我国航空工业发展的最新成就，对于践行新发展理念，实施创新驱动发展战略，推进制造强国和科技强国建设，具有十分重要的意义。

新时代要有新气象、新作为。AG600 首飞成功只是项目研制中的关键一步，后续任务依然艰巨繁重。希望你们更加紧密地团结在以习近平同志为核心的党中央周围，高举中国特色社会主义伟大旗帜，全面贯彻党的十九大精神，以习近平新时代中国特色社会主义思想为指导，不忘初心、牢记使命，大力弘扬航空报国精神，勇攀科技高峰，加快我国大型水陆两用飞行器研制进程，促进国家应急救援航空装备体系建设发展，为决胜全面建成小康社会、夺取新时代中国特色社会主义伟大胜利、实现中华民族伟大复兴的中国梦再立新功！

中共中央
国务院
2017 年 12 月 24 日
(新华社北京 12 月 24 日电　新华网)

(二)闭幕词

1. 闭幕词的概念

闭幕词是党政机关、社会团体、企事业单位的领导人在大型会议闭幕时所做的总结性讲话。

闭幕词是大会的尾声,意味着会议即将结束。它一般运用简洁、明快、精练的语言,对大会作出概括性的评价和总结,并向与会者提出贯彻落实大会精神的要求和希望,使与会者充满信心地奔赴各自的岗位,为实现大会提出的目标去尽职尽责地完成各自的任务。

2. 闭幕词的结构、内容和写法

闭幕词由首部、正文和结束语三部分组成。各部分的内容和写作要求如下。

(1) 首部。

首部包括标题、时间、称谓等内容。

① 标题。与开幕词的标题构成形式基本相同。

② 时间。标题之下,用括号注明会议闭幕的日期。

③ 称谓。一般和开幕词的称谓一致。根据会议性质及与会者的身份来确定称谓,如"同志们""各位代表"等。

(2) 正文。

正文包括开头、主体和结尾三部分。

① 开头。开头部分一般简要说明大会在各级领导的关怀下,经过与会人员的共同努力,圆满完成了预定的任务,今天就要闭幕了。

② 主体。主体部分概述会议的进行情况,恰当地评价会议的收获、意义及其影响。主体部分要写明:会议通过的主要事项和基本精神;会议的重要性和深远意义;向与会人员提出贯彻会议精神的基本要求;等等。一般来说,这几方面的内容都不能少,而且顺序是基本不变的。写作时要掌握会议情况,有针对性地阐述会议内容并予以肯定;同时,可以对会议未能展开但已认识到的重要问题作出适当强调或补充;行文要热情洋溢,文字要简洁有力,起到激发斗志、增强信心的作用。

③ 结尾。结尾部分一般要以坚定的语气发出号召、提出希望、表示祝愿等,并对保证大会顺利进行的有关单位及服务人员表示感谢。

(3) 结束语。

郑重宣布会议闭幕。通常只有一句话:"现在,我宣布,××××大会闭幕。"

【例文】

2019年中国北京世界园艺博览会闭幕词

李克强

(2019年10月9日,北京)

尊敬的各位政府首脑、副首脑和夫人,

尊敬的国际展览局秘书长和国际园艺生产者协会主席,

尊敬的各国使节,各位国际组织代表,

女士们，先生们，朋友们：

从芳菲春日到斑斓金秋，历时5个多月的2019年中国北京世界园艺博览会即将圆满落下帷幕。我谨代表中国政府和中国人民，对本届世园会的成功举办表示衷心祝贺！对支持和参与北京世园会的各国朋友表示诚挚感谢！对前来参加闭幕式的各位嘉宾表示热烈欢迎！

本次世园会以"绿色生活，美丽家园"为主题，精彩纷呈、成果丰硕。全球110个国家和国际组织、120多个非官方参展方积极响应，是历史上参展方最多的一届世园会。

在4月28日举行的世园会开幕式上，中国国家主席习近平倡导共同建设美丽地球家园、构建人类命运共同体。这是一场文明互鉴的绿色盛会，100余场国家日和荣誉日、3000多场民族民间文化活动，促进了各国文明交流、民心相通和绿色合作。这是一场创新荟萃的科技盛会，世界园艺前沿技术成果悉数登台，展现了绿色科技应用的美好前景。这是一场走进自然的体验盛会，近千万中外访客走进世园会，用心感受环保与发展相互促进、人与自然和谐共处的美好。

女士们，先生们，朋友们！

几天前，我们隆重庆祝了中华人民共和国成立70周年。70年来，中国人民筚路蓝缕、砥砺奋进，经济社会发展取得举世瞩目的成就，生态文明建设实现历史性的进展。进入新世纪以来，全球绿化面积增加5%，其中四分之一的贡献来自中国。

中国仍然是世界上最大的发展中国家，将继续坚持以经济建设为中心，把发展作为解决一切问题的基础和关键。中国面临发展经济、改善民生、加强生态环境保护的繁重任务，将坚持统筹兼顾，在改革开放中协同推动经济高质量发展和生态环境高水平保护，坚定走生产发展、生活富裕、生态良好的文明发展道路。

我们将加快转变发展方式，持续推动绿色发展，优化经济结构，发挥创新引领发展第一动力作用，加快培育新动能，大力发展节能环保产业和循环经济，倡导绿色低碳消费，以更低的资源消耗推动经济社会持续健康发展。

我们将努力促进绿色惠民，坚决打好污染防治攻坚战，着力解决突出的环境问题，推进人居环境建设，抓好基础性、经常性、长远性工作，推进重要生态系统保护和修复工程，让人民群众享有美丽宜居的环境。

我们将不断加强绿色合作，支持和践行多边主义，坚持共同但有区别的责任原则、公平原则和各自能力原则，积极履行应对气候变化《巴黎协定》。加强生态文明领域交流合作，推动成果分享，力所能及地帮助发展中国家培育绿色经济、实现可持续发展。

女士们，先生们，朋友们！

刚才，我同各国领导人参观了世园会部分展区，可谓步步如画、处处皆景。希望这些美丽的景色越来越多地出现在中国乃至世界的各个地方。期待国际社会共同努力，为子孙后代建设一个美丽的地球家园。让我们携起手来，推动人与自然和谐发展，共创人类美好未来。

现在我宣布，2019年中国北京世界园艺博览会闭幕！

（资料来源：新华社2019年10月10日）

三、祝酒词

(一)祝酒词的概念及特点

祝酒词是在重大庆典、友好往来的宴会上发表的讲话。宴会上祝酒，是招待宾客的礼仪，一般说来，主宾均要致祝酒词。主方的祝酒词主要是表示对来宾的欢迎，而客方的祝酒词主要是表示对主方的感谢。如果出于某种需要，也可在祝酒词中作出符合宴会氛围的深沉、委婉或幽默的表达。

祝酒词以酒为媒介，加之以热烈的语言，会为酒会平添友好的气氛。

祝酒词的主要特点如下。

(1) 祝酒词的主要特点是祝愿性。祝愿事情的成功或祝愿美好、幸福。

(2) 祝酒词因其场合比较隆重或热闹，因此不宜太长，言辞要简洁而有吸引力。

(二)祝酒词的写法

开头部分或表欢迎、问候，或表感谢。主体部分根据宴请的对象、宴会的性质，简略地表述主人必要的想法、观点、立场和意见，既可以追述已经获得的成绩，也可以畅叙友情发展的历史，还可以展望未来。结尾可用"让我们为……干杯"或 "为了……让我们干杯"表达礼节性的祝愿。其写作上的要求大致与欢迎词、欢送词相同。

【例文】

酒 宴 祝 词

今天，在迎来了五年一度的经贸盛会——中国哈尔滨第五届边境、地方经济贸易洽谈会之际，我谨代表洽谈会筹备委员会热烈欢迎国内外工商界新老朋友到会，洽谈贸易和经济技术合作项目，进一步加强相互了解，加深友谊，共同促进双方友好合作的发展，并预祝各位在本届洽谈会上取得丰硕成果。

让我们共同干杯！

第四节 讣告、唁电、悼词

一、讣告

(一)讣告的概念

讣告又称"讣闻""讣文"。"讣"，原指报丧的意思，就是将人去世的消息报告给大家。讣告是机关、单位、个人，把某人去世的不幸消息向死者的亲戚、朋友、家属发布的通告性文书。党和国家领导人逝世，现在一般不用讣告而用公告或宣告，以表示隆重、庄严。生死是人生中的大事，人去世之后，机关、单位或逝者亲属一般要进行一些悼念活动，来表示对死者的哀悼之情，寄托哀思，上至国家领导人下至平民百姓无不如此。自古以来，人们在进行悼念活动时已形成了一些较为固定的形式，然而对于这些文体的写作情况，人们却知之较少，所以本节就有关的一些文体的写作格式和要求进行专门介绍，以期对大家有所帮助。

(二)讣告的分类

讣告通常有以下三种形式。

(1) 一般性讣告：普通公民去世，用此讣告发布消息。

(2) 公告式讣告：党和国家领导人逝世，以此发布消息，以示隆重。

(3) 简便式公告：作为一般消息晓谕社会，告知个人。

讣告的种类不同，其写作方法和内容格式也稍有不同。为了给大家一个完整全面的认识，下面我们将分别予以介绍。

(三)一般性讣告的格式、写法及注意事项

1. 格式、写法

一般性讣告是最常见的讣告形式，主要内容一般包括以下三个方面。

(1) 标题。标题一般有两种形式：一种由文种名称组成，在第一行中间写上"讣告"二字；另一种由逝者名和文种名共同构成，如《鲁迅先生讣告》。

标题的字体一般要略大于正文字体，或者使用黑体。

(2) 正文。讣告的正文通常要写出下面几项内容。

首先写明逝者的姓名、身份、死因、逝世的日期、具体时间、地点、终年岁数。这里需指出的是，"终年"也有的写为"享年"，意思是享受过的有生之年。"享年"一般用于自己的长辈或人们所敬重的老者。终年是指去世时已活到多少岁，使用较为广泛，不带有感情色彩。

其次简介逝者生平主要经历及政治、学术、艺术、技术方面的主要成就。需要指出的是，这里逝者的经历是其代表性的经历，而不是其个人履历的一种复制。

最后告知吊唁、追悼会的时间、地点、接送车辆安排等其他有关事宜。

(3) 落款。讣告的落款写明发讣告的单位、团体或个人的名称或姓名，以及发讣告的时间。

【例文】

鲁迅先生讣告

鲁迅(周树人)先生于一九三六年十月十九日上午五时二十五分病卒于上海寓所，享年五十六岁。即日移置万国殡仪馆，二十日上午十时至下午五时为各界瞻仰遗容的时间。依先生的遗言"不得因为丧事收受任何人的一文钱"，除祭奠和表示哀悼的挽词、花圈等以外，谢绝一切金钱上的赠送。

谨此讣闻。

鲁迅先生治丧委员会

蔡元培、内山完造
宋庆龄、A. 史沫特莱

> 沈钧儒、萧三、曹靖华
> 许季茀、茅盾、胡愈之
> 胡风、周作人、周建人
>
> 一九三六年十月十九日

2. 写作注意事项

一般性讣告的语言要求准确、简练、严肃、郑重。时代变化了，有些词语带有极强的书面语味道，在行文时，理应淘汰，如要用"先父""先母"代替过去的"先考""先妣"。

凡讣告的用纸，依据我国的传统，忌用红色，一般用白纸，上书黑字即可。

一般性讣告需在告别仪式之前尽早发出，以便死者亲友及时作出必要的安排和准备，如备花圈、写挽联等。

(四)公告式讣告的格式、写法及注意事项

公告式讣告比一般性讣告要隆重、庄严得多。它一般由党和国家或一定级别的政府机关、企事业单位、团体等作出决定才发出。

公告式讣告一般由公告以及其他一些文件(消息)共同组成。在内容上公告式讣告与一般性讣告基本无太大差别，但在结构安排上有显著不同。这样做的目的是显示其性质的庄严、隆重。

1. 格式、写法

公告式讣告的内容一般包括以下几项。

1) 公布消息

(1) 标题。标题由发文单位、团体的名称和文种名共同构成。这一点与一般性讣告不同，公告前面为发出单位的名称，而一般性讣告前面为死者的姓名，如《中国共产党中央委员会、中华人民共和国全国人民代表大会常务委员会、中华人民共和国国务院公告》。

(2) 正文。

① 要求写明死者的职务、姓名、逝世原因、时间、地点以及享年岁数。

② 对死者的简单评价和哀悼之词。

(3) 落款。写明公告时间，因发文单位已在标题中显示，故省去发文单位的名称。

2) 治丧委员会公告

治丧委员会公告是讣告的核心部分，主要交代一些主要事宜，具体内容如下。

(1) 标题。用粗体大写字写明"×××同志治丧委员会公告"字样。

(2) 正文。写明对丧事的安排及具体要求，比如，要写出吊唁或瞻仰遗容的具体时间、地点、参加人；具体召开追悼会的时间、地点；追悼会召开时的其他事宜，诸如社会各界、机关单位、人民群众团体的吊唁活动安排；等等。

(3) 结尾和落款。"公告"的结尾要注明"特此公告"字样，同时在右下方写明公告的发布日期。

3) 公布治丧委员会名单

治丧委员会名单的安排通常分两部分：一部分是治丧委员会领导成员名单，一般按职

务排名；另一部分是全体治丧委员会名单，一般以姓氏笔画排列。要交代清楚治丧委员会成员人数。

2. 公告式讣告的写作注意事项

公告式讣告由"公告""治丧委员会公告""治丧委员会名单"等几个部分共同组成，因此各部分要同时公之于众。

公告式讣告的使用对象一般是党和国家的领导人，万不可乱用。

(五)简便式讣告

简便式讣告依据其存在的形式可以分为以下两种。

(1) 新闻报道式。这种形式常作为一般的消息在报纸或电台、电视台上公布，旨在晓谕社会，其内容和形式极其简单。一般只有短短的几句话，只告知死者的姓名、身份、逝世时间、地点、终年岁数即可，内容如下所述。

孙××同志逝世

×××厂原厂长孙××同志因病于××××年11月11日逝世，终年67岁。孙××同志××××年参加工作，同年加入中国共产党。

(2) 讣帖。讣帖是抄送给个人的一种讣告形式，其内容与一般性讣告完全一样，只是在形式上更为短小而已。

二、唁电

(一)唁电的概念及分类

唁电是向丧家表示吊问的电报。它既可以表示对死者的悼念，又可以向丧家表示安慰和问候。

依据发布唁电一方的情形，唁电大致可以分为以下三种类型。

1. 单位团体之间拍发的唁电

单位团体之间拍发的唁电所悼念的死者多是原机关单位或群众团体的主要领导人或在某方面有建树，为社会做出了巨大贡献的杰出人物、英雄、模范、艺术家、科技工作者，还有其他方面的知名人士等。这种情况一般是因为发电方同逝世者不在一地，来不及前往悼念，故以唁电形式表示哀悼和慰问。

2. 以个人名义向丧家拍发的唁电

以个人名义向丧家拍发的唁电的发者同逝者生前往往是志同道合的朋友，有过密切交往或深受其教诲、关怀、帮助的。发电者在惊闻噩耗后，以唁电表示悼念之情。

3. 国与国之间拍发的唁电

这类唁电一般发给对方的国家政府机关或其他相应的重要国家政府机关。逝世者一般为重要的国家领导人或为两国之间的和睦关系、经济发展做出过巨大贡献的重要人物。这样，一方发去唁电以表示对逝者方的哀悼。

(二)唁电的写作格式和主要内容

无论是哪种类型的唁电，一般而言，都由标题、开头、正文、结尾和落款几个部分构成。

1. 标题

唁电标题的构成有两种形式：一是直接由文种名构成，如直接在第一行正中书写"唁电"二字；二是由逝者亲属姓名或单位名称和文种名共同构成，如《致许广平女士的唁电》。

2. 开头

唁电的开头是收唁电方的单位或逝世者家属的称呼。收唁电者是家属的，一般应在姓名后面加"同志""先生""女士""夫人"等相应称呼。其写法是顶格写，称呼后面加冒号。

3. 正文

正文要另起一行，空两格再写。正文通常由以下几项内容构成。
(1) 直接抒写噩耗传来之后的悲恸心情，字无须多。
(2) 以沉痛的心情，简述在双方的交往中逝者生前所表现的优秀品德及功绩。
(3) 表达致电单位或个人对逝者遗志的继承和决心，或表达一定要在逝者优秀品德或精神的感召下奋勇前进等。
(4) 向逝者家属表示亲切的问候和安慰。

4. 结尾

唁电的结尾，一般写上"肃此电达""特电慰问"等字样。

5. 落款

落款写在右下方，要写明拍发唁电的单位名称或个人姓名。然后在此下面还要署上发电时间：××××年×月×日。

(三)写唁电应注意的事项

拍发电报一般要求短小精悍，用语简洁明了，所以写唁电应尽量避免用修饰语，篇幅要短小。唁电写作格式的五部分的分法是就完整性而言的，实际上电文中有些部分常可以省略不要，如标题。

唁电要表达一种悲恸之情，要写得深沉、纯朴、自然、催人泪下，万不可油腔滑调。

叙述死者生前品德、情操、功绩时，要突出本质方面，不可一一赘述或本末倒置。

【例文】

致许广平女士的唁电

上海文化界救国联合会转许广平女士鉴：

　　鲁迅先生逝世，噩耗传来，全国哀悼。本党与苏维埃政府及全苏区人民，尤为我中华民族失去最伟大的文学家、热情追求光明的导师、献身于抗日救国的非凡领袖、共产主义苏维埃运动之亲爱的战友，而同声哀悼。谨以至诚电唁。深信全国人民及优秀的文学家必能赓续鲁迅先生之事业，与一切侵略者、压迫势力作殊死的斗争，以达到中华民族及被压迫的阶级之民族和社会的彻底解放。

　　肃此电达。

中国共产党中央委员会
苏维埃中央政府
一九三六年十月廿二日

三、悼词

(一)悼词的概念

　　悼词是对死者表示哀悼的话或文章，它有广义和狭义之分。广义的悼词是指向死者表示哀悼、缅怀与敬意的一切形式的悼念性文章。狭义的悼词专指在追悼大会上对死者表示敬意与哀思的宣读式的专用于哀悼的文体。今天的悼词是从古代的诔文、哀辞、吊文、祭文一步步衍化而来的。诔文作为我国哀悼文体的最古老形式，最早是一种专门表彰死者功德的宣读性的哀悼文体。哀辞是诔文的旁支。诔文的对象主要是王公、贵族、士大夫，并以颂赞死者功德为主；而哀辞的对象主要是"童弱夭折，不以寿终者"，同时以抒发生者哀悼之情为主。吊文是指凭吊性的文章，"吊"有慰问之意。吊文的内容较诔文、哀辞广泛，也较其庞杂。可以说，吊文是我国古代群众性的哀悼文体。它不一定是歌颂功德的文字，如汉代司马相如的《哀秦二世赋》。吊文也可以对具体的事物而言，成为一种咏怀性的文体，如《吊战场》等。祭文是古时祭祀天地鬼神和死者时所诵读的文章。屈原的《九歌》是最早的祭文。祭文的范围较广，只有祭奠死者的文章才属于哀悼文体的范畴。今天我们所说的悼词是"五四"新文化运动的产物，它反映出新时代的新变化，无论在形式上还是在内容上，同古代的诔文、哀辞、吊文、祭文均有实质性的不同。

(二)悼词的特征

　　(1) 总结死者生平业绩，肯定其一生的贡献。现代性的悼词是一种具有高度思想性和现实性的文体，人们以此既寄托哀思又通过死者的业绩激励后来者，比如，毛泽东同志在张思德同志的追悼会上所致的悼词，留下了《为人民服务》的不朽篇章。它激励了很多勇于牺牲、为民请命的革命志士，直至今天还具有很强的现实意义。

　　(2) 悼词的内容是积极向上的，情感基调是昂扬健康的。它不像古代哀悼文，一味宣泄情绪，充满悲伤的情调，让人感到愁闷压抑。它应该排除一切伤感主义、悲观主义、虚无主义等消极内容。它不是面向过去，而是面向现在和将来，人们常说的"化悲痛为力量"就是这个意思。

(3) 表现形式和表现手法的多样性。悼词既可以写成记叙文或议论文，又可以写成优秀的散文；既能以叙事为主，也能以议论为主，还可以抒情为主；同时既有供宣读的形式，又有书面形式。概括来讲，悼词要充分肯定死者对社会的贡献，真诚表达生者对死者的悼念和敬意，以质朴无华的语言和多种多样的形式体现"化悲痛为力量"的积极内容。

(三)悼词的分类

1. 按照用途分

(1) 宣读体悼词。这种悼词专用于追悼大会，由一定身份的人进行宣读。它是对在场参加追悼的同志讲话，而不是对死者讲话。悼词表达出全体在场的人对死者的敬意与哀思，同时勉励群众化悲痛为力量。宣读体悼词以记叙或议论死者的生平功绩为主，而不以个人抒情为主；另外，宣读体悼词受追悼大会本身的时间、地点、条件的限制，在形式上相对来说较为稳定。

(2) 艺术散文类悼词。这类悼词的内容广泛，包括所有向死者表示哀悼、缅怀与敬意的文章。这类文章大都发表在报纸、杂志上，通过对死者过去事情的回忆，展现死者的品质和精神，虽志在怀念，但却落脚在死者的精神对活着的人的鼓舞和激励上。

2. 按照表现的手法分

(1) 记叙类悼词。记叙类悼词以记叙死者的生平业绩为主，并适当地结合抒情或议论。这是现代悼词最常见的类型。朴实的记叙文体，字里行间充满对死者的哀悼和怀念之情。宣读体悼词和书面体悼词均可以采用这种形式，如朱自清的《哀韦杰三君》。

(2) 议论类悼词。议论类悼词是指以议论为主，抒情、叙事为辅的悼词。这类悼词重在评价死者对社会的贡献。议论类悼词能够和现实生活紧密结合，是社会意义较强的一种哀悼文体，如恩格斯的《在马克思墓前的讲话》。

(3) 抒情类悼词。这类悼词以抒发对死者的悼念之情为主，并适当地结合叙事或议论。抒情类悼词经常以抒情散文的形式出现，文学色彩浓厚，能在情感上打动人。它与一般抒情散文的不同在于悼词的情感不同于普通的情感。它崇高而真挚，质朴而自然，如郭沫若的《罗曼·罗兰悼词》。

(四)悼词的基本格式和写作

通常来讲，悼词没有固定的格式，但宣读体悼词的形式却相对稳定，这里主要介绍一下宣读体悼词的写法。

宣读体悼词主要由以下三个部分构成。

1. 标题

标题的组成方式有两种情况：一种是直接由文种名称承担标题，如《悼词》；另一种是由死者姓名和文种名共同构成，如《在宋庆龄同志追悼会上的悼词》。

2. 正文

悼词的正文通常由开头、中段、结尾三个部分构成。

(1) 开头。开头以沉痛的心情说明召开或参加此次追悼会的目的，并尽可能全面而准确地说明死者的职务、职称和称呼，以示尊崇，要注意这些称呼之间的先后排列顺序。接着简要地概述死者何年、何月、何日、何时、因何原因与世长辞，以及享年岁数等。

(2) 中段。中段承接开头，缅怀死者。这是悼词的主体部分。该部分主要由两方面内容组成：一是介绍死者的生平事迹，即对死者的籍贯、学历以及生平业绩进行集中介绍，应突出死者对人民、对社会的贡献；二是对死者的思想、精神、作风、品质、修养等作出综合的评价，介绍其对他人和社会所产生的积极影响，如鼓舞、激励了青年人，为后人树立了榜样等。该部分的介绍可先概括地说，再作具体介绍；也可先具体地介绍，再概括地总结。

(3) 结尾。结尾主要写明生者对死者的悼念及如何向死者学习、继承其未竟的事业、化悲痛为力量，为国家、为社会做出更大的贡献等内容。最后要写上"永垂不朽""精神长存"之类的话。需要注意的是，悼词的结尾要积极向上，不应该是消极的。

3. 落款

悼词一般在开头就已经介绍了参加追悼会的人员情况，所以落款一般只署上成文的日期即可。

【例文】

悼　　词

今天，我们怀着十分沉痛的心情，悼念我们的好经理王爱民同志！

王爱民同志系中国共产党党员、××公司经理，因病经多方治疗无效，于××××年二月五日晚八时五十分在县人民医院不幸逝世，终年57岁。

王爱民同志××××年三月参加革命，××××年六月参加中国共产党，历任百货公司营业员、采购员、会计、财务股副股长、百货公司经理等职。在长期的革命工作中，他大公无私，热爱集体，工作积极，勤勤恳恳，认真负责，任劳任怨，作风平易近人，谦虚谨慎，是党的好干部。他三十多年如一日地忠于党和人民的事业，为党的财贸事业做了大量的工作，做出了一定的贡献！

现在，王爱民同志与世长辞了，我们党失去了一个好党员，我们财贸战线上失去了一个好干部，我们感到无限悲痛！

我们沉痛地悼念王爱民同志，我们要化悲痛为力量，学习王爱民同志勇往直前的革命精神和大公无私的高贵品质，在党的领导下，为建设我们伟大的祖国，为实现中华民族的伟大复兴而努力奋斗！

××××年二月八日

第五节 碑文、题词、对联

一、碑文

(一)碑文的概念

碑文，有广义与狭义之分。狭义的碑文，仅指为制作碑刻而写的文字；广义的碑文指的是所有刻在碑上的文字。

我国从春秋战国时期就开始立碑，但古代宫馆中的碑没有刻文章，只是用以取日影计时间的；而古代宗庙中的碑也不刻文字，是用来拴系祭祀用的牛羊的；墓旁的碑也只是木头柱子，凿有窟窿，以便穿绳装辘轳，下棺时绞动辘轳使棺椁平稳地落入墓室。

刻了文字的碑是后来才有的，秦代把刻了文字的碑叫作"刻石"。碑，本指竖石而言的，相传秦始皇就在泰山玉皇顶竖有无字碑。刻在碑上的文字，叫碑文，这种文字是专为刻碑而作的。不是为立碑而作的文章，即使刻在碑上，也不能叫碑文。

秦汉以后，立碑是为了刻文，有碑必有文，就不重视无字碑了，久而久之，文与碑合二为一，说到碑就是指碑文。

碑文原只供剥削阶级而用，平民百姓没有资格立碑，也立不起碑。直到后来，刻碑风俗才走向了民间。

碑文的种类繁多、庞杂。如今，过去的碑文有一些已经消亡，有的得到了发展，也诞生了一些新的碑文。

(二)碑文的种类

我国从汉朝以后，刻碑的风气逐渐普及，几乎处处可碑，事事可碑。有山川之碑，城池之碑，宫室之碑，桥道之碑，坛井之碑，家庙之碑，风土之碑，灾祥之碑，功德之碑，墓道之碑，寺观之碑，托物之碑等。前人行之，后人效法，中国的名胜古迹，竟形成独特的"碑石林立"的民族特色。因此，碑文竟成了使用范围极广的实用文体。碑的种类繁多，碑文的体裁各具特色，归纳起来，可分为以下六类。

1. 功德碑

(1) 功德碑的内容要求。功德碑主要是为褒扬当时仍活在世上的人的功德而立的，也就是说是给活人歌功颂德，如唐代李白的《武昌宰韩君去思颂碑〈并序〉》，秦代李斯曾刻石颂扬秦始皇的文治武功等。

(2) 功德碑的文体要求。功德碑碑文的体裁可以是韵文，也可以是散韵结合的，还可以是活泼新颖的纯散文形式。

(3) 功德碑写作的注意事项。功德碑是为了宣传，文句倘若过分深奥就失去了树碑的意义，因此语言通俗是碑文务必恪守的原则。另外，古人把立德、立功、立言当成了努力的方向，今天大体也是如此，所以立功德碑，歌功颂德切记要恰如其分，不可夸大或缩小事实，贻笑大方。

2. 庙碑

庙碑的种类很多，有寺碑、庵碑、神庙碑、宗庙碑、家庙碑等。中国古代各种庙宇众多，故庙碑也随处可见。庙碑的内容一般包括题目、碑文作者、书者、篆额者、勒石者和立碑时间等。

建筑神庙、家庙、宗庙几乎已成历史陈迹，所以关于庙碑的情况此处不过多介绍。

3. 墓碑

墓碑是最常见的碑文，这类碑文是赞颂死者的，赞其人，不涉及成神显灵的怪事。

墓碑的碑文主要分两种：一种仅仅标明墓中死者的身份，绝大部分由死者亲属所立；另一种墓碑除了表明死者的身份外，还简单介绍死者的生平成就、功劳过失，这类墓碑也叫墓志铭，如韩愈的《柳子厚墓志铭》、张溥的《五人墓碑记》等。

4. 纪念碑

纪念碑主要是为了纪念为人类文明进步做出巨大贡献的伟大人物或重大的历史事件，这种碑一般为国家机关或社会团体所建，如《人民英雄纪念碑》《林则徐纪念碑》等。

5. 记事碑

记事碑主要是指用来记载当时较为重要或有意义的事情的碑文。

记事碑文应当以记叙为主，少发表议论；另外，立记事碑需为重大的或有价值的事情，因此不可随意立记事碑，立碑过滥，就失去了立碑的本意。

6. 诗碑

诗碑不是指用诗词体裁写的碑文，而是指为诗而立的碑。在名胜古迹、人文景观上刻上有关名人的诗词常常会提高游客的兴致，使湖光山色平添许多文化氛围，这样的诗碑在名川大山中几乎到处可见。

(三)碑文的写法与格式

碑文自古以来，在形式上可以说不拘一格，下面仅就格式相对稳定的几种常用碑文的写作作简单介绍。

1. 墓碑

墓碑通常由抬头、正文和落款三个部分组成。

(1) 抬头。抬头主要写死者的生前职务、职业等，有的也可以省去不写。

(2) 正文。正文主要写明立碑者对死者的称谓及死者的姓名，如"先考王君××大人之墓"。

(3) 落款。落款写明立碑人的身份、姓名。立碑时间可写可不写。

2. 墓志铭

墓志铭常常由标题、正文和落款三个部分组成。

(1) 标题。标题一般由死者名字和文种组成，如《柳子厚墓志铭》。

(2) 正文。一般墓志铭的正文由三个方面的内容组成：一是简单介绍死者的主要生平经历；二是要评价死者主要的成就或业绩及其社会价值；三是写出立碑的意义，同时对死者的不幸逝去表达哀悼之情。

(3) 落款。落款注明立碑的单位名称、撰文者姓名，同时署上成文日期。需要指出的是，有的墓志铭立碑单位名称或撰文者个人姓名已写在标题下，所以落款只注明成文日期即可。

3. 功德碑

古代歌颂功德的功德碑在今天已基本绝迹，但今天为了表彰一些先进的个人，比如捐资建校等也会立碑以纪念，这可以称作当代功德碑。这类功德碑通常也由标题、正文、落款三个部分组成。

(1) 标题。标题通常由功德人姓名称谓和文种名称构成，如《某某先生捐资建校纪念碑》。

(2) 正文。正文叙述在何时、何地、为何原因、何人做了什么好人好事，同时正文也要阐明立碑单位名称或个人的感激之情。

(3) 落款。落款署上立碑者名称或姓名，并写明立碑日期。

(四)碑文写作应注意的事项

一般而言，碑文要求诗文并茂，读来朗朗上口，叙事简洁、抒情真挚、议论有力，只有如此才堪称上乘。

碑文大都能流传后世，所以歌颂功德、写人记事时，要客观公正，不可虚夸事实，流传谬语。不管褒也好，贬也好，以不失事实为贵，以公允持平为美。

碑文通常设有固定的格式。特别是碑文内容，因撰者而异，所以今天书写碑文要力求出新，以时代需要为念，万不可死拘旧制、作茧自缚。

【例文】

例文的内容请扫描右侧二维码。

元曲大家马致远
墓碑碑文.pdf

二、题词

(一)题词的概念

题词又称题辞，是为留作纪念而题写的简短、精练并具有一定的审美教育意义的集公关、书法、艺术等多种功能于一体的文字。今天的题词是从古代的题词演变而来的。古代的题词有广义和狭义两种。狭义的题词专指在书籍前面题写的文辞，广义的除此之外还包括题跋和题名。这里所说的题词，其所包括的对象和内容，要比古代题词广泛得多。它在新的社会关系中表达对人、事、物的积极肯定的态度，在精神文明建设中具有一定的积极作用。题词，有广义和狭义两种用法，广义的题词包括传统性文化活动中的题诗、题壁、题额、题铭、题署、题写诗文等；狭义的题词指题书，用两句精辟的文辞题写，常见的为四个字，也有超过四个字的，但字数不多。

题词，包含两个方面的内容：一是写作；二是美术。文辞体现着中国人对所言人与事的种种观念与情感，乃至中国人独特的思维方式。美术绘画也应考究、美观、艺术。

(二)题词的类别

题词通常从两个角度进行分类：一是形式角度；二是内容角度。

1. 从形式角度来分

从形式角度来分，题词有如下几类。

(1) 题壁类。中国人有在厅堂墙壁、庭院影壁、山林景观的石壁等处题词作画的文化习俗。题壁的文辞，或劝勉训诫，或标榜信仰，或描景状物，或借事物抒发情感、阐明哲理。历史上有很多题壁的佳作传世，苏轼的《题西林壁》即为人们广为传颂的佳作之一："横看成岭侧成峰，远近高低各不同。不识庐山真面目，只缘身在此山中。"

(2) 题牌匾类。牌匾艺术是中国礼仪文化丛林中典雅珍奇的一株，它集诗情文趣、书法、雕刻、漆饰等多种艺术于一体，装点着中国园林、街道、店铺、宅第、厅堂以及亭、台、楼、阁的仪态姿容，闪耀着民族文化的风采。题于牌匾的文辞或是景名、园名、楼名、殿堂名，乃至厂名、店名、校名、机关名，或是描绘风景、颂扬功德、赞誉善行的文辞。

(3) 题画类。诗情画意相伴，是中国特有的审美情趣。人们历来赞赏"诗中有画，画中有诗"的艺术境界，因此便出现了画家用别人的诗词作画，诗人在别人的画上题诗、题词的现象。自然也有诗画相兼者，自己画完一幅画后，题诗、题词于画面之上，点出画意精神。题画不仅要求辞令精，而且要求书法佳，这样才能打造诗、画、书法三结合的书面(也称"字画")艺术。

(4) 题像类。中国人有在画像(或相片)上题写诗文的文化习俗。题像有自题和为他人题像两类。自题者，多系明志、自励、自戒、自嘲的内容；为他人题像一般有颂扬、哀挽两方面的内容，有的仅题"××先生(或女士)之肖像""××先生(或女士)之遗像"。

(5) 题条幅类。中国人书法绘画并重，用于装饰厅堂、书斋、卧室的条幅，既有画屏画幅，也有字屏字幅，也有字画合一的条幅，这一切，人们统称为"字画"(或称"书画")。作为条幅的题词自然是要求文辞书法并佳，多书于宣纸上，然后经装裱而制成精美的条幅悬挂于墙上。

(6) 题簿册类。在聚会、参观、告别等活动中，常准备留言簿、纪念册之类，以便人们题词留念，或借题词发表意见、交流思想等。

(7) 其他类。题词的形式还有很多，如题奖牌、题锦标、题奖杯、题镜屏、题花圈、题花篮、题金牌、题石刻、题瓷盘等。

2. 从内容角度来分

题词从内容角度来分大致分为以下几类。

(1) 庆贺祝颂类。人生在世，无论是生活中还是工作中，都有许多喜事值得庆贺，如生辰寿诞、婚娶婚嫁、荣升乔迁、成功夺魁等。遇有喜事，亲朋好友之间总要以一定的形式表示祝贺之意，这庆贺祝颂之意，也常用题词的形式表示。

(2) 哀挽祭奠类。中国人对丧祭礼仪看得很重，隆重的丧祭礼仪中伴随着很多文化活动，其中很重要的一项就是题词。该类题词的具体内容须依据丧者的信仰、身份、地位、功业德操及题词者与丧者的关系、感情而定，题词的形式须视礼仪的规格及放置场合而定。

(3) 题名类。中国人对许多事物的名称极为重视，如园林景观、工厂店铺、社团学校、报纸书刊、楼堂馆所、宅院居室等，都想给它取个有意义的名字，这就是向有学问者征名的缘起。人们对题名有两个要求：一求名美，二求字佳，以便将题名制成牌匾悬挂。

(4) 日常题赠类。人们在日常交际活动中会用到许多文化方式，题赠便是其中的一种。朋友之间、师生之间、长幼之间、上下级之间，感到有言相赠时，均可采取题词的方式。

(三)题词的范围和对象

题词的范围和对象可以分为赠人、赠事和赠物三大类。

1. 赠人

赠人类题词可以分为以下三种。

(1) 长辈给晚辈题词。这种题词表示对晚辈的关怀、奖掖、勉励，如鲁迅先生给一位学医的女青年冯惠熹题写的《为学医青年题词》等。

(2) 同辈之间的题词。这类题词一般很多，往往称作"赠×××"，而不说为谁题，如同窗好友互赠题词，共勉互励。

(3) 给英雄人物题词。这类题词无身份年龄的区别，一般是表示纪念和号召向英雄人物学习的。被题的对象可以是一个人，也可以是一个英雄的集体，如毛泽东同志所题的"向雷锋同志学习"的题词。

2. 赠事

赠事类题词一般是指给某个单位、某项有意义的事业的题词。题词者往往是社会中较有名望的人，如领袖、首长、学者和专家等。

3. 赠物

赠物题词大致可分为三类，具体如下。

(1) 自然物。给自然物题词到处可见。我国幅员辽阔，景色迷人，无论山川草木、名胜古迹，到处都有文人墨客的题词墨宝，这使我们在饱览大自然的美丽风光时，又可以领略到我国悠久的文化历史传统，如泰山的"五岳独尊"刻石，云台山的"娲遗石"题词，趵突泉的"天下第一泉"留题等。

详细来分，此类自然风景的题词又可分为以下两种。

① 单纯地留作游乐纪念。一般只题上自己或他人的名字和日期，如四川凌云山临江岩上刻有"苏东坡载酒时游处"。

② 借景抒怀类题词，比如，唐代诗人皮日休的《题惠小泉》："丞相长思煮茗时，郡侯催发只忧迟。吴关去国三千里，莫笑杨妃爱荔枝。"此题词的含义是深远的。

(2) 建筑物。给建筑物题词包括的范围很广，可以有题额、题匾、题碑、题门、题墙等。此外，水库、大坝、展览馆、纪念堂、公园、商店等都可以成为题词的对象。这类题词按内容分也可分为以下两种。

① 因物设题，如毛泽东同志为人民英雄纪念碑所题的"人民英雄永垂不朽"。另外，有些仅具有纪念意义的，如毛泽东同志题词的"十三陵水库"等。

② 借物抒发感想和抱负。这类题词一般具有较深的含义，如汉代司马相如未得志时，路过成都"升迁桥"，题词曰："不乘高车驷马，不过汝下！"

(3) 日常生活用品。在我国古代，人们就喜欢在扇子上题词，此外，手帕、茶具、笔筒、笔墨砚、桌、凳等均成为人们题词的对象。所题的内容也大都因物赋题，或抒发情感抱负。

人们更多的还是给书籍题词。在将自己的书送人时，人们喜欢题上"请×××雅正"字样；而给别人的书题词时，也会根据书的内容或作者的为人风格题上几句鼓励或赞扬的话。

另外，请名人为自己的著作题写书名，在今天也成了一种新的题词时尚。这样往往可以使人们对该著作产生几分信赖感。

(四)题词的基本格式和写法

一般而言，题词的排版格式分为两种：一种为竖排版；一种为横排版。竖排版的题词是从右边开始写的，而横排版的题词自然是从上到下来写的。

题词的写法一般有四种。

(1) 在题词的上方(横排版)或右边(竖排版)写上被题词的对象的姓名或单位名称，有时还简单说明一下题词的原因，在题词正文右下方(横排版)或左下方(竖排版)书写题词者的姓名与题词日期。

(2) 在题词的右下方(横排版)或左下方(竖排版)书写题词者的姓名和题词日期。

(3) 在题词下方写上为谁而题、题词者姓名和题词日期。

(4) 只有题词而没有题词者的姓名和题词日期。

(五)题词的写作要求

(1) 词意要切合对象，要明确题词的对象及事由。明确对象，即搞清对象的性别、年龄、身份、职业、地位、信仰等；明确事由，即明确为何事而题词。不明确这些，就难以将题词做得贴切。不难理解，同是喜庆题词，贺婚嫁与贺生子的文辞不能同用；同是贺婚嫁，贺初婚与贺再婚的文辞也应有所区别。

(2) 修辞要高雅含蓄。题词是一种高雅的文化交际活动，自然是文辞典雅为上，以鄙俗怪诞入辞，或标新立异，贩卖新名词以赶时髦，标榜新潮，都会显得不伦不类并令人生厌。题词讲求语言艺术，贵在含蓄隽永，太直太露则显得乏味。一般标语、口号也不宜入辞。

(3) 题词要音韵和谐。题词不仅要求内容雅正，书法优美，而且要求音韵和谐。所谓音韵和谐，是指在一则题词的字与字之间，平仄声韵协调。其协调的原则，基本与诗词、对联相同，即平仄声韵有规律地交替出现，如"天下为公"(平仄仄平)、"鹏程万里"(平平仄仄)、"为国育才"(仄平仄平)、"曲径通幽"(平仄平平)、"壮志未酬"(仄仄仄平)。即使不得已都用平声韵或都用仄声韵(由内容决定)，字的声调也须有些变化，如"任重道远"(｜｜｜√)。只有如此，读起来才能朗朗上口，具有音乐美的特质。

(4) 款式要正确书写。题词的款式极富礼仪性，必须按约定俗成的款式书写。题词的内容分为正文、题款两部分。题款又分上款与下款，上款书为何人何事而题词，下款写何人何时题书。题词款式分横写、竖写两大类。题匾额皆横写，题条幅和其他类题词横写竖写不一，视其应用场合而定。传统的书写是，横写者，正文自右而左写，上下左右居中，上款于正文右端自右上方往下竖写，下款于正文左端自中间部分起往下竖写。上下款的字要明显小于正文的字。现代也有自左而右书写者。

(六)题词写作应注意的事项

题物类的题词范围极广，但不可滥用，尤其是在名胜古迹和借阅的书刊上，不可胡乱涂抹。如果诗兴难抑，可写在自备的笔记本上。

题词文字一般不宜过长，常常三言两语即可。题词内容要切合题赠的场合与对象。

题写时，既可自己编写，也可摘录前人或别人现成的佳句，恰到好处即可。

题写时务必要认真，书法要优美，富有审美情趣。

【例文】

毛泽东为雷锋题词

三、对联

(一)对联的概念

对联又称"对子""楹联""楹帖"，是对偶的语句。对联的历史悠久，它是传统的实用文体。从古至今，无论是个人家庭或机关单位，每逢喜庆日子或重大节日，都有写对联的习惯。祠堂庙宇、名山大川、旅游胜地也雕刻、悬挂、张贴着不少对联。对联是指用字数相等、对仗工整的文字组成的、意义关联而又书写在其他实用物上的两个句子，一个上联，一个下联。对联一般构思巧妙，形式多样，既可抒情写意、绘景叙事，也可贺喜、庆功，其题于亭榭楼台、庙宇碑祠、客厅书斋。对联是我国人民喜闻乐见的一种文体形式，是集书法、文学等于一体的综合性艺术。对联具有鲜明的阶级和时代特征，其内容往往具有很强的针对性，什么时候使用什么样的对联基本是一定的。同时，对联本身含有美的属性，因此人们也可将其作为艺术品来欣赏和品味。

(二)对联的种类

对联的分类与对联的撰写有很大的关系,不明确对联的分类,就写不出内容准确的好对联。具体来讲,对联有以下几种类型。

1. 按使用的范围分

从使用范围上划分,对联可分为装饰联和应用联两大类。这里装饰联主要是指用于美化环境的对联,比如,装饰亭台楼阁、名胜古迹的对联,装饰书房卧室、名画宝砚的对联,等等。装饰联一般富有哲理,令人回味无穷。

应用联是指有较强针对性的对联。它可以再细分为专用于庆祝春节的春联,以及用于某一具体事项的对联,如挽联、寿联、婚联、喜联、行业联等;还可分为人们在各种交往中所用的交际联。总之,从时间、空间的使用范围上来看,应用联的分类如下。

(1) 实用联——春联。
(2) 专用联——挽联、寿联、婚联、喜联、行业联、座右铭联等。
(3) 交际联——赠联、题答联等。

2. 按写作方法和上下联在内容上的关系分

按写作方法和上下联在内容上的关系分,对联可分为三种,即正对、反对、流水对。

(1) 正对。正对是指对联上、下两联的内容相关或相似,从不同的角度说明大致相同的道理,示例如下。

墙上芦苇,头重脚轻根底浅;山间竹笋,嘴尖皮厚腹中空。
一派春光明四海,万枝桃李艳三江。
大肚能容,容天下难容之事;开口便笑,笑世间可笑之人。
夫妇共谱劳动曲,男女同讴致富歌。

(2) 反对。反对是指上、下两联内容相反,对比鲜明。这种对联往往从正、反两方面来说明同一个问题,在对比中突出表达效果,示例如下。

青山有幸埋忠骨,白铁无辜铸佞臣。
莫忘当年创业苦,且看今朝生活甜。
横眉冷对千夫指,俯首甘为孺子牛。
铺张浪费损家害国,勤俭节约积少成多。

(3) 流水对。流水对也叫串对,是指一个意思分两句说,两句合起来是一个整体,上下联有承接、假设、递进、因果、条件等关系,示例如下。

江河无止终而为海,桃李不言下自成蹊。
但是人家有遗爱,曾将诗句结风流。

3. 从形式字数上分

以对联的字数来划分,对联可分为四字联、五字联、六字联、七字联、八字联、九字联、几十字联、几百字的长联等,如下所述。

昼夜不舍，天地同流。

——太原晋祠难老泉联

峭石千重立，藤萝百道开。

——陕西耀县五台山望海峰联

泉自几时冷起，峰从何处飞来。

——杭州飞来峰，董其昌联

漓江酒绿招凉去，常侍诗清赏雨来。

——桂林叠彩山"元常侍清赏处"

桃李增华坐帐无鹤，琴书作伴支床有龟。

——周恩来祝马寅初六十寿联，时马被国民党囚于贵州息峰集中营

红花并蒂同朝阳比艳，紫燕同飞向浩宇高歌。

——婚联

君不见为人百岁谁不死，意难平行世一时志未酬。

——挽联

秦皇安在哉，万里长城筑怨；姜女未亡也，千秋片石铭贞。

——文天祥题孟姜女庙联

殷干酷刑，宋岳柱戮，臣本无恨，君亦何尤，当效正学先生，启口问成王安在？
汉室党锢，晋代清谈，振古如斯，于今为烈，恰如子胥相国，悬睛看越寇飞来。

——康有为挽戊戌变法死难诸君

五百里滇池奔来眼底，披襟岸帻，喜茫茫空阔无边。看：东骧神骏，西翥灵仪，北走蜿蜒，南翔缟素。高人韵士，何妨选胜登临。趁蟹屿螺洲，梳裹就风鬟雾鬓；更苹天苇地，点缀些翠羽丹霞。莫辜负：四围香稻，万顷晴沙，九夏芙蓉，三春杨柳。

数千年往事注到心头，把酒凌虚，叹滚滚英雄谁在？想：汉习楼船，唐标铁柱，宋挥玉斧，元跨革囊。伟烈丰功，费尽移山心力。尽珠帘画栋，卷不及暮雨朝云；便断碣残碑，都付与苍烟落照。只赢得：几杵疏钟，半江渔火，两行秋雁，一枕清霜。

——清·孙髯撰昆明滇池大观楼联

(三)对联的写作格式

(1) 上联和下联必须字数相等，句法相似，才能对得起来。它有四字对、五字对、六字对、七字对，最多有几百个字的对子。

(2) 上下联要对仗。古人讲对仗的花样很多，如实字对实字、虚字对虚字等，如"天"对"地"就是实字对，"无情"对"有意"就是虚字对。此外，还有人名对人名、地名对地名、数字对数字等。我们现在作对联可以学习古人的对仗技巧，但不要过于受它的约束，甚至为了将就字数与对仗，硬把词语拆开或生造词语。

(3) 作对联要讲究声调的和谐，每个字的读音高低不同，就有了平仄声的差别。前人作对联很讲究平仄声，如果上联声调是"仄仄平平仄仄平"，下联就是"平平仄仄平平仄"。这个平仄学起来很麻烦，我们现在作对联不必过多讲究平仄声，只要做到声调和谐，读起来顺口、响亮、易懂就可以了。对联除了上下联以外，还有横联。横联就是贴在两个对联中间上面的，一般是四个字。它的作用是把上下联的中心思想概括出来。如果横联与上下联联系不紧密或无关就不好了，这是写对联的人不懂横联的作用造成的。

(四)对联例析

1. 集句联

为纪念鲁迅先生逝世 14 周年,1950 年上海市市长陈毅写了一副对联,采撷先生之语,总结先生战斗一生,堪称奇联。

要打叭儿落水狗,临死也不宽恕;懂得进、退、攻、守,岂仅文坛闯将;
莫作空头文学家,一生最恨帮闲;敢于嬉、笑、怒、骂,不愧思想权威。

2. 警世醒人联

(1) 做个好人身正心安魂梦稳,
　　行些善事天知地鉴鬼神钦。

——上海城隍庙联

(2) 站着你背地做些什么好大胆还来瞒我,
　　想下俺这里轻饶哪个快回头莫去害人。

——贵阳城隍庙联

(3) 泪酸血咸悔不该手辣口甜莫道世间无苦海,
　　金黄银白但见了眼红心黑哪知头上有青天。

——安徽省定远县城隍庙联

(4) 善报恶报迟报速报终须有报,
　　天知地知你知我知何谓无知。

——福州城隍庙联

【评析】

以上均是城隍庙联,读起来妙趣横生,大都有警世醒人之意,剔除其迷信的糟粕,我们可深味其中"劝善"的目的。而(3)五色对五味,痕迹不露,"手辣口甜"也罢,"眼红心黑"也罢,终无逃于"青天"之眼,无避于人间"苦海"。(4)印证了中国的一句古话,即"要想人不知,除非己莫为",以警告世人,莫存侥幸,莫去作恶害人。

3. 嵌名联

碧野田间牛得草,
金山林里马识途。

【评析】

该联妙在以 6 位文艺家的名字联对,对仗工整,意境毕出,妙在其中,浑然不觉。

4. 寓意联

韦编三绝今知命,
黄绢初成好著书。

【评析】

这是国学大师章太炎送给国学教授黄侃 50 岁生日的对联,黄侃师从章太炎。章太炎生平清高孤傲,对黄侃却颇多赞许,曾劝黄侃著书。黄侃却谓须待 50 岁后从事纸笔。1935 年,在黄侃 50 岁生日之时,章太炎写此联赠之。

5. 挽联

诱我费尽殷勤,衣钵信真传,三绝不愁知己少;
负公尤为期望,功名应无分,一生长笑折腰卑。

【评析】

此乃 1914 年 5 月 22 日,被齐白石先生称为"半为知己半为师"的胡沁园不幸病逝,于是齐白石先生写此联,表达对恩师的深切哀悼之情,也用以自勉。

6. 砺志联

有志者,事竟成,破釜沉舟,百二秦关终属楚;
苦心人,天不负,卧薪尝胆,三千越甲可吞吴。

【评析】

文学家蒲松龄 4 次应试举人不中,并未悲观失望,而是立志要写一部"孤愤之书",为了用来自警自勉,他在压纸的铜尺上镌刻了这副对联,终于写成文学巨著《聊斋志异》。

7. 寿联

过了七个狗年,老当益壮不可能;
奋斗半个世纪,继续革命没问题。

【评析】

这是现代作家马烽在其 72 岁时,自撰的一副寿联,其中有他对岁月匆匆易逝的感叹,又有其志向弥坚的战斗情怀,颇让人感动。

第六节 请柬、聘书

一、请柬

(一)请柬的概念

请柬又称请帖,是人们在节日和各种喜事中请客用的一种简便邀请信。它是为邀请宾客参加某一活动时所使用的一种书面形式的通知,一般用于联谊会、各种纪念活动、婚宴、诞辰或重要会议等。发送请柬是为了表示对客人的尊重。在古代,柬与帖有一定的区别。请柬的"柬"字,本为"简"。造纸术发明以前,简一般是较普遍的写作材料。简是将木材或竹木经过加工后制成的狭长的片，一般指竹简，木制的写作材料古人称为"牍"。人们把文字刻在简上用来记事，其书写面积有限，篆刻也有些难度，所以用简书写文字容量是较小的。人们把简连缀在一起而成"册"。到了魏晋时代，"简"就专门用来指一种短小的信札，这一说法沿用至今。

(二)请柬的基本格式和写法

请柬从形式上分为横式写法和竖式写法两种。竖式写法从右边向左边写。但从内容上看，请柬作为书信的一种，又有其特殊的格式要求。

请柬一般由标题、称呼、正文、结尾和落款五个部分构成。

(1) 标题。在封面上写的"请柬(请帖)"就是标题，一般要做一些艺术加工，可用美术体的文字，文字的色彩可以烫金，可以有图案装饰等。需要说明的是，通常请柬已按照书信格式印制好，发文者只需填写正文。封面也已直接印上了"请柬"或"请帖"字样。

(2) 称呼。要顶格写被邀请者(单位或个人)的名称或姓名，如"××单位""××先生"等，称呼后加上冒号。

(3) 正文。要写清活动内容，如开座谈会、联欢晚会、生日派对、国庆宴会、婚礼、寿诞等，写明时间、地点、方式。如果是请人看戏或其他表演，还应将入场券附上，若有其他要求也需注明，如"请准备发言""请准备节目"等。

(4) 结尾。要写上礼节性问候语或恭候语，如"致以敬礼""顺致崇高的敬意""敬请光临"等。在古代这叫作"具礼"。

(5) 落款。署上邀请者(单位或个人)的名称和发柬日期。

(三)请柬的写作要求

(1) 请柬不同于一般书信。一般书信都是因双方不便或不宜直接交谈而采用的交际方式。请柬却不同，即使被请者近在咫尺，也须送请柬，这表示对客人的尊敬，也表明邀请者对此事的郑重态度。

(2) 语言上除要求简洁、明确外，还要措辞文雅、大方和热情。

(四)请柬写作的注意事项

请柬主要是表明对被邀请者的尊敬，同时也表明邀请者对此事的郑重态度，所以凡属比较隆重的喜庆活动，邀请客人均以请柬为准，切忌随便口头招呼，顾此失彼。

请柬是邀请宾客用的，所以在款式设计上，要注意其艺术性，一帧精美的请柬会使人感到快乐和亲切。

选用市场上的各种专用请柬时，要根据实际需要选购合适的类别、色彩、图案。

请柬要在合适的场合发送。一般来说，举行重大的活动，对方又是作为宾客参加时，才发送请柬；寻常聚会，或活动性质极其严肃、郑重，对方也不作为客人参加时，不应发送请柬。

措辞务必简洁明确、文雅庄重、热情得体。

【例文】

请　柬

××电视台：
　　兹定于五月四日晚八时整，在××大学大礼堂举行"五四"青年诗歌朗诵会，届时恭请贵台派记者光临。
　　致
礼

××大学团委会
××××年5月2日

二、聘书

(一)聘书的概念及适用范围

聘书，也称聘请书，它一般是指机关、团体、企事业单位聘请某些有专业特长或有名望、权威的人完成某项任务或担任某项职务时所发的邀请性质的专用书信。

一般来讲，聘书适用于以下一些情况。

(1) 学校、工矿企业等在需要某方面有特长或有专业技能的人才时，发出聘书。这种情况下，往往是用人单位承担了某项工作，靠本单位现有的人才资源无法顺利完成任务；或者由于企业的发展、事业的扩大，需重新聘用一些有专长、在工作中起重大作用的人。总之，这是一种对专业人才所发的聘书。

(2) 社会团体或某些重要的活动为了提高自身的知名度、扩大影响力，常常聘请一些有名望的人加盟或参与，以期更好地开展活动，如聘请名人做顾问、做指导、作为某项比赛的评委等均属于这种情况。

(二)聘书的格式和写法

聘书一般已按照书信格式印制好，中心内容由发文者填写即可。完整的聘书的格式一般由以下几个部分构成。

(1) 标题。聘书往往在正中写上"聘书"或"聘请书"字样，有的聘书也可以不写标题。已印制好的聘书常用烫金或大写的"聘书"或"聘请书"字样作为标题。

(2) 称谓。聘请书上被聘者的姓名称呼可以在开头顶格写，后面加冒号；也可以在正文中写明受聘人的姓名称呼。常见的、印制好的聘书则大都在第一行空两格写"兹聘请××……"。

(3) 正文。聘书的正文一般要求包括以下内容。

首先，交代聘请的原因和聘请其所干的工作，或其所要去担任的职务。

其次，写明聘任期限，如"聘期两年""聘期自××××年2月20日至××××年2月20日"。

再次，聘任待遇。聘任待遇可直接写在聘书上，也可另附详尽的聘约或公函写明具体的待遇，这要视情况而定。

最后，还要写上对被聘者的希望。这一点一般可以写在聘书上；也可以不写，而是通

过其他的途径使受聘人切实明白自己的职责。

(4) 结尾。聘书的结尾一般写上表示敬意和祝颂的结束用语，如"此致""敬礼""此聘"等。

(5) 落款。落款要署上发文单位名称或单位领导的姓名、职务，并署上发文日期，同时要加盖公章。

(三)聘书写作应注意的事项

(1) 聘书要郑重严肃，对有关招聘的内容要交代清楚。同时，聘书的书写要整洁、大方、美观。

(2) 聘书一般要短小精悍，不可篇幅太长，语言要简洁明了、准确流畅，态度要谦虚诚恳。

(3) 聘书是以单位的名义发出的，所以一定要加盖公章，方视为有效。

【例文一】

聘 请 书

为了提高教学质量，本校总部成立了刊授教学研究会。特聘请刘×老师为指导教师，参加教学研究，并关心、指导本校的教学工作。

此致

敬礼

××刊授大学(盖章)
××××年×月×日

【例文二】

聘 书

兹聘请赵××同志为××家电集团维修部总工程师、主任，聘期自××××年×月×日至××××年×月×日，聘任期间享受集团高级工程师全额工资待遇。

此致

敬礼

××家电集团(章)
××××年×月×日

【例文三】

聘 请 书

为提高我院的科研水平，本院成立了科研项目评估委员会，特聘请×××教授为该委员会学术顾问，指导我院的科研工作。

此致

敬礼

××市社会科学院(盖章)
院长：×××(盖章)
××××年×月×日

【评析】

　　上面列举的三则聘书可以分为两类：一类是由学校、团体为扩大影响力及知名度，聘请有名望的人做顾问、做指导的聘书，如例文一和例文三；另一类是公司(企业)聘用专业人才以利于公司(企业)的发展所发的聘书，如例文二。

　　在此，我们以例文二为例作评析。这则聘书是由常见的印制好的聘书格式填写中心内容而形成的。正中"聘书"字样为标题；正文是聘书的核心内容，首先交代了受聘者担任的职务，其次写明了聘任期限，如"聘期自××××年×月×日至××××年×月×日"，最后写明聘任待遇，如"聘任期间享受集团高级工程师全额工资待遇"；落款署上发文单位名称及加盖公章，并署落款日期。到此，这张有效聘书便完成了。其短小精悍，语言简洁明了、准确流畅，同时体现出发文者郑重严肃、谦虚诚恳的态度。例文一、例文三开门见山地交代了聘请原因，并在聘书结尾写上表示敬意和祝颂的结束用语以表诚恳之意。这三则聘书发文者都比较郑重、严肃、诚恳、完整地写明了聘请内容，使人一目了然。

思考与练习

1. 写一篇欢迎词。
2. 写一篇祝酒词。
3. 拟写一份贺电。
4. 写请柬应注意哪些事项？
5. 拟写一份聘书。

第七章 传播文书写作

学习要求

掌握传播文书的性质,理解其作用;掌握新闻、通讯、广播稿、新闻评论等各类文书的基本写法和要求;模拟写作,培养撰写传播文书的能力。

第一节 概 述

一、传播文书的性质和作用

(一)传播文书的性质

传播是指为扩大政府、单位、人物、商品或某一事件的影响,向公众进行有目的的宣传的各种方式和手段的总和。而传播文书就是这种有目的的宣传的专用文体。

(二)传播文书的作用

传播以各种宣传手段和信息传递方式为媒介,对于信息的发布者来说,其目的就是让公众知晓自己及所发布的信息并给公众留下深刻的印象;对于公众来讲,他们获取了大量的有用信息;而传播对于媒介来说,则是一种赚取信息传播费用的商业行为。

二、传播文书的分类

传播文书的种类较多,如解说词、导游词、广播稿、新闻评论、新闻、通讯、广告、启事和海报等,也包括简报和快报。

三、传播文书的写作

传播文书的写作必须符合下列基本原则。

(1) 内容的真实性原则。传播文书以传播信息为目的,所以不能等同于文学创作,必须客观地去反映存在的事实。

(2) 表现的文学性原则。传播文书虽然不能等同于文学作品,但它同样需要引起读者的注意,调动他们阅读的积极性,进而来感染他们,以此达到宣传的目的。这就要求传播文书也要采用多种如比喻、叙述等的文学表现手法,以使语言更加灵活生动。

第二节 新闻、通讯

一、新闻

(一)新闻的概念、特点和种类

1. 新闻的概念

新闻是对最近发生的新鲜而重要的事实的报道或述评。

2. 新闻的特点

(1) 真实性。客观真实是新闻的灵魂和生命,新闻报道要求绝对的真实,不允许夸张和虚构,这是新闻工作的根本原则。

(2) 新鲜性。"新",一是指新闻所反映的事实必须是最近发生的;二是从内容上说,新闻必须有新意,能给人以新的信息、新的启发。

(3) 时效性。"新闻是易碎品",新闻要求以最快的速度把信息传递出去,传递上稍有耽搁,就会失去它应有的价值和效应。

(4) 短小性。新闻的篇幅一定要短小精悍,忌长篇大论。

(5) 舆论的导向性。新闻反映社会的方方面面,易形成社会舆论,所以应当是对正义的歌颂、对丑恶的鞭挞。新闻应该成为社会进步和健康的引导者。

3. 新闻的种类

从广义上来说,新闻包括消息、通讯、评论、特写、报告文学、专访、记者来信、调查报告等;从狭义上来说,新闻就是消息。

根据不同的标准,可将新闻划分为不同的种类。

(1) 从内容上分,新闻可分为政治新闻、经济新闻、社会新闻、体育新闻、文教新闻等。

(2) 从报道的对象上分,新闻可分为人物新闻、会议新闻和事件新闻等。

(3) 从报道的地域范围上分,新闻可分为国际新闻、国内新闻、地方新闻等。

(4) 从篇幅的长短上分,新闻可分为长新闻、短新闻、标题新闻、一句话新闻等。

(二)新闻的写法

新闻一般由标题、导语、主体、背景和结尾组成。

1. 标题

新闻的标题是新闻的重要组成部分之一,称为"新闻的眼睛",通常有单行题和多行题两种形式。

(1) 单行题。单行题即只有正题,是新闻内容的高度概括,示例如下。

救活"鸳鸯"换回外汇

(2) 多行题。多行题由引题、正题和副题组成。引题为第一行，揭示新闻意义，交代背景，指出时间，烘托气氛；正题也就是主标题，在引题下方，用于说明新闻的内容，揭示中心；正题之下的是副标题，对正题起补充作用。根据内容需要，可以引题、正题、副题俱全，也可以采取正题加引题或副题的形式，如以下标题形式。

① 山西卖官书记敛财500多万元(引题)

　　夫妻收钱收得害怕(正题)

② 干流封冻长达1100千米(引题)

　　严防黄河闹"凌"灾(正题)

——党中央、国务院高度重视，国家防汛抗旱总指挥部和水利部已派工作组赴现场协助抢险(副题)

拟写新闻标题要做到以下三点：要准确简练地概括主题；要有鲜明的个性；要醒目、生动、形象，引人入胜。

2. 导语

导语是新闻的开头部分，要用最简洁的语言介绍出新闻的主要内容或主要事实，揭示新闻的主题，以便引导读者阅读全篇。它是新闻的精华所在。

常见的导语形式有以下几种。

(1) 叙述式，即简明、概括地叙述新闻重要的、核心的内容，示例如下。

经过连续两天市场人气的恢复，今日沪指在开盘后便步入稳步上升的行情之中，全日呈现单边上扬之势，成交量较昨日明显增高，而且再创历史高点1847点。

这条导语直接叙述事情的主要内容，用概括的方式交代股市情况，可诱发读者随着作者的思路对详情作进一步的分析。

(2) 描写式，即对所要报道的事实先描写一番，使读者沉浸其中，如下所述。

听说上海一东一西镶有两块玉，西边是块"汉白玉"，即波光粼粼的淀山湖；东边是块"祖母绿"，那就是满园覆翠的"森林公园"。

这条导语像是在高空俯瞰，抓住了两处风景的主要特征。

使用描写式导语时要注意新闻的真实性原则，在描写时应把握好分寸。

(3) 提问式，即不直接叙述新闻的内容，而是提出问题，引起读者的兴趣和注意；也可以在提出问题的同时作简明扼要的回答，如下所述。

亲爱的读者，你知道灯芯绒面料可以做夏天穿的裙子吗？上海绒布厂新生产的多种灯芯绒面料中，就有这样新奇的品种。

(4) 引述式，即引用一两句生动、隽永的话，或者名人名言等，以增强导语的力量和生动性，如下所述。

"山重水复疑无路，柳暗花明又一村"，用这两句诗来形容中国女排目前在奥运会上的处境，应该说很贴切。

(5) 评议式，即在导语中对某个问题、某个事件等作评论或肯定式的结论，如下所述。

新中国成立以来长江上游的最大洪峰，今天凌晨顺利通过葛洲坝水利工程，我国这座最大的水利工程成功地经受了考验。

导语还有其他形式，如观感式、悬念式、数字式等。决定新闻导语形式的要素归根结底是其内容和报道的目的。

3. 主体

主体是导语的续写部分，是新闻着重叙述的内容。它承担着使读者进一步了解事实的重任。主体可以有以下几种结构形式。

(1) 时序结构，即根据事情发生的先后顺序来组织材料，排列层次。

(2) 主次结构，即按照新闻事件内容的重要程度或读者的关心程度先主后次地安排事实材料。

(3) 逻辑结构，即根据事物的内在联系或问题的逻辑关系来组织材料。

4. 背景

新闻中的背景就是指与新闻的人物、事件有联系的条件和环境。有的新闻内容单一，简洁明了，就不一定有另外的背景材料。背景材料一般包括政治背景、地理背景、历史背景、人物背景等内容。

5. 结尾

有的新闻，主体部分结束就完结了，也有的有结尾部分。结尾部分应该写得发人深思，催人振作，给人希望。

【例文】

例文的内容请扫描右侧二维码。

海关总署：中美贸易顺差实际上没有那么大.pdf

二、通讯

(一)通讯的概念及种类

通讯是详细、深入地报道人物、事件、工作、概貌等的一种新闻体裁。它比新闻的内容更为详尽，还可直接抒发作者的感受，具有较强的形象性和感染力。

通讯一般分为四大类：人物通讯、事件通讯、工作通讯和风貌通讯。

1. 人物通讯

人物通讯是以报道人物为主的通讯，所报道的人物可以是各行各业的模范人物，可以是爱国人士、科学家、演员、运动员等社会名流，也可以是生活和工作中取得巨大成绩的普通人，也可以是反面人物。人物通讯通过对一个人物或几个人物的言行和事迹的报道，达到教育社会的目的。

2. 事件通讯

事件通讯是以记事为主，报道事件发生、发展过程的通讯。事件通讯所选的事件，应当具有较强的情节性。事件通讯要完整深入地报道新闻事件的来龙去脉，并阐明其典型意义，体现时代风貌。

3. 工作通讯

工作通讯是报道先进工作经验或某项工作教训的通讯。这种类型的通讯常介绍有典型意义的经验，总结工作中的教训，其目的是概括出具有规律性的东西，指导和推动各项工作的顺利开展。

4. 风貌通讯

风貌通讯也称概貌通讯，它主要报道某一地区、部门、单位的自然风貌、风土人情、发展变化、生活状况或进行某一活动的基本面貌。与其他通讯相比，风貌通讯的时效性要求稍低些，更讲究知识性和文学性。

(二)通讯的写法

通讯由标题和正文两部分组成。

1. 标题

标题是通讯的重要组成部分，好的标题，可以鲜明地表现通讯的主题，增强通讯的可读性。一般来讲，通讯的标题为单行式，也有的加副标题，用以交代报道的对象和新闻的来源。

拟写通讯标题时，可以直接突出新闻事实；也可以曲笔达意；还可以提出问题，引人注意，如下所述。

《领导干部的楷模——孔繁森》
《急诊，你为什么急不起来？》

2. 正文

正文是通讯的主体部分，要用足够的、典型的、有极大说服力的事实，来充分表现通讯的主题。

通讯一般采用时序和逻辑结构。

通讯的结构仅仅是写作时的思路而已，通讯的叙述，还必须要有细节的介绍。正是因为这些细节的存在，通讯才能比新闻提供更多的信息，在述说时也更为感人。

【例文】

例文的内容请扫描右侧二维码。

人物通讯：不知疲倦的人.pdf

第三节 广播稿、新闻评论

一、广播稿

(一)广播稿的概念和特点

所谓广播稿，就是以口语形式报道新闻的一种应用文体，讲究具体形象，通俗易懂。广播稿主要有以下特点。

(1) 可听性。广播稿主要靠声音来传播信息，影响听众，从而进行有目的的宣传。
(2) 快捷性。广播稿靠电波传播声音，速度比任何报刊都要快，时效性更强。
(3) 群众性。广播不受时间和文化知识的限制，听众更多，范围更广，比报刊具有更广泛的群众性。

(二)广播稿的写作格式

广播稿一般由标题、导语、正文和结束语组成。

(1) 标题。广播稿的标题不同于新闻，没有引题和副题，只有正题。标题要力求简短，直接点明广播稿的主题。
(2) 导语。导语即开场白，是对广播稿所报道的主要内容的一个简要介绍。
(3) 正文。正文部分是广播稿的主体，或用对话的形式，或用散文的形式，要突出事实材料的作用。
(4) 结束语。结束语要简短精练，写法灵活，并与开头相呼应。

(三)广播稿的写作要求

(1) 结构要符合广播的特点，一般采用顺叙写法，可按时间顺序，也可按事物发展顺序。
(2) 语言要通俗化、口语化。句子要短，不宜用长句、文言句等。
(3) 文字要形象生动、通俗易懂，要具有较强的艺术感染力和吸引力。
(4) 广播稿要力求"短、新、精"，即篇幅要短，立意要新，内容要精。

【例文】

例文的内容请扫描右侧二维码。

乙肝防治广播稿.pdf

二、新闻评论

(一)新闻评论的概念、特点及分类

新闻评论是对最近发生的新闻事件及其有关问题提出一定看法和意见的一种新闻文体。这种文体有广义和狭义两种。广义的新闻评论，是新闻言论的总称。新闻言论是报纸、广播、电视和时事政治性刊物传播的言论作品，属于议论文体的范畴。狭义的新闻评

论,是专指媒体编辑部或作者对新近发生的有价值的新闻事件,就事论理的评说。

1. 新闻评论的特点

新闻评论与消息、通讯有明显的区别。消息、通讯重在反映情况,报道事实;而评论则重在直接发表意见、阐明观点。评论具有很强的论说性,它着眼于揭示事物的本质,指明其意义和发展趋势,通过对事物的分析判断,给人以指导;消息、通讯也要发表意见和观点,只是发表的方式是间接的,寓意见、观点于事实之中,用事实说话,通过叙述事实来发表意见。从文字表达方式来看,消息、通讯是叙述性的,它的叙述只是客观地、朴素地叙述事实;而评论以论理为主,运用概念、判断、推理等逻辑形式直截了当、旗帜鲜明地发表作者的主张、表明作者的立场,虽然也要用到叙述的方法,但叙述的目的完全是为论理服务的。

新闻评论和一般的政论文也有明显区别。新闻评论较一般的政论文具有更强烈的时效要求和更直接的针对性,在时间面前,它是"易碎品",一旦时过境迁,就会成为"马后炮",失去发表的价值。新闻评论的思想性和战斗力,与迅速及时地抓准社会问题有直接关系。一般的政论文,虽然也要联系实际,从现实出发,但更为重要的是注意道理的一般说服力和生命力;有的政论文,则要有意识地注意发表时机,与客观现实保持一定的距离。

从新闻评论与消息、通讯、一般政论文的区别中可以看出,具有新闻性和政论性,是新闻评论的本质特征。孤立地看新闻评论的某一具体作品,虽有新闻性和政论色彩浓淡、强弱的差别,但这只是量的差别,而不是质的不同。

2. 新闻评论的种类

新闻评论的种类很多,分类方法也不一致。

(1) 按评论的内容分,新闻评论有政治评论、经济评论、思想评论、时事评论、文艺评论等。

(2) 按内容的重要程度分,新闻评论有社论、评论员文章、短评、编者按、编后等。

① 社论是最高规格的评论。这种评论主要论述重大的、具有普遍意义的新闻事件和全面性问题。写作这种评论会对现实生活和实际工作产生重大的影响和直接的指导作用。

② 评论员文章的规格仅次于社论。这种评论所论述的问题一般都带有局部的性质,如地区性的或部门性的问题。某些重大工作成就或经验,某种值得倡导的工作作风、工作方法和社会风尚,某种值得提醒人们注意的倾向或社会思潮,都是评论员文章所要评论的范围。

③ 短评的规格低于评论员文章。它是评论中的轻型武器,一般用来论述范围较小的问题,或分析新闻事件的某一侧面,解剖某种具体观点或工作、行为倾向。

④ 编者按(包括编后)带有提示的性质。这种评论对某些一点即明的问题、尚处于萌芽状态的事物,以及虽然微小但却能发人深思的现象进行评判,能启发人们思考,提醒人们注意。

(3) 按内容性质分,新闻评论可分为提示性评论、立论性评论、驳论性评论、阐述性评论、解释性评论。

① 提示性评论是一种只点明事物本质意义，只提出问题、指明方向，目的在于提醒人们注意、引导人们思考的评论。

② 立论性评论是以倡导为宗旨的评论，也称倡导性评论。在这种评论中，倡导对象也就是评论对象。在新闻评论中，这种评论的用途很广，占主导地位。

③ 驳论性评论是以批评、反驳为主的评论，它的写作目的主要是揭露、抨击社会上存在的错误思想和行为。

④ 阐述性评论是论述、阐明纲领、路线、方针、政策的评论。这种评论具有很强的指导性和推动作用。

⑤ 解释性评论是以解释某种自然现象、文化现象和科学原理为主要内容的评论，目前在我国还较少运用。

(二)新闻评论的写作

1. 新闻评论的写作要求

好的新闻评论具有明显的理论色彩、感情色彩和文学色彩。没有色彩的评论，是平庸的、枯燥的、单调的，不是好的评论。

(1) 理论色彩。新闻评论的理论色彩，是从作者运用马克思主义的基本原理，分析现实生活中的重要问题中体现出来的。就事论事、只停留在事物表面现象的评论，无理论色彩可言，不能给读者以深刻的启示，是新闻评论写作的大忌。因此，写作评论时要跳出就事论事的圈子，从现象深入到本质，认识事物的发展规律，给事物以理论上的说明，从理论的高度来分析客观事物，提出正确的、新鲜的见解，这样才能提高读者的认识水平，达到新闻评论的写作目的。

在新闻评论的写作中，对评论的理论色彩，向来存在着两种误解。一种误解是认为大段引用理论权威的话，就是有理论色彩。如果只是引用理论权威的话，不运用正确的理论分析具体情况，并不代表有理论色彩。恰当引用别人的论述，尤其是经典理论家的话，能增强论证的说服力，增强评论的理论色彩，但必须明确引用的目的是用正确的观点分析具体问题，而不是装点门面。

另一种误解是认为多讲大道理，就有理论色彩。其实，空泛的说理，正是空洞无物、缺乏理论色彩的表现。只有用道理分析实际问题，得出正确的、符合实际的结论，揭示问题的本质，才有理论色彩。

为使新闻评论具有理论色彩，必须对有争议的重大的理论问题，提出鲜明的见解，并作出理论上的阐明；必须将重大的现实问题，提到理论的高度进行分析；同时也要将具体事件，提到时代精神的高度进行论述，充分说明具体事件的意义，不要就事论事。

(2) 感情色彩。好的新闻评论，不但要以理服人，而且要以情感人，要有浓厚的感情色彩。

写作新闻评论，作者不但要有理论家洞察事物本质的眼光，而且要有文学家的气质，对客观事物要爱憎分明，有伸张正义、维护真理、疾恶如仇的责任感，要和人民群众的思想感情打成一片、融为一体，和人民群众同呼吸、共命运，并在具体的写作中，将这种感情自然地流露出来，这样才能打动读者，引起读者强烈的情感共鸣，增强新闻评论的感染力、说服力；反对装腔作势地抒发虚假的情感。

(3) 文学色彩。恰当运用描写、抒情、比喻、双关等文学表现手法，会使新闻评论形象生动，为广大读者乐于接受。当前报纸上的不少评论，最突出的缺点是严肃有余，活泼不足；呆板有余，生动不足；说教有余，亲切不足。这种评论尽管道理讲得不错，但读来索然无味，达不到应有的宣传效果。因此，要恰当地运用文学表现手法，使抽象的理论变得形象生动。

2. 新闻评论的写作要素

新闻评论是属于议论文范畴的文体，它的要素也就是议论文的要素，即论点、论据、论证。这三个要素，对所有的新闻评论来说，都是必须具备的，缺少哪一种，都会影响评论的质量和效果。没有论点的新闻评论，等于没有说明什么问题；论点不准确、不鲜明、不突出，小则影响评论的质量，大则导致读者对某些问题产生错误的认识和理解。没有必要的论据，论点就得不到充分的证明和支持，不能说服读者；论据不充分、不可靠，会给人强词夺理的感觉。不讲究论证方法，论点和论据之间缺乏必然的联系，论点和论据分家，会造成逻辑混乱、层次不清，论点同样得不到证明。

(1) 论点。新闻评论的论点是作者对所论述的问题的观点或见解。论点有中心论点和分论点之分。中心论点也称总论点或基本论点，是作者对所论述的问题的基本观点，是评论的全部观点的高度概括和集中，是评论的灵魂和统帅。分论点也称从属论点，是从中心论点中派生出来的，是围绕中心论点并为中心论点服务的。分论点经过证明之后，就会成为证明总论点的论据，对总论点会起到支持的作用。

在写作中，对新闻评论的论点的基本要求是正确、新鲜、集中，有针对性。

(2) 论据。论据是作者证明论点的根据，是新闻评论的基础或支柱。一篇好的新闻评论，除了必须有正确、深刻的论点以外，还要有确凿、充足的论据。论据要真实、典型。所谓真实，就是要符合客观实际，而且要做到准确无误；所谓典型，就是要有代表性，有普遍意义。

(3) 论证。论证是运用论据证明论点的推理过程，也是论点和材料相统一的过程，是用材料论证论点的逻辑方法。与一般的议论文相同，新闻评论不能仅有正确、深刻的论点和确凿、充分的论据，还必须通过恰当的论证，揭示论点和论据之间内在的逻辑关系，使材料和观点有机地统一起来。

新闻评论的论证有两类：一类以正面直接地证明作者观点的正确性为主，称作"立论"；另一类以批驳错误观点为主，从反面间接地证明作者观点的正确性，称作"驳论"。

论证的基本推理形式有归纳推理和演绎推理两种。

新闻评论在写作中对论证的基本要求：一是对具体情况必须进行透彻的分析，通过分析抓住事物的本质；二是论证要有严密的逻辑性，使观点和材料、分论点和总论点紧密结合，产生强大的逻辑力量；三是对错误观点要抓住要害、击中要害，进行有力的批驳。

第四节 解说词、导游词

一、解说词

(一)解说词的概念和特点

解说词就是根据选用的实物或照片、资料等,对事物、人物进行解释、介绍的一种应用文体。它包括电影、电视解说,文物、名胜、书画等的解说以及展品解说等。

解说词主要有以下特点。

(1) 真实性。解说词要针对事物或人物做实际解说,不能凭空捏造、不着边际。

(2) 通俗性。解说词不仅要让人看,更要让人去听,所以读起来必须朗朗上口,明白易懂。

(3) 形象性。解说词不能是干巴巴的说教和背诵,应该是用形象性的语言对事物进行描绘,要有文采,美丽动人。

(二)解说词的写法

解说词的结构一般包括标题、开端、主体和结尾四个部分。

(1) 标题,点明事物的名称和主要特征。

(2) 开端,介绍事物的概况。在这一部分中要让读者和听者对事物的全貌有一个清晰完整的了解,并且留有联想的余地。

(3) 主体,是对事物进行深入细致的说明和介绍,包括事物的历史概况、性质特点和发展现状等,在解说时可根据对象的不同而有所侧重。

(4) 结尾,是对前文的总结和对开端的呼应,也可以不写。

(三)解说词的基本要求

(1) 要全面了解被解说的对象。

(2) 要求语言通俗化、口语化、简明扼要。

(3) 说明中要倾注真挚的感情。

(4) 灵活运用多种表达方式。

【例文】

例文的内容请扫描右侧二维码。

《我们的宇宙》解说词.pdf

二、导游词

(一)导游词的概念、作用及其特点

导游词又称导游解说词,它是以导游者的身份对参观游览的对象等进行书面或口头的讲解、说明的应用文体。

导游词的主要作用在于"导游",其目的是让参观游览者对参观游览的对象有一个全

面、直观、正确的了解，可以更深入地理解其观赏对象的价值所在；让参观游览者省时省力，既增长了旅游知识，又能得到快乐的享受。导游词也是对参观游览者表示尊重的一种方式。

导游词的主要特点如下。

(1) 通俗化、口语化。因为导游词接受的对象十分广泛，涉及各个年龄段、各个文化层次，所以其一定要具有通俗易懂的特点，避免用一些生僻的书面语言。

(2) 知识性、趣味性。要将丰富的知识融入对参观游览对象的详尽介绍中来，用一切表现手法加强其趣味性，激发参观游览者倾听的兴趣。

(3) 真实性、形象性。真实性是导游词的生命，不能过于夸大事实。介绍时，在讲求通俗易懂的基础上要尽量讲究语言的生动优美、具体形象，以增强导游词的感染力和吸引力。

(二)导游词的写作格式

导游词的写作格式可以不拘一格，可以因景因物而异，只要能达到导游的目的即可。一般来说，导游词包括以下几项内容。

(1) 标题。标题一般是对导游词内容的概述。

(2) 正文。正文包括起始语和景点介绍。

① 起始语要有吸引力，要给参观游览者留下美好的第一印象。

② 景点介绍是导游词的主体部分，要对参观游览的对象作一番具体的介绍。可概括，可详尽，不一而论。要对各景点的基本特征、景点之间的路线、有关景点的历史等讲解得清楚生动、有条不紊；要讲究详略得当、简明扼要，力求用最生动精练的语言把内容介绍明白。

(3) 结束语。结束语可总结观感，可赞美歌颂。总之，要富有鼓动性和吸引力，力求给参观游览者留下美好的不可磨灭的印象。

【例文】

例文的内容请扫描右侧二维码。

仙人桥景点导游词.pdf

第五节 简报、快报

一、简报

(一)简报的概念和特点

简报是党政机关、社会团体、企事业单位内部编发的反映情况、交流经验、传达信息的一种应用文体。简报一般分为工作简报、会议简报和思想动态简报三种。

简报的主要特点如下。

(1) 及时性。简报要一事一报，及时迅速，讲求时效性，要求发现问题快、撰写成文快、编印制发快。

(2) 简明性。简报的篇幅要短，语言要简明扼要、精练生动，一般为几百字即可。

(3) 连续性。要从一个机关一年的简报中，反映出其工作活动情况，能对机关各部门的工作产生指导作用。

(二)简报的写作格式

简报的结构由报头、正文、报尾三个部分组成，每个部分用横线隔开。

(1) 报头。报头一般用大字写在首页上端居中位置，约占首页 1/3 的篇幅。居中排印简报名称；正下方是期刊编号；名称左下方注明编印单位名称，右下方注明编印日期；密级标注在名称的左上方(一般简报无密级)。

(2) 正文。正文是简报的主体部分，其结构可根据具体情况采用不同的形式。

① 标题法。将简报的主要内容分成小块，分别用小标题注明。一个小块有一个小的标题，自成一章，一目了然，非常清楚。会议简报多用标题法。

② 新闻报道法。以新闻报道的形式，将有关情况综合叙述。

③ 按语法。把需要转发的材料转登在简报上，在材料的首部一般加上按语即内容提要，以强调其意义。按语写在间隔线的下方、目录的上方。

④ 因果法。先写"果"，后介绍"因"，多用于经验介绍类的简报。

(3) 报尾。报尾位于简报最后一页下方，左边注明发送对象，右边注明印刷份数。

(三)简报写作应注意的问题

(1) 注意真实性。要实事求是，切忌弄虚作假。

(2) 注意时效性。内容要新鲜，报道要快，如果迟写慢发，信息一旦陈旧，简报就会贬值，甚至失去意义。

(3) 注意简明性。语言要精练简洁，叙述要清楚明白，不铺陈，不渲染。

【例文】

例文的内容请扫描右侧二维码。

简报.pdf

二、快报

(一)快报的产生

快报是 20 世纪 80 年代为了适应领导的科学化、加强党政机关的信息反馈而诞生的一种文书。其特点是反馈速度快，包含信息广，文字简洁，一目了然。快报创始于河北省委、省政府机关，河北省委、省政府机关每天早晨各出一期千字左右的快报，反映全省前一天所发生的大事以及各地的主要活动。省委、省政府的领导每天上班之后，只用几分钟时间就能了解全省情况，方便了问题的调查和解决，也有利于克服官僚主义作风，能有效地实现现代化的科学领导。目前，快报在全国很多地方已经推行。

(二)快报的组织、内容与编辑方法

(1) 组织。快报的组织主要是指人力上的组织，应在大范围内建立纵向、横向和扩散的信息反馈网络，设立若干信息员，他们的任务就是每天深入基层和各条战线去了解情

况、汇总情况、反馈情况。

(2) 内容。快报的内容主要有中央和各部委领导来本地视察时的情况和所提出的重要意见；本地领导下基层检查工作时基层负责同志提出的解决当前问题的意见；有关经济改革、四化建设、整顿作风、加强精神文明建设等的新问题、新主张、新方法；中央、外省市乃至国外的大事或重要信息。

(3) 编辑方法。要求各信息员要勇于探索、开拓，善于发现、参与，能认识到有价值的东西。各信息员要将每天了解到的大量信息迅速进行筛选、分析和加工，力求信息的新鲜，也要确保信息的真实和准确。文字加工要简短，一般进行一二百字的简要叙述，用电话、传真或电脑于每天 16:00—22:00，报送给上一级信息中心进行二次筛选和编排并送印。

第六节　启事、海报、广告

一、启事

(一)启事的概念和特点

启事就是机关、团体或个人向公众告知某一信息或希望大家支持和协作写成的一种公布性文书。它包括寻觅性启事、招募性启事、征求性启事、声明性启事和广告性启事五大类。

启事的主要特点如下。

(1) 种类多，范围广，公开陈述并希望得到回音。

(2) 一事一文，内容简洁易懂。

(3) 一般张贴在公共场所或者通过媒介公之于众。

(二)启事的写作格式

各种启事的写法不一，但基本都包括标题、正文和落款三个部分。

(1) 标题。标题有两种写法：其一是"事由+文种"，如《寻人启事》；其二是只写"启事"二字。

(2) 正文。启事的内容要简短而具体，为使每一事项都交代清楚，可分条列举，如《迁移启事》中迁移的时间、地点和新的联系方法等都要列出。不过，具体启事正文的写法也稍有不同，如《招领启事》对失物的特征就不能介绍得很详细，甚至可以略去不写。

(3) 落款。正文的右下方要署上单位名称或个人姓名，名称或姓名下方写发文日期或联系方法、地址等。

【例文】

招 聘 启 事

因事业发展需要，现诚聘 2 名具有较高政治素质、业务素质，热爱党的理论宣传工作并具有良好合作精神的同志到我社工作。

具体条件如下。

(1) 具有较强的经济、政法专业方面的知识。
(2) 硕士以上学历，中共党员，年龄在 30 岁以下。

有意者请将个人简历、身份证、户口簿和学历证明复印件及相关资料，于××××年 3 月前寄到《××》杂志社人事部。

联系电话：×××××××××
邮寄地址：北京市东城区北河沿大街甲××号
邮政编码：100727
收 信 人：《××》杂志社 人事部收(应聘)

《××》杂志社
××××年 1 月 6 日

二、海报

(一)海报的概念和特点

海报就是机关、团体向广大人民群众报道或介绍某一消息、活动时所使用的一种张贴式文体。

海报的特点为：海报的内容要丰富多彩、真实准确；海报的形式多样，讲究整体布局的新颖别致，生动活泼；海报一般用于对电影、体育活动、展览会、报告会等的宣传和预告。

(二)海报的写作格式

海报虽然在形式上要求多样，但基本的写作格式主要包括标题、正文和落款三个部分。

1. 标题

标题一般写在正文上方正中位置，字号稍大。其形式大致有以下三种。
(1) 只写"海报"二字。
(2) 直接书写活动内容，如《舞会》《球讯》等。
(3) 由举办单位+活动内容构成，如《寿光蔬菜博览会》。

2. 正文

正文应包括活动的时间、地点、内容、参加对象、参加方式、注意事项等，结尾处也可带有鼓动性、号召性的词语。这部分内容一般采取分项列举式的写法。

3. 落款

落款一般写在正文的右下方，包括署名和日期。

三、广告

(一)广告的概念

广告是指企事业单位通过各种媒体，将所生产的产品及其服务信息，有计划地传递给消费者，以求引起消费者的兴趣、使消费者了解产品和激起消费者购买欲望的一种应用文体。广告包括公益广告和有偿广告两大类。

(二)广告的功能

(1) 广告可以传递信息，活跃市场，指导消费。随着商品经济的发展，新产品如雨后春笋般层出不穷，消费者往往需要借助广告的力量才能了解到更多商品的性能、特点、用途、价格及使用方法，并进行对比，从而选择到自己喜欢、满意的商品。

(2) 广告可以引起竞争，改善企业管理，提高产品的质量和性能。广告把消费者在购买活动中表现出来的一言一行能及时反馈给企业经营者，让他们能及时把握市场脉搏和消费者心理动向，调整企业经营思想和管理策略，适时进行技术革新，从而提高产品的质量和企业的服务质量。

(3) 广告也可以装点市容，美化环境。有些公益广告还可以起到一定的教育作用，促进精神文明建设的发展。

(三)广告的写作格式

不同媒体的广告有不同的格式，但大致包括标题、正文和结尾三个部分。

1. 标题

广告标题要求醒目、新颖、简短、独特，能对消费者产生刺激，诱导消费者产生消费的欲望。它多采用以下形式。

(1) 标名式：直接提供商品名称或厂家。

(2) 赞美式：提供赞美产品性能或厂家服务的语句。

(3) 通告式：以告知服务或产品信息的方式拟写，如《上海轻工业产品来京展销》。

(4) 比兴式：以人们熟悉的人或事作比引出产品介绍，如《手机的航母——××手机超市》。

此外，广告标题还有慰问式、疑问式等，可根据不同产品选择不同形式。

2. 正文

广告正文是广告文稿的主体部分，在此部分应对商品作详尽介绍。要说出产品的优势和过人之处，但要实事求是，切忌夸大浮夸。广告正文通常有以下几种方式。

(1) 陈述式：用简洁的语言介绍商品的名称、性能、用途、规格、价格或服务的项目、优越性等。

(2) 对比式：采用同类产品、不同产品之间的比较，买与不买、服务前与服务后之间的比较等。

(3) 证书式：列出获得政府正规业务部门的评价、鉴定等级或所颁发的奖励证书等，来加大宣传的力度。

(4) 对话式：一般用几个名人间的对话推销商品或服务。

除此之外，广告正文还有论说式、抒情式、描述式等。

3. 结尾

广告结尾一般采取许诺消费者好处、公布优惠赠送的利益吸引条款、强调企业销售理念以树立企业统一形象等方式。

在广告结尾处还要注明厂名、厂址、电话、开户银行及账号、联系人等项目，可根据需要写明，不一而论。

(四)广告的基本写作要求

(1) 要讲究广告内容的真实性，不搞"假、大、空"，不欺骗和误导消费者。

(2) 语言要新鲜巧妙、幽默生动、通俗易懂，有启发性。不能说大话，以免让消费者反感而得不偿失。

(3) 广告的形式应活泼有新意，可适当利用诸如"明星效应""名牌效应""集团效应"等来加大广告的宣传力度，切忌俗气平淡。

(4) 广告中不能含有宣扬迷信、淫秽、反动、恐怖、暴力等的内容，也不能贬低其他生产经营者及其产品。

【例文一】

××水泥厂招商广告

××大山产业(集团)公司所属水泥厂，地处××省东部地区，拥有两座回转窑，年产水泥熟料 10 万吨，水泥 20 万吨，本地区拥有品种丰富的石灰石矿及煤矿；运输方便，场内有铁路专用线。本厂欲扩大生产规模，急需生产经营合作伙伴，欢迎国内外客商联系洽谈。

××省大山产业(集团)公司招商处

地址：××经济技术开发区××城 E 区×栋×号

邮编：116600

电话：××××××××

传真：7613655

联系人：刘××

【例文二】

广告语摘选

冬天里的一把火——美加净滋润唇膏

为了你的健康，请别把头皮当地板擦——绿野香波

聪明不必绝顶——美加净洗发灵

百闻不如一印——湛江佳能复印机

百爱神香水糅合了昔日的奢华和今日的挑战，只用一滴，令您步入一个超凡的境界——百爱神香水

将西方现代色彩与中国传统历史融合起来的东方明珠——香港旅游

输入千言万语，奏出一片深情——四通中外文文字处理机

征服北极，横越沙漠——福特六和汽车

勇往直前的伴侣——北京吉普有限公司

另一颗艾德蒙哈雷彗星横扫过台湾上空——艾德蒙电器

走出中国人自己的路——普腾电器

没有最好，只有更好——澳柯玛电器

家教宝典——《弟子规》

思考与练习

1. 试从报纸上搜集 3～5 种新闻导语，并分析其写法。
2. 写广播稿应注意哪些问题？
3. 请选取生活中的一个现象，根据新闻评论的写作要求，写一篇时事评论。
4. 自己选择一处旅游景点，写一篇导游词。
5. 从各种媒体上收集若干广告，分析一下它们的特点和宣传效果。

第八章 科技文书写作

学习要求

掌握科技文书的概念，理解科技文书的特点，把握科技文书的写作要求；掌握学术论文和毕业论文的概念和写法；品味例文，思考论文的结构方法；学习收集资料、分析资料的方法。

第一节 概　　述

一、科技文书的概念及性质特点

科技文书是以说明和议论为主要表达方式，以科学技术方面的内容为研究和表述对象，反映自然科学领域内某些现象的特征、本质及其规律性，用于科学技术的生产、储存、交流、传播、转化和普及的一种实用文体。它是随着现代科学技术的发展而逐步兴起的一种文体。简而言之，科技文书是指表达一定科学技术内容的各种实用文体。

科技文书具有以下特点。

(1) 科学性。科学性是科技文书最重要的特点，也是科技文书的灵魂和生命，其内容必须准确反映人类对客观事物、自然规律的正确认识，要经得起时间和实践的考验。科技文书的作者必须拥有实事求是的科学态度和相关的科技知识。

(2) 真实性。科技文书所依据的材料必须是真实可靠的，不能有半点虚假；对各种概念、数据的使用必须准确无误，对引用的各种专用名词、术语不可望文生义，要有正确、全面的理解；科技文书的内容具有极强的客观性，因此忌用夸张之类的修辞手法，忌用华丽的词语，忌用带主观感情色彩的词句。

(3) 创造性。科技文书中应包含作者创造性的劳动，能增长读者的科学技术知识，能指导读者解决科研、生产、工作中的实际问题。科技文书价值的大小取决于其创造性的大小。

(4) 规范性。科技文书在长期的使用过程中形成了比较固定的惯用的格式，具有约定俗成的规范性。近年来，随着科学技术的飞速发展，科技文书的基本格式正在趋向统一化、标准化。世界上科学技术发达的国家对科技文献的撰写和编辑制定了各种国家标准，国际标准化组织也制定了一系列科技文献、信息编撰的国际标准。我国在这一方面的国家标准业已出台。这些国际标准和国家标准，对各种科技文书的书写格式、术语、外文缩写、符号、计量单位、表格、插图等的使用，都作了规范化、标准化的规定。科技文书的作者应该熟悉这些规定，并遵照规定来进行科技文书的写作，这样才能起到传播、交流科技信息的作用，并便于检索和翻译。

(5) 可读性。科技文书要尽可能做到深入浅出、通俗易懂，并为广大群众所喜闻乐见。要达到可读性这个要求，其文章结构就必须有条理性，应做到条分缕析、层次清楚、主次有别、井然有序。其语言要明确、简洁、周密、规范，遣词造句要合乎语法规则，还要注意词语的精确性、单义性、稳定性以及句式的固定、单一，同时也要注意明晰简练、平实贴切、周到严密、没有疏漏，这样才能发挥科技文书的社会作用。

二、科技文书的分类和作用

(一)科技文书的分类

科技文书根据其具体适用范围，可以分为论文类、报告类、说明类三大类。

1. 论文类

自然科学与应用技术、社会科学两方面的论文，是科技文书中的一个最重要的类别。通常将表述学术观点的自然科学论文或社会科学论文称为学术论文，而将表述应用技术的论文称为科技论文。

这类科技文书的作用从根本上说，是进行科研、表述科研成果的工具。任何科研成果，都需要借助这类科技文书进行表述，把科研的目的、经过、方法、结论告知他人，把先进的科学技术推广于社会，使整个社会受益。

本章中所学的学术论文、毕业论文等，都属于这一类文书。

2. 报告类

科学研究或产品开发过程中经常使用报告类文书，如科技调研报告、科技考察报告、科技实验报告、课题开发报告、产品设计报告、可行性研究报告、科技成果鉴定书等。

从根本上说，其作用是科研或技术工作过程中的信息工具。这类文章反映了科技动态，交流了信息，为科研管理部门或工程立项部门提供了决策依据。

3. 说明类

说明类科技文书是指产品说明书和科普文章。

(二)科技文书的作用

从根本上说，科技文书是指导产品使用和普及科学知识的工具。一种新产品投放社会后，就需要宣传和推广，而分发产品说明书是其重要方式。人们使用产品说明书，可以宣传产品的先进性、实用性和新颖性；同时，产品说明书可以指导人们正确使用新产品。科普文章是培养人们热爱科学、运用科学、抵制迷信和反击伪科学的有力武器，对培养人的素质、开展唯物主义教育有着非常重要的作用。

三、科技文书的写作要求

1. 科学性

科技文书理应体现出鲜明的科学性，这是科技文书写作的基本要求。体现在指导思想和方法上，就是要具有科学性；体现在工作态度上，一定要实事求是，要深入调查，从客观实际出发，做到材料真实、数据确凿可靠；体现在文章的文风上，就是要求朴实、严谨，不浮夸、不卖弄。

2. 实用性

科技文书是记载和描述科学技术发展、产品更新换代、交流科技信息的重要工具，与现实发展有紧密联系，具有实用性的特点。例如，将一项发明转化为产品，这项发明的专业论文和专利申请书就具有极为鲜明的实用性；一篇经济方面的论文，因为探讨了经济形势的发展和走向，无疑会对现实的经济工作产生影响，因而具有现实性和实用性。

3. 严谨性

科技文书具有严谨性。科技文书的作者要熟悉国家科委、国家标准局、国家专利局等部门规定的科技文书规范格式，还应熟练运用相关国际标准的规范格式。在表述上，用语要准确，结构要合理，尤其在陈述概念时，要经常采用定义的方式，严格界定概念的内涵和外延；运用正确的立场观点来分析说明相关的内容，并且要讲求论证方法，即材料必须能够支持观点，特别要注意对反例验证的运用，以免犯"以偏概全"的错误。

第二节　学术论文的写作

一、学术论文的概念和特点

学术论文是对科学技术领域的学术问题进行专题研究后写成的文章，主要用于对科学技术课题的研究和科研成果的描述。它是科学技术研究成果的文字体现，是进行成果推广和交流的有力手段。

学术论文除具有科技文书的一般特点外，由于它的写作目的和表达方式的特殊性，还具有以下一些特点。

(1) 创造性。衡量学术论文价值的根本标准是它的创造性。一种新理论、新观点，往往反映了人们探索自然奥秘或真理的进程，揭示了某一方面的客观规律。而学术论文的任务就是交流学术上的新成就，发表新理论、新设想，探索新方法以及新的定理，从而推动人类社会的文明和历史的发展和进步。

(2) 学术性，也可称为理论性。学术论文要求运用科学的原理和方法，对需要探索的领域中的新问题进行严密的论证和分析。它是将材料经过科学的、逻辑的加工后所形成的科学论断。学术性是学术论文最基本的特征，失去了它，学术论文就成了无根之木，空空泛泛，徒具外表而已。

二、学术论文的写法

根据中华人民共和国国家标准《科学技术报告、学位论文和学术论文的编写格式》(GB 7713—87)的要求，结构完整的学术论文应包括标题、署名、概要、主题词、引言、正文、结论、致谢、注释、参考文献目录等部分。

1. 标题

标题又称题目，是论文的"眼睛"，也是论文的重要组成部分之一。它通常是对学术研究过程或成果的直接阐述，基本要求是醒目确切、鲜明生动，能概括出文章的中心内容，以引起读者的注意。

2. 署名

发表论文必须签署作者的姓名，这是作者对研究成果拥有著作权和具有责任感的体现，也可附上作者的工作单位名称。

3. 概要

概要又称提要、摘要，是论文基本思想的缩影，用于提示研究对象和目的，以及课题的基本观点、成果和意义等，主要起报道和检索作用，以节省读者阅读的时间。概要的文字一般以不超过正文的 5%为宜。据国际标准化组织的建议，外文摘要不应少于 250 个单词，最多不能超过 500 个单词。

4. 主题词

主题词也称关键词，是能反映论文观点和主要内容特征的词，其目的是便于制作索引和便于利用计算机检索。学术论文的主题词一般为 2~8 个，3~5 个最为适宜。主题词书写在摘要部分之后。

5. 引言

引言也称前言、序言、绪论等，写在正文之前，包括研究背景、目的、范围、方法、主要观点及成果、评价意义等方面的内容。

6. 正文

正文又称为本论，是学术论文的主体，占论文篇幅的绝大部分。这一部分直接表述科研成果，反映了论文所达到的学术水平。其结构根据需要有不同的形式，主要有并列式、递进式、过程式以及综合式。

(1) 并列式。将总论点分解成有并列关系的一些分论点，这些分论点各自分说不同的小问题，但内容紧密联系。这样先概说整体，再逐一展开，最后归纳分析得出结论。这种结构的优点在于纲目一目了然，非常清楚。

(2) 递进式。将总论点分解成层层深入有着递进关系的分论点，后一个问题的解决总是以前一个问题的完成为前提，层层分析，最后获得结论。这种结构由浅到深，符合人们认识事物的规律，便于读者理解。

(3) 过程式。将研究过程作为整体结构。其具体思路是：问题的发现—问题的研究实验—分析实验结果并总结—导出结论。

(4) 综合式。根据文章内容表述的需要，灵活综合使用上述三种形式。

7. 结论

结论是整个课题研究成果的总判断、总评价，在全篇论文中起画龙点睛的作用。

8. 致谢

任何研究成果通常都不是一个人独立完成的，学术论文也是如此。为了尊重帮助自己的人的劳动，一般在论文的结论之后，以简短的文字向这些人表示谢意。

9. 注释

注释是对论文正文中某些疑难问题的进一步解释。

10. 参考文献目录

篇末附参考文献，这是传统的惯例，其作用是便于读者了解该领域的情况，为读者研究或查找有关文献提供帮助；提高所选资料的可信度，以证明论文水平；表示对他人成果的尊重。

【例文】

例文的内容请扫描右侧二维码。

《学贯中西：李安的导演世界》.pdf

第三节　毕业论文的写作及答辩

一、毕业论文的概念和特点

毕业论文是大学生毕业前提交的具有一定学术价值的应用文，是大学生综合运用已学理论知识进行初步科学研究的一种尝试。

毕业论文有以下特点。

(1) 综合考查学生对已学知识的应用能力，同时巩固其所学的基础理论、基本技能和专业知识，并进一步深化和扩大其知识面。

(2) 培养学生独立思考、独立工作和独立获取新知识的能力。

(3) 培养学生的创新意识以及严谨求实、团结协作的工作态度和工作作风。

二、毕业论文撰写的步骤

毕业论文的撰写可以分为选择课题、收集资料、主体撰写、修改定稿四个步骤。

(一)选择课题

选择课题是关系毕业论文质量的关键。选择课题时可以考虑以下几个方面。

(1) 选择课题必须符合本专业的培养目标，满足教学基本要求，即与所学专业对口。

(2) 从自己的兴趣出发进行选题。选择自己最感兴趣的专业问题作为课题方向，可以提高自己的主动性和积极性，有利于提高论文的撰写质量。

(3) 要结合自己的业务专长进行选题，扬长避短，这样对顺利完成论文的撰写有很大益处。

(4) 应从主客观条件出发，恰当选题。选题的范围不宜过大，但也不能过小，难度要适中。

(5) 选择的课题要有价值，可以是纠正和补充前说，也可以是新的发现、新的观点等。

(6) 必须考虑毕业论文的时间要求和容量要求。

(二)收集资料

选题和资料的收集是紧密相关的。资料的收集可以通过直接的实地调查研究完成，也可以通过从图书馆或档案馆查阅现成的资料获得。这两种方法各有自己的优点：前者能让收集者获得第一手资料，反映的是现实实际情况——这是最为真实可靠的，是获得资料的重要途径；后者可以更快速、更方便地获取资料，从而节省时间去熟悉和分析它们，以确定哪些才是自己最需要的东西。调查研究的形式是多种多样的，对于学生来说，个别访谈、抽样问卷、查阅有关档案无疑更具有操作性。而要更快更好地查阅现成的资料，也需要学生善于利用书目、索引和其他的工具书，如文摘、年鉴等。

在收集资料时要注意对反面资料的收集，这对加强正面论点的论证很有好处。

(三)主体撰写

对收集到的资料要采用通读、选读、精读等不同的阅读方法来全面浏览，争取在最短的时间内完成对所收集资料的大致掌握，并进行分析、归类、筛选和整理。要以选定的题目为中心，认真思考、研究有关材料，审核主次，科学组织，逐渐形成论文的观点，确立论文主题，要注意突出自己的新创见；然后再对有关资料进行整理，选出那些真实、典型、切合论文主题的论据资料。在此基础上，作者便可构思、设计论文框架，着手编写论文提纲。提纲一般应包括论文标题、基本观点、分论点、证明分论点所用的材料、所拟用的论证方法等。提纲编写完成后，就可正式进入初稿的撰写，应力求写出新意。

(四)修改定稿

修改定稿是论文质量的把关工作。要从观点、材料、结构、语言等各个方面去寻找错误和缺陷，反复进行修改，直到满意为止。修改看似是小事，实则为重中之重，它直接影响论文的质量，所以要养成修改的良好习惯。

三、毕业论文的答辩

毕业论文完成之后，通过答辩来衡量其质量的高低。

1. 论文答辩的组织领导和答辩委员会的组成

答辩工作由院系或教研室组织，必要时也可组织校级答辩。各院系成立院系级毕业论文答辩委员会，一般由 3～7 名具有讲师以上职称、有较高教学水平和科研水平的人员组成。答辩委员会负责主持和组织答辩工作，解决答辩过程中的问题，对学生的毕业论文答辩评定成绩并写出中肯的评语，完成答辩工作的总结报告，等等。

2. 论文的答辩

答辩过程一般包括下列几个部分：学生自述、委员会成员提问、学生答辩、宣读指导教师评语等。答辩时间一般为 35～50 分钟。其中，自述时间为 15～20 分钟，回答问题时间为 20～30 分钟。

对答辩委员会成员来讲，要在答辩前阅读学生的毕业论文，答辩时可根据毕业论文的基本要求和涉及的相关问题进行提问。问题应由浅到深，形式可灵活多样，尽可能地给答辩学生创造轻松和谐的气氛。

对答辩学生来讲，应全面总结，适当复习，认真做好答辩的准备工作。答辩前要写好答辩提纲，自述时要做到条理清晰、重点突出，并且要控制在规定的自述时间之内。答辩时要注意克服紧张情绪，回答问题时要抓住问题核心，不要答非所问。

附：

毕业论文写作格式

一、论文首页格式

毕业论文题目用黑体 2 号字，其余用宋体 4 号字。论文题目应能概括整个论文最重要的内容，简明、恰当，一般不超过 25 个字。

二、目录

论文各章节的详细目录。

三、中文摘要及其关键词

中文摘要及其关键词采用宋体 5 号字 B5 排版。论文第二页为 500 字左右的中文内容摘要，应说明本论文的目的、研究方法、成果和结论。毕业论文摘要是学位论文的缩影，应尽可能保留原论文的基本信息，突出论文的创造性成果和新见解。论文摘要应尽量深入浅出，通俗易懂，少用公式字母，语言力求精练、准确。

在本页的最下方另起一行，注明本文的关键词为 3～5 个。

四、英文摘要及其关键词

论文第三页为英文摘要和英文关键词，内容与中文摘要和关键词相同。

五、正文部分格式

引言(或序言)(宋体 5 号字 B5 排版)内容为本研究领域的国内外现状，本论文所要解决的问题，该研究工作在经济建设、科技进步和社会发展等方面的实用价值与理论意义。

正文是毕业论文的主体，要求采用宋体 5 号字 B5 排版，语言要简练，不能有错字、别字，也不能有错误的观点。每页 36 行，每行 32 个字。页码打印在页面下方中间位置，论文装订后尺寸为标准 B5 复印纸的尺寸。页眉部分奇数页使用"×××大学××系学士学位论文"，偶数页使用论文题目。

论文中的图表、附注、参考文献、公式一律采用阿拉伯数字连续(或分章)编号。图序及图名置于图的下方；表序及表名置于表的上方；论文中的公式编号，用括号括起写在右边行末，其间不加虚线。

毕业论文一律在左侧装订，要求装订、剪切整齐，便于使用。

论文字数控制在 1 万～3 万字。

六、附录

附录内容包括放在正文内过分冗长的公式、以备他人阅读方便所需的辅助性数学工具、重复性的数据图表、论文使用的符号意义、单位缩写、全文程序及有关说明等。

七、参考文献

参考文献按毕业论文中所引用文献的顺序，列于文末，书写格式如下。

[编号]、作者、文章题目、期刊名(外文可缩写)、年份、卷号、期数、页码。

文献是图书时，书写格式如下。

[编号]、作者、书名、出版单位、年份、版次、页码。

【例文】(略)

第四节　毕业设计报告

一、毕业设计报告的概念和要求

毕业设计报告一般是就工科大学生而言的，是高等学校毕业学生的总结性独立作业，相当于一般高校的毕业论文。

毕业设计报告本质上属于科技论文，主要考查学生是否具备工程设计的初步能力。其要求如下：

(1) 内容完整，层次分明。毕业设计报告要对设计项目和内容进行全面的阐述，逐项逐层阐述清楚，要按照严格的顺序和条理进行，不能随心所欲。

(2) 重点突出，图文并茂。毕业设计报告要对重点内容作出详细的论证和计算，为了清楚明了、直观形象地说明设计方案，必须配以必要的图表，使人一目了然。

(3) 书写规范，清晰整洁。格式的各个部分都要做到纲目清楚、书写规范，特别是各种图表，标题要鲜明贴切，比例尺要恰当，字迹要工整，图表应整洁美观，字体要求用仿宋体。

二、毕业设计报告的写法

工科毕业设计报告的种类繁多，项目不同，情况也不尽相同，很难形成一个统一的撰写模式。其结构和写法与学术论文大致相同。本节主要讲述工科毕业设计报告中主体有关内容的表述问题。

1. 设计原理的表述

针对设计原理，设计者不仅要进行整体表述，还要做好重点说明。无论何种工程、何种产品，都会涉及其工作原理的问题。在对设计原理总体进行说明时，宜采用结构框架图或流程图的形式，这样便于让人从整体上把握设计者的基本思路。而对其设计当中的核心问题进行重点说明时，需要采用图纸说明、模型或实验的验证说明等方式，这样会说得更清楚、更富有条理。

2. 工程的特点或产品的性能表述

(1) 技术或性能的科学性和先进性，可以通过比较同类工程或同类产品的方法来实现这一点；也可用最新技术说明方法：采用了何种最新技术，工程或产品的性能有何提高，质量又如何等。

(2) 技术和质量标准的说明。技术和质量标准一般采用国家标准或国际标准，应按照国家质量技术监督局颁发的各类标准进行说明。

思考与练习

1. 科技文书的写作要求是怎样的？
2. 怎样撰写毕业论文？
3. 结合本学年的学习内容拟写一篇学科小论文。

第九章 申论写作

第一节 申论概述

一、申论的概念

"申论"一词，出自孔子所说的"申而论之"。从字面来理解，"申"为引申、申述；"论"为议论、论证；"申论"即指针对特定话题提出自己的观点，并展开论述。

作为一种应试文体，申论最早出现于 2000 年中央国家机关公务员录用考试之中。经过多年的实践，以及专家学者们的改进与完善，申论现已成为国家公务员录用考试的一门基本科目，日益受到人们的重视。

从考试大纲规定及历年试题情况来看，申论考试为应试者提供了一系列反映特定实际问题的文字材料，要求考生仔细阅读这些材料，概括出它们反映的主要问题，并提出解决此问题的实际方案，最后再对自己的观点进行较详细的阐述和论证。

二、申论测试的特点

(一)测试形式灵活多样

申论测试既考查应试者普通文体的写作能力，也考查其公文写作能力，测试形式非常灵活、实用。

(二)测试背景资料涉及面广

申论所给定的背景资料涵盖了政治、经济、法律、教育等多方面的内容，涉及范围极其广泛。

(三)测试目的针对性强

申论测试考查的目的明确，针对性强，即主要考查考生阅读、分析、概括、解决问题的能力。这些能力主要通过对背景材料的分析、概括、论述和提出的方案对策是否具有针对性和可行性体现出来。

(四)测试标准具有先进性和国际性

申论测试借鉴了一些发达国家的先进经验，在科目设置、考试形式上都是按国际标准设计的，在内容上体现了中国特色。

(五)测试没有确定的标准答案

申论考试所给的资料，都是有关当前政治、经济、法律、教育等方面的社会问题，有的已定论，有的尚无定论，完全要靠考生自己来解决，不会有一个确切、固定、唯一的标准答案。

(六)测试具有前瞻性

申论测试注重考查考生的综合能力。整个社会在不断地发展变化，公务员考试命题不仅会与这种发展趋势相适应，而且还会体现出一定的前瞻性。

三、申论试题的结构

申论考试的结构比较规范，总体上分为以下三大部分。

(一)注意事项

"注意事项"是针对考生答卷提出的指导性建议。

(二)材料

所给材料篇幅一般在 1500 字左右，但由于应试对象及考试时间有所不同，加上近年来各地不断对试题进行改进，字数也在随之变化，少则千字，多则三四千字。申论考试所给的材料大多是经过一定加工后的带有新闻性质的一组现实社会现象，集中反映社会日常生活中存在的大家普遍关注的热点问题，很少涉及重大理论问题、历史问题和专业问题。

(三)申论要求

多数申论要求考生在阅读材料的基础上，完成以下三道题目。

(1) 对所给材料的理解、分析、整理、归纳、概括、综合。一般要求为："请用 150 字的篇幅，概括出所给材料反映的主要问题"或"有条理地概括这些材料的主要内容，字数不超过 200 字"。

(2) 对主要问题提出见解、对策或具有可行性的解决方案。一般要求为："请用不超过 300 字的篇幅，提出给定材料所反映问题的解决方案。要有条理地说明，要体现出针对性和可操作性。"

(3) 对上一步中提出的见解或方案进行论证。一般要求为："就给定材料所反映的问题，用 1200 字左右的篇幅，自拟标题进行论述。要求中心明确，论述深刻，有说服力。"

随着公务员考试制度的逐步完善，各地对"申论要求"也有所变化，有的合并为两道题目，有的扩展为 4 道题目。

第二节　申论应试能力

申论考试"主要考查应试者对给定资料的阅读理解能力、分析概括能力、提出问题和解决问题的能力，以及表达论述能力"。

一、阅读理解能力

申论考试要求阅读的给定资料不是文章作品，只是一些略经整理的"半成品"，连"事件报道""情况简报"都算不上。申论考试要求的阅读理解能力，在很大程度上是对一些不够准确、不够清晰的"半成品"材料的加工能力。这种加工，主要是对各种材料的阅读分析。也就是说，在阅读理解的过程中，需要不断完成由事实上升到观点，由具体问题上升到本质属性，把一堆材料划分为几类材料，把分散事物综合为具有一定内在联系的事物，由给定材料内的事物联系到材料以外的其他事物，进行反复思考。这种思考，就是阅读理解。

因此，考生要在平时多下功夫，多读文章，培养自己的阅读理解能力，具体有以下三个方面。

(一)认读能力及其培养

认读能力是阅读中应具备的基本能力。缺乏这种基本能力，阅读就无法进行，因为阅读是借助对文字符号的感知而进行的。培养这种能力，旨在积累语言文字的感性材料。

(二)理解能力及其培养

理解能力就是阅读的悟意明理能力，是由认字识词的感性阶段到理解内容的理性阶段的深化。理解能力与思维能力密切相关。阅读中对理解能力的培养，实际上就是对思维能力的训练。

平时在阅读中，要注意从文章的立意构思、篇章结构、语言运用、表现技巧等多方面入手，对文章进行全面分析和深刻理解，逐步提高自己的阅读理解能力。

(三)评论能力及其培养

评论能力，是指对文章的内容与形式进行全面评价和深入品评的能力。阅读的目的不只是理解，还应在理解的基础上，通过对文章作品的鉴赏，受到启发和教育，获得经验和知识，从而提高自己的思想水平和写作能力。要达到此目的，必须由理解性、鉴赏性阅读上升到评论性阅读。在评论性阅读中，读者既可以评价作者的思想、作品的内容，又可以评价作品的形式、写作的技巧或总结写作中的经验与规律。

二、分析概括能力

申论对分析概括能力的要求主要体现在以下两个方面。

(1) 应弄清"材料"反映的问题。

(2) 善于对复杂问题进行综合分析，分清主要问题和次要问题、有关联的问题和无关联的问题、可解决的问题和不可解决的问题。为此，必须了解、熟悉申论测试材料的特点。从内容上看，申论测试的材料主要有两种类型。第一种，材料集中反映社会生活中发生的、有一定影响面而又亟待解决的具体问题，以客观陈述为主。这类问题涉及的对象往往是双边的，具有案例的某些因素，但并不是一个完整的案例。第二种，材料是围绕某一社会热点问题摘录、组合而成的。它可能是影响范围很大的突发事件，也可能是积久未决的社会难题，与新闻综述有些形似，但绝非成形的新闻综述。

从材料的组合形式上看，申论测试材料是由诸多信息拼合而成的。这些信息(无论是客观陈述的还是评析议论的)大都具有相关性或连带性，但有些材料之间是没有什么关联的。各则子材料的码放可能是错落、杂糅的，不一定体现严格的时空顺序或严密的逻辑顺序。申论考试的分析概括能力就是要求考生能够将零乱的材料予以归类，并概括出不同类别材料的内涵。在实际应试中，考生要注意以下两点。

第一，抓住主要矛盾，有所侧重，有所选择，根据给定材料包含的特殊环境、特定条件进行理解、分析、综合。

第二，要充分考虑材料中论点包含的两极，避免片面性、绝对化。这样做不仅因为在回答本部分内容时需要涵盖不同方面，而且对于后面提出方案部分尤其是议论部分，都有基础性的作用。

三、提出问题和解决问题的能力

提出问题和解决问题的能力，在申论考试中体现为在阅读理解所给材料的基础上，提出意见或解决问题的方案。在提出问题、解决问题时，应注意以下三个方面。

(一)提出问题时，个人身份定位要准确

申论试题有的给考生虚拟了身份，有的需要考生自己虚拟合适的身份，身份定位准确，才能"在其位谋其政"，解决好问题。答题时，你的身份是普通工作人员，还是具有决策权力的领导，必须明确，否则提出的解决方案就可能与身份不相符。

(二)针对问题提出意见或办法

要弄清楚材料所反映的问题是什么，哪个是主要问题，这样才能针对问题，抓住要害，从根本上解决问题。

(三)意见或办法要有可操作性

首先，提出的问题要有具体的负责处理的政府部门或职能部门；其次，解决问题的方法、步骤要具体；最后，要注意解决问题的时效性和必备条件，不能脱离实际。

四、表达论述能力

语言表达能力是申论考试中的一个重要测评要素，考试中要求考生作答的文字总量在1500～2000字。实际上，前面提到的阅读理解能力、分析概括能力、提出问题和解决问题的能力都要通过文字表达来体现。

申论的议论问题不同于简单的议论文章，而是要密切联系实际，引发的议论要立足于材料所反映的主要问题，根据这一主要问题展开论述，从而分析问题、解决问题。这一能力要求在对所给材料精读和理解的基础上，先高度概括出主题，然后再用充分的论据来进行论证。论述要准确，条理要清晰，语言要精练。

第三节　申论应试方法与技巧

一、审读材料要全面细致

审读材料是申论应试的首要环节,只有认真仔细地阅读材料,才能切实把握材料所反映的问题,保证具体作答的质量,取得理想成绩。

审读材料要注意以下三个方面。第一,阅读材料要保证充足的时间。必须在全面把握了材料之后再下笔作答,不能对材料囫囵吞枣,仓促作答。第二,阅读材料要全面细致。对所给材料中的每个子材料都要仔细分析,不能遗漏。第三,要透过现象看到本质。能够找出所给材料的隐含信息,准确理解命题者的初衷,把握关键问题。

二、概括要点要抓住中心

概括要点是阅读材料的小结,要正确理解题目要求,抓住中心进行概括。例如,"概括出给定材料所反映的主要问题"和"有条理地概述这些材料的主要内容"是有明显区别的。主要内容是客观对象,主要问题却是客观对象所反映出的本质,不能给出一样的答案。概括时要注意做到准确、精练,一般用一段文字,不用序号。

概括要点时应注意的事项如下。

(一)定准视角,便于叙述

只有按照题目给定的身份和角度,才能准确概括主要问题,恰当地提出解决问题的方案。

(二)交代要素,要而不繁

要素包括人物、事件、时间、地点、原因、结果等。其中,人物和事件是叙述的核心,它们是不可缺少和忽略的。其他要素交代时要简略,要突出其与人物、事件、中心联系的一面。

(三)厘清顺序,组织有序

对材料进行了选择和加工后,要使它们成为一个有机的整体来表现主题或中心,还需要一定的顺序来组织,这样才会给人条理清晰、结构严谨的感觉。

(四)突出主旨,纲举目张

在概括时,要处处从表现中心主旨的角度来考虑如何选材、组材,确定繁简重点等,从而纲举目张,更好地表达中心。

三、提出的方案要切实可行

提出方案是申论的关键环节。

提出方案的前提是准确地概括出给定材料所反映的主要问题。如果说概括部分是提出问题，那么本部分则是解决问题。考生必须记住的是，本部分的解决方案就是针对前面概括出的问题而言的，前面概括了几个方面或层次的问题，这里就应提出几个方面或层次的解决方案。

考生针对材料所给的信息找出问题，并提出解决问题的方案。这一过程需要缜密的思维，同时也需要一定的技巧，具体有以下四个方面的内容。

(一)联系实际，使方案合情合理

申论考试所给材料多来源于媒体，都是现实生活中出现过的问题，而且有可能是生活、社会、政治、法律、军事、体育等方面的焦点问题和热点问题。所以考生只有关注社会生活的方方面面，对这些问题有所了解、有所思考，并在考试过程中联系这些实际，才能找到合理的解决方案。

(二)高屋建瓴，使方案影响深远

要抓住事物、问题的主要矛盾，站在更高、更远的角度来审视这些问题，从而看到事物的本质和关键。然后从这一本质出发，总揽全局，着眼于大局和长远利益，针砭时弊地提出现实、中肯、有深度、有广度的解决方案。这样的方案才能得到更好的贯彻和执行，所起的作用才会有深远性。

(三)深入分析，使方案可行

再好的方案，如果在现实中没有可行性，也就等于是空头支票。所以在提出方案时，一定要进行深入分析，对方案的可行性进行理性思考，对方案的细节问题要进行剖析，综合考虑方案会取得哪些效果，在实施过程中会出现哪些问题，是否有负面作用，实施此方案所需的成本，此方案是否在实际操作中引起争论，有无违背公德或者违反法规的问题，等等。

(四)领会题意，使方案得到认同

申论考试是考查考生的应变能力，因此考生一定要领会出题者的意图。如果对出题者的意图领会得不够深刻，或者出现偏颇，提出的方案就得不到批卷人的认可，也就不可能得到高分。因此，按照出题人的意图来提出解决问题的方案也是很重要的一点。

四、进行论证要无懈可击

进行论证是申论的最后一个环节，是考生"论"的能力的充分体现。它要求考生充分利用给定材料，切中主要问题，全面阐明、论证自己的见解。论证环节，需要浓墨重彩，淋漓尽致。这不仅因为它所占字数多，分值相对较高，而且一个人的知识结构、思想品质、文字表达能力等都将在这个环节得到更全面、更充分的展示。

(一)开头要直奔主题

如果文章的开头是没有经过思考的，议论也就会不着边际，而文章开头的随意还会造成写作中缺乏自信。

对付这种弊端最直接的训练方法就是一句话开头法，即要逼自己开头只用一句话。在对题目的思考中选取最有分量的话作开头，促使自己对思考的内容作出比较、筛选。这样的开头，既简洁又明确。

(二)论据举例表述清楚

举例，为的是证明观点，增加说服力。首先例子是否与观点吻合是最重要的；其次是力求鲜活。

举例时，还要注意不能把个人特有的经历当成众所周知的事情。如果是自己观察到的现象，在用举例说明时也要表述清楚，因为你注意到的、感兴趣的现象，不一定是别人注意到或感兴趣的。

(三)结尾忌拖泥带水

结尾忌虚张声势，不要采用标语口号来呼喊，也不要模仿伟人作深谋远虑状，动辄"青年朋友们，让我们……吧"和"争取做出更大贡献吧"。我们提倡利落的结尾，分析阐述结束，结论水到渠成，干净利落。

2018年广东省录用公务员考试《申论》真题卷.pdf

【例文】

例文的内容请扫描右侧二维码。

思考与练习

仔细阅读以下材料，按要求作答(作答时不得参考其他资料，必须独立完成，答题时间限制在150分钟之内)。

2021年国家公务员考试申论真题

材料一

阳光伴随着讨价还价声，洒在谷底开阔的地方，这里正是小谷村集市所在的地点。驻村第一书记汪杰正在摊前聊天时，镇长陈青松打来了电话："不错呀，你这'无中生有'的集市渐成气候了。"

集市上，来的人越来越多，大家一边赶集，一边说着过去种种，十分感慨："想过有改变，但没想到会有这么大的改变。"

从前的小谷村是什么样子呢？

汪杰记得他刚来小谷村的场景。因为山多平地少，村民择坡而居，住的都是篱笆屋。住得远的村民到村委会要走两个多小时，除了出山买必要的生活用品，几乎与世隔绝。

汪杰刚到村里时，老百姓看到他，都躲得远远的。他走进住在深山的赵贵家，看到他们家高高低低四个孩子，全都没有上学，最大的孩子都十四岁了。赵贵说，女孩子就应该在家照顾猪鸡羊。男孩子呢？赵贵说，上学太远也太苦了。汪杰说，小谷村会好起来的。赵贵只是笑。

很快，在国家政策的扶持下，小谷村的各项改造开始逐步推进。从县城到小谷村的苏民路正式动工，村内七条道路的拓宽硬化同步进行，五个易地住房安置集中点建设同时启动，安全饮水配套工程加快实施，电信宽带也进入村民家中。

改变小谷村硬件容易，但是人们的思想呢？连村干部们都得过且过。汪杰来的第4天才见到他们。汪杰没有说什么，只是默默做事。他"化缘"来的几台电脑，让村干部们学会打字，带领他们学习习近平总书记在解决"两不愁三保障"突出问题座谈会上的讲话，组织大家一起交流心得体会。他还有意识地锻炼年轻村干部，鼓励他们独立去解决问题。村纪检小组长刘波年轻，有些怕事，邻村一只狗咬死小谷村的一只羊，两村村民争吵起来，刘波觉得这事超出了村纪检小组长能管的范围，他解决不了。汪杰鼓励刘波，村干部样样事都得会干，越复杂的事越不能往后退，并指导他具体怎么做。刘波大着胆子处理好了这件事，觉得自己以后干工作更有底气了。现在，村里到处都能看到村干部的身影，或在走访解决问题，或在填路上的积洼，或在调解邻里纠纷。汪杰戏说，他们是村里的"施工队"。

孩子是小谷村的将来，要变，不能落下他们。那天从赵贵家出来，汪杰就下了这个决心。他开始奔波，提议筹办专为大龄失学儿童提供义务教育的"桐华班"。筹办还算顺利，"桐华班"由县教育局牵头，集中县里的优秀老师，加上一些知名高校的学生志愿者，自己编写教材，精心安排课程。学生们初来时，有的还哭哭啼啼的，汪杰对他们就像对自己的孩子，给他们爱与鼓励。

可是，汪杰找来找去，发现学生里面没有赵贵的大女儿。他去赵贵家做工作，赵贵就是不同意大女儿上学。一个深夜，汪杰跑去镇上找陈青松商量，最终他们决定换个方式——送"法"上门。第二天，汪杰带着司法所工作人员去了赵贵家，工作人员告诉赵贵，他们这样做违反了义务教育法，并苦口婆心陈述其中利害。赵贵终于同意大女儿去上学。"做人的工作也许不像修房修路那样起眼，但最根本，也最长远，哪怕我们暂时看不到结果，也必须全力去做。"汪杰记得和陈青松探讨的那个深夜，离别时，陈青松说了这番话，并按着他的肩说："夜色难免黑凉，前行必有曙光。"

曙光里，新修的苏民路冲开群山，伸进小谷村的谷底，村民们也搬进了新家。村里的孩子在"桐华班"学习后，渐渐有了明确的方向，他们想着继续读初中、高中，还要考大学。想到未来的生活，他们的脸上焕发着光彩，看向远方的目光更加坚定。

只有付出过，才知道其中艰难。汪杰希望自己离开后，小谷村能有东西永远留下来。同在一个镇，柏香村做茶园、搞旅游，后池村有苗圃基地。小谷村做什么呢？汪杰把小谷村的事捧在手里，掂来掂去，突然有了一个主意：在小谷村造一个集市。

经过一番努力，5月1日，大集热热闹闹开张了。汪杰到处吆喝，逢人宣传，他坚信只要坚持几个月，一定会有一个稳定、成规模、可持续的小谷村集市。汪杰做了两手准备，先是成立了村合作社，搞了小谷村集市专卖，然后告诉村民，哪怕拿鸡蛋来卖，合作社都收。同时，汪杰去镇里动员商户来小谷村做买卖。刚开始，商户们听到要去小谷村，满腹怀疑，他们印象中的小谷村是个鸟不拉屎的地方。但汪杰坚信，生活总要柴米油盐，吃穿总要必需品，只要坚持下去，集市会越来越热闹，他们自然就来了。果然，两个月后，商户们看到小谷村的集市热闹非凡，主动来找汪杰，要在集市上做买卖。

小谷村的集市越来越有模有样，汪杰又开始谋划新的出路。一个由土地、稻穗、绿叶、白云和火把组成的小谷村 Logo 产生了。汪杰想在村里建一个老川茶制茶厂，与大茶户合营，聘请有经验的制茶师，让山中那些野生老茶树的茶叶打上小谷村的 Logo 后，可以不出村就能卖到茶客的手里，也让小谷村的 Logo 能够深入他们的心里。他还在想方设法加快建设标准化的养殖厂，让"走的是神仙路、喝的是山泉水、吃的是神仙草"的小谷村生态羊走向城市餐桌。

勤劳致富之风在小谷村慢慢形成，汪杰掩饰不住地高兴。他想，这些努力和奋斗所换来的，有形的会老去，无形的却能从此改变小谷村。

材料二

"李总监，您好，我是芯谷产业功能区项目投资科的小罗，从今天开始，我就是你们公司的项目专员，以后有什么问题您都可以找我。" W 光学有限公司总务部总监李晓枫接到小罗的电话时，既意外又暖心。

近期，S 市进行了"局区合一"改革，小罗的岗位，也从芯谷产业功能区规划建设部职员变成了项目投资科专员。小罗所在的项目投资科有二三十人，在一个开敞办公室集中办公。坐在她斜对面的是部门首席，他原来是芯谷产业功能区规划建设部部长，坐在她旁边的是原市发改局政策法规科的工作人员。

"改革之后，我们探索了'首席+专员'岗位设置方式，减少了管理层级。现在有问题您提出来，我可以和大家直接沟通交流，问题会很快得到解决的。"小罗进一步跟李晓枫说。

时光转到一年前。那时候，W 光学有限公司刚刚跟市政府签订协议，投资 5.2 亿元建设新基地，落在芯谷产业功能区。李晓枫负责新基地项目建设。

"基地建设涉及很多专业事项，对标高啊、航空限高啊，我都一头雾水。"李晓枫说，"项目需要更新坐标系，我咨询功能区管委会，被告知要去自然资源局。去了之后，发现还要再去找测绘队。申报一个事项要跑很多部门。最后我招了 5 个办事员，专门负责到各部门跑材料。办事员告诉我，由于不清楚办事流程，他们要一次次到管委会咨询，工作人员态度特别好，就是解决不了问题，只能当信息的'二传手'。"李晓枫想起往事，皱起眉头。

可是现在呢，李晓枫很快跟小罗敲定了一场设计交流会。房子的外形、色彩、标高有什么要求，大门怎么开，道路怎么建，水电气的接点在哪，申报手续怎么办……40 分钟时间里，有关新基地建设设计问题，相关部门都一一作了解答。这个效率让李晓枫倍感惊讶："感觉'二传手'一下子变身为'主攻手'了。"

S 市某领导说："我们要想改变过去产业功能区'协调办''二传手'的角色，就要解决产业功能区职能太弱、功能不齐备的问题。因此，我们要思考，如何发挥产业功能区对主导产业的支撑保障？如何给产业功能区赋能？"

最终的答卷是"局区合一"改革，也就是把市政府职能部门和产业功能区管理机构整合到一起。

S 市首先把发改局、航空经济局等与产业功能区关联度最高的市级部门作为主体局，通过与功能区管委会合署办公,实现整体职能覆盖功能区。目前,S 市发改局的职能定位与芯谷产业功能区的建设阶段特征相契合,与城市发展、产业发展、项目落地等事宜联系最紧密。改革后,S 市发改局黄局长多了两个职务:芯谷产业功能区管委会主任、党工委书记,办公地点也由 S 市的机关大院搬到了管委会。"我们按照'局区合一'改革的要求,把'两个班子、两套人员'变为'一个班子、一套人员'。"黄局长介绍,目前发改局和管委会在事项申报、项目促建、招商引资等方面已实现职能整合,可以更好地聚焦企业服务和经济发展。

与此同时,S 市把行政审批局、自然资源局、住建交通局、生态环境局等与产业功能区发展要素保障紧密相关的部门作为职能局,通过设立园区服务机构,实现核心职能下沉功能区;文体旅游局、国资金融局、人社局、教育局等部门作为事项局,通过设立投资促进机构,实现涉企服务职能延伸功能区。

黄局长介绍,"局区合一"改革后,市发改局和功能区管委会合并,原来的 21 个下设机构调整为 6 个;同时,精准定岗定责,探索"首席+专员"岗位设置方式,形成了管理运行新格局。"我们希望以组织再造促进流程再造,以内部放权推动整体赋能。"

目前,174 项涉企市级部门审批服务事项已全部下沉功能区办理,一般性企业开办时间由 20 天压减至 0.5 天,建设项目开工前审批时间从 197 天压减至 60 天。产业功能区的资源也得到有效整合,产业规模加速壮大。2019 年,已有 17 个项目建成投运,42 个项目正在加快建设中,航空经济、电子信息、生物产业三大主导产业规模近 2000 亿元。

"我们的改革,没有局限于简单的修修补补,也不是机械的'头痛医头'。我们敢于直面根本问题,深入了解基层需求,通过创新体制机制,激发企业内生动力。现在来看,我们的改革之所以成功,离不开务实的精神和理性的思考。唯有如此,才能充分发挥理论和制度的效能,实现预期目标。"黄局长如此总结。

材料三

"小李,我跟你说,修志工作有三苦哇!清苦,辛苦,艰苦。做地方工作,你必须受得了这些苦!"F 市地方志办公室编纂处副处长杨洋向刚到处里工作的小李再三叮嘱道。

"我搞地方志工作整整 23 年了,来这里工作,就要习惯坐'冷板凳'!"老同志王建也如此教导小李。

半年后,小李依然有些疑惑:"只有加深对历史的掌握和理解,才能鉴古知今。地方志中充满了中国传统文化的智慧,对现代社会治理大有裨益。我们为什么不走出去,而只是躲在屋里修志编志呢?"

小李的问题引起了处长林德深深的思考,他准备在处里开一个讨论会,让大家谈谈地方志编纂工作的"冷与热"。

讨论会开得很热烈。

王建抢先说:"我觉得地方志的编纂工作是外冷内热。内热,就是指价值高。习近平总书记曾经说过,了解历史的可靠的方法就是看志,这是他的一个习惯。无论走到哪里,他总是要看地方志。我们可以看到,在正定、厦门、上海工作时,都留下他读志、用志的佳话,他还把地方志运用到调研工作中。我们的地方志编纂工作能为经济社会发展提供参考,你说这编纂工作重要不重要?当然,编纂工作是辛苦的,需要清心静欲,耐得住冷清。"

杨洋说："我赞同。地方志工作看似没有地位，但只要修志者有'为'，就一定会有'位'；地方志部门虽然是'冷线'，但只要干好了，也会成为'热线'。地方志有存史、育人和资政的功能。做存史工作时，我们要沉得下心；做育人工作时，我们还得走出去；做资政工作时，我们要能摆正自己的位置。"

王建表示同意："存史需要冷，存史才是我们地方志编纂工作最主要的功能啊！我们自己能感觉到工作的成就感就可以了，没必要在乎冷热之分。"

林德说："存史是基本功能，育人、资政是现实功能。存史，我们也可以想想，我们要记录和保存什么样的历史？比如，是不是能记录咱们F市干部群众创新创业、建设美丽家乡的业绩，来以'冷'存'热'呢？"

王建说："跟时代贴合、记录当下工作，确实是我们地方志编纂的重要内容。比如，今年新冠肺炎疫情突发，我们应该做好疫情防控大事记的编纂工作。"

林德说："这个建议非常好，疫情防控大事记的编纂工作，这是存史的功能，但从另一个角度说，这是不是也有育人、资政的功能呢？"

王建听了若有所思。

杨洋接话说："在修志存史时，如果多结合育人、资政的应用功能，我们修志的视野应该会更广阔，也应该能创造出更多的机会走出去，更好地服务社会。"

王建说："我接着说疫情防控大事记的编纂工作，这个工作我可以负责做，我们需要把市里的各项决策部署工作全面记录下来。"

林德补充说："除此以外，我们要征集一下全市党员干部在疫情防控工作中的典型案例和先进事迹，聚焦实录全市各界在此次抗疫中不惧艰险、无私奉献的感动瞬间。"

小李说："这个工作带着我一起做吧。另外，我觉得，在记录历史、风土人情方面，我们编纂了很多高质量的志书。但是，是不是可以形式更生动活泼一点，让老百姓也爱读呢？比如，针对儿童和青少年群体，开发一些介绍我市风土人情的课程。"

杨洋说："咱们有很好的史料基础，如果我们能选一些有影响力的人物，以人物故事的形式出版成书，应该也会受大家欢迎。"

林德说："杨洋和小李，你们找时间把风土人情课程和人物故事书籍的建议，形成工作方案，我看是可以做的。"

王建坦诚地说："我之前一直觉得我们把编纂工作做好就可以，今天大家的讨论给了我很多启发，走出去，也可以更好地宣传我们的修志成果，这是相辅相成的，而且啊，能把'冷'变'热'了。"

林德说："'以古人之规矩，开自己之生面'，是我们挖掘、梳理和萃取中华传统文化思想精华的目标方向。我们需要以积极姿态，让中华优秀传统文化价值向当代转化。这就要求我们转变工作理念和思路，对已有的工作形式进行拓展，这样就把冷门工作做热了。对了，大家对发挥资政功能有什么好的建议吗？"

小李说："我读书时，看到地方志提供了很多有价值的资料，当时就非常兴奋。比如说地处山区的千阳县，水土流失严重，土地瘠薄。但是根据志书的描述，古时候这个地方林木茂盛，土地肥沃，宋代曾将它划为牧马良区。清朝以后，山坡被垦殖，森林减少，千阳县才逐渐变成了穷山区。地方志中还有当地种桑养蚕的记录。千阳县就参考这些记载，决定以种草植树、发展多种经营来重新振兴山区经济，并且将种桑养蚕列为其中一个重要项目。所以,要是我们的编志修志工作也能提供这种经济建设方面的资政功能,也是不辱使命了。"

王建开口说:"关于资政功能,关键还是在于咱们能体现出智库作用。咱们要根据地方志资料,结合经济社会生活重大课题,加强调研,为市委市政府提供有价值的资政材料。"

林德说:"今天的讨论很有意义。老王,你先列一些重大课题,回头咱们再集体讨论一下。"

材料四

以下是《江城日报》即将发表的一篇报道。

在江城博物馆,有一个专门为视障人士等特殊群体设计的博爱馆。原材料同比例复制的文物、可以操作体验的展品、首部用于视障和行走障碍观众的全自动导览车……

"除了桌子上、扶手上可以触摸到的盲文之外,我印象比较深的展品,有设计精巧的铜牛灯、长着翅膀的青瓷羊,还有脖子上戴着项圈的金兽。"去年11月,江城市盲人学校组织师生到博物院参观。虽然时间已经过去了近一年,但高二学生孙飞还记得来这里参观的感受。在孙飞的印象中,博物院的镇馆之宝之一——汉代铜牛灯,展品不仅摸起来感觉造型独特,而且还可以拆卸、旋转,更有一根长长的管子来搜集点燃油脂后产生的烟雾,形成闭环系统。他很兴奋:"这个设计在古代是'高科技环保型'的,我们都很惊奇。"在铜牛灯仿制品前,学生们亲手触摸的同时,语音播放器也被触发,开始播放展品的介绍,而旁边的"盲文点显器"则可以介绍这件文物的历史背景、构造功能等信息,该校尹老师说:"此前也去过其他博物馆,但其缺乏有针对性的介绍,同学们感觉索然无味。但一到博爱馆,大家就对这种可听、可摸、可操作的参观体验兴趣十足。专设这个博爱馆,特殊群体可以有尊严、自主地参观展览,说明文化为民理念逐步辐射到不同人群,起了很好的示范作用。"

在展厅的不同区域,展品类型、现场布置、光线明暗等均有所不同,在弱视区和怕光区,展品以书画为主,观众可以扶着护栏,贴近细看。当有人经过书画前,语音讲解就会自动播放,每幅画还有一小段盲文介绍;在全盲区,展品则以造型类文物仿制品为主,观众在触摸展品时,也能同步听到讲解词。

江城博物院藏有60余万件文物,博爱馆展厅中展示了其中按照1:1的比例、以真实材料复制的40多件展品。为何选中这40多件?博物院信息部张主任说,考虑到不同年龄层次、知识背景、兴趣爱好的观众需求,博物院从不同门类、不同材质的馆藏珍品中反复比较,经过多轮筛选和残障志愿者的测试,最终保留下他们印象最深刻、最喜爱的展品,设计出一个特殊的综合展览。"我们不以珍贵程度作为首要因素,更重要的是要让特殊人群方便解读。"策展人李婧进一步解释,展品不仅要代表江城博物院深厚的文化底蕴,也要与现代生活有关联、能想象、可互动。对于书画类展品,需要轮廓形态清楚、色彩对比强烈、故事性相对突出,让弱视群体方便观看且有代入感。对于造型类展品,造型上要有特点、纹饰要清晰、用途要体现实用性。在制作中,没有使用成本较低的3D打印,而是采用与文物相同材质的复制品,从而保证获得原材质的触感,"要让手指的叩击声也保持一致"。

不仅如此,博爱馆在设计理念方面还体现出许多贴心的细节。位置选择上,博爱馆位于一层，避开人群拥挤的主入口，降低了声音对信息获得的干扰。采光上，展馆采用玻璃顶，并安装了多个射灯，光线更通透明亮，可满足弱视群体需要。在馆内，盲道铺设的路线规划更加清晰。高低两层扶手上的盲文，在介绍产品的同时兼具引导功能。此外，江城博物院还研制了全国博物馆中首部用于视障和行走障碍观众的全自动导览车。车载计算机控制车辆前边的路径和展示点，可前行、倒退、拐弯、避让，到达展示点后自动触发感应装置，播放产品的讲解语音。

博物院不断深化服务意识，建立了意见反馈机制，认真听取参观者的建议并积极加以改善。博物院馆藏的"金兽"是国宝级文物，模样似虎类豹像狮，究竟是什么动物至今没有结论。几位视障学生对如何通过触摸理解"金兽"讲出了自己的困惑："语音讲解上说，这个猛兽很温顺，该怎么理解呢？"这使李婧意识到，尽管采纳了很多专业建议，但依然存在"用明眼人的视角来办无障碍展览"的问题。经过对意见的研判和进一步调整设计策划，在介绍猛兽的温顺时，针对听障观众，扫描二维码可观看手语讲解视频；针对视障观众，除语音讲解和盲文介绍外，提示观众可以摸一下其脖颈上的项圈，告诉他们这是被驯养的动物。

李婧说："要改变以视觉为中心的参观感受，带给观众更丰富的感官体验，工作上还应当有更多更细致的换位思考，虽然要求高了，但能看到孩子们纯真的笑脸，我也感到很快乐。"

问题一

"材料一"中说："这些努力和奋斗所换来的，有形的会老去，无形的却能从此改变小谷村。"请你根据"材料一"，谈谈对这句话的理解。(15分)

要求：分析全面，条理清晰。不超过300字。

问题二

"材料二"中，S市进行了"局区合一"改革，请你概括这项改革的背景、措施和成效。(10分)

要求：全面、准确、有条理。不超过250字。

问题三

请你根据"材料三"，回答下列两个问题。(20分)

1. 谈谈什么是地方志编纂工作的"冷与热"。

2. 假如你是F市地方志办公室编纂处的工作人员，请根据讨论内容，按照"将'冷'的工作做'热'"的工作思路，起草该处下一步的工作要点。

要求如下：

(1) 准确全面，简明扼要，条理清晰；

(2) 工作要点包括工作任务及其工作措施；

(3) 总字数不超过400字。

问题四

请你根据"材料四"，为《江城日报》即将发表的这篇报道写一则短评。(20分)

要求如下：

(1) 观点明确，简明深刻；

(2) 紧扣资料，重点突出；

(3) 有逻辑性，语言流畅；
(4) 不超过500字。

问题五

"材料一"中说"夜色难免黑凉，前行必有曙光"，"材料二"中说"我们的改革之所以成功，离不开务实的精神和理性的思考"。请深入理解这两句话的含义，参考给定材料，联系实际，自拟题目，写一篇文章。(35分)

要求如下。

(1) 观点明确，见解深刻；
(2) 参考给定材料，但不拘泥于给定材料；
(3) 思路清晰，语言流畅；
(4) 字数1000～1200字。

第十章 电子文件写作

学习要求

了解电子文件的概念、分类及特点；熟练掌握电子函件的收发方法。

一、概述

自 1960 年开始萌芽发展的新兴信息科技——电子计算机，与 20 世纪 90 年代初期开始普及的通信科技——国际互联网相结合，革命性地改变了人类社会获取信息的方式和效率。计算机科技的优势在于信息处理的速度快、正确率高，而且存储能力强，因此可以提高人的生产力，辅助决策，降低成本。而互联网更是消除了时间、空间的限制，打破了国界、疆界的藩篱，将人类生产力及其价值带到了一个更高的境界。信息与通信技术正在对人类生活的各个方面产生着巨大的影响，促使整个社会向信息化社会转变，而电子文书的产生是信息化社会的必然趋势。

概括地说，电子文书就是指通过计算机等数字化媒介所形成的电子文件(Electronic Records)。而电子文件是指在数字设备及环境中生成，以数码形式存储于磁带、磁盘、光盘等载体，依赖计算机等数字设备阅读、处理，并可在通信网络上传送的文件。

电子文书是一种非纸质的文书形式，它是其他所有文书都可使用的一种文件传递载体形式。其行文要求遵循不同的文种写作格式，表现形式是非纸质的电子文件，而不是一种特殊的文书类别。

二、电子文件的分类及特点

按电子文件的信息存在形式分类，电子文件可分为八类。①文本文件(Text，字或表处理文件)，是指用文字处理软件生成的，由字、词、数字或符号表达的文件；②数据文件(Data，数据库电子文件)，是指以数据库形式存在的具有文件属性的记录，数据库、记录、字段是其三个层次；③图形文件(Graphic)，是指根据一定算法绘制的图表、曲线图，如计算机辅助设计(CAD)或绘图中产生的设计模型、图纸、图画等文件；④图像文件(Image)，是指使用数字设备采集或制作的画面，如用扫描仪扫描的各种原件画面、用数码相机拍摄的照片等；⑤影像文件，是指使用视频捕获设备录入的数字影像或使用动画软件生成的二维、三维动画等各种形态的画面，如数字影视片、动画片等；⑥声音文件，是指用音频设备录入或用编曲软件生成的文件；⑦命令文件，即计算机程序；⑧超媒体链接文件。

电子文件的特点如下。

(1) 机械化。电子文件的形成、传输、存储、利用都必须依赖于相应的设备，所以，存储电子文件的计算机或网络一旦瘫痪或毁坏，这些电子文件就会完全丢失。

(2) 数字化。电子文件的信息形态是数字化的，在计算机内部，无论是进行运算、存储还是进行传输等处理，电子文件均以数字编码形式存在。

(3) 网络化。电子文件借助网络，能实现信息共享。

本章重点讲述常用的电子函件和电子公告栏的写作。

三、电子函件

(一)电子函件的概念和特点

1. 电子函件的概念

电子函件(e-mail)是指互联网上或常规计算机网络上的各个用户之间，通过电子邮件进行通信的一种交流联系方式。电子函件是英语 electronic mail(e-mail)的中文名称，又称电子邮件、电子信箱等。不少人根据英文缩写的读音，把电子函件称作"伊妹儿"。1997年全国科学技术名称审定委员会将 e-mail 的标准中文名称定为"电子函件"，2002年1月版的《辞海》把"电子函件"作为词目收入其中。

2. 电子函件的特点

(1) 高速传输。电子函件通常在几秒钟之内就可以把信息传输到全球任意位置的收件人信箱中，这种速度是传统的邮政信件所无法比拟的。如果通信双方或多方在交流时都在网上，还可以借助专用的软件实现实时传递沟通。

(2) 收发方便。电子函件允许发信人自由决定在任何时间、任何地点发送，它不会因为占线或接收者没在线而耽误。同样，接收电子函件也可以在任何时间、任何地点进行。

(3) 价格便宜。与信件、电话等传统的通信方式相比，电子函件的使用费用极为低廉，用户只需花费极少的费用就可以将信息发送到全球的任意一个用户信箱中。有些租用专线、包租宽带的用户更不会为发电子函件而花费额外的费用。目前，电子函件服务供应商为吸引更多的用户，在收取低廉费用的同时，还向用户提供更多、更方便的服务，同时电子函件也越来越安全，越来越快捷。

(4) 复制容易。电子函件是通过数字化格式储存、发送的，因此函件的复制非常方便，且不会失真。一条上万字甚至几十万字、几百万字的信息，通过电子函件可以即刻传到，而且一字不差。

(5) 群发共享。使用邮件列表可以轻而易举地把电子函件同时发给全球的多个用户，通过预先设置好的组群共享，一次点击，就能使共享者都获得信息。与传统邮件相比，发信者用的时间、费用低得几乎可以忽略不计，这是其他邮政业务难以做到的。

(6) 多种媒体。除了文字以外，电子函件还可以将图片、声音、动画、软件程序以及其他各种多媒体信息一起"打包"发送。

(二)电子函件的书写和发送

使用不同的电子函件软件系统，操作上会有些差异。下面我们以常见的电子邮件 Outlook Express 为例，简单介绍一下电子函件的书写和发送。

(1) 创建新的电子函件。进入电子邮件 Outlook Express 界面后，单击"新邮件"按钮进入一个新的邮件书写窗口。在"收件人"文本框中输入收件人的电子函件地址，在"主题"文本框中输入函件的主题，在大文本框内输入正文内容。

(2) 发送电子函件。单击"发送"按钮，应用程序会自动关闭新建邮件窗口，返回到电子邮件 Outlook Express 界面开始发送邮件。如果发送过程出现故障，邮件会自动留在发件箱中，等故障消除后再自动发送。发送成功的邮件会自动归入"已发送邮件"栏中，便于发件人日后翻检。

(3) 回复电子函件。收到他人的电子函件，可以通过建立新邮件回复对方，也可以单击"回复"按钮，在弹出的邮件窗口中直接输入回复的内容。应用程序会自动填写好收件人的地址，同时也会自动生成函件主题，这样更方便、更省力。

(4) 转发电子函件。在邮件列表中选择要转发的邮件，然后单击"转发"按钮，弹出的转发邮件的窗口和新邮件的窗口很相似，只是正文框内已自动附上了需转发的邮件。输入收件人的地址和需要增加的内容，单击"转发"按钮即可。

(5) 在电子函件中插入其他文件。书写完电子函件的内容后，单击"附加"按钮，在弹出的"插入附件"对话框中输入对应的路径和文件名称；或者通过"浏览"按钮，在目录中选定该文件，窗口就会出现一个附件栏，里面标有刚才选定的已插入的文件名称和类别。单击"发送"按钮，附件栏中的内容就会和电子函件一同发给接收者。如果附件栏中的文件太多，还可以利用压缩工具对文件进行压缩后再发送，这样可以提高发送速率。对方收到压缩的邮件后，只要对邮件进行解压缩即可。不同的电子函件服务供应商对于发送或接收附件的容量有着不同的限制，也会根据免费用户或缴费数量的不同，对附件的容量进行控制。

四、电子公告栏

(一)电子公告栏的概念和形式

1978 年，美国人克瑞森和雷恩借助当时刚上市的调制解调器，将家里的两台计算机通过电话线连在一起，从而进行交流、传送信息。他们把自己编写的程序命名为"公告板系统"(Bulletin Board System，BBS)，这就是世界上第一个 BBS 的诞生。由于用户需求的不断增加，BBS 的功能也日趋复杂多样，逐渐演变成集信息发布、相互讨论、聊天等于一体的工具，广受网民的喜爱。

第一个商用 BBS 软件包在 1981 年上市，至今已有 40 多年的历史，其间出现了三种形式。最初的 BBS 只是利用调制解调器通过电话线拨号到某个电话号码上，然后通过一个软件阅读他人放在公告板中的信息，或者发送自己的文稿。这种形式的 BBS 只允许单个用户登录，如今已很少见。随后出现的 BBS 利用远程登录 Telnet 软件实现信息发布和交流功能，多个用户可以同时登录到同一个站点上进行交流。BBS 站点服务器的数据处理能力及网络传输速率直接影响着在线人数。通常情况下，一个 BBS 站点可以允许几百个用户同时在线交流，这比第一代 BBS 有了很大进步。但是这种 BBS 是纯文本形式的，没有任何图片和图标，最多只能用文字字符组成一些装饰图案美化界面。现在许多用户更习惯的 BBS 是基于互联网上的论坛。这种论坛除了文字界面外，还有图形和图标，既生动、直观，又美观、丰富，用户上网后直接利用浏览器就可以使用 BBS 功能阅读他人的信息、发表自己的信息。

(二)在电子公告板阅读和发稿

BBS 不是一块简单的公告板，由于网络把世界连接在了一起，BBS 作为一个虚拟的公共言论场所，其内容是丰富的、多样的、海量的，信件讨论区、文件交流区、信息公告区、相互讨论区、在线聊天区……各种内容应有尽有。在每一个区域中，还有数不清的细分区域，如体育、音乐、文学、艺术……各种分类栏下还可以不断地细分，比如，文学中的小说，小说中的中国现当代作品，现当代文学作品中的巴金，巴金作品中的《家》……面对海量的信息，每个人都要学会选择，选择那些对自己有价值的信息。

在 BBS 中，一般把发表的文章称作帖子，而发表文章称"发帖""上帖"或"加帖子"。一篇帖子主要由编号、标题、正文、作者、发表时间、IP 地址等部分组成。通常情况下，BBS 的每个栏目都有负责管理的人员，习惯上把栏目称为"版"，把栏目管理者称为"版主"。版主会对过时的信息进行清理，对优秀的文章进行整理后放在精华区内，组织网友对有关问题进行讨论等。从这个角度来说，BBS 上的帖子是经过筛选的。但是，比起传统的媒介，如报纸、杂志等，BBS 中的文章无论形式还是文字表述，都要随意得多。

因此，在阅读 BBS 中的帖子时，一定要了解它的这种特性，要注意两点：一是要有针对性，上网前最好要有比较明确的目的，避免浪费时间；二是要有辨别性，要善于辨别信息的真伪，要去粗取精、去伪存真，不能不加分析、不加批判地全盘接收。

思考与练习

1. 什么是电子文件？
2. 电子文件有哪些分类？
3. 电子文件的特点有哪些？
4. 怎样发送电子函件？

第十一章 文书处理

文书处理的内容请扫描下方二维码。